Sciences économiques

MAXI FICHES de

Sciences économiques

Bertrand Blancheton

DUNOD

ISBN 978-2-10-052003-9

Table des matières

Mode d'emploi

Le *Maxi Fiches de Sciences économiques* se présente sous forme de fiches synthétiques de deux ou quatre pages.

Les fiches peuvent être étudiées dans l'ordre souhaité.

De nombreux renvois en couleur permettent d'approfondir les thèmes transversaux, traités dans différentes fiches.

Plusieurs outils pédagogiques sont à disposition du lecteur :

- La rubrique **Point clef**, en début de fiche, fait ressortir l'intérêt du sujet et ses principaux enjeux.
- La rubrique **Repères chronologiques**, en fin de fiche, récapitule les principaux événements et dates à mémoriser.
- Le **Glossaire de sciences économiques**, en fin d'ouvrage, regroupe les définitions de 283 notions fondamentales, surlignées tout au long de l'ouvrage.
- La fiche 99 propose des **conseils méthodologiques pour la dissertation en économie**, afin de se préparer au mieux aux examens.

Cet ouvrage constitue un outil efficace de révision pour réussir les examens et les concours.

1 Le produit intérieur brut

Point clef

Le produit intérieur brut (PIB) représente une mesure de la production et une approximation de la richesse créée. Il constitue un agrégat essentiel pour apprécier les performances d'une économie. Deux indicateurs doivent plus particulièrement retenir l'attention : le produit global (et sa croissance) ainsi que le produit par tête (PIB rapporté au nombre d'habitants).

1. DÉFINITIONS

Le **produit intérieur brut** constitue une approximation de la richesse créée par les agents économiques résidant dans un espace donné au cours d'une période de temps (généralement l'année).

Le PIB est égal à la somme des valeurs ajoutées des branches productives de l'économie (somme des valeurs ajoutées brutes + taxes sur la valeur ajoutée + droits de douanes – subventions à l'importation).

La valeur ajoutée est la différence entre la valeur de la production finale et les consommations intermédiaires engagées pour l'obtenir (biens et services utilisés pour produire).

Le PIB global d'une économie est exprimé en valeur, c'est-à-dire en unités monétaires courantes. Une part de sa croissance résulte d'une progression nominale des variables économiques. Le calcul d'un PIB en unité monétaire déflatée est réalisé pour évaluer la croissance réelle du PIB, sa croissance en volume.

Le PIB peut être décomposé en un PIB marchand et un PIB non marchand.

PIB = PIB marchand + PIB non marchand

Le PIB marchand comptabilise les valeurs ajoutées réalisées par les branches marchandes de l'économie (sociétés non financières, sociétés financières, entreprises individuelles).

Le PIB non marchand comptabilise les valeurs ajoutées réalisées par les administrations publiques et les institutions à but non lucratif.

Le **produit national brut** (PNB) se définit, quant à lui, comme étant égal au produit intérieur brut plus les revenus de facteurs reçus de l'étranger moins les revenus de facteurs envoyés à l'étranger.

2. L'ÉQUILIBRE EMPLOIS RESSOURCES

Toute production de biens et services au sein de l'économie engendre une distribution de revenus du même montant dont la dépense constitue une demande permettant d'écouler la production. Du fait de cet équilibre emplois ressources plusieurs décompositions du PIB sont possibles.

a) Approche par la production

$$PIB = VA + Tp - Sbp$$

Avec :

- VA : la somme des valeurs ajoutées hors taxe ;
- Tp : les impôts sur les produits ;
- Sbp : les subventions sur les produits.

b) Approche par les revenus

$$PIB = W + EBE + RMB + T - Sb$$

Avec :

- W : les salaires ;
- EBE : l'excédent brut d'exploitation ;
- RMB : le revenu mixte brut ;
- T : les impôts ;
- Sb : les subventions.

L'EBE représente le profit brut des entreprises. Il est obtenu en soustrayant de la valeur ajoutée la rémunération des salariés et les impôts liés à la production versés par les entreprises.

Le RMB représente, quant à lui, l'EBE des entreprises individuelles.

c) Approche par la demande

$$PIB = CF + FBCF + \Delta Sks + X - M$$

Avec :

- CF : la consommation finale (v. fiche 4) ;
- FBCF : la formation brute de capital fixe (v. fiche 5) ;
- ΔSks : la variation de stocks ;
- X : les exportations de biens et services ;
- M : les importations de biens et services.

3. LE PRODUIT PAR TÊTE, UN INDICATEUR DU NIVEAU DE VIE

La croissance du produit par tête (PIB par habitant) signifie une progression de la quantité de biens et services à la disposition des individus. La **progression du revenu par tête** mesure l'évolution du **niveau de vie** des populations. Le tableau ci-dessous fait ressortir la position dominante des États-Unis sur ce critère avec un PIB par habitant de près de 37 798 dollars en 2006 nettement supérieur à celui des autres pays les plus industrialisés, 27 764 dollars pour le Japon, 27 734 pour la France. De même, l'écart de niveau de vie entre les pays du G7 et les pays en voie de développement représentés dans le tableau par l'Algérie (6 425 dollars), le Maroc (3 938 dollars), l'Afrique subsaharienne (1 852 dollars seulement), ressort de façon criante.

Le PIB par habitant relativement élevé de la Norvège (40 905 dollars) et de l'Irlande (36 860 dollars) signifie un haut niveau de vie dans ces pays. Dans le cas de l'Irlande, le fait de dépasser le Royaume-Uni (28 756) est très symbolique ; cela montre – de surcroît – la réalité du rattrapage économique. Néanmoins ni l'Irlande, ni la Norvège, ne soutiennent la comparaison avec le Royaume-Uni, l'Allemagne ou le Japon en termes de poids économique. Le PIB par tête est un indicateur de niveau de vie et non puissance économique.

	PIB courants en milliards de dollars 2006	PIB correspondant à la PPA, en milliards de dollars (base 2000) 2006	PIB par habitant en dollars (base 1995) 2006
États-Unis	13 276	11 433	37 798
Japon	4 360	3 539	27 764
Allemagne	2 897	2 230	27 050
Royaume-Uni	2 377	1 750	28 756
France	2 248	1 741	27 734
Italie	1 852	1 555	26 740
UE à 27	14 545	12 004	24 326
Irlande	222	150	36 860
Norvège	335	189	40 905
Chine	2 614	8 679	6 605
Inde	916	3 669	3 300
Russie	979	1 472	10 364
Brésil	964	1 441	7 664
Algérie	114	212	6 425
Maroc	57	131	3 938
Arabie Saoudite	349	338	12 504
Afrique subsaharienne	702	1 396	1 852

Source : CEPII, L'économie mondiale 2008. *Paris, La Découverte, 2007.*

4. LE PRODUIT GLOBAL, FONDEMENT DE LA PUISSANCE ÉCONOMIQUE

La croissance du produit global fonde à long terme la **puissance économique** d'une nation. La puissance économique a des avantages qui peuvent être cumulatifs. Le progrès technique étant un moteur de la croissance, le produit global révèle une avance technologique qui peut aller de pair avec une domination militaire. Dans ce cas, l'économie dominante possède une capacité à influencer les règles du jeu international en matière monétaire, financier et commercial (voir bien sûr l'exemple des États-Unis depuis la Seconde Guerre mondiale). Par ailleurs la profondeur du marché financier (liquidité et acceptabilité d'une devise comme le dollar) et la garantie d'une rentabilité du capital renforcent le statut de monnaie internationale de la devise de la « superpuissance ». L'émission de monnaie internationale offre ensuite des marges de manœuvre importante en matière de politiques économiques : possibilité plus grande d'accumuler des déficits courants, possibilité d'abaisser davantage les taux d'intérêt du fait de prime de risque inférieure, douce insouciance concernant le change. Ces séquences participent de l'auto-entretien d'un leadership mondial que deux exemples historiques peuvent nourrir : l'Angleterre avant 1913 et les États-Unis depuis 1945.

Le tableau ci-dessus propose une hiérarchie des économies nationales suivant le produit global courant et le produit global correspondant à la parité des pouvoirs d'achat (PPA) des monnaies nationales.

Il fait ressortir l'ampleur de la domination américaine en termes de produit global (13 276 milliards de dollars en 2006, soit plus du quart du PIB mondial, 48 273 milliards de dollars), seule l'Union européenne avec 14 545 milliards de dollars en 2006 rivalise en termes de puissance économique avec les États-Unis sans, pour autant, lui contester son leadership mondial faute d'intégration politique. Le Japon est, sur la base du produit global courant, la deuxième puissance économique mondiale avec un PIB de 4 360 milliards de dollars (v. fiches 22 et 29).

Le cas complexe de la Chine mérite une attention particulière. Son produit global courant s'élève pour 2006 à 2 614 milliards de dollars. Ce chiffre résulte d'une conversion en dollar, au cours de change courant, du PIB exprimé au préalable en yuan. Compte tenu « du relatif faible niveau de développement » de la Chine, le pouvoir d'achat en biens et services d'un dollar en Chine est environ 3 fois supérieur à ce qu'il est aux États-Unis d'où l'intérêt de proposer un PIB correspondant à la PPA (intégrant *de facto* la sous-évaluation réelle de la monnaie chinoise, le yuan). Sur cette base, la Chine apparaîtrait paradoxalement dès aujourd'hui comme la deuxième puissance économique mondiale, assez loin devant le Japon. Le même phénomène est à l'œuvre pour l'Inde, la Russie, le Brésil, puissances montantes.

Le produit intérieur brut constitue une mesure exclusivement quantitative des performances des économies, il n'intègre pas les conséquences sociales et environnementales du processus d'accumulation. La notion de développement (et ses variantes) cherche à intégrer des dimensions plus qualitatives du bien-être humain (v. fiche 6).

5. QUELS OBJECTIFS VISER EN MATIÈRE DE CROISSANCE ?

À court terme, les autorités peuvent avoir pour objectif que la croissance effective de l'économie soit égale à sa croissance potentielle (croissance qui correspond à une pleine utilisation des capacités de production). À plus long terme, les responsables doivent dynamiser le potentiel de croissance par des politiques structurelles qui visent à développer les forces motrices de la croissance. Solow (1957), père du modèle néoclassique de croissance, met en avant deux moteurs exogènes : le progrès technique conçu comme un don de la sphère scientifique à la sphère économique et la population. Les théories de la croissance endogène, apparues à partir de 1986 (travaux de Romer), s'inscrivent en réaction contre cette conception exogène. Elles mettent l'accent sur le stock de capital technique et humain et également sur le fait que des externalités positives issues de la formation (Lucas, 1988) et de la recherche (Aghion et Howitt, 1991) sont à l'origine de la croissance économique. Il en découle la vision d'une croissance qui peut être influencée par les politiques économiques et la reconnaissance d'une efficacité de l'intervention des administrations publiques.

2 L'instabilité de la croissance économique

Point clef

En économie, de nombreux facteurs concourent à rendre la croissance instable. Les innovations ont un caractère imprévisible. Les chocs d'offre sont nombreux (hausse des prix de l'énergie...). Plusieurs composantes de la demande ont des ressorts psychologiques (surtout l'investissement et la consommation). Enfin l'ouverture croissante des économies est porteuse de perturbations.

1. APPROCHE HISTORIQUE

Par nature, des économies traditionnelles où le secteur agricole représente une part importante de la contribution à la valeur ajoutée totale connaissent une croissance irrégulière, une mauvaise récolte contribue même souvent à un recul absolu de l'activité.

Malgré le déclin de l'agriculture la croissance reste très instable durant l'entre-deux-guerres. Des erreurs dans la conduite des politiques économiques (déflation anglaise dans les années 1920, gestion de la crise de 1929 par la Banque centrale des États-Unis – la Fed...) et le caractère chaotique des relations économiques internationales contribuent à rendre compte de cette forte instabilité.

Depuis 1973 l'instabilité de l'activité apparaît relativement forte. L'**irrégularité de la croissance effective** est manifeste malgré les progrès réalisés dans la modélisation des économies et la conduite des politiques économiques. Les économistes ont toujours beaucoup de difficultés à effectuer des prévisions de croissance fines sur la courte période. Les responsables politiques systématisent les prévisions résolument trop optimiste afin d'ancrer les anticipations des agents (il s'agit de leur donner confiance).

Du côté de l'offre comme du côté de la demande, de nombreux facteurs condamnent la croissance à rester irrégulière.

2. L'IRRÉGULARITÉ DE L'OFFRE

Le progrès technique, moteur le plus puissant de la croissance, apparaît difficilement contrôlable. Des dépenses de recherche ne garantissent pas des innovations plus nombreuses. Le progrès paraît par essence imprévisible. Au mieux si l'on se réfère aux travaux de Schumpeter, *Business cycles* (1939), l'innovation présente un caractère cyclique.

La croissance est fréquemment perturbée par des événements inattendus que l'on qualifie de chocs d'offre (perturbation non anticipée qui affecte les coûts de production de l'entreprise). Ces chocs peuvent recouvrir des variations de la productivité, être de nature salariale (événements de mai 1968 en France qui débouche sur une forte progression des salaires réels) ou énergétique (chocs pétroliers de 1973, 1979 et 2008). Ainsi entre septembre 1973 et janvier 1974 lorsque les prix du pétrole sont multipliés par quatre, les entreprises occidentales doivent faire face à une hausse de leurs coûts de production. L'internationalisation des économies est déjà forte, l'environnement très concurrentiel et elles ne peuvent répercuter entièrement ce surcoût sur leurs prix de vente. Elles doivent compresser leurs marges ce qui réduit la profitabilité de l'investissement et conduit à l'époque à son atonie et à un ralentissement du rythme de la croissance économique.

3. LES RESSORTS PSYCHOLOGIQUES DE LA DEMANDE

Du côté de la demande, des chocs peuvent aussi être identifiés. Ils prennent la forme de modification exogène des comportements de consommation et d'épargne, voire d'un déplacement de population (par exemple le rapatriement de 800 000 Français d'Algérie en 1962).

Il importe surtout de souligner que **derrière la plupart des composantes de la demande globale, il y a une dimension anticipative** (de la psychologie) qui la rend, elle aussi, instable. Cette dimension psychologique est très intuitive pour l'investissement qui, dans une perspective keynésienne, dépend de l'état de la demande anticipée (de l'idée que les chefs se font de la demande qui leur sera adressée). C'est assez net aussi pour la consommation qui peut réagir, par exemple, à la situation de l'emploi (développement d'une épargne de précaution en cas de poussée du chômage qui réduit la consommation). Enfin à l'extrême, l'évolution des dépenses publiques peut affecter l'arbitrage consommation/épargne si l'on se situe dans un cadre « à la Barro » : sous certaines hypothèses restrictives, la hausse des dépenses financées par l'endettement conduit les agents à développer une épargne supplémentaire en prévision d'une future hausse des impôts nécessaire au remboursement de la dette (v. fiches 17 et 92).

4. L'OUVERTURE ÉCONOMIQUE, FACTEUR D'INSTABILITÉ

La mobilité internationale des capitaux est un facteur d'accentuation de l'instabilité à travers des crises financières plus fréquentes et des cours de change plus volatils. L'interdépendance croissante des économies favorise la transmission internationale des crises notamment des **crises financières**. La crise asiatique de 1997, après avoir provoqué un spectaculaire recul du PIB dans les pays de la zone en 1998, (–10,4 % en Thaïlande, – 7 % en Corée, – 8 % en Malaisie, – 15 % en Indonésie) s'est propagée au niveau mondial. Certains investisseurs, des Coréens en particulier, sont contraints de liquider leurs avoirs à l'étranger notamment des bons du Trésor russes. Ce facteur contribue à la survenance d'une crise en Russie en 1998 qui par un effet de « dominos » provoque un mouvement de défiance sur les places financières occidentales (New York, Londres, Francfort, Paris…) et un ralentissement de l'activité en Occident. Plus récemment en 2007-2008, la crise financière dite des *subprimes* a eu un impact négatif sur la plupart des économies occidentales du fait de l'interconnexion des marchés (financiers, immobiliers…) (v. fiche 80).

La volatilité des cours de change (pour partie liée à la psychologie de marchés de plus en plus profonds) accentue l'instabilité de la composante externe de la demande : un freinage brusque des exportations de biens et services peut ralentir significativement de la croissance.

Repères chronologiques

- 1973 : premier choc pétrolier.
- 1997 : crise asiatique.
- 2007-2008 : crise financière internationale.

3 Les revenus

Point clef

L'évolution du revenu disponible brut (RDB) conditionne celle du pouvoir d'achat des ménages. Le RDB résulte des revenus primaires versés et des choix politiques opérés en matière de redistribution.

1. LES REVENUS PRIMAIRES

Le revenu primaire est la **somme des revenus de facteurs de production**. Le terme primaire signifie qu'il est calculé **avant tout prélèvement fiscal ou social et toute redistribution**. Les revenus primaires des ménages rémunèrent leur participation aux activités productives, ils constituent la rémunération du travail et du patrimoine.

Les revenus du travail sont constitués des salaires et traitements.

Les revenus du patrimoine se composent :

- des intérêts reçus (par les détenteurs d'obligations par exemple) ;
- des dividendes reçus (par les détenteurs d'actions) ;
- des loyers (qui rémunèrent la propriété immobilière et foncière).

Des revenus mixtes (revenus du travail non salarié) rémunèrent le travail et le capital dans le cas des entreprises individuelles (professions libérales, entreprises agricoles…)

2. LES INÉGALITÉS DE REVENUS

La répartition des revenus primaires résulte du « jeu du marché » et des rapports de forces au sein de la société (pouvoirs des syndicats en particulier). Le degré d'inégalités peut facilement être mesuré à travers le calcul d'indicateurs de concentration (indice de Gini, intervalles interquantiles…).

Les inégalités de revenus constituent la base des mécanismes d'incitations qui contribuent à la recherche de l'efficacité économique. Celui qui s'engage plus dans le travail, qui est plus efficace, qui innove davantage, qui prend des risques doit, a priori, être récompensé par un revenu plus élevé. Les écarts de revenus récompensent en principe l'aptitude à être efficace dans la production, la contribution « à la valeur ajoutée globale ».

A contrario, la redistribution des revenus se justifie elle aussi au nom de la solidarité, du vivre ensemble. Les individus n'ont pas des capacités productives égales. Pendant l'éducation des déterminismes différents s'exercent sur les individus et les empêchent d'atteindre les mêmes niveaux de productivité dans le travail. La redistribution doit compenser les handicaps et les inégalités.

3. LE DEGRÉ D'INÉGALITÉ : UN CHOIX POLITIQUE

Il n'existe pas de norme d'équité en matière de distribution des revenus. Chacun peut porter une appréciation sur la situation. Partant la question devient de nature politique. Le vote doit déterminer une orientation sur la question des inégalités. Historiquement l'offre politique voit s'opposer des tenants de l'accroissement des inégalités (libérer les énergies…) et des tenants de la réduction des inégalités (nécessaire solidarité).

Il convient de se situer entre deux cas polaires (imaginaires).

D'un côté à droite dans le tableau ci-dessous, la forme absolue du libéralisme qui est la jungle. Il n'y aurait pas de place pour celui qui aurait des handicaps et serait dans l'incapacité de participer à la production, il devrait être laissé sur le bord de la route, sans revenu, ni soin…

De l'autre, à gauche sur le schéma, l'égalité absolue qui conduit à une société figée. Les individus s'engagent peu dans le travail et innovent peu. Cette situation pourrait correspondre à une économie de type soviétique (ETS) sans mécanisme d'incitation. La perspective est ici la stagnation et le gaspillage des ressources.

ETS	Jungle
Efficacité sociale	Efficacité économique
Transferts	Liberté dans l'allocation
Solidarité	Individualisme
Compensation les handicaps	Récompenser les talents

L'ambition de Keynes était de parvenir à dépasser cette opposition entre efficacité économique et efficacité sociale. Chez Keynes la redistribution peut, sous certaines hypothèses, ramener l'économie vers un équilibre de plein-emploi.

Pour Rawls (*Théorie de la justice sociale*, 1971) les inégalités économiques et sociales se justifient à condition d'être liées à des fonctions ouvertes à tous et surtout de profiter à tous à travers la dynamique d'activité qu'elles engendrent. Si les inégalités produisent une société de rentiers, inertielle avec une forte reproduction sociale, elles doivent être combattues.

4. LES OUTILS DE REDISTRIBUTION DES REVENUS

Afin de réduire les inégalités dans la répartition des revenus primaires et d'apporter des revenus à ceux qui n'en ont pas, les pouvoirs publics opèrent une redistribution. Des prélèvements sont opérés et des prestations sont accordées (elles sont appelées revenus de transferts).

Les prélèvements sont constitués par :

- les cotisations sociales ;
- des impôts directs sur le revenu ;
- des impôts directs sur le patrimoine.

Les revenus de transferts sont :

- les prestations versées par les organismes de sécurité sociale au titre de la couverture de certains risques de la vie (maladie, vieillesse, famille, emploi) ;
- le RMI (Revenu minimum d'insertion) qui constitue en France depuis sa création en 1988 un revenu de transferts. Cette allocation est versée par les Conseils Généraux ; en 2008 près de 1 100 000 personnes en bénéficient.

5. LE REVENU DISPONIBLE BRUT

Le revenu disponible brut des ménages est un revenu après cotisations sociales et impôts directs mais avant transferts sociaux en nature. Il est disponible pour la dépense de consommation finale et l'épargne. Le partage de ce revenu entre consommation immédiate et épargne dépend du niveau des taux d'intérêt (approche néoclassique), du niveau de revenu (approche keynésienne).

En comptabilité nationale le revenu disponible brut des ménages est égal à la somme de l'excédent brut d'exploitation, de la rémunération des salariés, de la rémunération du travail de l'entrepreneur individuel (voire de sa famille), des profits bruts de l'entreprise, des revenus de la propriété (dividendes, intérêts…), des prestations sociales en espèces moins les cotisations sociales et les impôts sur le revenu et le patrimoine versés.

4 La consommation

Point clef

L'analyse économique et sociale de la consommation est plurielle et complexe. Au niveau microéconomique les comportements individuels de consommation (maximisation de la satisfaction, l'arbitrage entre consommation présente et future...), ainsi que les propriétés des différents biens sont étudiés. Au plan macroéconomique de grands déterminants de la consommation sont isolés.

1. DÉFINITION

La consommation désigne **l'utilisation d'un bien ou d'un service qui entraîne à terme sa destruction**.

La consommation peut avoir deux buts : la **production de satisfactions** et la **production de biens**. Lorsqu'elle est productive de satisfactions, la consommation est dite finale. La consommation finale des ménages concerne principalement des biens et services marchands (denrées alimentaires, vêtements, voitures...) et aussi des services non marchands (forfait hospitalier, droits d'inscription à l'Université...). Lorsqu'elle est productive de biens, la consommation est dite intermédiaire ou de capital fixe (amortissement).

2. PROPRIÉTÉS DES BIENS

La demande de biens réagit de manière différente à la variation des revenus et des prix. De grandes typologies peuvent être proposées.

Un bien est dit inférieur si sa demande diminue lorsque le revenu augmente : son élasticité-revenu est dans ce cas inférieure à zéro (historiquement c'est le cas du pain par exemple). Un bien normal présente une élasticité-revenu positive et inférieure à l'unité. Un bien supérieur est un bien dont la demande augmente plus de proportionnellement suite à une progression du revenu, son élasticité-revenu est supérieure à 1.

L'effet Veblen désigne le fait que l'élasticité prix de la demande est positive pour certains biens de luxe et certains groupes sociaux. La hausse du prix du bien, le rend plus désirable aux yeux de certains qui considèrent son prix élevé comme une source de distinction. On évoque un effet de snobisme. Dans l'ouvrage *Théorie de la classe de loisir* (1889), T. Veblen montre plus largement le caractère social des comportements de consommation.

Des biens substituables sont concurrents au sens ou la variation du prix de l'un influence fortement la demande de l'autre (l'élasticité de la demande de l'un par rapport au prix de l'autre est élevée, le beurre et la margarine par exemple).

Un bien rival est un bien dont la consommation ou l'usage par un individu exclut sa consommation ou son usage par un autre individu.

Un bien collectif est un bien indivisible dont la consommation par un individu ne réduit pas la quantité (ou le montant) de ce même bien encore à la disposition des autres individus (exemples : route, éclairage public, jardin public...).

3. LA STRUCTURE DE LA CONSOMMATION

Le coefficient budgétaire est la part qu'une dépense de consommation (d'un bien ou d'une catégorie de biens) représente dans le total des dépenses de consommation.

La loi d'Engel désigne le fait que le coefficient budgétaire des dépenses de premières nécessités (alimentation) diminue lorsque les ressources des ménages progressent.

L'effet Giffen constitue une exception à cette « règle » : la hausse du prix d'un bien inférieur peut s'accompagner d'une hausse de sa demande. Si un bien occupe une grande place dans le budget des ménages, la hausse de son prix provoque une baisse du pouvoir d'achat du revenu et conduit le ménage à accroître la demande de ce bien inférieur qui se substitue à d'autres. L'économiste Giffen étudie le cas particulier de la pomme de terre en Irlande au XIXe siècle.

La structure de la consommation diffère selon le niveau de vie des différentes catégories sociales. Le coefficient budgétaire des dépenses de premières nécessités est plus élevé pour les catégories populaires que pour les catégories moyennes et supérieures. À l'inverse les coefficients budgétaires des biens de moindre nécessité comme les loisirs sont plus élevés dans les catégories supérieures.

4. LES PROPENSIONS À CONSOMMER

Le revenu (noté Y) est égal à la consommation (C) plus l'épargne (S). Les notions de propensions moyenne et marginale à consommer sont centrales en économie depuis la publication du livre de Keynes *Théorie générale de l'emploi de l'intérêt et de la monnaie* (1936).

La **propension moyenne à consommer** désigne le rapport entre consommation et revenu, la part du revenu qui est consommée C/Y.

La **propension marginale à consommer** (c) désigne la part de la dernière unité de revenu consacrée à la consommation $\Delta C/\Delta Y$.

La **loi psychologique fondamentale** de Keynes désigne le fait que la propension marginale à consommer soit décroissante avec le revenu. Cette baisse relative de la consommation (ou son corolaire l'excès d'épargne) contribue à expliquer l'insuffisance de la demande.

5. LES DÉTERMINANTS MACROÉCONOMIQUES DE LA CONSOMMATION

Au plan macroéconomique de grands déterminants de la consommation peuvent être isolés.

Chez Keynes (1936), la consommation à la période t (Ct) dépend du revenu courant (Yt) :

$$Ct = Co + c\,Yt$$

Avec :

- Co : une consommation incompressible ;
- C : la propension marginale à consommer.

Cette fonction de consommation fonde le raisonnement en termes de multiplicateur (v. fiche 14).

La **théorie du revenu relatif** élaborée par Duesenberry (1949) postule que la propension à consommer d'un ménage dépend certes de son revenu mais aussi d'un effet de démonstration exercé par les ménages des catégories supérieures qui poussent vers le haut la consommation des catégories inférieures.

Dans l'ouvrage *Une théorie de la fonction de consommation* (1957) Friedman transpose l'analyse microéconomique de la consommation (travaux de Fisher) au niveau macroéconomique. La consommation est principalement fonction du **revenu permanent**, c'est-à-dire le revenu moyen anticipé sur l'ensemble de la vie. Il dépend des revenus actualisés du travail et des actifs possédés.

L'approche en termes de cycles de vie, développée par Modigliani, Brumberg et Ando, insiste sur le fait que les flux d'endettement et d'épargne permettent aux ménages d'obtenir durant leur vie un profil de consommation stable à partir de revenus fluctuants. En période de jeunesse, l'emprunt permet de consommer ; en période d'activité, l'épargne progresse et un patrimoine est constitué ; à l'âge de la retraite, la consommation est alimentée par une « désépargne ».

5 L'investissement

Point clef

L'investissement est une variable particulièrement décisive en économie. Il est à la fois une composante de la demande et un puissant moteur de l'offre productive.

1. DÉFINITIONS ET TYPOLOGIE

L'investissement consiste fondamentalement à **engager du capital dans le processus de production**. Par nature il constitue un pari qui revient à échanger une satisfaction immédiate et certaine contre un espoir de gain.

L'**investissement matériel** réalisé par l'entreprise est qualifié d'investissement productif (équipements, machines...). À côté de cet investissement de nature corporel, un **investissement immatériel** est réalisé (dépenses de recherche et développement, de formation, acquisition de licences, de logiciels, dépenses de formation, de publicité...).

Si l'investissement brut (le nouveau flux annuel d'investissement) est supérieur à l'amortissement (évaluation annuelle de la perte de valeur d'actifs ou de biens de production frappés d'usure ou d'obsolescence) le stock de capital progresse.

L'**investissement net** représente la différence entre l'investissement brut et l'amortissement.

Investissement de remplacement, de capacité et de productivité :

- L'investissement de remplacement (ou de renouvellement) est destiné à maintenir les capacités de production, il compense l'obsolescence et/ou l'usure des équipements.
- L'investissement de capacité (ou d'extension) est destiné à accroître le potentiel productif de l'entreprise.
- L'investissement de productivité est destiné à rationaliser la production, à intégrer le progrès technique dans la combinaison productive.

Au sein d'une économie le taux d'investissement se mesure par le rapport FBCF sur PIB. La **formation brute de capital fixe** est constituée de l'investissement productif des entreprises, de l'investissement des administrations et de l'investissement des ménages (achats de logements). La FBCF doit être distinguée des placements financiers qui, eux, constituent une épargne.

2. RENTABILITÉ ET FINANCEMENT DE L'INVESTISSEMENT

Un investissement n'est réalisé que si sa rentabilité économique est positive.

Au niveau microéconomique la valeur actualisée nette (**VAN**) d'un projet d'investissement peut être calculée. Elle revient à comparer le coût initial de l'investissement (Io, t) à la somme actualisée des recettes attendues de l'investissement (Ri) pendant les T périodes à venir.

$$VAN = -Io,t + \sum_{i=1}^{T} \frac{Ri}{(1+r)^i}$$

Si la VAN est positive, l'investissement est réalisé ; si elle est négative, il ne l'est pas.

Selon John Maynard Keynes l'efficacité marginale du capital désigne la rentabilité attendue de l'investissement, les recettes attendues des projets ne sont pas « certaines », elles résultent des anticipations des chefs d'entreprise.

Le financement interne de l'investissement provient des capacités d'autofinancement des entreprises (profits conservés en réserve). Le financement externe est constitué soit par l'émission de titres de différentes natures (obligations, actions), soit par un recours à l'emprunt.

L'entreprise peut émettre des **obligations**, c'est-à-dire des titres de créances qui représentent une partie d'un emprunt à long terme. Le plus souvent elle verse aux détenteurs du titre une rente annuelle et rembourse le capital à échéance.

L'entreprise peut aussi émettre des **actions** c'est-à-dire des titres financiers représentatifs d'une partie du droit de propriété sur une entreprise. Le souscripteur de l'action contribue au financement de l'entreprise en échange d'un droit de vote lors de l'assemblée générale (qui élit le conseil d'administration) et d'un droit au partage des bénéfices à travers la perception d'un dividende.

L'emprunt est un financement obtenu le plus souvent auprès d'une banque. Le coût de ce mode de financement est constitué par le taux d'intérêt.

Un effet de levier de l'endettement se déclenche lorsque la rentabilité d'un projet d'investissement est supérieure au coût de l'endettement destiné à le financer. Dès lors que le taux de profit est supérieur au taux d'intérêt, l'entreprise est d'autant plus incitée à s'endetter. Dans le cas contraire on évoque un effet de massue.

3. LES DÉTERMINANTS DE L'INVESTISSEMENT

Les déterminants de l'investissement sont nombreux, la prise de décision complexe, il est difficile d'établir empiriquement l'influence d'un facteur.

a) L'état de la demande anticipée

Keynes a mis en exergue le fait que l'investissement dépendait de l'état de la demande anticipée, c'est-à-dire de l'idée que le chef d'entreprise se fait de la demande qui lui sera adressée à l'avenir, ces anticipations mobilisent les *animal spirits* de l'entrepreneur.

b) Le coût relatif du capital et du travail

La hausse du coût du travail (salaire et cotisations sociales) peut inciter le chef d'entreprise à substituer des machines aux travailleurs. Le prix relatif des facteurs peut également influencer le choix de la technologie adoptée.

c) Le taux d'intérêt

Le taux d'intérêt représente le coût du capital. En principe toute chose égale par ailleurs la baisse des taux d'intérêt dynamise l'investissement puisqu'un plus grand nombre de projets d'investissement deviennent rentables. Mais empiriquement l'influence des taux est difficile à établir.

d) Les profits

Le « théorème » de Schmidt (ancien chancelier Allemand) a popularisé l'idée que les profits constituent un moteur de l'investissement : « les profits d'aujourd'hui sont les investissements de demain et les emplois d'après-demain ». Une hausse des profits permet de financer les investissements par le canal de l'autofinancement. Plus la rentabilité économique de l'investissement est grande, plus l'incitation à investir est forte. Le taux de rentabilité économique (ou taux de profit) est le rapport entre le profit réalisé et le capital engagé.

e) La structure financière de l'entreprise

Dès lors que les marchés financiers sont imparfaits, la structure financière de l'entreprise influence l'investissement. L'endettement accroît le risque de faillite alors que la possession de fonds propres obtenus par émission d'actions le réduit. En cas de difficultés l'entreprise peut toujours interrompre le versement de dividendes alors qu'elle ne peut cesser celui des intérêts. Une banque est hésitante à prêter à une entreprise endettée et peut exiger une prime de risque sur le taux d'intérêt.

6 Le développement économique

Point clef

La notion de développement vise à introduire des considérations qualitatives pour apprécier les performances d'une économie. Les conceptions et les critères du développement apparaissent pluriels, voire éclatés.

1. CARACTÉRISATIONS DU DÉVELOPPEMENT

Historiquement le développement désigne la transformation des sociétés et véhicule l'idée de progrès. Depuis le milieu du XXe siècle, la notion s'est chargée d'un sens plus précis : l'amélioration de la qualité de vie des hommes. Par rapport à la croissance économique, le développement vise donc à **réintroduire des caractéristiques plus qualitatives** pour apprécier les performances d'une économie.

François Perroux donne une définition du développement très usitée depuis « le développement est la combinaison des changements mentaux et sociaux d'une population qui la rendent apte à faire croître, cumulativement et durablement, son produit global réel » (1961). Par la suite Perroux paraît réintroduire plus ouvertement l'homme en précisant que le développement désigne « le changement des structures mentales et sociales qui favorisent l'entraînement mutuel de l'appareil de production et de la population au service de cette dernière » (1972).

Parmi la multitude des autres conceptions du développement celle de A. Sen doit être mentionnée. Il conçoit le développement « comme un processus d'expansion des libertés réelles dont jouissent les individus ». Dans l'ouvrage Development as Freedom (1999), Sen affirme : « l'expansion des libertés constitue à la fois la fin première et le moyen principal du développement, (…) le « rôle constitutif » et le « rôle instrumental » de la liberté dans le développement. »

2. LE DÉVELOPPEMENT DURABLE

Le développement durable (ou soutenable) est défini par le **rapport Brudtland** (1987) comme « un développement qui répond aux besoins du présent sans compromettre la capacité des générations futures à répondre aux leurs ». Ce concept attire depuis l'attention sur les conséquences environnementales de la croissance économique (émission de gaz à effets de serre, épuisement des ressources naturelles…).

Au plan théorique deux visions s'opposent derrière cette définition du développement durable.

La première d'inspiration néoclassique fonde la soutenabilité exclusivement sur une base environnementale. Elle cherche au niveau microéconomique à valoriser monétairement les éléments naturels afin de pouvoir les analyser dans un calcul coûts-bénéfices. Cette conception débouche sur la mise en place de mécanismes d'incitations (permis de polluer…). Au plan macroéconomique dans la lignée du modèle de Solow, les économistes cherchent à fournir des fondements théoriques à la relation vertueuse entre croissance et qualité environnementale (rapport Stern de 2006). Ils cherchent à formuler une règle de soutenabilité assurant le maintien de la valeur par tête du stock total de capital de la société en postulant une parfaite substituabilité entre les différentes formes de capital (physique, humain, naturel).

La deuxième approche – qualifiée d'hétérodoxe – se veut plus globale en intégrant les dimensions environnementale, sociale et économique du développement. Elle est associée au maintien d'un stock de capital naturel dit « critique » et rejette le principe de la substituabilité des facteurs au profit de leur complémentarité. Elle s'oppose à la valorisation monétaire des éléments naturels. Elle peut déboucher sur l'idée de décroissance.

3. LES INDICATEURS DE DÉVELOPPEMENT

Parmi les indicateurs de développement, deux sont particulièrement répandus et scrutés : l'IDH et l'IPH.

a) L'IDH (Indice de développement humain)

Cet indice a été créé par le Programme des Nations unies pour le développement en 1990, il combine trois critères : **la longévité** (espérance de vie), **le savoir** (alphabétisation) et **le niveau de vie** (PIB par tête).

Les résultats 2007 (*Rapport mondial sur le développement humain*), qui se fondent sur les statistiques 2005 de 177 pays membres des Nations unies, font apparaître la hiérarchie suivante. L'Islande est en tête, juste devant la Norvège et l'Australie.

IDH en 2005, classement mondial

Rang	Pays
1	Islande
2	Norvège
3	Australie
8	Japon
10	France
12	États-Unis
16	Royaume-Uni
22	Allemagne
70	Brésil
81	Chine
128	Inde
176	Burkina Faso
177	Sierra Leone

Lorsque l'on compare la hiérarchie internationale sur les bases du PIB par tête et sur la base de l'IDH, la principale différence concerne la place des États-Unis qui rétrogradent en termes d'IDH (12e position).

b) L'IPH (Indice de pauvreté humaine)

L'indice de Pauvreté humaine a été créé par le PNUD en complément de l'IDH. Pour les pays en développement il repose sur trois variables :

- le risque de mourir avant 40 ans ;
- le taux d'analphabétisme des adultes ;
- les conditions de vie mesurées par l'accès aux services de santé, à l'eau potable et la sous-nutrition chez les enfants de moins de cinq ans.

Pour les pays développés, il tient compte en plus « du manque de conditions de vie décente » appréhendé par le pourcentage de personnes vivant sous la demi-médiane du revenu disponible des ménages.

7 La pauvreté

Point clef

La pauvreté est une notion relative, sa définition et sa mesure sont particulièrement conventionnelles. Le concept n'a notamment pas le même sens au sein d'une économie en voie de développement et d'une économie parmi les plus « avancées ».

1. UNE NOTION RELATIVE

La notion de pauvreté est très relative, « on est toujours le pauvre de quelqu'un » comme le dit un adage populaire. La pauvreté n'a d'abord pas le même sens dans les économies avancées et les économies en voie de développement. Une conception relative prédomine dans le premier cas alors qu'une approche absolue fait davantage sens dans le second.

Par-delà ces conceptions la pauvreté renvoie fondamentalement à des **manques en termes d'avoir, de pouvoir, de santé,** voire même de considération.

2. APPROCHE MONÉTAIRE : PAUVRETÉ ABSOLUE ET PAUVRETÉ RELATIVE

a) Pauvreté relative

Par convention au sein d'une société un individu est considéré comme pauvre si son **revenu est inférieur à 50 % (ou 60 %) du revenu médian** (le revenu associé à l'individu qui, lorsque l'on classe les individus par ordre croissant de revenu, est en position médiane, il y a autant de personnes qui ont un revenu inférieur au sien que de personne dont le revenu est supérieur). Cette approche est utilisée pour mesurer la pauvreté dans les économies du Nord (exemple français ci-après).

La pauvreté en France depuis trente ans (au seuil de 50 %)

	1979	1984	1990	1996	2000	2002	2003	2004	2005
Nombre de pauvres (en millions)	4,36	4,15	3,75	4,09	3,74	3,49	3,69	3,63	3,73
Taux de pauvreté	8,3	7,7	6,6	7,2	6,5	6,0	6,3	6,2	6,3

Source : Insee.

En France au cours des trente dernières années le nombre de pauvres a eu tendance à diminuer : il était de 4,36 millions en 1979 contre 3,73 millions en 2005. La France présente aujourd'hui l'un des taux de pauvreté les plus bas du monde (6,3 %).

Il convient de ne pas oublier que le choix du seuil est important : dans le cas de la France si, pour 2005, on retient le seuil de 60 % au lieu de 50 % le nombre de pauvres passe de 3,73 millions à 7,13 millions.

b) Pauvreté absolue

Sur cette base un individu est considéré comme pauvre s'il dispose de **moins de un dollar ou de moins de deux dollars par jour** pour vivre. Cette approche est plus adaptée à la situation des pays émergents ou en voie de développement.

Les estimations de la Banque mondiale font ressortir qu'en Asie de l'Est et du Pacifique (Chine incluse), la part des individus vivant avec moins de deux dollars par jour est passée de 84,8 % en 1981 à 40,7 % en 2002. En Amérique latine cette proportion s'est réduite (de 29,6 % à 23,4 %). En Afrique subsaharienne la proportion est passée sur la même période de 73,3 %

à 74,9 %. En Asie la mondialisation économique s'est accompagnée d'une réduction de la pauvreté alors qu'en Afrique subsaharienne la pauvreté a persisté malgré l'ouverture économique.

Proportion de la population vivant avec moins de deux dollars par jour

Zone	1981	1990	2002
Asie de l'Est et Pacifique	84,8	69,9	40,7
Amérique latine	29,6	28,4	23,4
Afrique subsaharienne	73,3	75	74,9

Source : Banque mondiale.

3. APPROCHE NON MONÉTAIRE DE LA PAUVRETÉ

La conception de la pauvreté humaine a évolué au cours de la période récente vers une approche dite non monétaire centrée sur les manques des individus en termes de santé, de pouvoir, de capacité, voire de considération. L'IPH et le BIP 40 illustrent ce mouvement.

a) L'IPH

Ainsi l'Indice de pauvreté humaine (IPH) a été créé par le PNUD (Programme des Nations unies pour le développement) en complément de l'IDH.

Le calcul de l'IPH-1 adapté aux pays pauvres repose sur trois variables :

- le risque de mourir avant 40 ans ;
- le taux d'analphabétisme des adultes ;
- les conditions de vie mesurées par :
  - l'accès aux services de santé,
  - l'accès à l'eau potable,
  - la sous-nutrition chez les enfants de moins de cinq ans.

Le calcul de l'IPH-2 – adapté aux pays riches – combine quatre indicateurs :

- indicateur de longévité,
- indicateur d'instruction,
- indicateur de conditions de vie,
- indicateur d'exclusion.

b) Le BIP 40

Il s'agit d'un Baromètre des inégalités et de la pauvreté. C'est un indicateur synthétique des inégalités et de la pauvreté créé en 2002 par des militants (collectif réseau d'alerte sur les inégalités) en réaction et en référence au PIB et au CAC 40 (indice phare de la Bourse de Paris). Le BIP est construit à partir de 58 critères qui concernent six dimensions (le travail, le revenu, le logement, l'éducation, la santé, la justice).

8 Les enjeux du développement d'une économie de service

Point clef

La montée en puissance des activités de service caractérise le XXe siècle. Cette transformation a des conséquences majeures en matière de productivité et de croissance potentielle.

1. DÉSINDUSTRIALISATION ET TERTIARISATION

Le développement des activités dites de services est caractéristique du XXe siècle. **La tertiarisation des économies les plus avancées fait écho à leur désindustrialisation**. Les deux notions sont certes graduelles, mais on convient d'identifier un tournant dans les années 1970 lorsque les effectifs de l'industrie connaissent une baisse absolue et non plus relative comme par le passé.

Aujourd'hui aux États-Unis, moins de 10 % des actifs travaillent dans l'industrie. En France cette proportion est passée de 25 % en 1978 à 13,8 % en 2006. En France, la part de l'industrie dans le PIB est passé de 35 % en 1970, à 22 % en 1990 et seulement 17 % aujourd'hui, la part des services passant aux mêmes dates de 54 %, à 69 % pour atteindre plus de 75 % actuellement.

Faut-il s'inquiéter d'un envahissement des services porteurs de peu de gains de productivité et partant de perspective de croissance ? Tous les services ont-ils le même statut du point de vue de la contribution à la croissance ? Quelle est la contribution des services aux échanges internationaux ?

2. TERTIARISATION DE L'ÉCONOMIE ET CRAINTE D'UNE STAGNATION DE L'ACTIVITÉ

a) La thèse d'un épuisement de la croissance

L'approche néoclassique conduit à la thèse d'un épuisement des sources de la croissance avec la tertiarisation des économies, en plaçant au centre de l'analyse la dynamique sectorielle des gains de productivité. Cette vision est celle de Baumol et Fourastié, qui évoquent « l'envahissement » de l'économie par le tertiaire et dénoncent comme une erreur toute notion d'un développement fondé sur le tertiaire, ou encore Bell, pourtant chantre de la société post-industrielle, mais qui admet sans difficulté que « l'absorption par les services d'une part croissante de la main-d'œuvre freine nécessairement la productivité et la croissance globales ».

Le modèle commun à ces auteurs repose sur deux bases.

D'abord **les gains de productivité dans le secteur tertiaire sont faibles** ou nuls, et en tout cas négligeables au regard de ceux de l'industrie et même de l'agriculture. L'exemple favori de Fourastié est celui de la coupe de cheveux. Le coiffeur d'aujourd'hui ne tond pas plus vite qu'il y a un siècle, et le coiffeur de Chicago n'est pas plus productif que celui de Calcutta.

Ensuite **la demande de services tend à augmenter à long terme**, sous l'effet de la progression des revenus et de la saturation progressive des besoins en biens alimentaires, puis en biens industriels. De là découlent plusieurs implications majeures. D'abord, le prix relatif des services par rapport à celui des biens industriels est appelé à augmenter indéfiniment, puisqu'il reflète à long terme l'écart des gains de productivité respectifs entre les deux secteurs. En second lieu, la part des services ne peut qu'augmenter au sein du PIB et surtout au sein de l'emploi total. Enfin, l'alourdissement du poids relatif des services ne peut que freiner le rythme de la croissance globale par un effet de structure.

Il convient néanmoins de prendre en compte deux objections à ce modèle. La première concerne une omission grave : il ne tient pas compte de l'effet de freinage qu'exerce sur la consommation des services la hausse de leur prix relatif. Dans la mesure où biens matériels et services sont substituables pour répondre aux mêmes besoins, les biens sont appelés à prendre le pas sur les services : c'est la thèse des partisans de l'économie de self-service (l'ordinateur remplace les services de la secrétaire, devenus trop coûteux...). Mais toute généralisation de ce type conduit à des exagérations inverses des précédentes. Dans la réalité, consommation de biens et consommation de services – mesurées en volume, et non plus en valeur – augmentent à peu près au même rythme : une sorte de match nul, chacune des deux composantes garde toute son importance.

b) Les faits

Un rapprochement peut être opéré avec le ralentissement de la croissance dans les économies les plus avancées, qui sont aussi les plus tertiarisées, et aussi avec le contraste entre les deux grandes économies du monde actuel : la Chine, dont le rythme de croissance en pleine phase d'industrialisation gravite autour des 10 % par an, avec des exportations qui exercent un rôle moteur et des excédents extérieurs systématiques ; et l'économie américaine, dont la croissance est jugée forte dès qu'elle culmine à 3 %, avec des déficits extérieurs records, qui se creusent à toute accélération de la demande interne.

3. LES COMPLÉMENTARITÉS ENTRE SERVICES ET INDUSTRIE : LA NÉCESSITÉ D'UN RAISONNEMENT EN TERMES DE PRODUCTIVITÉ GLOBALE

a) L'absence d'homogénéité des services du point de vue de la productivité

Du point de vue de la faiblesse des gains de productivité les services ne doivent pas être considérés comme un bloc homogène. Il existe des contre-exemples : les services de transport et communications mettent à leur actif des gains de productivité mesurables au même titre que ceux de l'industrie ou de l'agriculture, et d'une amplitude souvent encore plus forte, comme l'atteste la baisse de leur prix relatif. Mais, entre les deux extrêmes (la coupe de cheveux et les transports), si l'on veut parvenir à un jugement pondéré, tout le problème vient de ce qu'il n'existe pas de mesure directe de la productivité et de ses variations pour un grand nombre d'activités de services, sans doute la majorité.

b) Renoncer à mesurer la productivité des services ?

Mieux vaut renoncer à toute tentative de mesure que de persister dans certaines approches absurdes, comme de vouloir mesurer la productivité du médecin par le nombre de patients examinés, celle du professeur par le nombre de diplômes délivrés : car cela revient implicitement (et inconsciemment) à exclure toute possibilité d'une authentique progression de la productivité liée au contenu même de l'activité exercée. Or il serait contraire à toute vraisemblance que des secteurs aussi évolutifs puissent demeurer en marge du progrès de la société, et certains indicateurs objectifs globaux (comme les gains d'espérance de vie) confirment sans ambiguïté qu'il n'en est pas ainsi. De plus, la situation est loin d'être figée, et aucune activité tertiaire ne paraît vouée à demeurer irrémédiablement à l'écart des gains de productivité.

c) L'industrialisation des services

La révolution informatique (les NTIC) a entraîné ce qu'on a appelé l'« industrialisation » des services, en réalité l'industrialisation de certains services, avec pour résultat des gains de productivité mesurables parfois spectaculaires, mais qui ont donné lieu à des généralisations et prévisions abusives en matière de croissance. Une autre mutation de plus grande portée mérite de retenir l'attention des responsables de la politique économique : il s'agit de l'implication croissante – en sens inverse cette fois – des activités de recherche et de services au sens large dans la genèse et la diffusion des progrès de l'industrie, une implication multiforme et de plus en plus décisive au point que les services sont désormais au cœur de l'innovation industrielle. Il résulte de ces complémentarités que **la délimitation sectorielle du secondaire et du tertiaire devient purement arbitraire**, sinon caduque : les frontières s'estompent, les services sont omniprésents dans la sphère productive comme dans la consommation finale.

d) La complémentarité entre services et industries

La tertiarisation des économies avancées n'est pas synonyme d'épuisement de l'innovation, de productivité stagnante et de fin de la croissance. Mais de fin de la croissance économique directement mesurable, sans doute, au moins au sens de croissance directement imputable à un secteur d'activité donnée (c'est l'enseignement le plus clair de tous les débats autour du **paradoxe de Solow** : « On voit des ordinateurs partout, sauf dans les statistiques de productivité »). Les complémentarités s'affirment à tous les niveaux. Dans la phase actuelle, l'importance croissante des activités de services pour lesquelles la productivité est impossible à mesurer directement ne signifie pas que l'on doive renoncer à toute mesure globale de la productivité de l'économie dans son ensemble : aussi longtemps que les biens matériels demeurent une composante essentielle de la demande finale, leur croissance peut être tenue pour représentative de la contribution productive de toutes les branches de l'économie, y compris bien entendu les services. La diffusion des gains de productivité à partir du secteur qui en est l'origine caractérise plus que jamais la *Nouvelle économie* – et cette diffusion ne s'arrête pas aux frontières : les innovations originaires des économies avancées font de plus en plus vite sentir leurs effets sur l'industrie des pays émergents. C'est là l'un des facteurs du renforcement de la contrainte extérieure, qui représente, pour les économies post-industrielles fortement tertiarisées, la menace la plus directe de freinage de leur croissance globale.

4. LA FAIBLE CONTRIBUTION DES SERVICES AUX ÉCHANGES INTERNATIONAUX

a) Des représentations sur le dynamisme des services

Il existe une conviction très répandue que les exportations françaises de services connaissent un essor « sans précédent ». Cette vision s'appuie notamment sur les bonnes performances de la France en ce domaine, qui se place souvent ces dernières années au 2e rang mondial des exportateurs de services. On fait fréquemment état aussi de la part croissante des services – avec l'émergence très visible de quelques « multinationales » – dans le total mondial des investissements directs à l'étranger. Et surtout chacun pense à la percée récente des échanges de services nouveaux, issus de la révolution informatique, s'adressant pour la plupart aux entreprises, et quelquefois aux particuliers. Encore faut-il garder présentes à l'esprit la grande hétérogénéité des échanges de services et la dynamique très contrastée qui caractérise les principaux postes en moyenne et longue périodes : un jugement objectif ne saurait se fonder exclusivement sur la progression rapide de quelques services nouveaux – souvent très frappante, mais dont le poids relatif demeure encore assez faible (services d'informatiques et information) – sans prendre en compte le comportement des services plus « traditionnels » comme les transports ou les services gouvernementaux (dépenses des ambassades et dépenses militaires à l'étranger).

b) La faiblesse relative des exportations de services

L'importance relative des exportations françaises de services – que l'on peut évaluer en proportion du commerce extérieur de marchandises ou du produit du secteur tertiaire – n'a pas cessé de fluctuer depuis les années 1950, mais sans *trend* nettement affirmé. **La part des exportations de services dans le total des exportations françaises oscille autour de 20 %**. Le rapport des exportations de services à la valeur ajoutée totale du secteur tertiaire oscille, lui, autour de 8 % sur les vingt dernières années.

L'essor des échanges internationaux de services a seulement accompagné l'essor (rapide) du commerce extérieur de marchandises – ce qui est déjà beaucoup. L'impression souvent ressentie d'un véritable « envol » récent des exportations de services comporte une part d'exagération.

L'idée reçue selon laquelle l'essentiel des services « s'échangent peu » (au plan international) reste globalement vraie : le taux d'ouverture du secteur tertiaire (rapport des exportations de services à la valeur ajoutée sectorielle : 8,2 % en 2001) reste très inférieur à celui de l'économie nationale (rapport des exportations de biens et services au PIB : 26,2 % en moyenne pour la France entre 1998 et 2002). Il en résulte un effet de structure – le processus de tertiarisation à long terme tend à réduire, toutes choses égales d'ailleurs, c'est-à-dire indépendamment des évolutions au sein de chaque secteur, le taux d'ouverture global des économies nationales –, qui constitue un déterminant important (en l'occurrence, un facteur de freinage) de la dynamique d'ouverture internationale.

Le constat de l'imbrication des activités de services dans la dynamique des échanges internationaux de biens manufacturés mais aussi de produits primaires (à travers le transport et l'innovation notamment) invite à mettre au centre de l'analyse de l'insertion d'une économie nationale dans les échanges mondiaux la notion de compétitivité globale. Par cercles concentriques, les services participent au développement des échanges (du transport qui facilite l'ouverture manufacturière, aux services aux entreprises qui dynamisent l'ensemble des échanges en passant par les activités de recherche qui orientent les spécialisations). Dès lors, le solde courant apparaît plus que jamais central pour apprécier la compétitivité, compétitivité industrielle, compétitivité des services désormais indissociablement liées.

9 Adam Smith et la richesse des nations

Point clef

L'ouvrage *Recherches sur la nature et les causes de la richesse des nations*, publié en 1776, marque une étape importante dans l'histoire de l'analyse économique. Smith s'intéresse à la plupart des thèmes économiques de son temps avec comme fil conducteur la croissance (la Richesse des nations). Smith fait certes la synthèse d'idées avancées par d'autres avant lui (Mandeville, Helvesius, Hume...) mais sa rigueur scientifique le fait apparaître comme le premier « classique » aux yeux de Karl Marx.

1. APPROCHE MÉTHODOLOGIQUE ET CONCEPTS FONDAMENTAUX

L'analyse de Smith intègre les caractéristiques du libéralisme et apparaît pleinement en phase avec la logique du capitalisme.

Inspiré notamment par Mandeville et Helvesius, Smith théorise de façon systématique l'individualisme méthodologique en économie. Il prend comme élément de base des individus égoïstes qui poursuivent leurs intérêts personnels. Dans la sphère économique la recherche par chacun de son intérêt conduit par le jeu de la **main invisible** de la concurrence au bien-être collectif :

« Ce n'est pas de la bienveillance du boucher, du marchand de bière et du boulanger que nous attendons notre dîner mais bien du soin qu'ils apportent à leurs intérêts. Nous ne nous adressons pas à leur humanité mais à leur égoïsme… ».

Smith montre aussi que le prix permet d'ajuster les quantités offertes et les quantités demandées. Le marché, lieu d'échanges, est porteur d'une harmonie collective et d'une bonne allocation des ressources.

Sur la question de la valeur Smith propose une double approche. Il aborde le thème par l'offre en distinguant des biens non reproductibles (métaux, œuvres d'art) dont la valeur réside dans la rareté et des biens reproductibles dont la valeur est fonction de la quantité de travail qu'ils intègrent. Smith appelle **prix naturel** le prix de production qui dépend de la quantité de travail incorporé dans le produit et **prix de marché** celui qui résulte du jeu de l'offre et de la demande. Il est possible que le prix de marché oscille autour du prix naturel.

2. DIVISION DU TRAVAIL ET EFFICACITÉ PRODUCTIVE

La division du travail permet de réaliser des gains de productivité. Smith prend l'exemple de la production d'épingles, qui nécessite, selon lui, dix-huit opérations distinctes. Il compare la production obtenue dans une manufacture de dix ouvriers où chacun se spécialise dans deux ou trois opérations à celle qui serait obtenue en l'absence de spécialisation :

« Ces dix ouvriers pouvaient faire entre eux plus de quarante-huit milliers d'épingles dans une journée ; donc, chaque ouvrier, faisant un dixième de ce produit, peut être considéré comme donnant dans sa journée quatre mille huit cents épingles. Mais s'ils avaient travaillé à part et indépendamment les uns des autres, et s'ils n'avaient pas été façonnés à cette besogne particulière, chacun d'eux n'eut pas fait vingt épingles, peut-être pas une seule dans sa journée ». Et Smith de généraliser : « Dans tout autre art et manufacture les effets de la division du travail sont les mêmes (…) la division du travail amène un accroissement proportionnel dans la puissance productive du travail. (…) Cette grande augmentation dans la quantité d'ouvrages qu'un même nombre de bras est en état de fournir, en conséquence de la division du travail, est due à trois caractéristiques différentes :

- premièrement, à un accroissement d'habileté chez chaque ouvrier individuellement ;

- deuxièmement, à l'épargne du temps qui se perd ordinairement quand on passe d'une espèce d'ouvrage à une autre ;
- troisièmement enfin à l'invention d'un grand nombre de machines qui facilitent et abrègent le travail, et qui permettent à un homme de remplir la tâche de plusieurs. »

Smith met ici en avant l'importance de **l'apprentissage**, de **l'organisation de la production** et du progrès technique en économie.

La division du travail est, selon lui, d'autant plus poussée que la taille du marché est grande.

La possibilité de réaliser ainsi des **gains de productivité** conduit à une vision optimiste des perspectives de croissance.

3. LE RÔLE LIMITÉ DE L'ÉTAT

Chez Smith, l'analyse de l'État est intégrée aux mécanismes d'une économie de marché. L'État doit d'abord exercer ses **fonctions régaliennes** :

- la défense nationale ;
- la justice et la police.

De manière plus originale et analytique, Smith pense qu'il revient également à l'État de prendre en charge la **fourniture de biens publics**, « de créer et de maintenir les institutions publiques et les édifices et travaux publics qui, bien qu'ils soient du plus haut degré d'intérêt pour la société, sont d'une nature telle que l'obtention d'un profit ne peut jamais couvrir les dépenses d'un individu ou d'un petit groupe d'individus, et qu'en conséquence on ne peut s'attendre à ce qu'ils les installent ou les entretiennent. La réalisation de ce devoir nécessite à des degrés différents des dépenses qui varient selon les stades de développement des sociétés. »

En certaines circonstances l'instauration de droits de douanes par l'État peut se justifier :

- en présence d'industries stratégiques pour la défense nationale ;
- pour compenser d'éventuelles taxes à l'exportation et rétablir une compétition équitable entre industries nationale et étrangère.

Pour financer ses fonctions, l'État doit lever des impôts. L'impôt doit, selon lui, être fonction des capacités contributives des individus et/ou des bénéfices qu'ils retirent des dépenses publiques. Smith recommande une gestion équilibrée des finances publiques.

4. LIBRE-ÉCHANGE ET AVANTAGES ABSOLUS

Alors que les politiques commerciales de son époque sont encore très imprégnées des doctrines mercantilistes, Smith est, de manière générale, **favorable au libre-échange :** « si un pays étranger peut nous fournir une marchandise à meilleur marché que nous ne sommes en état de l'établir nous-même, il vaut mieux que nous la lui achetions avec quelque partie du produit de notre propre industrie ». Il étend la notion de division du travail au champ de l'économie internationale. Chaque pays doit, selon lui, se spécialiser dans les productions pour lesquelles, il dispose d'un **avantage absolu en termes de coût de production**. L'insertion dans **la division internationale du travail est bénéfique** dès lors qu'un pays dispose de l'avantage dans au moins une production. Sa démonstration des vertus du libre-échange repose sur des hypothèses restrictives : les facteurs de production sont parfaitement mobiles au plan national et immobiles au niveau international. Son approche exclut a priori des échanges internationaux une nation sans avantage absolu.

Repères chronologiques

- 1759 : publication par Smith de l'ouvrage *Théorie des sentiments moraux.*
- 1760-1770 : début de la Révolution industrielle anglaise.
- 1776 : publication par Smith de l'ouvrage *Recherches sur la nature et les causes de la richesse des nations.*

10 L'analyse économique de Ricardo

Point clef

David Ricardo (1772-1823) apparaît comme le père du raisonnement déductif en économie. Il pratique le raisonnement différentiel. Il justifie théoriquement le libre-échange en avançant l'argument de la spécialisation sur la base des avantages comparatifs. Son analyse centrée sur l'agriculture le conduit à être très pessimiste sur les perspectives de croissance.

1. RICARDO THÉORICIEN DE LA VALEUR TRAVAIL

Ricardo reprend la distinction de Smith entre **valeur d'usage** et **valeur d'échange** mais adhère à la **théorie de la valeur travail**.

La valeur des biens industriels reproductibles est fondée sur la quantité de travail qu'ils incorporent : « La valeur des marchandises se trouve modifiée, non seulement par le travail immédiatement appliqué à leur production, mais encore par le travail consacré aux outils, aux machines, aux bâtiments qui servent à les créer ». Cette approche constitue le cas général. Dans certains cas particuliers, la valeur des biens reproductibles peut avoir un caractère subjectif, du fait de la loi de l'offre et la demande.

Les biens non reproductibles, très minoritaires selon David Ricardo (tableaux précieux, statues…), ont une valeur fondée sur leur rareté, elle dépend « des goûts et du caprice de ceux qui ont envie de posséder de tels objets ».

Le **prix naturel** fondé sur le travail constitue la valeur des choses, le prix courant peut osciller autour de ce prix naturel.

Selon Ricardo, le salaire des ouvriers oscille autour de ce qu'il appelle le **salaire de subsistance** qui constitue un salaire minimum nécessaire à la reproduction de la force de travail (nourriture, vêtements…).

2. RENTE DIFFÉRENTIELLE ET ÉTAT STATIONNAIRE CHEZ RICARDO

L'analyse des rendements décroissants des terres mises en culture conduit Ricardo à raisonner en termes différentiels, c'est-à-dire à la marge. Il annonce les ingénieurs et les marginalistes. Sa **théorie de la rente différentielle** consiste à expliquer l'origine du prix des terres payées aux propriétaires fonciers (le loyer) à partir des rendements agricoles. Ce prix varie en fonction des différences de rendements entre les terres.

À titre d'exemple, Ricardo considère trois terrains (identiques en termes de surface) produisant respectivement 100, 90 et 80 quintaux de céréales. Le propriétaire du terrain qui donne 90 quintaux avec la même quantité de travail que celui qui donne 80 quintaux met la différence de 10 sur le compte de la qualité intrinsèque de sa terre et réclame cette rente.

Sous l'effet de l'augmentation de la population, il conviendra de mettre en culture de plus en plus de terres… Les meilleures terres ont été mises en culture les premières et la loi des rendements décroissants de la terre prévaut. La rente différentielle est condamnée à augmenter et la part du produit national consacrée aux paiements des propriétaires fonciers également. Comme les salariés touchent des salaires de subsistance incompressibles et que leur nombre est croissant, la masse salariale augmente à court terme proportionnellement à la population. En conséquence, les profits des entreprises sont laminés. À long terme, le profit (ce qui reste du produit brut lorsque l'on a enlevé les salaires et la rente) tend vers zéro. Le stock de capital se stabilise : l'économie s'installe dans l'**état stationnaire**.

L'état stationnaire est stable. Il peut être modifié par le progrès technique qui peut améliorer la productivité agricole et l'ouverture commerciale de l'économie. *Via* la baisse du prix des denrées alimentaires et par conséquent du salaire de subsistance, les importations de produits agricoles permettent un déplacement de l'horizon de l'état stationnaire.

Au total, Ricardo apparaît comme un classique pessimiste quant aux perspectives de croissance contrairement aux classiques français comme Say et Bastiat qui concentrent leur attention sur l'industrie naissante (v. fiche 11).

3. LIBRE-ÉCHANGE ET AVANTAGES COMPARATIFS

À son époque, David Ricardo prend position contre les *corn laws* (v. fiche 12) et se prononce en faveur d'un libre-échange généralisé auquel il apporte des fondements théoriques solides.

Dans *Principes d'économie politique et de l'impôt* (1817), il fonde la spécialisation sur la notion d'**avantage comparatif**. Chaque nation a intérêt à se spécialiser dans la production pour laquelle elle dispose du plus grand avantage comparatif ou du plus petit désavantage comparatif en termes de coûts de production. Chacun peut trouver avantage à une réallocation interne des facteurs vers les productions pour lesquelles le pays est « naturellement » le plus compétitif.

Il y a rupture avec Adam Smith dans la mesure où chaque nation peut maintenant trouver une place dans le commerce international. Chez Smith, une nation sans aucun avantage absolu se trouvait exclue de l'échange. Ricardo prolonge également l'analyse de Smith en signalant les gains de bien-être associé à l'accroissement du nombre de produits offerts aux consommateurs.

Mais il y a continuité avec Smith dans la mesure où l'on ne connaît pas l'origine ultime de l'avantage comparatif et de la spécialisation. Une approche technologique (une combinaison efficace des facteurs) semble derrière cet avantage en termes de coût de production, mais l'on n'en sait pas plus. La définition de la nation reste également la même (mobilité interne des facteurs de production, surtout du capital, immobilisme externe de ces mêmes facteurs). Pendant plus d'un siècle, la théorie ricardienne fait l'objet de critiques sans qu'aucune approche alternative ne la supplante. Il faut attendre pour cela l'entre-deux-guerres et l'analyse Heckscher-Ohlin-Samuelson (v. fiche 66).

Repères chronologiques

- 1817 : publication de l'ouvrage *Principes d'économie politique et de l'impôt.*

11 La loi de Say

Point clef

La loi de Say fonde l'approche économique libérale et constitue un réceptacle des grandes controverses macroéconomiques contemporaines. La loi des débouchés repose sur les hypothèses de neutralité de la monnaie et de flexibilité des prix. Elle fonde l'idée que la réalisation de l'équilibre macroéconomique ne saurait rencontrer d'obstacle du côté de la demande et implique la mise en œuvre de politiques d'offre.

1. PRINCIPES ET HYPOTHÈSES DE LA LOI DE SAY

La **loi des débouchés** est énoncée par l'économiste français Jean-Baptiste Say dans son *Traité d'économie politique* publié en 1803. Elle tient en une affirmation clef : « **Les produits s'échangent contre des produits** ». Derrière cette proposition, il faut entendre que, lors du processus de production, les revenus distribués (salaires, profits, rentes) sont immédiatement « réinjectés dans le circuit » et viennent constituer une demande. Le revenu est réparti entre consommation (C) et épargne (S) sur la base du niveau du taux d'intérêt réel (r). La consommation constitue une demande et l'épargne est immédiatement transformée en investissement (I). Cet investissement prend la forme de machines et constitue lui aussi une demande.

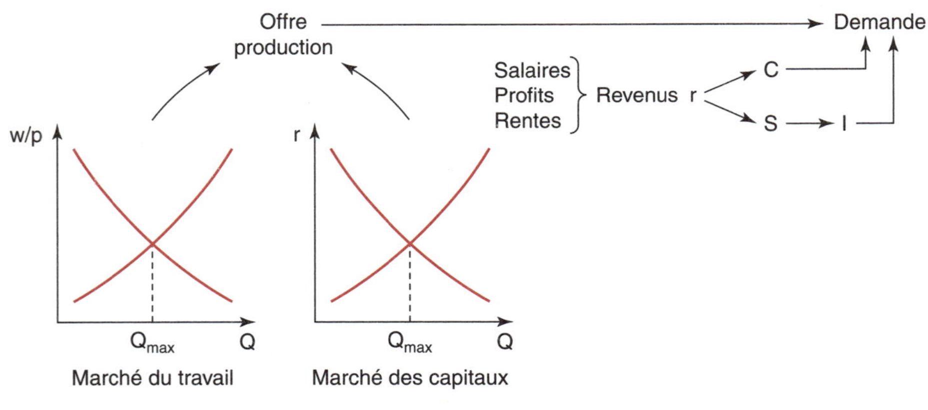

La loi de Say ne relève pas d'une simple égalité comptable. Sous certaines hypothèses, « **toute offre crée sa propre demande** », il convient notamment que la **monnaie** soit **neutre**, c'est-à-dire ne constitue qu'un voile sur les échanges. Chez Say, la monnaie n'a que deux fonctions (intermédiaire des échanges et unité de compte). Elle n'est pas désirée pour elle-même (implicitement, il ne serait pas rationnel de conserver une épargne sous forme liquide puisque ce serait se priver du taux d'intérêt).

Il peut arriver que le chef d'entreprise offre des produits indésirables par le marché. Dans ce cas le système de prix (parfaitement flexible et vecteur d'informations non biaisé) doit répondre en envoyant comme signal l'effondrement des prix, ce qui conduit à modifier les caractéristiques des produits offerts.

2. PORTÉE DE LA LOI DE SAY

Dans la tradition d'un classicisme français plutôt axé sur l'analyse du développement de l'industrie (Say, Bastiat), la loi de Say fonde un certain optimisme quant à la possibilité pour une économie de maintenir une croissance durable et soutenue. Au contraire, les classiques anglais dont l'attention se concentre sur l'agriculture (Malthus, Ricardo) et ses rendements décroissants craignent l'état stationnaire (v. fiche 10).

La loi de Say a fait l'objet de nombreuses critiques.

Malthus et Sismondi au début du XIXe siècle ainsi que Marx un peu plus tard ont attiré l'attention sur la possibilité d'une crise de sous-consommation liée à une épargne excessive et à la possibilité d'une thésaurisation. Sismondi (1819) en particulier fait ressortir l'importance de la demande. Une crise de surproduction peut entraîner une réduction des prix et des revenus (en raison de la baisse de la demande de travail). La baisse des revenus entraîne une baisse de la demande et de la production.

Keynes apporte une contestation plus nette à partir d'une analyse monétaire. L'incertitude consubstantielle à la nature de l'économie conduit à désirer la monnaie pour elle-même (pour l'essentiel au motif de spéculation du fait des possibles variations du taux d'intérêt : la détention d'encaisses liquides est préférable à la détention de titres en cas de hausse des taux). On comprend dès lors que toute offre ne peut plus créer sa propre demande : une partie des revenus distribués lors du processus de production est conservée sous forme de liquidité.

Si à court terme la validité de la loi de Say paraît, sans conteste, devoir être rejetée en raison de la force même des hypothèses ci-dessus, à long terme une fois les ajustements opérés ne deviendrait-elle pas valide ?

3. IMPLICATIONS NORMATIVES

Dans la mesure où la réalisation de l'équilibre macroéconomique ne rencontre pas de problème du côté de la demande, la loi des débouchés permet de justifier la mise en œuvre de **politiques d'offre**. Il convient de libérer l'initiative individuelle, favoriser l'offre de travail et les comportements d'épargne. Dans cette perspective, il est souhaitable de libéraliser le fonctionnement des marchés d'inputs (travail et capital) afin d'engager les quantités maximales de facteurs dans la production. Les pouvoirs publics doivent veiller au « laisser faire », au respect de la concurrence la plus pure, veiller à ce que le moins de distorsions possibles n'apparaissent sur les marchés.

Repères chronologiques

- 1803 : publication par J.-B. Say de l'ouvrage *Traité d'économie politique*.

12 Les termes du débat sur les *Corn Laws*

Point clef

Les *Corn Laws* (lois sur les blés) sont à l'origine d'une controverse dans l'Angleterre de la première moitié du XIXe siècle sur les avantages et les inconvénients du protectionnisme agricole. Ricardo et Malthus posent alors l'essentiel de l'argumentaire contemporain sur la politique commerciale. Ce débat traverse la société anglaise et structure la vie politique. L'épisode montre que la politique commerciale d'une nation est notamment le produit des rapports de forces entre groupes sociaux.

1. L'HÉRITAGE PROTECTIONNISTE, PRIVILÈGE DE L'ARISTOCRATIE FONCIÈRE

a) Une pratique ancienne

Des *corn laws* existent en Angleterre dès 1436, elles autorisent alors l'exportation de céréales uniquement si les prix locaux tombent en deçà d'un certain seuil. Des lois plus ou moins rigoureuses perdurent jusqu'au XVIIIe siècle exprimant à la fois le pouvoir de l'aristocratie foncière et la force de la doctrine mercantiliste. En 1791, une loi interdit l'importation de blé tant que son prix intérieur reste inférieur à 54 shillings le quarter (soit l'équivalent de 291 litres de blé). Ce barème est porté à 66 shillings en 1804. Par la suite, en raison de la fin des guerres napoléoniennes, l'aristocratie foncière anglaise doit faire face à une baisse de ses revenus agricoles. Toujours dominante au Parlement, elle obtient en 1815 le vote d'une nouvelle élévation du barème : la libre importation des blés n'est maintenant possible que si le prix du quarter dépasse 80 shillings. Un tel prix est particulièrement élevé, il est voisin d'un prix de famine.

b) Vue d'ensemble du débat

Dans ce contexte d'élévation des prix, avec en arrière-plan la symbolique du prix du pain, ces *corn laws* font l'objet d'un débat pendant près de trente ans. La controverse met d'abord en présence les plus grands économistes de l'époque. Ricardo (1772-1823) apparaît comme le chef de file des partisans de l'abolition des lois. Son argumentaire est d'abord analytique : le libre-échange éloigne l'horizon de l'état stationnaire. Malthus (1766-1834) est le principal défenseur des *corn laws*, il avance des arguments de nature un peu plus politique, mais pas seulement.

Ce débat traverse ensuite toute la société anglaise et structure la vie politique du XIXe siècle. L'épisode illustre rétrospectivement le fait que la politique commerciale d'une nation dépend des rapports de force entre les différentes composantes de la société, essentiellement à l'époque, pour caricaturer, les intérêts agrariens face aux intérêts industriels avec comme « arbitre » un gouvernement dont les recettes douanières constituent environ 45 % des rentrées budgétaires au seuil des années 1840.

2. LES TERMES DU DÉBAT ÉCONOMIQUE

Au cours de la décennie 1810-1820, les économistes s'emparent de la question des blés. Partisans et adversaires des *corn laws* s'affrontent dans un débat qui traduit une montée en puissance de l'expertise économique et marque l'histoire de l'analyse économique par sa densité.

a) Les arguments ricardiens : baisse du prix du blé et des salaires, restauration des profits et éloignement de l'horizon de l'état stationnaire

D. Ricardo, appuyé notamment par E. West, T. Tooke et R. Torrens, recommande l'abrogation des *corn laws*. Plusieurs arguments sont mis en avant.

Le blé représente, selon Ricardo, une composante importante de la consommation des travailleurs. La hausse du prix du blé pèse ainsi sur les salaires qui oscillent autour de leur niveau de subsistance et tend à diminuer les profits. En 1817 dans les *Principes d'économie politique et de l'impôt*, Ricardo affirme : « si, au lieu de cultiver notre propre blé ou de fabriquer les vêtements ou les autres biens nécessaires aux travailleurs, nous découvrons un nouveau marché qui nous fournit ces marchandises à meilleur compte, les salaires diminueront et les profits augmenteront ». En ce sens, le libre-échange à travers la baisse des prix des denrées alimentaires permettrait de restaurer les profits et d'éloigner l'horizon de l'état stationnaire auquel l'économie anglaise lui semble condamnée du fait des rendements décroissants et de la rente différentielle de la terre.

Selon Ricardo et James Mill (père de John Stuart), la mise en place d'un marché céréalier mondial permettrait de lisser les fluctuations des prix du blé. Les prix anglais seraient moins sensibles aux aléas climatiques locaux. Les déséquilibres se compenseraient à l'échelle internationale.

La suppression des *corn laws* est une mesure d'équité sociale, le bas prix du pain profiterait à tous. Pour Ricardo et plus tard pour John Stuart Mill (1827) l'intérêt des propriétaires fonciers ne doit pas passer avant celui de la nation.

b) Les arguments de Malthus : indépendance alimentaire et stabilité sociale

T. Malthus apparaît comme la figure de proue des défenseurs des *corn laws*, il est appuyé par des auteurs moins connus comme W. Jacob et W. Spence.

Dans ses *Observations sur les effets des lois sur les blés* (1814), Malthus conteste le lien entre prix du blé et prix du travail, la consommation de blé n'est qu'une composante mineure des achats des salariés : « le prix du blé ne règle pas immédiatement ni généralement les prix du travail et de toutes autres marchandises ». Il fait par ailleurs observer que des situations de pauvreté et de famine apparaissent parfois dans des pays où les prix du blé sont très bas. Le lien entre baisse des prix du blé et augmentation des profits ne lui semble pas établi.

Malthus met ensuite en avant l'importance de la sécurité des approvisionnements en denrées et l'intérêt de l'indépendance alimentaire nationale. L'épisode du blocus a rappelé la réalité de ce risque même si, grâce à sa domination maritime, l'Angleterre s'est alors appuyée sur son empire colonial et a développé ses relations commerciales avec les États-Unis et les pays neutres.

Enfin le maintien des *corn laws* se justifie au nom de la stabilité sectorielle et sociale de l'économie. Il existerait, selon Malthus, une proportion naturelle entre activités agricoles et industrielles. Il s'oppose à l'idée ricardienne d'une division internationale du travail et d'une spécialisation sur la base d'avantages comparatifs en termes de coûts de production qui impliquent le sacrifice de certains secteurs de l'économie.

3. LES *CORN LAWS* : UN DÉBAT DE SOCIÉTÉ

a) Le mécontentement des industriels

D'emblée, dès 1815, l'élévation du barème suscite des mécontentements : lors du vote, le peuple manifeste devant les Chambres qui doivent être défendues par la troupe. Les industriels sont, eux aussi, mécontents. Ils souhaiteraient l'établissement d'un libre-échange généralisé en Europe afin de s'ouvrir les marchés continentaux. La baisse du prix des denrées alimentaires permettrait alors une réduction des coûts de production à travers la baisse des salaires. Par ailleurs, l'augmentation des quantités à produire pour l'exportation autoriserait une plus grande mécanisation de la production. Les industriels vont dès lors s'opposer aux « Landlords » en réclamant la suppression de cette loi. L'audience des abolitionnistes grandit progressivement à mesure que le poids de l'industrie progresse au sein de l'économie anglaise. Selon les estimations de Paul Bairoch en 1810, la part de l'agriculture dans le PNB était supérieure de 70 % à celle de l'industrie mais, en 1840, l'industrie dépasse déjà l'agriculture de 60 %.

Dès 1820, une « pétition des marchands » contre les *corn laws* est remise à la Chambre des Communes, rassemblée à l'initiative de l'économiste Thomas Tooke et avec le soutien officieux du « Political Economy Club » de Ricardo. Ce dernier meurt en 1823, mais le poids et l'audience des industriels continuent de grandir à mesure que le pays se développe. Les industriels sont rejoints par des propriétaires fonciers éclairés qui parfois ont diversifié leurs activités en investissant dans des affaires industrielles et commerciales.

En 1828, l'instauration de l'échelle mobile des droits de douanes assouplit *de facto* les corn laws. En 1832, la réforme électorale améliore la représentation politique des industriels en redistribuant les sièges et en doublant le corps électoral qui passe à 800 000 votants.

b) L'amplification du mouvement anti-*corn laws* autour de la ligue de Manchester entre 1838 et 1846

En 1838, une association de patrons est créée à Manchester, animée par John Bright et surtout Richard Cobden. Cette ligue de Manchester va alors faire école. Un an plus tard, la National Anti-Corn Law League (ligue contre les lois céréalières) est créée sous forme de fédérations d'associations locales. Le groupe de pression est très actif, distribue des brochures, organise des conférences (800 pour la seule année 1840), rassemble des pétitions.

En 1843 *The Economist* – nouvel hebdomadaire – appuie les tenants du libre-échange en utilisant notamment des arguments « sociaux » : la suppression des *corn laws* permettrait la baisse du prix du pain et du coût de la vie, le sort des classes moyennes et des ouvriers devrait de la sorte être amélioré.

Le mouvement qui cristallise par ailleurs divers mécontentements et conteste les privilèges établis voit sa popularité grandir. Le parti Tory de Robert Peel est de plus en plus sensible aux thèses libre-échangistes.

En 1842, la politique commerciale anglaise connaît une inflexion, le Premier ministre Peel réduit de façon substantielle les droits de douanes et annule l'interdiction d'exporter des machines en vigueur depuis 1774. Mais les « *corn laws* » ne sont pas réellement modifiées. Il faut attendre les désastreuses pluies de 1845 et la mauvaise récolte de pommes de terre en Irlande pour forcer l'abrogation des *corn laws* le 15 mai 1846. Selon la formule de l'écrivain Morlay (1882) « It was the rain that rained away the corn laws » (c'est la pluie qui emporta les *corn laws*). La Grande-Bretagne paraît sacrifier son agriculture sur l'autel de la division internationale du travail.

4. LES CONSÉQUENCES DE L'ABOLITION DES *CORN LAWS* ET DE LA MISE EN ŒUVRE D'UNE POLITIQUE DE LIBRE-ÉCHANGE PAR LA GRANDE-BRETAGNE

a) Une dépendance alimentaire croissante

L'abolition des lois sur les blés s'inscrit dans un vaste ensemble de mesures de libéralisation des échanges commerciaux (suppression des actes de navigation en 1849, abrogation de nombreuses taxes douanières entre 1846 et 1852). De manière unilatérale, la Grande-Bretagne adopte une politique commerciale qui peut être qualifiée de véritablement libre-échangiste, elle reste en vigueur jusqu'au seuil des années 1930. Quelles en sont les conséquences ?

En ce qui concerne l'agriculture, la production nationale de blé ne s'est pas effondrée à la suite du démantèlement des *corn laws* : entre la période 1831-41 et la période 1849-1859 elle fléchit d'un peu moins de 15 %. Les prix du blé fluctuent sur la période 1850-1878 entre 46 et 70 shillings le quarter mais « aucune baisse tendancielle et substantielle » ne peut être identifiée selon A. Clément (2004). L'agriculture anglaise opère une reconversion vers l'élevage qui lui permet de connaître une période faste jusqu'au seuil des années 1870.

Néanmoins les importations de blé progressent et le taux de dépendance alimentaire s'accroît durablement : les importations représentent 13 % de la consommation de blé entre 1830 et 1850, elles atteignent 48 % entre 1868 et 1875 enfin près de 75 % entre 1905 et 1909. Cette dépendance alimentaire croissante jusque dans la première moitié du XXe siècle impose à la Grande-Bretagne de préserver la sécurité et la régularité des approvisionnements par le maintien d'une domination maritime.

b) Le renforcement de la domination commerciale britannique

Plus largement la stratégie libre-échangiste anglaise semble constituer un succès. Le démantèlement tarifaire permet à l'Angleterre de s'ouvrir des marchés extérieurs en pleine expansion. Les grandes puissances européennes consentent en effet des mesures d'assouplissement de leur politique commerciale à l'instar de la France qui, dès le début des années 1850, abaisse le niveau moyen de ses droits de douanes. Comme prévu, l'avance technique britannique lui permet d'améliorer ses positions commerciales. L'essor des exportations était déjà rapide dans les 10 à 15 ans précédents (environ 5 % l'an) et la tendance s'accélère encore après 1846. De 1843-1847 à 1857-1861, le volume des exportations britannique augmente d'un peu plus de 6 % l'an. La croissance est également exceptionnellement dynamique sur la même période, le taux de croissance annuel en volume du PNB est de 2,4 %. La croissance du PNB par habitant atteint 2,2 %, « ce qui est certainement le record sur une aussi longue période entre 1800 et 1945 » (Bairoch). L'ouverture commerciale paraît ici payante. La suppression des *corn laws* a contribué à renforcer la domination mondiale de la Grande-Bretagne.

Cette séquence historique montre que le libre-échange constitue une politique commerciale pertinente pour une économie dominante, relativement en avance et disposant de spécialisations avantageuses.

Repères chronologiques

- 1814 : publication par Malthus de l'ouvrage Observations sur les effets des lois sur les blés.
- 1815 : élévation du barème de la loi sur les blés.
- 1817 : publication par Ricardo de l'ouvrage *Principes d'économie politique et de l'impôt.*
- 1839 : constitution de la National Anti-Corn Law League.
- 1846 : suppression des *corn laws.*

13 L'analyse néoclassique

Point clef

Le terme néoclassique désigne des écoles de pensée libérale apparues à partir des années 1870 à Lausanne (Walras, puis Pareto), à Cambridge (Jevons, Marshall) et à Vienne (Menger). Outre une même conception de la valeur assise sur l'utilité marginale, l'analyse néoclassique se fonde sur l'individualisme méthodologique et la rationalité. Elle postule la neutralité de la monnaie et la parfaite flexibilité des prix. Sur ces bases, les mécanismes de marché garantissent une allocation optimale des ressources.

1. LES FONDEMENTS DE L'ANALYSE NÉOCLASSIQUE

a) Les fondateurs

Plusieurs précurseurs et fondateurs de l'analyse néoclassique doivent être cités. En tant que philosophes des libertés, Locke, Spinoza, Montesquieu sont les chantres d'un « laisser faire, laisser passer » érigé ensuite en recommandation normative par les physiocrates autour de Quesnay. Helvetius pose, de son côté, les bases de l'individualisme méthodologique. Dans la *Richesse des nations* (1776) – première synthèse classique – Adam Smith propose le « concept » de main invisible et décrit la logique sous-jacente ; auparavant dans la *Théorie des sentiments moraux* (1759), il s'était beaucoup interrogé sur les motivations individuelles ; si l'altruisme caractérise la sphère sociale, l'égoïsme prévaut dans la sphère économique. Cournot (1838) définit quant à lui la concurrence parfaite, il s'agit d'une situation où fondamentalement l'agent est preneur de prix (il ne peut pas influencer le prix de marché par ses décisions d'achat et de vente).

b) Individualisme méthodologique et rationalité

À la base du courant néoclassique, il y a d'abord une approche heuristique : l'individualisme méthodologique qui consiste à étudier le comportement d'un agent économique et à passer au niveau macroéconomique par agrégation ou à postuler que cet agent est représentatif. Cet individu est rationnel, il est motivé par la recherche de son propre intérêt, il cherche à maximiser un bien-être matériel que l'on peut appréhender à travers la quantité de biens et de services à sa disposition. Il n'y a pas de coordination *ex-ante* des actions individuelles, cependant, par le truchement de la main invisible, l'allocation des ressources est efficiente. La recherche par chaque individu de son propre intérêt conduit à une situation collectivement optimale. La liberté de choix et la rationalité des agents, quant à l'utilisation des ressources, permet d'atteindre une **situation optimale au sens de Pareto** (à l'équilibre, on ne peut pas accroître la satisfaction d'un individu sans réduire celle d'un ou plusieurs autres individus).

2. LES HYPOTHÈSES DE BASE DE L'ANALYSE NÉOCLASSIQUE

Une allocation optimale des ressources va être opérée dans une économie à condition que l'on soit en situation de concurrence pure et parfaite. Dans ce processus, la monnaie n'est pas active, elle n'intervient pas dans la détermination de l'équilibre macroéconomique.

a) Vertus et exigences de la concurrence

L'agent rationnel est à la base de l'analyse néoclassique. Cet *homo œconomicus* agit en utilisant les ressources à sa disposition compte tenu des contraintes qu'il subit. L'optimum social sera atteint – par le jeu de la main invisible – à condition d'évoluer dans une structure de marché la plus « pure » possible.

Un marché en concurrence parfaite doit présenter quatre caractéristiques. L'**atomicité** des participants : le marché comprend un grand nombre de vendeurs et d'acheteurs, le poids de chacun est négligeable sur le marché. Les produits sont **homogènes**, non différenciés. L'**entrée** sur le marché est **libre**, il n'y a notamment pas de barrière par les coûts. Enfin la **transparence** : les agents sont parfaitement informés du prix et de la qualité des produits, l'information est gratuite et identique pour tous les intervenants.

b) Une analyse dichotomique

L'analyse néoclassique pose le principe de la **neutralité de la monnaie**, d'une séparation entre sphère réelle et sphère monétaire. Seul le niveau général des prix se détermine sur le marché de la monnaie. La quantité de monnaie en circulation n'a aucun effet sur les variables réelles de l'économie. Une progression (ou une contraction) de la masse monétaire est sans conséquence sur la structure des prix relatifs, en particulier elle ne modifie ni le salaire réel, ni le taux d'intérêt réel, deux variables clefs qui assurent l'ajustement sur les marchés d'inputs. La conception du taux d'intérêt est d'ailleurs dite réelle au sens où ce taux se définit comme le prix de la renonciation à la consommation présente ; le taux d'intérêt est déterminé sur le marché des capitaux (pas sur le marché de la monnaie).

3. LES IMPLICATIONS EN MATIÈRE DE POLITIQUE ÉCONOMIQUES

Pour les néoclassiques, l'État doit garantir un fonctionnement fluide du marché et favoriser (par sa non-intervention le plus souvent) les comportements d'offre.

a) Préserver la flexibilité des marchés

Un rôle de l'État est de faire respecter les règles de la concurrence, de garantir la libre entrée sur le marché, d'ôter toute entrave aux mécanismes de prix, de faire en sorte que les prix constituent un vecteur d'informations non biaisé. Rappelons en effet que c'est sur la base de l'information véhiculée par les prix que les agents opèrent leur choix en matière d'allocation des ressources. L'État se cantonne dans l'exercice de fonction régalienne (défense du territoire national, police, justice) et la fourniture de biens collectifs que le marché ne saurait proposer compte tenu de l'importance du coût de l'investissement initial (infrastructures, recherche, éducation).

b) Vers des politiques d'offre

L'État n'a pas à se soucier de la demande (toujours suffisante) et doit se concentrer sur les conditions de l'offre. Il doit libérer l'initiative individuelle, favoriser l'offre de travail et les comportements d'épargne. Dans la logique de la loi de Say, toutes les mesures susceptibles de dynamiser l'offre sont en principe positives en matière de croissance, elles accroissent durablement le potentiel productif de l'économie. La baisse des impôts s'inscrit dans cette logique, cependant que les dépenses d'éducation, de recherche et d'infrastructure se trouvent également justifiées. Le rapprochement avec les théoriciens de l'offre (A. Laffer) et les politiques conduites aux États-Unis dans les années 1980 sous l'ère Reagan peut être fait.

14 L'analyse macroéconomique de Keynes

Point clef

Selon Keynes, le libre jeu du marché conduit à l'apparition d'un équilibre de sous-emploi. Une analyse différente de la monnaie le conduit à redéfinir le taux d'intérêt et à repenser les conditions du retour au plein-emploi à court terme.

1. VUE D'ENSEMBLE DE LA RUPTURE KEYNÉSIENNE

a) Jeu du marché et équilibre de sous-emploi

Le livre *Théorie générale de l'emploi, de l'intérêt et de la monnaie*, publié en 1936, pose les bases des analyses dites keynésiennes. La complexité et la densité de l'ouvrage donne en effet libre cours à l'exégèse et plusieurs interprétations de l'œuvre de Keynes ont été proposées. Rappelons simplement que John Maynard Keynes (1883-1946) est un économiste libéral (il appartient un temps – dans les années 1920 – au parti de Lloyd-George), il croit dans une large mesure aux vertus du marché dans l'allocation des ressources et son interventionnisme global se veut respectueux de la sphère de décision de l'entreprise privée.

Le libre jeu de la concurrence conduit en principe selon Keynes à une situation d'**équilibre de sous-emploi** du fait de l'**insuffisance de la demande**. Le retour au plein-emploi passe par l'intervention de l'État, organe de régulation qui doit assurer la coordination *ex-ante* des actions individuelles. La structure de l'économie doit être remodelée autour de cette institution.

b) Les racines de l'œuvre de Keynes

L'analyse de Keynes a dans une certaine mesure les traits d'une synthèse car il rassemble dans une théorie générale des idées directrices et des outils analytiques empruntés parfois à des auteurs plus anciens ou à certains de ses disciples. La conception monétaire du taux d'intérêt était présente chez Locke, Law et Montesquieu. Malthus et Sismondi avaient cherché à remettre en cause la loi de Say, ils avaient aussi insisté sur l'importance de la demande dans la détermination de l'équilibre macroéconomique. Robertson a proposé la notion de trappe à la liquidité. Le multiplicateur est, quant à lui, un concept avancé par Kahn au seuil des années 1930.

2. LE REJET DE CERTAINES HYPOTHÈSES NÉOCLASSIQUES… UNE APPROCHE CENTRÉE SUR LE COURT TERME

Keynes attaque « l'édifice classique » à deux niveaux. Il conteste la neutralité de la monnaie et met en évidence la viscosité des prix sur la courte période, la seule qui compte à ses yeux, puisque comme il le dit lui-même avec ironie : « à long terme nous sommes tous morts ».

a) Remise en cause de l'analyse dichotomique

Pour les néoclassiques – dans la lignée de Jean Baptiste Say – la monnaie n'est qu'un voile des échanges et les produits s'échangent – en définitive – contre des produits. Cette neutralité de la monnaie se fonde sur une conception restrictive de ses fonctions, elle n'est qu'un intermédiaire des échanges et une unité de compte.

Selon Keynes dans un monde économique fondamentalement dominé par **l'incertitude**, il est rationnel de **détenir la monnaie pour elle-même**, essentiellement au **motif de spéculation**. Le niveau du taux d'intérêt détermine non plus le niveau de l'épargne comme chez les néoclassiques mais sa structure, son partage entre monnaie et titres. Cet arbitrage monnaie titres va dès lors être à la base de toute la macroéconomie du XXe siècle. L'existence d'une **thésaurisation** est à l'origine d'un équilibre de sous-emploi du fait d'une insuffisance de la demande. La monnaie influence donc bel et bien la réalisation de l'équilibre macroéconomique.

b) Rigidités des prix et ajustement par les quantités

L'autre angle d'attaque de Keynes contre l'analyse néoclassique concerne la capacité des prix à s'ajuster dans le court terme, l'économiste anglais conteste ce point. La réalisation de l'équilibre rencontre aussi des obstacles à ce niveau : dans l'environnement déflationniste des années 1920 en Angleterre, la rigidité à la baisse des salaires nominaux provoque un accroissement du salaire réel à l'origine d'un chômage de masse. Dans le modèle keynésien élémentaire, l'ajustement s'effectue par les quantités, le **principe de la demande effective** illustre cette logique. L'hypothèse de viscosité des prix reste aujourd'hui une hypothèse keynésienne majeure.

3. PRINCIPAUX APPORTS DE KEYNES... LE RÔLE ACTIF DE L'ÉTAT DANS LA STABILISATION MACROÉCONOMIQUE

Après avoir vu les concepts à la base de la reconstruction keynésienne, nous voyons par quels moyens l'État peut intervenir pour soutenir l'activité économique.

a) Principes fondateurs de l'analyse keynésienne

En raison de la « nature anticipée » du principe de la demande effective, de la **loi psychologique fondamentale** (le fait que la propension à consommer est inférieure à l'unité et décroissante avec le revenu) et de la non-neutralité de la monnaie, l'apparition d'un équilibre de sous-emploi est le cas de figure le plus probable si on laisse jouer les forces de marché. Dès lors l'État doit intervenir pour résorber l'**écart déflationniste** ainsi apparu *via* une action de soutien d'une ou plusieurs composantes de la demande. Le concept de multiplicateur intervient ici et établissant le lien de proportionnalité entre la variation initiale d'une composante exogène de la demande globale et la somme de ses effets cumulés sur le revenu au terme d'un processus long.

b) Le multiplicateur

Le multiplicateur peut se définir précisément comme un coefficient multiplicateur (un nombre dont on peut déterminer la valeur) qui relie la variation initiale d'une composante exogène de la demande globale à la somme de ses effets cumulés sur le revenu au terme d'un processus d'interaction de n périodes entre notamment la consommation et le revenu.

Nous pouvons établir ce multiplicateur keynésien en partant d'une condition d'équilibre revenu (Y) = demande (Y^-) au sein d'une économie fermée.

$$Y = Y^-$$

La demande est composée de la consommation (C), de l'investissement (I) et des dépenses publiques (G).

La fonction de consommation keynésienne s'écrit de la manière suivante :

$$(1)\ Ct = Co + c\ Ydt$$

Avec :

- Co : une consommation incompressible ;
- Ydt : le revenu disponible à la période courante ;
- c : la propension marginale à consommer ; c est décroissante avec le revenu.

La consommation à la période courante dépend donc du revenu de la période courante.

Abandonnons la référence aux indices de temps et détaillons les déterminants du revenu disponible :

$$Yd = Y - T - tY + Tr$$

Avec :

- T un impôt forfaitaire,
- Tr les transferts,
- tY un impôt proportionnel sur le revenu.

L'investissement (I = Io) et les dépenses publiques (G = Go) sont considérés, par hypothèse, comme exogènes :

$$Y = C + I + G$$
$$Y = Co + c\,(Y - T - tY + Tr) + Io + Go$$
$$Y = Co + cY - cT - ctY + ctTr + Io + Go$$
$$Y - cY + ctY = Co - cT + cTr + Io + Go$$
$$Y\,(1 - c + ct) = Co - cT + cTr + Io + Go$$

La hausse ponctuelle (action non maintenue à la période suivante) d'une composante exogène de la demande (T, Tr, Go, Io – investissement public) va avoir un effet positif sur le revenu (Y), dont la force diminue mais qui se maintient sur un horizon infini. Si par exemple on fait varier les dépenses publiques d'un montant ΔG au final au terme des n périodes, nous aurons un effet $\Delta Y = 1/1 - c + ct\ \Delta G$.

La valeur multiplicateur de dépenses publiques est établie :

$$\Delta Y/\Delta G = 1 / 1 - c + ct$$

De la même manière peuvent être dégagés deux autres coefficients :

- le multiplicateur de transferts (Tr) : $\Delta Y/\Delta Tr = c/1 - c + ct$
- le multiplicateur d'impôt (T) : $\Delta Y/\Delta T = - c/1 - c + ct$

L'approche keynésienne en termes de multiplicateur participe de la justification de l'efficacité de l'intervention publique à la fois pour soutenir l'activité et corriger la répartition du revenu.

Il convient de signaler que trois facteurs affaiblissent la valeur du multiplicateur et réduisent l'efficacité de la politique budgétaire : l'épargne, la fiscalité et les importations. Ils sont analysés comme autant de **fuites**.

Soit le multiplicateur de dépenses publiques $k = 1 / 1 - c$ dans son expression la plus simple sans impôt. Si l'on pose : $c = 0{,}8$ et $s = 0{,}2$, $k = 5$, plus s est élevée, moins la valeur du multiplicateur est élevée.

Si l'on introduit un impôt proportionnel : $k = 1 / 1 - c + ct$ en posant que le taux $t = 0{,}1$, la valeur de k chute ($k = 1/0{,}28 = 3{,}57$).

Si en plus on ouvre l'économie aux importations, en posant que la propension marginale à importer m est de 20 % ($m = 0{,}2$) : $k = 1 / 1 - c + ct + m = 1/0{,}48 = 2{,}08$.

c) Les critiques de la fonction keynésienne de consommation

Le concept de multiplicateur présente un intérêt analytique de première importance mais paraît en définitive peu réaliste. La portée du multiplicateur est limitée principalement par l'imparfaite élasticité de l'offre et les critiques adressées à la fonction keynésienne de consommation.

Le raisonnement en terme de multiplicateur ne s'applique qu'en régime de sous-emploi puisque, au-delà, l'offre ne peut plus s'ajuster, la relance budgétaire a seulement des effets inflationnistes. L'offre doit ensuite être assez élastique pour répondre à l'accroissement de la demande à la période courante.

L'horizon temporel qui définit le multiplicateur a un caractère virtuel (et n'est pas le temps keynésien traditionnel).

Les critiques de la fonction keynésienne de consommation (équation 1) ont en commun de vouloir donner une dimension plus dynamique aux comportements de consommation. Duesenberry souligne la dimension sociale des modèles de consommation. Le niveau de consommation de courte période ne dépend pas seulement du revenu courant, il dépend des habitudes de consommation liées au revenu le plus élevé perçu dans le passé. Si le revenu courant baisse, la consommation n'est pas réduite : l'expression effet de cliquet traduit cette idée. Chez Friedman, pour caricaturer, la consommation est fonction du revenu permanent (revenu moyen anticipé sur l'ensemble de la vie compte tenu de la qualification, de la fortune…) et pas du revenu disponible.

L'approche en termes de cycle de vie à la Modigliani insiste sur le fait que les comportements de consommation et d'épargne varient suivant les époques de la vie. En période de jeunesse l'agent emprunte, à l'âge mûr il épargne, lorsqu'il est à la retraite il « désépargne ».

d) Le rôle de l'État dans la régulation macroéconomique

Chez Keynes, l'État peut intervenir de plusieurs manières. Par la politique monétaire, en augmentant la quantité de monnaie en circulation, c'est-à-dire en cherchant à abaisser le prix de la liquidité de la monnaie. La baisse du taux d'intérêt doit favoriser l'investissement. Cela étant, l'arme monétaire trouve assez vite un butoir au niveau de la **trappe à la liquidité** (niveau du taux d'intérêt nominal en dessous duquel on ne peut pas descendre).

La politique budgétaire a par conséquent la préférence de Keynes. Pour réguler l'activité, les autorités utilisent les recettes et les dépenses publiques. Plusieurs variables sont concernées par cette action budgétaire (dépenses publiques G, transferts Tr, impôts T), à chacune d'elle est associé un multiplicateur :

- soit k_1 le multiplicateur de dépenses publiques ou d'investissement : $\Delta Y / \Delta G = 1/1 - c(1 - t)$;
- soit k_2 le multiplicateur de transferts : $\Delta Y / \Delta Tr = c/1 - c(1 - t)$;
- soit k_3 le multiplicateur d'impôts : $\Delta Y / \Delta T = - c/1 - c(1 - t)$.

Cette action budgétaire peut ne pas déséquilibrer les finances publiques. En effet d'après le **théorème de Haavelmo**, une hausse simultanée d'un même montant des dépenses publiques ΔG et des impôts ΔT qui laisse par conséquent le solde budgétaire inchangé a, au terme des n périodes, un effet positif sur le revenu égal au choc initial sur les dépenses ($\Delta G = \Delta Y$). Selon Haavelmo (1945), la hausse du revenu est égale à celle des dépenses publiques : « si la fonction de consommation est linéaire, et si l'investissement global est constant, un impôt additionnel dont le montant est intégralement dépensé, augmente le revenu national et laisse inchangé le revenu disponible et la consommation, et ceci indépendamment de la valeur de la propension marginale à consommer ». Ce résultat s'explique notamment par la supériorité en valeur absolue de k_1 sur k_3.

Repères chronologiques

- 1919 : publication par Keynes de l'ouvrage *Les conséquences économiques de la paix.*
- 1930 : publication par Keynes de l'ouvrage *Traité sur la monnaie.*
- 1936 : publication par Keynes de l'ouvrage *Théorie générale de l'emploi, de l'intérêt et de la monnaie.*

15 Les rigidités de prix

Point clef

En sciences économiques, la posture face aux rigidités de prix est décisive en matière de politiques économiques. Soit on les considère comme incompressibles et on cherche à les exploiter au niveau conjoncturel, soit on les combat par des politiques structurelles de libéralisation.

1. PRÉSENTATION GÉNÉRALE DES ENJEUX ASSOCIÉS AUX RIGIDITÉS

a) Définitions

Le concept de « rigidités de prix » désigne en théorie économique la difficulté ou l'impossibilité pour les prix de s'ajuster pour équilibrer l'offre et la demande. Pour désigner cette réalité, le terme « viscosité » est également souvent employé.

Deux types de rigidités peuvent être identifiés en macroéconomie, les unes dites nominales, les autres réelles. Les **rigidités nominales** s'identifient à la viscosité des prix (la lenteur de l'ajustement). Par **rigidités réelles**, il faut entendre le fait que le prix se situe à l'équilibre au-dessus du niveau d'équilibre concurrentiel pour diverses raisons qu'il convient d'identifier.

Les rigidités sont compatibles avec la rationalité économique des agents, elles doivent notamment être distinguées de l'illusion monétaire (incapacité des agents à discerner grandeurs réelles et grandeurs nominales).

b) Une question ancienne

Très tôt David Hume a l'intuition de l'importance analytique des rigidités de prix, cette idée est déjà présente dans ses deux essais *Of Money* et *Of Interest*, lorsque l'auteur met en avant le fait qu'après un choc monétaire, « il faut toujours un intervalle avant que tous les éléments s'adaptent à la nouvelle situation ».

Mais le statut analytique des rigidités n'éclate véritablement que durant l'entre-deux-guerres au moment où le système capitaliste est soumis à des bouleversements importants et où certains blocages touchent le système de prix.

Dans l'Angleterre des années 1920, le lien est fait entre rigidité à la baisse des salaires nominaux et chômage. Avec Keynes la possibilité d'un blocage du mécanisme de prix est envisagée : l'ajustement peut intervenir *via* les quantités. Cet ajustement par les quantités est systématisé dans les années 1970 par les théoriciens du déséquilibre (Leijonhufvud, Benassy, Malinvaud…).

c) Enjeux théoriques

Sur le plan théorique – du fait du recul contemporain de l'illusion monétaire (accès plus facile à l'information, amélioration des anticipations des agents, meilleure connaissance du fonctionnement de l'économie) – les rigidités constituent un enjeu de plus en plus décisif. Elles constituent le terreau de l'opposition entre libéraux et keynésiens. Les libéraux (Mises, Rueff, Hayek, Lucas, Sargent…) affirment qu'il convient de chercher à les supprimer par des politiques structurelles de flexibilité. Les keynésiens contemporains (Fischer, Blanchard, Stiglitz, Mankiw...) se fondent sur leur caractère structurel pour montrer l'efficacité de certaines politiques conjoncturelles. Sur cette base, une des problématiques (un fil conducteur) de ce thème peut être de savoir si les rigidités sont la conséquence d'une intervention publique ou si leur existence justifie le principe d'une action correctrice.

2. AMPLEUR DES RIGIDITÉS NOMINALES ET OPPORTUNITÉS D'INTERVENTIONS CONJONCTURELLES

a) Les fondements microéconomiques des rigidités nominales

L'auteur américain Blinder (1993) propose une typologie des rigidités nominales sur le marché des biens et services qui permet d'appréhender plus facilement la réalité du phénomène.

- L'approche en termes de défaut de coordination indique que, suite à un choc, une entreprise hésite à modifier son prix ; elle attend une action de la concurrence.
- L'approche en termes de contrats implicites insiste sur les relations de confiance entre acheteur et vendeur qui passent par la stabilité des prix, même en cas des hausses des prix des matières premières par exemple.
- Des contrats nominaux explicites existent également, ils bloquent les prix.

Parmi les autres rigidités citons : les coûts de catalogue qui freinent l'ajustement des tarifs, les prix limites fondés sur des déterminants psychologiques (exemple 9,99 euros).

Sur le marché du travail les rigidités nominales sont constituées par des contrats de salaires explicites (la progression des rémunérations est fixée de façon contractuelle pour une période donnée), l'illusion monétaire et la **rigidité à la baisse des salaires nominaux** mise en avant par Keynes dans l'entre-deux-guerres.

b) La porte ouverte aux interventions de politiques économiques

L'existence de rigidités nominales justifie le principe et l'efficacité d'une intervention économique conjoncturelle. Dans les années 1960, les néokeynésiens fondent l'arbitrage inflation chômage sur ces viscosités de prix. Dès la fin des années 1970 S. Fischer montre que la politique monétaire peut être efficace même en présence d'anticipations rationnelles, du fait de contrats de salaires explicites et à condition que l'impulsion monétaire intervienne dans le temps juste, c'est-à-dire immédiatement après la signature des contrats.

Au milieu des années 1990, Akerlof, Dickens et Perry exploitent la rigidité à la baisse des salaires nominaux pour montrer que, dans le cas des États-Unis, un objectif de faible inflation vaut mieux qu'une inflation zéro. Ces travaux américains corroborés par d'autres sur la zone euro font apparaître la possibilité d'un arbitrage à long terme entre inflation et chômage pour des taux d'inflation bas (inférieurs à 4 ou 5 %) du fait de la rigidité à la baisse des salaires nominaux. Soumise à la concurrence, certaines entreprises sont dans l'obligation de réduire leur masse salariale. Si l'inflation est autour de 4 % elles peuvent réduire la masse salariale en désindexant les salaires (les salaires nominaux augmentent moins vite que l'inflation) les salariés sont conscients de la perte de pouvoir d'achat mais acceptent cette issue. Si au contraire l'inflation est nulle, la compression des coûts salariaux ne peut pas se faire par le canal du salaire réel : il conviendrait alors de baisser les salaires nominaux ce que les patrons refusent de faire (les salariés ne l'acceptent pas). Dans ce contexte, l'ajustement va s'opérer par les quantités, l'entreprise est plus encline à licencier des collaborateurs. Toutes choses égales par ailleurs, le taux de chômage associé à une inflation zéro est plus élevé que le taux de chômage associé à une inflation de 4 %.

3. RIGIDITÉS RÉELLES, DIFFICULTÉS ET AMBIGUÏTÉS DES TRANSFORMATIONS STRUCTURELLES

Deux types de rigidités réelles sont identifiables sur le marché du travail. Les unes sont endogènes, les autres exogènes, elles ont en commun d'être difficilement réductibles par des politiques économiques structurelles.

a) Rigidités réelles endogènes

Pour des raisons propres au fonctionnement du marché du travail, le salaire peut se fixer au-dessus de son niveau d'équilibre concurrentiel.

Deux grandes explications peuvent être avancées : l'exercice du pouvoir de négociation des *insiders* sur le marché et l'existence d'un salaire dit d'efficience.

• L'approche *insiders/outsiders*

Lors des négociations entre syndicats et employeurs au sein des entreprises, deux enjeux sont décisifs : les hausses de salaires et les embauches. Plusieurs équilibres sont possibles mais la situation la plus probable est que les syndicats insistent sur la progression ou le maintien des salaires plutôt que sur les recrutements. Les chômeurs sont moins nombreux que les salariés, de surcroît ils sont beaucoup moins syndiqués que les titulaires d'un emploi. Les salaires risquent ainsi de se fixer au-dessus du niveau « d'équilibre concurrentiel pur ».

• Le salaire d'efficience

Plusieurs interprétations du salaire d'efficience ont été proposées dans les années 1980, elles prennent appui sur les avancées de la microéconomie de la concurrence imparfaite.

- Pour Shapiro et Stiglitz, le chef d'entreprise, pour lutter contre l'aléa moral (tire-au-flanc dans le monde du travail), incite le travailleur à avoir une meilleure productivité en proposant un salaire supérieur à l'équilibre concurrentiel.
- Pour Weiss, le salaire d'efficience pallie l'asymétrie d'informations entre chef d'entreprise et salarié. Il pose que le salarié (l'agent) connaît sa véritable productivité (il peut l'exprimer à travers le salaire de réservation, le salaire auquel il est prêt à s'engager), le salarié sait s'il est ou non un opportuniste, le patron (le principal) ignore ces éléments. Proposer un salaire supérieur au salaire d'équilibre concurrentiel est destiné à attirer les meilleurs au sein de l'entreprise et à les garder. Le salaire d'efficience pallie ainsi l'asymétrie d'information entre agents.
- Le remplacement d'un travailleur a un coût pour la firme. D'un côté, la procédure de recrutement peut être fastidieuse (gestion des candidatures, entretiens…), ensuite le départ l'est aussi pour l'entreprise (gestion… et coût d'opportunité ; les modèles de capital humain insistent sur le coût de formation d'un travailleur…). Le taux de rotation dans l'entreprise est d'autant plus élevé que le salaire proposé par l'entreprise est inférieur à l'équilibre du marché. Pour J. Stiglitz, le salaire d'efficience (un salaire supérieur au marché) limite la rotation de la main-d'œuvre : il fixe les salariés dans l'entreprise.

- Dans le cadre d'approches sociologiques « à la Marcel Mauss », le salaire d'efficience constitue une marque de considération. G. Akerlof pense que l'efficacité productive du travail dépend du sentiment d'être bien traité au sein de la firme. En retour, cette gratification engendre une intensité de l'effort accrue. À long terme, la relation d'emploi qui se met en place se caractérise par le fait que « dons » et « contre-dons » vont assurer l'échange de salaires et de niveaux d'effort supérieurs à leurs valeurs concurrentielles.

Il paraît très difficile de lutter contre ces rigidités réelles endogènes par des politiques économiques structurelles.

b) Rigidités réelles exogènes, le salaire minimum garanti

Il semble beaucoup plus facile d'éliminer une rigidité réelle exogène comme le salaire minimum ; il suffit à l'État de redéfinir sa politique salariale et de supprimer cette entrave. Après avoir fait ce constat, on bute sur la question du bien-fondé de cette mesure, le salaire minimum est-il toujours l'ennemi de l'emploi ?

En concurrence pure et parfaite, un salaire minimum supérieur au salaire d'équilibre concurrentiel entraîne l'apparition d'un chômage involontaire. À l'équilibre, la quantité de travail se fixe au minimum de l'offre et de la demande de travail. Si l'on segmente le marché du travail, le salaire minimum apparaît pour partie responsable du chômage des jeunes et des moins qualifiés. En fait, plus on s'éloigne d'une structure de marché de concurrence pure et parfaite, moins le salaire minimum pénalise l'emploi, il peut même – dans certaines configurations de marché (monopsone, très fortes rigidités de prix comme dans des modèles keynésiens élémentaires) – accroître le volume d'heures de travail (v. fiche 45).

Repères chronologiques

- 1752 : publication par D. Hume des essais *Of money* et *Of interest.*
- 1920 (années) : prise en compte des rigidités de prix dans l'analyse économique.

16 La courbe de Phillips

Point clef

La possibilité d'un arbitrage inflation chômage constitue l'une des grandes controverses en sciences économiques depuis la publication en 1958 de l'article de Phillips sur l'existence d'une relation inverse entre taux de croissance des salaires nominaux et taux de chômage. Quelques-uns des plus grands économistes de la seconde moitié du xxe siècle ont contribué à faire évoluer l'analyse d'une question dont les conséquences normatives sont évidemment extrêmement importantes : les travaux de Samuelson, Solow, Friedman, Phelps, Lucas ou plus récemment Akerlof posent des jalons décisifs sur ce thème.
Ce sujet illustre au plus haut point l'interdépendance entre les objectifs de la politique économique puisqu'il cristallise une opposition centrale entre activité et stabilité. Il illustre aussi les interactions entre avancées analytiques et mise en œuvre des politiques économiques : le tournant de la désinflation fin 1970-début 1980 résulte pour partie de la remise en cause théorique (et empirique) d'un arbitrage inflation-chômage.

1. LA GENÈSE DE LA COURBE DITE DE PHILLIPS, APPROCHE PAR LE MARCHÉ DU TRAVAIL

a) Le constat empirique de Phillips et son interprétation

L'article de A. W. Phillips (économiste néo-zélandais) met simplement en relation sur données annuelles le taux de croissance des salaires nominaux et le taux de chômage pour l'Angleterre entre 1861 et 1957. La relation apparaît stable et non linéaire. Pour l'auteur : « le taux de variation des salaires nominaux peut être expliqué par le niveau de chômage ». Phillips commente les données et observe que : « si – comme cela est parfois recommandé, la demande était maintenue à un niveau qui assure la stabilité des salaires, le niveau de chômage correspondant serait d'environ 5,5 % ». Le concept de **NAWRU** (*non accelerating wage rate of unemployment*) est ainsi esquissé.

Lipsey en 1960 propose une interprétation de cette courbe de Phillips en termes de déséquilibres sur le marché du travail, sortant l'analyse keynésienne de l'inflation du flou dans laquelle elle était enfermée : la variation du niveau général des prix est déterminée sur le marché du travail.

b) La généralisation à une relation inverse entre inflation et chômage

Samuelson et Solow en 1960 proposent une généralisation de l'analyse de Phillips à la relation inflation chômage (graphique suivant). Si nous supposons que le taux de marge (m) est constant

Courbe de Phillips

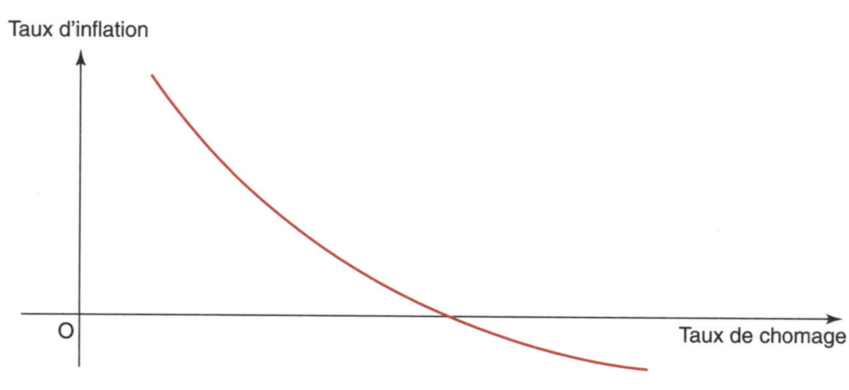

et si l'on soustrait du taux de croissance des salaires nominaux (w) le taux d'augmentation de la productivité (g) (estimé à 3 % sur l'exemple de l'Angleterre), on obtient le taux de variation des prix (p) :

$$p = (1 + m)\ w/g \qquad (1)$$

$$(1)\ p = w - g$$

Le consensus keynésien s'établit dans les années 1960 : la situation du marché du travail est à l'origine de l'inflation. Le taux de chômage cause le taux d'inflation et les deux déséquilibres sont alternatifs, il convient par conséquent de sacrifier l'un pour obtenir l'autre.

2. LA REMISE EN QUESTION DE LA COURBE DE PHILLIPS À TRAVERS UN DÉPLACEMENT DE L'APPROCHE VERS LE MARCHÉ DE LA MONNAIE ET LA PRISE EN COMPTE DES ANTICIPATIONS

a) La courbe de Phillips augmentée des anticipations : l'analyse de Friedman

Milton Friedman inverse le sens de la causalité pour expliquer cette courbe. Il y a d'abord une politique monétaire d'expansion qui a des effets inflationnistes et, partant, influence l'équilibre sur le marché du travail. Pour démontrer ceci, Friedman pose l'hypothèse d'une asymétrie d'information entre offreurs et demandeurs de travail, les salariés sont victimes de l'illusion monétaire à court terme, pas les entrepreneurs. Il pose aussi l'existence d'anticipations adaptatives (2). À la suite d'une politique monétaire d'expansion l'équilibre du marché du travail est modifié par la baisse du salaire réel (le salaire réel est surestimé par les salariés, les entrepreneurs constatent sa baisse, la quantité demandée est plus grande, le taux de chômage plus faible) :

$$\Pi a,\ t = \Pi t{-}1 + b(\Pi t{-}1 - \Pi a,\ t{-}1) \qquad (2)$$

Avec :

- $\Pi a, t$: taux d'inflation anticipé à la période t ;
- $\Pi t-1$: taux d'inflation à la période t–1 ;
- $\Pi t-1 - \Pi a, t-1$: erreur d'anticipation.

À court terme, un arbitrage est possible, la hausse de l'inflation est associée à une baisse du taux de chômage (point A sur le graphique suivant). Ceci correspond à un déplacement le long d'une courbe de Phillips associée à un niveau d'inflation anticipée (sur les bases de l'équation (2)).

Courbe de Phillips selon Friedman

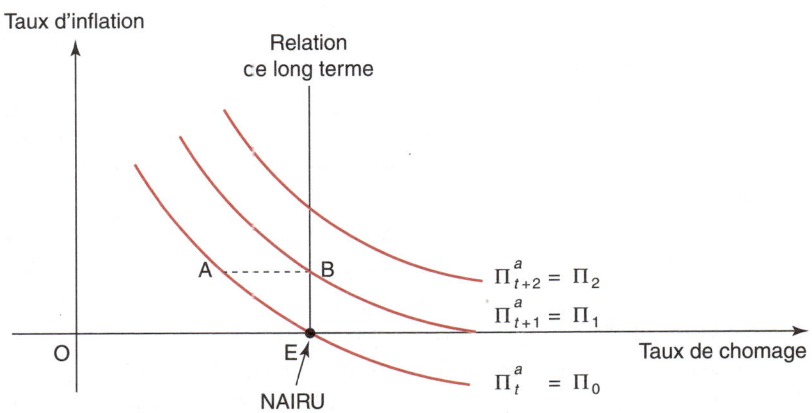

Mais les anticipations vont s'adapter, le salaire réel va revenir à son équilibre initial et le taux de chômage vers le **NAIRU** (*non accelerating inflation rate of unemployment*) ; cette situation correspond au point B sur la graphique. À long terme par conséquent, la courbe de Phillips est verticale et coupe l'axe des abscisses au NAIRU.

On en déduit la définition du NAIRU, taux de chômage qui existe dans l'économie lorsque le marché du travail est à l'équilibre et que l'inflation est correctement anticipée par les salariés. Ce NAIRU résulte de déterminants structurels (population active et sa mobilité…) et des caractéristiques institutionnelles du marché du travail, d'où le fait qu'il est estimé à 5,5 % dans le cas de l'économie américaine et entre 8 % pour la France au cours des années récentes… Pour Milton Friedman, le NAIRU est un concept purement macroéconomique à la différence du taux naturel développé par Phelps qui explicite des fondements microéconomiques du taux naturel.

b) Anticipations rationnelles et verticalité de la courbe à court terme

L'hypothèse d'anticipations rationnelles est échafaudée à partir d'une contribution de R. Muth (1961) : toute l'information disponible est utilisée, il n'y a pas d'erreur systématique d'anticipation. Pour la question qui nous occupe, l'écart entre valeur anticipée de l'inflation et valeur observée a une espérance mathématique nulle. Sur cette base, dans les années 1970, Lucas et la NEC prolongent le travail de Friedman, le radicalisent et établissent la verticalité de la courbe de Phillips à court terme et à long terme. Pour Sargent et Wallace (1976), seule une surprise monétaire pourrait réduire le chômage mais elle se paierait en termes de réduction de la crédibilité des autorités monétaires et de renforcement des primes de risques sur les taux d'intérêt.

3. DÉSINFLATION ET NOUVEAUX ENJEUX DE LA RELATION-INFLATION CHÔMAGE

a) La non-vérification empirique de la courbe de Phillips. Un pilier de l'argument libéral en faveur de la stabilité des prix

Deux types d'arguments ont été mis en avant pour justifier la réorientation des politiques économiques à la fin des années 1970 et la nécessité d'accorder la priorité à la stabilité des prix : les coûts d'une inflation à deux chiffres et l'absence d'arbitrage à long terme entre inflation et chômage.

• L'inflation galopante, seule perspective de l'approche « accélérationniste »

Il existe – à l'extrême – un moyen de maintenir le chômage au-dessous de son niveau naturel, c'est de faire toujours plus d'inflation afin de tromper en permanence les travailleurs. Très vite cependant, l'inflation devient galopante et se retourne contre la croissance et, par la suite, contre l'emploi.

Dans les années 1970, l'inflation est particulièrement vive au sein des économies les plus avancées, elle atteint par exemple 19 % en moyenne au Royaume-Uni entre 1974 et 1976 et 12,5 % entre 1977 et 1979. Une inflation à deux chiffres présente un certain nombre de coûts. Un différentiel d'inflation défavorable pose deux types de problème : il réduit la compétitivité commerciale de l'économie nationale et pose un problème de crédibilité vis-à-vis des opérateurs financiers internationaux. Les prix deviennent, selon Hayek (1945), un vecteur d'informations biaisé, on ne sait plus ce qui, dans la hausse des prix, relève d'une « distorsion » entre offre et demande de ce qui relève d'une progression purement nominale. D'autres inconvénients moins décisifs peuvent être mentionnés : les coûts de menus et les coûts de chaussures.

• L'absence d'arbitrage inflation chômage à long terme

Selon les libéraux il ne faut pas avoir de scrupules à faire de la stabilité des prix le principal objectif de politique économique car, contrairement à ce qu'affirment les keynésiens, il n'y a pas de possibilité d'arbitrage entre chômage et inflation. Depuis la fin des années 1960 et les travaux de Milton Friedman, les tenants de la neutralité de la monnaie ont gagné du terrain. Sur ces bases, les responsables politiques choisissent au seuil des années 1980 d'engager des politiques de désinflation.

b) La non-verticalité à long terme de la courbe de Phillips en régime de basse inflation

Les travaux d'Akerlof, Dickens et Perry (1997) ont mis en avant la possible existence d'un **arbitrage inflation-chômage à long terme pour des taux d'inflation bas**, inférieurs à 5 %. La rigidité à la baisse des salaires nominaux empêche l'utilisation de la désindexation comme stratégie de compression des coûts salariaux avec une inflation nulle. Au contraire, si le taux d'inflation se situe à 3, 4 ou 5 % les salariés acceptent le principe d'un gel des salaires nominaux ou d'une progression qui reste inférieure au taux d'inflation. Partant, sous certaines hypothèses et toutes choses égales par ailleurs, le taux de chômage associé à une inflation de 4-5 % est inférieur de plusieurs points au taux de chômage associé à une inflation de 0-1 %. Dans cet environnement, pour réduire si nécessaire le coût du travail, on va plus ajuster par les quantités (licenciements). Le graphique ci-dessous illustre cette relation inverse en régime de basse inflation.

Courbe de Phillips en régime de basse inflation

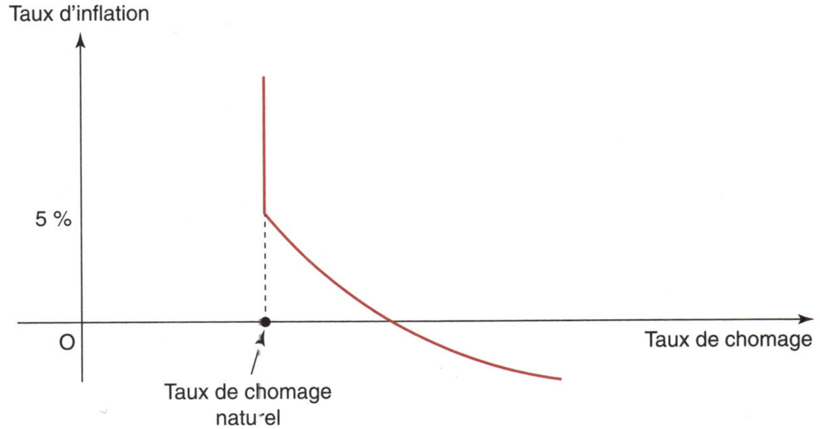

Repères chronologiques

- 1958 : publication de l'article fondateur de Phillips.
- 1968 : publication de l'article de Milton Friedman « Le rôle de la politique monétaire » qui ouvre la voie à une remise en cause de la courbe de Phillips.
- 1974-1979 : stagflation en Occident.
- 1980 (début des années) : mise en œuvre de politiques de désinflation compétitive en Occident.

17 La nouvelle économie classique

Point clef

Ce courant de pensée s'est développé à partir des années 1970. Il retrouve les grands résultats des économistes classiques mais en intégrant des hypothèses nouvelles en particulier concernant les anticipations des agents. Les grandes figures de la nouvelle économie classique (NEC) ont pour noms Lucas, Sargent, Barro...

1. LA CRITIQUE DE LUCAS

Dans les années 1970 Robert Lucas souligne que les modèles macroéconométriques de l'époque traitent les anticipations avec désinvolture en ayant recours à des approximations plausibles mais arbitraires. Selon lui, la plupart des interventions de politique économique modifient la façon dont les agents forment leurs anticipations. Or les « proxys » utilisés dans les modèles ne prennent pas en compte ces évolutions.

La nouvelle économie classique attire l'attention sur la nécessité de **mieux prendre en compte les anticipations des agents**. Plus largement, son projet est de **donner des fondements microéconomiques solides aux analyses macroéconomiques** et de rompre ainsi avec le *no bridge* en vigueur depuis les origines de la macroéconomie.

2. DES ANTICIPATIONS ADAPTATIVES AUX ANTICIPATIONS RATIONNELLES

Sous l'impulsion de Milton Friedman, l'hypothèse d'anticipations adaptatives était retenue dans certains travaux de la fin des années 1960 (voir en particulier l'article de Friedman sur le rôle de la politique monétaire publié en 1968 dans l'*American Economic Review*). Cette hypothèse consiste à prévoir la valeur future d'une variable à partir de sa valeur présente et de l'erreur d'anticipation commise à la période précédente (v. fiche 16).

Dans les années 1970, la nouvelle économie classique généralise **l'hypothèse d'** anticipations rationnelles. Cette hypothèse consiste, selon Muth (1961), à prévoir la valeur future d'une variable en faisant une parfaite utilisation de toute l'information disponible à la période présente. Il n'y a **pas d'erreur systématique d'anticipation,** ce qui ne signifie pas que ce type d'anticipations conduise toujours à des prévisions « exactes ». L'utilisation de cette hypothèse s'est imposée dans les modèles macroéconomiques depuis (y compris chez les économistes keynésiens).

3. LA VERTICALITÉ DE LA COURBE DE PHILLIPS À COURT TERME

Pour Milton Friedman (1968) la courbe de Phillips est verticale à long terme mais un arbitrage inflation-chômage est possible à court terme en raison du caractère adaptatif des anticipations inflationnistes des salariés.

Lucas et la nouvelle économie classique prolongent le travail de Friedman, le radicalisent et établissent la verticalité de la courbe de Phillips à court terme comme à long terme. À la suite d'une politique monétaire d'expansion, l'équilibre du marché du travail n'est pas modifié par une baisse du salaire réel, le salaire réel n'est pas surestimé par les salariés comme chez Friedman. La quantité de travail demandée est inchangée et le taux de chômage reste à son niveau naturel.

Pour Sargent et Wallace (1976), seule une surprise monétaire pourrait réduire le chômage, mais elle entame la crédibilité des autorités monétaires et provoque une hausse de la prime de risques sur les taux d'intérêt.

4. LE THÉORÈME RICARDO-BARRO

Le théorème dit de l'équivalence ricardienne encore appelé théorème Ricardo-Barro a popularisé les mécanismes psychologiques de réactions des agents face à un déficit budgétaire financé par l'endettement. Robert Barro (1974) intègre les anticipations rationnelles pour chercher à démontrer l'inefficacité de la politique budgétaire. Dans son cadre analytique, un déficit budgétaire financé par l'endettement entraîne une réaction des agents qui anticipent une future hausse de la fiscalité pour rembourser la dette, ils épargnent davantage et partant consomment moins. La démonstration théorique repose sur un système d'hypothèses très fortes :

- l'existence d'un équilibre initial de plein-emploi ;
- des anticipations rationnelles ;
- un altruisme intergénérationnel ;
- un régime budgétaire ricardien censé prévaloir. Selon Sargent (1982) un tel régime désigne une situation où un déficit budgétaire financé par émission de titres signale une hausse future des impôts juste suffisante pour rembourser la dette.

5. VERS DES RÈGLES DE POLITIQUES ÉCONOMIQUES

La nature des anticipations conduit les nouveaux classiques à remettre en cause l'efficacité des politiques économiques conjoncturelles, même à court terme. Les politiques monétaire et budgétaire discrétionnaires ne sont pas efficaces. Kydland et Prescott (1977) montrent la supériorité des règles de politiques économiques sur les pratiques discrétionnaires. La nouvelle économie classique recommande la neutralisation des politiques conjoncturelles et la mise en œuvre de politiques économiques structurelles de libéralisation des différents marchés.

Sur un plan institutionnel Barro et Gordon (1983) mettent en avant les avantages de l'indépendance de la Banque centrale en matière de crédibilité d'une politique monétaire anti-inflationniste. Sous l'impulsion des analyses de la NEC, l'autonomie des banques centrales progresse à cette époque.

18 La nouvelle économie keynésienne

Point clef

La nouvelle économie keynésienne (NEK) s'est développée dans les années 1980 en réaction à la poussée de la nouvelle économie classique. Ses principales figures ont pour noms Akerlof, Stiglitz, Mankiw, Weiss. Ce courant de pensée n'est pas unifié et sa filiation keynésienne est relativement ambiguë. La NEK retrouve l'idée selon laquelle le jeu du marché peut conduire à des situations de déséquilibre, mais elle rejette le principe de la demande effective et son interventionnisme reste mesuré.

1. LES HYPOTHÈSES CLEFS

Pour la NEK, les agents économiques sont rationnels. Ce courant prend en compte les anticipations des agents (de nombreux modèles utilisent l'hypothèse d'anticipations rationnelles). Un agent rationnel peut néanmoins être victime d'illusion monétaire lorsque, par exemple, sous la pression de la concurrence, l'entreprise gèle la progression des salaires nominaux dans un contexte inflationniste avec l'accord des salariés.

La NEK reconnaît la nécessité de donner des fondements microéconomiques à l'analyse macroéconomique. Elle intègre les acquis de la microéconomie de la concurrence imparfaite : les entreprises sont *price makers* et non *price takers*, des asymétries d'information existent sur de nombreux marchés. L'asymétrie d'information désigne une situation dans laquelle un individu dispose de plus d'informations qu'un autre sur les « états de la nature ». Dans le domaine de l'assurance, par exemple, l'assuré connaît mieux que l'assureur son propre niveau de risques.

Par ailleurs, les prix sont visqueux sur le marché des biens et services et sur le marché du travail (v. fiche 15). La rigidité des prix constitue dans certains modèles le fondement de la non-neutralité de la monnaie (une hausse de la quantité de monnaie peut avoir des effets réels à court terme si certains prix s'ajustent avec retard).

2. CONCURRENCE IMPARFAITE ET DÉSÉQUILIBRES

Sur de nombreux marchés, l'asymétrie d'information provoque un phénomène d'antisélection (*adverse selection* en anglais). Seuls les agents avec de « mauvais risques » restent sur un marché non transparent. Les « mauvais risques » chassent en quelque sorte les « bons risques » du marché.

Stiglitz et Weiss montrent ainsi que, sur le marché du crédit, ces phénomènes peuvent conduire à un rationnement du financement. Ce rationnement freine la croissance et provoque une hausse du chômage.

3. RIGIDITÉ SUR LE MARCHÉ DU TRAVAIL ET CHÔMAGE INVOLONTAIRE

Pour de nombreuses raisons qui tiennent aux imperfections du marché du travail, le salaire peut s'établir à un niveau supérieur à l'équilibre concurrentiel et être ainsi à l'origine d'un chômage involontaire.

Ce salaire plus élevé peut être un salaire d'efficience (v. fiche 44). Le jeu du marché pousse, dans cette perspective, l'entreprise à proposer un salaire plus élevé afin :

- soit de pallier l'asymétrie d'information au moment de l'embauche du salarié, de chercher à attirer les meilleurs (Weiss) ;
- soit de réduire le *turn over* au sein de la firme (Stiglitz).
- Soit d'accroître la productivité du travail et d'éliminer les tire-au-flanc (Shapiro et Stiglitz).

Ce salaire plus élevé peut être imposé par les salariés. Les approches *insiders/outsiders* développées par Lindbeck et Snower (1988) s'appuient sur l'existence de coûts liés au turn-over des employés. Ces coûts sont à l'origine d'un écart entre le gain net que procure l'emploi d'un salarié titulaire (un *insider*) et celui que procurerait l'embauche d'un chômeur ou d'un travailleur précaire (*outsider*). Dans l'intervalle ainsi défini, la firme n'a pas intérêt à recruter un *outsider* même s'il est disposé à accepter un salaire inférieur à celui des *insiders*. Les *insiders* peuvent, en particulier grâce à l'action syndicale, accroître les coûts du turn-over et obtenir la fixation de salaires supérieurs à l'équilibre concurrentiel.

4. L'EFFET D'HYSTÉRÉSIS

Selon cette approche développée dans les années 1980 par Blanchard et Summers, le taux de chômage structurel peut dépendre du taux de chômage effectif. Les chômeurs de longue durée (par convention une durée supérieure à un an) perdent une partie de leurs compétences et ont des difficultés à développer leur capital humain en particulier les plus jeunes. Une augmentation de la proportion des chômeurs de longue durée entraîne une hausse du chômage structurel car plus ils sont nombreux et non employables, moins ils sont en mesure de peser sur les salaires réels. Les salaires ont tendance à se fixer à un niveau élevé. Le passage par un chômage de longue durée aurait un effet permanent : les individus n'influenceraient plus la formation de l'équilibre sur le marché du travail. Une action ciblée sur l'employabilité de ce public est ici justifiée pour combattre ce chômage. Cette approche explique le chômage de masse qui s'est développé dans certains pays occidentaux dans les années 1980 à la suite de la mise en œuvre de politique de désinflation compétitive.

5. LA NON-VERTICALITÉ DE LA COURBE DE PHILLIPS EN RÉGIME DE BASSE INFLATION

Les travaux d'Akerlof, Dickens et Perry (1997) ont mis en avant la possible existence d'un arbitrage inflation-chômage à long terme pour des taux d'inflation bas, inférieurs à 5 %. La rigidité à la baisse des salaires nominaux empêche l'utilisation de la désindexation comme stratégie de compression des coûts salariaux avec une inflation nulle. Au contraire, si le taux d'inflation se situe à 3, 4 ou 5 %, les salariés acceptent le principe d'un gel des salaires nominaux ou d'une progression qui reste inférieure au taux d'inflation. Partant, sous certaines hypothèses et toutes choses égales par ailleurs, le taux de chômage associé à une inflation de 4-5 % est inférieur de plusieurs points au taux de chômage associé à une inflation de 0-1 %. Dans cet environnement, pour réduire si nécessaire le coût du travail, on va plus ajuster par les quantités (licenciements).

19 La Révolution industrielle anglaise (1760-1830)

Point clef

La Révolution industrielle constitue une rupture majeure dans l'histoire de l'humanité, comparable à la « révolution néolithique ». Elle apparaît comme le point de départ de ce que Kuznets appelle la **croissance économique moderne** à savoir un processus cumulatif d'accroissement simultané de la population, de la production et du revenu par tête. Cette croissance subite a été nourrie par une série de changements simultanés : l'idée qu'il existerait un facteur déterminant (ultime) doit être abandonnée. L'économie anglaise avait atteint un niveau de développement suffisant permettant à l'offre de répondre par la mécanisation à une sollicitation de la demande (alors forte dans le textile).

1. LES MANIFESTATIONS DE LA RÉVOLUTION INDUSTRIELLE

Ce phénomène se déroule en Angleterre entre 1760 et 1830 pour reprendre la datation traditionnelle de l'historien Ashton (1959). Il se manifeste par l'apparition d'innovations dans les secteurs du textile (**machines à tisser**), du « machinisme » (perfectionnement de la **machine à vapeur**), de la sidérurgie et la métallurgie (diffusion des hauts fourneaux au coke…) et un peu plus tard dans d'autres domaines comme le transport ou la chimie. Le caractère révolutionnaire de ces transformations est certes atténué par le fait que les innovations sont tributaires d'améliorations antérieures ; c'est par exemple le cas de la machine à vapeur. Dès la fin du XVIIe siècle, Savery crée une machine à pomper l'eau des mines, en 1712 Newcomen améliore la machine… Mais une vraie **rupture** se déroule bel et bien à partir de la décennie **1760-1770** qui tient à l'ampleur et au nombre des innovations, à l'intensité de leur diffusion, aux inflexions observables dans la croissance des gains de productivité et de la production industrielle.

L'histoire économique quantitative fait ressortir une nette rupture en Angleterre en matière de croissance de la production industrielle dans les années 1760-1770. Même si les premières décennies du XVIIIe siècle connaissaient déjà un rythme de croissance assez soutenu (de l'ordre de 1 % l'an) fondé notamment sur la **proto-industrialisation**, c'est un véritable décollage (*take off* pour reprendre la terminologie de Rostow *Les Étapes de la croissance économique* ; 1963) qui se fait jour à la fin du XVIIIe siècle (voir le graphique très explicite de Crafts).

***Trend* de la production industrielle britannique (XVIIIe- XIXe siècles)**

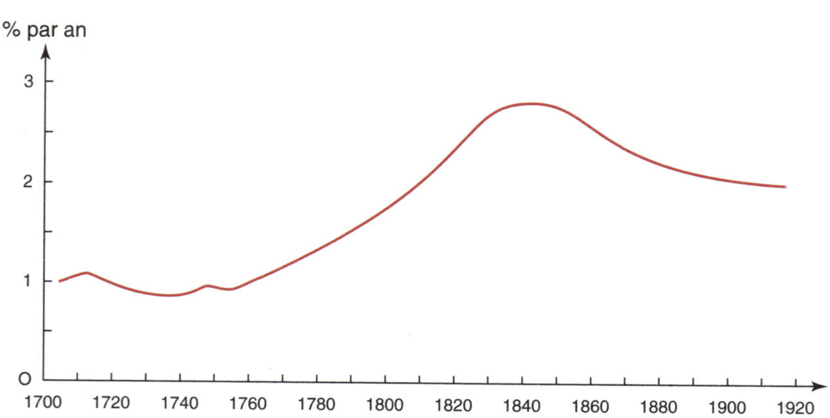

Plus largement la Révolution industrielle anglaise s'accompagne de transformations radicales dans les domaines démographique, culturel, géopolitique ou encore dans l'organisation du travail. Ces bouleversements participent de l'extraordinaire complexité de ce processus. L'analyse des interactions entre facteurs de demande et facteurs d'offre fournit une grille de lecture de cet épisode.

2. LES FACTEURS DE PROGRESSION DE LA DEMANDE : LE RÔLE DU COMMERCE EXTÉRIEUR ET DE LA CONSOMMATION

Au milieu du XVIIIe siècle, la demande adressée en Angleterre au secteur textile et, à un degré moindre, à la métallurgie est si forte qu'elle entraîne une pénurie de main-d'œuvre. Plusieurs facteurs peuvent concourir à expliquer cette forte demande.

Le **commerce international** constitue un vecteur potentiel de pression de la demande (demande externe en l'occurrence) en même temps qu'il permet une accumulation préalable de capital. Depuis la fin du XVIIe siècle, la Grande-Bretagne a imposé sa domination maritime et dispose au milieu du XVIIIe siècle d'importants débouchés coloniaux (en Amérique du Nord, Asie...). Il semble, par exemple, que fin XVIIe les exportations de laine représentent 30 % de la production anglaise et que cette proportion atteigne 50 % au milieu du XVIIIe siècle. Sans exclure totalement ce facteur, la localisation des principaux foyers de la Révolution industrielle ne corrobore pas cette hypothèse : les villes portuaires ne sont pas les premières concernées.

Un fait est solidement établi grâce aux travaux de Wrigley et Schofield (1981) : la population anglaise, après avoir pratiquement stagné depuis le milieu du XVIIe siècle, progresse à un rythme soutenu à partir de 1740 (entre 1740 et 1760, elle croît à un taux annuel moyen voisin de 0,5 %). La population de la Grande-Bretagne passe de 7,4 millions d'habitants en 1750 à 10,7 millions en 1800 et 20,6 millions en 1850. La poussée démographique pourrait être à l'origine de la hausse de la demande textile. Mais l'influence dynamisante de la **croissance démographique** est contestée : dans une perspective malthusienne, toutes choses égales par ailleurs, elle vient buter sur une insuffisance des subsistances et provoque une hausse des prix et une baisse des salaires réels qui la ramène à son niveau initial (à travers les conséquences de la malnutrition).

Le **développement des villes** (surtout Londres) et du commerce s'accompagne d'une transformation du mode de vie et des habitudes de consommation. L'anthropologie historique a montré qu'au XVIIIe siècle un **désir de consommation** s'est développé notamment dans la classe moyenne/inférieure. Pour acquérir des objets (tissus à la mode – indiennes, rubans, bijoux...), il a fallu, à productivité constante du capital, travailler plus pour accroître son revenu et assouvir ce désir. Pour P. Verley (*L'échelle du monde*, 1997), l'une des clefs de la mutation industrielle est probablement la « marchandisation » et la monétisation d'un travail féminin (lavage, entretien des vêtements...).

3. L'ANTÉRIORITÉ D'UNE RÉVOLUTION AGRICOLE ?

Selon Bairoch dans *Révolution industrielle et sous-développement* (1963), rien n'aurait été possible sans bouleversements dans le secteur agricole. La croissance démographique est, selon lui, logiquement tributaire de mutations préalables en matière de subsistances et des progrès réalisés dans l'agriculture. Les travaux de Bairoch insistent sur le rôle des interactions entre **Révolution agricole** et Révolution industrielle. L'auteur part d'abord du constat qu'une explication de la Révolution industrielle ne peut pas faire l'impasse sur l'agriculture (ce secteur représentant 8/10e de l'activité humaine à l'époque). Sans gains de productivité importants dans l'agriculture, il n'aurait pas été possible de nourrir une population croissante et plus urbaine.

Bairoch soutient l'existence d'une Révolution agricole en Angleterre fin XVIIe siècle. Les progrès initiaux de l'agriculture anglaise localisés au sud-est du pays seraient liés, d'après lui, à un transfert de techniques nouvelles des Pays-Bas du notamment à un mouvement important d'émigrés protestants chassés des Flandres par la domination espagnole.

L'argument d'un solde céréalier anglais positif dans le deuxième quart du XVIIIe siècle et la mise en évidence d'une hausse de la production et de la consommation de fer à usage agricole appuient cette thèse. Sur la même période, une détérioration des termes de l'échange des produits agricoles vis-à-vis des produits industriels est aussi décelable et paraît témoigner de l'intensité des gains de productivité dans le secteur agricole.

Ces gains permettent à l'agriculture anglaise de libérer de la main-d'œuvre et d'offrir des débouchés à l'industrie. La pression de la demande appelle le progrès technique. Les innovations industrielles répondent à cette sollicitation parce qu'un « seuil critique » a été franchi en matière de recherche fondamentale.

Les adversaires de la thèse de Bairoch envisagent la possibilité d'une croissance démographique provoquée par un facteur exogène et non par des progrès agricoles. Elle trouverait en l'occurrence sa source dans la fin des grands froids et une évolution épidémiologique favorable. Pour preuve, elle présenterait, selon eux, un caractère international.

4. LA RÉPONSE DE L'OFFRE

On constate l'apparition dans la deuxième moitié du XVIIIe siècle de **multiples** inventions **et innovations techniques** dans un nombre relativement réduit de secteurs industriels, principalement le textile (qui occupe alors 60 à 70 % du total des actifs des industries manufacturières), le « machinisme », la métallurgie ainsi que les transports et la chimie.

Dans le textile, certaines inventions sont traditionnellement mises en exergue.

- La navette volante de Kay, innovation des années 1730, est diffusée dans le tissage du coton vers 1760 où elle améliore la productivité d'environ 30 %.
- La machine à filer *Spinning Jenny* (1765-1766) de Hargreaves, avec rouet multiplié, est particulièrement adaptée aux petites unités de production (intermédiaire entre travail manuel et machinisme).
- La *Waterframe* (1767) de Arkwright qui utilise l'énergie hydraulique et exige de lourdes installations est destinée à de plus grosses structures.
- La *Mule Jenny* (1777) de Crompton est une sorte de croisement des deux précédentes inventions, elle est complètement mécanisée.
- Au cours des années 1780, les métiers à tisser mécaniques de Cartwright remplacent les « navettes volantes » de Kay et permettent une nouvelle progression de la production de tissu.
- En 1783, Bell met au point la technique de l'impression mécanique des tissus.

Dans le secteur du « machinisme », l'Écossais James Watt perfectionne la machine à vapeur, il dépose en 1769 le brevet d'une machine à vapeur avec condenseur séparé.

Le secteur de la métallurgie connaît lui aussi des bouleversements techniques à la même époque comme la substitution du coke au charbon de bois pour alimenter les hauts fourneaux et produire la fonte. L'abondance de la fonte crée des goulets d'étranglement pour l'affinage (sa transformation en fer), le procédé du *puddlage* inventé par Cort en 1783 répond à ce défi. La même année, Cort remplace le marteau hydraulique par le laminoir pour accélérer la forge du fer. L'extraction du charbon des mines s'effectue par rails d'abord en bois, puis métalliques à partir de 1765 en Angleterre.

Dans les transports, le Français Cugnot utilise en 1770 l'action directe du piston sur la manivelle pour actionner une roue motrice, mettant ainsi au point un premier véhicule terrestre à vapeur. En 1783, Jouffroy d'Abbans fait naviguer un premier bateau à vapeur. Plus tard, Trevithick effectue les premiers essais de locomotives à vapeur.

Dans le secteur de la chimie, le chlore est découvert en 1774 par Scheele et utilisé très vite dans le blanchiment industriel des tissus.

5. LES LOGIQUES DU DÉVELOPPEMENT TECHNIQUE

L'enchaînement des inventions et l'interdépendance entre les innovations invitent à s'interroger sur la logique du développement technique.

Selon Landes, *Richesse et pauvreté des nations* (2000), ces inventions présentent trois traits marquants : des machines se substituent aux travailleurs, l'énergie est produite par des machines, de nouvelles matières premières sont utilisées. La mécanisation et l'apparition de la grande usine constituent les lignes de forces d'un processus qui touche à la fois les méthodes de production et l'organisation de la société.

Un **modèle « défi-réponse »** peut être proposé : les premières découvertes seraient dues « au hasard », ensuite les innovations se répondraient les unes aux autres au gré de blocages et de déséquilibres internes. Ainsi la machine de Kay aurait rendu le fil rare et provoqué la hausse de son prix, stimulant par là même l'innovation dans le domaine de la filature.

Bertrand Gilles met en avant l'existence d'un « **système technique** » qui suppose une cohérence entre les techniques, l'énergie, les matériaux, les transports et les secteurs de consommation. Au centre du système en vigueur à l'époque, se trouvent le fer, le charbon et la machine à vapeur… Ce système est achevé en 1850, le métal a remplacé le bois, la machine à vapeur est utilisée dans tous les secteurs, le charbon fait le lien entre les deux. À son apogée le système devient difficile à améliorer, il conviendrait que de nouvelles techniques apparaissent pour surmonter les blocages. Le système se déstructurerait alors au profit d'un nouveau d'où, par extension, le caractère cyclique de l'activité.

Repères chronologiques

- 1760 (vers) : utilisation de la navette volante de Kay pour le tissage du coton.
- 1765 : mise au point de la machine à filer *Spinning Jenny* par Hartgreaves.
- 1769 : dépôt par Watt du brevet d'une machine à vapeur avec condenseur séparé.
- 1783 : invention du procédé du *puddlage* par Cort.
- 1785 : métier à tisser mécanique de Cartwright.

20 La révolution des transports

Point clef

À partir du deuxième quart du XIXe siècle, l'intérêt pour les transports grandit : les pouvoirs publics et le monde financier soutiennent la mise en place de nombreuses infrastructures. À l'amélioration des traditionnels réseaux fluviaux et routiers, s'ajoute le développement de l'usage de la vapeur sur terre avec le chemin de fer et en mer. L'expression « « révolution » des transports » désigne ces progrès réalisés au milieu du XIXe siècle en matière de réduction des coûts de transport grâce à l'extension de l'usage de la vapeur. Ces avancées ouvrent alors la voie à une intensification des échanges internationaux.

1. L'AMÉLIORATION DES INFRASTRUCTURES DE TRANSPORT TERRESTRE

a) Une préoccupation ancienne

L'intérêt pour les transports par voies d'eau et de terre est apparu très tôt comme en témoignent en France, pour la seule période moderne, le percement du canal du Midi en 1681, la création de la Direction des ponts et chaussées en 1715 ou encore la création d'une École nationale des ponts et chaussées en 1747. En Angleterre, le percement de canaux et l'aménagement des voies d'eau connaissent un tournant important suite à la décision en 1759 du Duc de Bridgewater de faire relier ses mines de charbon à la ville de Manchester.

b) Le développement des réseaux routiers

Les efforts d'aménagements sont poursuivis au XIXe siècle. L'amélioration des voies routières est facilitée par l'apparition d'innovations comme le **procédé du macadam** vers 1820 et du cylindrage à partir de 1834. Le nouveau système de revêtement est constitué de pierres concassées et de sable agglomérés avec des rouleaux compresseurs : il permet d'augmenter la vitesse des diligences. Le réseau routier continue de se densifier : en Angleterre il atteint environ 50 000 km au milieu du XIXe siècle. En France, une loi de 1836 prévoit que chaque village doit être relié par un chemin vicinal à la circulation générale. Le réseau des grandes routes françaises atteint 35 000 km à la même époque. La longueur du réseau « allemand » passe de 25 000 km en 1835 à 115 000 km en 1873. L'Italie du Nord poursuit l'aménagement des voies transalpines vers la France notamment.

c) Les canaux

Le réseau anglais de canaux, développé à partir des années 1760, est achevé vers 1830 : beaucoup de grands centres industriels sont reliés à la mer par des voies d'eau afin d'acheminer matières premières et marchandises. Le programme français est élaboré, quant à lui, vers 1820, il tente d'opérer des liaisons entre les grands fleuves. Ainsi le Rhône et le Rhin sont reliés (1822-1834), la Marne et le Rhin (1838-1853), le canal latéral de la Garonne est ouvert, plus tard le canal des Houillères est construit en Lorraine entre 1862 et 1866. La même politique est conduite dans d'autres pays comme en Allemagne, où des travaux de régularisation des cours d'eau sont réalisés à partir de 1820 : dans le deuxième tiers du XIXe siècle, le réseau allemand des canaux et des voies canalisées atteint 4 500 km. Aux États-Unis, le percement du canal Erié, long de 584 km, qui lie l'Hudson au lac Erié (1817-1825), marque lui aussi un jalon important vers le développement d'un vaste réseau de voies d'eau pour le transport des produits.

2. LA RÉVOLUTION DES CHEMINS DE FER

a) L'œuvre des pionniers

La révolution des chemins de fer naît en Angleterre de la **rencontre des rails et des locomotives**. Les rails métalliques avaient été posés dans les mines dès le début de la Révolution industrielle. Les premiers essais de locomotives à vapeur se déroulent au tout début du XIXe siècle :

- En 1804, l'ingénieur anglais Richard Trevithick met au point une machine qui atteint la vitesse de 20 km/h à vide et 8 km/h avec une charge de 6 tonnes.
- En 1812, John Blenkinsop expérimente une locomotive à roue dentée qui s'accroche à une crémaillère extérieure à la voie, elle est utilisée pour le transport de matières premières.
- En 1823, à Newcastle, Georges Stephenson, son fils Robert et leurs associés fondent la première usine de locomotives.
- En 1825, Georges Stephenson crée en Angleterre la première ligne de chemin de fer ouverte au public (entre Stockton et Darlington).
- En France, Marc Seguin perfectionne les locomotives achetées quelques années auparavant à Stephenson et dépose en 1828 un brevet concernant une chaudière tubulaire qui permet d'obtenir une plus grande puissance de traction.
- En 1829, la même technique permet aux Stephenson de mettre au point une machine à grande vitesse la *Rocket* qui atteint 56 km/h.
- En 1830, une première ligne commerciale régulière relie Liverpool à Manchester (environ 50 km).

b) La mise en place de réseaux ferroviaires

L'Angleterre se dote rapidement d'un réseau cohérent de voies ferrées financé essentiellement par des capitaux privés. En 1850, sa longueur atteint déjà 10 600 km, en 1911 elle s'élève à 32 000 km. Sur le continent européen, les gouvernements s'associent à des compagnies privées pour financer la mise en place d'infrastructures ferroviaires. Entre 1850 et 1911, le réseau français passe de 3 000 à 44 000 km et le réseau allemand de 6 000 à 62 000 km. Le train franchit les Alpes par les tunnels du mont Cenis en 1871 (long de 12,2 km), du Saint-Gothard en 1882 (long d'environ 15 km) du Simplon en 1905 (19,5 km). **La longueur du réseau des chemins de fer passe en Europe de 175 km en 1830 à 9 200 km en 1845, 104 900 km en 1870 et 362 700 km en 1913**.

Le réseau nord-américain se développe lui aussi rapidement ; il passe de 37 km en 1830 à 89 200 km en 1870 puis 456 200 km en 1913. Aux États-Unis une ligne qui relie l'Est et l'Ouest est achevée en 1869, la Central Pacific, partie de Sacramento en Californie, rejoint Union Pacific qui était partie de Omaha dans l'Iowa.

c) Les conséquences des chemins de fer sur l'activité

La question de l'influence des chemins de fer sur la croissance économique est très discutée, deux thèses s'affrontent.

Le sujet a été traité par la *New Economic History* en utilisant **l'approche contrefactuelle**. La controverse s'est d'abord cristallisée autour des travaux Fogel et Fishlow. Selon eux, vers 1890, le PNB américain n'aurait été inférieur que de 4 à 14 % au niveau effectivement atteint sans la contribution des chemins de fer ; **le chemin de fer n'est** pour eux **qu'une innovation parmi d'autres**. Les travaux de North ont eu également un retentissement considérable qui tient à la fois aux méthodes économétriques employées et aux résultats mis en avant qui, eux aussi, nient le rôle moteur des chemins de fer sur la croissance. Par ses faibles effets en amont sur la métallurgie et la mécanique, la demande de chemins fer n'aurait pas contribué significativement à l'industrialisation. Les méthodes de cette *New Economic History* ont été appliquées à certains pays européens et aboutissent aux mêmes résultats, en particulier pour l'Angleterre. Les économies pour la société, c'est-à-dire les avantages résultant de l'exploitation des chemins de fer, sont faibles, elles représentent l'équivalent de seulement 4 % du revenu national. En Angleterre, la part la plus élevée de la production totale de fer brut absorbée par le chemin de fer est seulement de 16 % sur la période 1846-1850 et le chemin de fer n'a pas semblé exercer d'influence forte sur le progrès technique ni dans la métallurgie, ni dans la mécanique.

Pour l'historiographie traditionnelle, les chemins de fer constituent une « **industrie industrialisante** ». La construction de voies ferrées et de locomotives dynamise d'abord la croissance en offrant de très importants débouchés à la métallurgie et à l'industrie mécanique. Entre 1850 et 1870, en Allemagne, le secteur absorbe ainsi 30 % de la production de fonte. Les auteurs soulignent ensuite l'importance des effets des chemins de fer vers l'aval (par nature non mesurables) : changements dans la localisation des activités, mise en valeur des ressources naturelles, contribution importante à la modernisation des systèmes financiers (banques, marchés de capitaux, Bourses de valeurs, drainage de l'épargne intérieure), mobilité des personnes, incarnation de modernité au XIXe siècle. De plus et surtout, ils ont largement contribué à la baisse des coûts de transports et aux progrès de l'intégration des marchés.

Le rôle du chemin de fer apparaît totalement décisif dans la baisse des coûts du transport terrestre au XIXe siècle. Crouzet (2000) souligne qu'en 1865, en Angleterre, le coût moyen du transport de minéraux (par tonne et par mille) représentait pour le chemin de fer l'équivalent de 16 % de celui par canaux et l'équivalent de seulement 2 % du coût du transport par route.

3. LES ÉVOLUTIONS DU TRANSPORT MARITIME

a) L'émergence progressive de la vapeur

Au plan international, les conditions du transport maritime se modifient de façon substantielle du fait de l'apparition d'importantes innovations (au milieu du XIXe siècle). Dans la construction navale, le fer (puis l'acier) se substitue progressivement au bois permettant d'accroître les capacités des navires. En matière de propulsion, la vapeur est installée sur les bateaux, elle évince lentement la voile qui bénéficie elle aussi d'avancées techniques. En 1850, la marine marchande britannique a un ratio des vapeurs aux voiliers qui est encore de 1 à 20. Il faut attendre 1883 pour que le tonnage des vapeurs britanniques soit supérieur à celui des voiliers. En France, un dernier pétrolier à voiles (le Quevilly) sort encore des chantiers en 1897.

b) Une réalisation emblématique : le canal de Suez

L'ingénieur Linant de Bellefonds montre la possibilité de tracer un canal à travers l'isthme de Suez (bande désertique et plate). Les Saints-Simoniens créent une société d'études pour le percement de cette voie maritime… Le projet se heurte dans un premier temps à l'hostilité des Égyptiens jusqu'à l'installation de Saïd Pacha comme vice-roi d'Égypte en 1854. Les disciples du comte de Saint-Simon envoient alors un émissaire, Ferdinand de Lesseps, qui avait été diplomate en Égypte dans les années 1830, se liant alors d'amitié avec Saïd. Lesseps reprend le tracé de Linan, obtient l'accord de Saïd pour le percement, puis l'exclusivité des travaux et une concession pour 99 ans au profit de la Compagnie universelle du canal maritime de Suez (1856). Ferdinand de Lesseps parcourt l'Europe pour lever des fonds privés. Les travaux commencent en avril 1859. La Grande-Bretagne manœuvre pour ruiner l'entreprise, craignant de perdre le contrôle de la route des Indes, les Anglais ont mis en place et contrôlent l'*Overland Road* qui relie Alexandrie et Suez par caravanes. Ils réussissent à bloquer les travaux pendant trois ans (1863-1866). La médiation de Napoléon III permet une reprise… Le canal est inauguré par l'impératrice Eugénie le 27 novembre 1869.

D'une longueur de 162 km, large de 190 m, profond d'environ 20 m, permettant le passage de navires à fort tonnage (jusqu'à 400 000 tonnes à vide), le canal révolutionne le transport maritime international. Il évite aux bateaux de passer par Le Cap (Cap de Bonne-Espérance). Il réduit la distance de 41 % entre Londres et Bombay. Il engendre de nouveaux flux commerciaux qui n'étaient pas rentables auparavant en particulier de produits pondéreux.

4. LA BAISSE DU COÛT DES TRANSPORTS : ÉLÉMENTS QUANTITATIFS

Selon Paul Bairoch, **grâce à l'ensemble des innovations, le coût du transport terrestre diminue entre 1850 et 1913 dans un rapport de 10 à 1**. Mais le rôle du chemin de fer apparaît totalement décisif dans ces progrès.

Au cours des siècles précédant la Révolution industrielle, la moyenne des coûts de transport terrestre est estimée par Bairoch (1997) à 4 ou 5 kg de céréales par tonne-kilomètre. En 1910, il les estime à 0,1 kg par tonne-kilomètre. La baisse est donc de 50 à 1 par rapport au temps des sociétés préindustrielles et apparaît bel et bien révolutionnaire à l'échelle de l'histoire longue.

En matière de transport maritime, O'Rourke et Williamson (1999) estiment que le coût du transport transatlantique a diminué de 70 % entre 1840 et 1910.

Au total, la baisse du poids relatif des coûts de transports trouve une expression synthétique dans l'écart entre la valeur mondiale des importations CAF (c'est-à-dire incluant les coûts de transport et d'assurance) et la valeur mondiale des importations FOB. Le travail de Bairoch fait ressortir le caractère régulier de la baisse des coûts de transport sur le grand XIXe siècle avec néanmoins une accélération du rythme vers 1850.

Estimation des coûts moyens de transports, assurances et frais annexes (en % de la valeur CAF des importations mondiales)

	1830	1840	1850	1860	1870	1880	1890	1900	1910
En %	17-20	16-19	14-17	13-15	12-14	11-13	10-11	9-10	8-9

Source : Bairoch (1974)

Repères chronologiques

- 1804 : premier essai de locomotive à vapeur par l'ingénieur anglais Trevithick.
- 1820 (vers) : invention du procédé du macadam.
- 1823 : création d'une première usine de locomotives à Newcastle par les Stephenson et leurs associés.
- 1825 : première ligne de chemin de fer ouverte au public, elle relie Stockton à Darlington en Angleterre.
- 1869 : inauguration du canal de Suez.
- 1869 : achèvement de la première ligne de chemin de fer qui relie l'Est et l'Ouest des États-Unis.

21 La croissance des États-Unis au XIXe siècle

Point clef

Durant le XIXe siècle, la montée en puissance des États-Unis d'Amérique est foudroyante. Nation nouvellement indépendante qui abrite cinq millions de pionniers fin XVIIIe, le pays apparaît un siècle plus tard comme la première puissance économique mondiale. Cet exemple est riche d'enseignements sur les conditions à établir pour enclencher une dynamique de croissance forte.

1. LE DÉCOLLAGE DE LA PRODUCTION

Le taux de croissance annuel moyen du PIB atteint aux États-Unis 4,2 % sur la période 1820-70 et 3,94 % sur la période 1870-1913. Une approche comparative rend mieux compte de la **fulgurance de la croissance américaine** : son rythme est deux fois plus élevé que celui du Royaume-Uni, pays engagé le premier dans la Révolution industrielle.

L'intensité de la croissance des États-Unis entraîne son ascension dans la hiérarchie des puissances. Sur la seule base du produit global dès les années 1870, les États-Unis apparaissent comme la première puissance économique mondiale. **En 1913, la production américaine est 2,5 fois supérieure à celle de la Grande-Bretagne**.

En termes de taux de croissance du PIB par habitant, indicateur de niveau de vie, les performances américaines sont également exceptionnelles 1,34 % entre 1820 et 1870 puis 1,82 % entre 1870 et 1913. Cet élément laisse apparaître que la croissance du PIB américain n'est pas exclusivement fondée sur un accroissement quantitatif du facteur travail. De telles performances permettent une convergence puis un dépassement du niveau de vie anglais. Alors qu'en 1820 le PIB par tête américain est inférieur de plus d'un quart au PIB par tête britannique, en 1913 il lui est supérieur de près de 8 %.

Même si le niveau de vie progresse à un rythme rapide il convient de mentionner que sur le marché du travail les ajustements peuvent alors être violents et associés à une grande précarité. Plus largement le marché du travail se caractérise par sa flexibilité et des conditions de travail difficiles (dénoncées, par exemple, par U. Sinclair dans *The Jungle* publié en 1905).

Le système industriel américain engendre un monde nouveau consumériste, très inégalitaire, parfois extravagant et souvent qualifié de **capitalisme sauvage**.

2. TERRITOIRE ET RESSOURCES

Au moment de la déclaration d'indépendance en 1776, le pays se compose de seulement treize États situés le long de la côte Est. Peu à peu, **la frontière des États-Unis est déplacée vers l'Ouest**. Les États-Unis achètent la Louisiane à la France en 1803, comme le montre la carte ci-dessous, il s'agit alors d'un vaste territoire à l'ouest du Mississipi qui inclut une dizaine des actuels États américains (Arkansas, Missouri, Iowa, Dakota...). En 1819, les États-Unis achètent la Floride à l'Espagne. En 1845, le Texas est annexé aux dépens du Mexique. En 1846, la Grande-Bretagne leur cède l'Oregon (en fait un grand territoire qui inclut aussi les États de Washington et du Wyoming). En 1848, le Mexique cède les territoires les plus au sud-ouest (Californie, Nevada, Arizona, Utah).

Grâce à l'étendue du pays en latitude et aux différences d'altitudes, les États-Unis bénéficient d'une variété de climats propices à une grande diversité de productions agricoles. Les **ressources minières et énergétiques** sont **abondantes**. Le pays dispose de tous les minerais sauf l'étain.

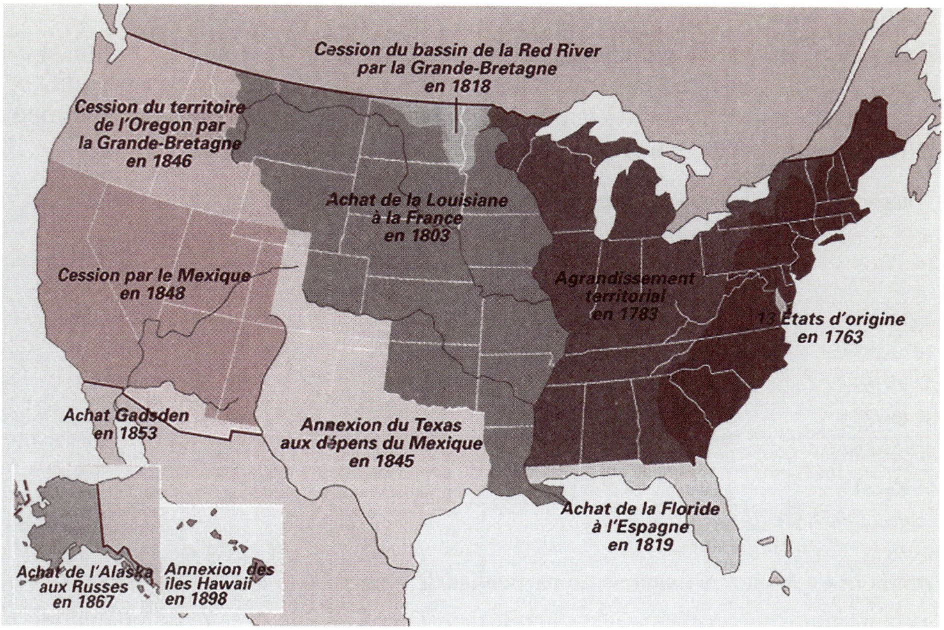

Les gisements de charbon sont importants dans les Appalaches. Les réserves de pétrole et de gaz abondantes au Texas, en Louisiane ou encore en Californie.

3. UNE CROISSANCE DÉMOGRAPHIQUE FORTE

La **croissance démographique américaine** est extrêmement forte au XIXe siècle. Le pays compte 9,9 millions d'habitants en 1820, 40,2 millions en 1870 et 97,2 millions en 1913. La croissance démographique s'élève à 2,83 % par an sur la période 1820-1870, elle est **quatre fois supérieure à celle de l'Europe occidentale** alors en pleine révolution démographique du fait d'une baisse de la mortalité. Sur la période 1870-1913, elle atteint encore 2,08 % par an et reste trois fois supérieure à celle de l'Europe. La croissance de la population active et du nombre d'heures travaillées est forte. Ce phénomène s'explique notamment par l'importance de l'immigration : entre 1860 et 1914, le pays accueille environ 32 millions d'immigrés en provenance du Royaume-Uni, de Scandinavie, d'Europe Centrale et d'Italie pour l'essentiel.

Taux de croissance démographique entre 1820 et 1913

	1820-1870	1870-1913
Royaume-Uni	0,79	0,87
France	0,42	0,18
Allemagne	0,91	1,18
Italie	0,65	0,68
Total Europe occidentale	*0,69*	*0,77*
États-Unis	**2,83**	**2,08**
Japon	0,21	0,95
Chine	− 0,12	0,47
Total monde	*0,40*	*0,80*

Source : d'après Maddison (2001).

4. LE DYNAMISME DE L'INNOVATION

Le tableau ci-dessous, emprunté à Bairoch, montre que les États-Unis sont très tôt, à partir des années 1820-1830, un important foyer d'innovations et que, dès le deuxième tiers du XIXe siècle, ils deviennent plus dynamiques que le Royaume-Uni. Dès lors la domination technologique fonde la puissance économique américaine.

Répartition géographique des innovations techniques (en pourcentages du total des trois zones)

	Royaume-Uni	Europe continentale	États-Unis
1780-1799	42	48	10
1800-1819	52	32	16
1820-1839	46	35	20
1840-1859	34	38	28
1860-1879	20	46	33
1880-1899	21	44	34
1900-1913	14	42	44

Source : Bairoch (1997).

Comment expliquer ce dynamisme particulier de l'innovation ?

Les contraintes territoriales (liées aux distances) et la faible densité de population peuvent expliquer l'apparition d'innovations importantes en matières de machinisme agricole et de communication. Mais évidemment les innovations concernent aussi de nombreux autres domaines. Aux États-Unis, l'esprit d'entreprise apparaît supérieur à la moyenne sans doute du fait de la grande liberté d'entreprendre et de valorisation de la réussite professionnelle (autour du mythe du *self made man*) et aussi de l'émulation liée aux incessants mouvements migratoires :

- machine à égrener le coton inventé par Eli Whitney en 1793 ;
- moissonneuse-batteuse par Mac Cormick en 1831 (brevetée en 1834) ;
- alphabet Morse en 1838 puis télégraphe en 1844 par le même Samuel Morse ;
- procédé de la vulcanisation en 1840 par Goodyear ;
- l'ascenseur par Otis en 1854 ;
- le téléphone par A.G. Bell en 1875 ;
- le phonographe et la lampe à incandescence par Thomas Edison en 1878.

5. UNE CROISSANCE FONDÉE SUR LE MARCHÉ INTÉRIEUR : UNE OUVERTURE CONTRÔLÉE

a) Le recours aux capitaux étrangers

Sur le plan financier, les États-Unis apparaissent débiteurs nets de l'Europe (principalement de la Grande-Bretagne) jusqu'en 1914. Les capitaux étrangers servent notamment à financer la construction de l'immense réseau de chemins de fer. L'assurance et le financement des opérations commerciales sont assurés par des compagnies britanniques. La place financière de New York ne parvient pas à concurrencer celle de Londres. Jusqu'à la création du Système de Réserve fédérale en 1913, le **système financier** américain reste **fragile**, très vulnérable aux crises.

Au tournant du XXe siècle, les prémices de la future domination financière américaine s'annoncent néanmoins. Les investissements extérieurs américains connaissent une accélération forte à partir des années 1890 à destination notamment du continent américain et, en 1914, les États-Unis apparaissent déjà au quatrième rang mondial pour les capitaux investis à l'étranger.

b) Le repli commercial

La trajectoire de l'ouverture commerciale des États-Unis est marquée par un repli sur la période 1830-1913. Le coefficient exportations de marchandises sur PIB passe de 7,6 % en 1830 à 6,4 % à la veille de la Première Guerre mondiale.

Comment expliquer cette trajectoire, contraire à la tendance mondiale ? Deux facteurs peuvent être avancés.

L'ouverture commerciale d'une économie est structurellement une fonction inverse de sa taille (v. fiche 76). On peut considérer l'économie américaine de la première moitié du XIXe siècle comme une « petite économie » assez ouverte sur l'Europe (elle exporte des produits primaires notamment du coton et importe des articles manufacturés). Rappelons en effet que la population des États-Unis n'est que d'environ 10 millions d'habitants en 1820. Le déplacement de la frontière vers l'Ouest et la croissance démographique en font une grande économie de près de 100 millions en 1915. La grande taille du marché intérieur permet progressivement de concilier diversification des productions et compétitivité ce qui évite de recourir à l'échange international (en particulier pour les articles manufacturés).

c) Un degré élevé de protectionnisme

Un second facteur clef de la trajectoire de l'ouverture réside dans la politique commerciale active et défensive à l'œuvre en permanence. Les États-Unis ont un niveau de droits de douanes systématiquement très élevés en termes relatifs. La date de 1816 peut être retenue comme point de départ d'un activisme tarifaire. En 1820, la protection atteint déjà 35-45 % sur les produits manufacturés. Le pays affirme alors protéger ses industries dans l'enfance conformément aux recommandations du *Rapport sur les manufactures* de A. Hamilton (1791). Malgré le fait que la balance commerciale devienne régulièrement excédentaire à partir de 1875, cette protection est maintenue en permanence – par-delà des discontinuités – à un haut niveau. En 1875, point bas du protectionnisme mondial sur le grand XIXe siècle, le taux moyen de droit de douanes sur les produits manufacturés est évalué par Bairoch (1997) entre 40 et 50 %, soit de loin le niveau le plus élevé parmi les pays industrialisés. En 1913, cette protection s'élève encore à 44 % soit près du double des pays européens les plus protectionnistes. De même, la part des importations soumises à des droits est très fréquemment supérieure à 40 % avant 1913. Au motif de la protection des industries dans l'enfance, la première puissance industrielle mondiale a substitué la nécessité de protéger maintenant les hauts salaires des ouvriers américains (motivation des tarifs Mac Kinley de 1890).

Repères chronologiques

- 1776 (4 juillet) : adoption de la déclaration d'indépendance des États-Unis d'Amérique par le Congrès.
- 1787 (17 septembre) : adoption de la Constitution.
- 1793 : invention de la machine à égrener le Coton par Eli Whitney.
- 1803 : achat par les États-Unis de la Louisiane à la France.
- 1844 : invention du télégraphe par Samuel Morse.
- 1861-1865 : guerre civile (dite de Sécession).
- 1876 : invention du téléphone par Bell.

22 La restauration Meiji au Japon

Point clef

La restauration ou « révolution » dite « Meiji » (gouvernement éclairé en japonais) désigne la phase d'ouverture et d'industrialisation du Japon entamée à partir de 1868 sous le règne de l'empereur Mutsuhito (1852-1912), promoteur de la modernisation du Japon. Des réformes structurelles d'envergure permettent d'enclencher un processus de développement et de convergence vers les économies les plus avancées.

1. REPLI AUTARCIQUE, STAGNATION ET AFFAIBLISSEMENT

a) Le choix de la fermeture

Depuis 1639, le Japon est en situation de quasi-autarcie… Seule l'île de Dejima au large de Nagasaki accueille quelques commerçants hollandais et chinois. La motivation de ce repli n'est pas économique mais religieuse, les shoguns Tokugawa souhaitent alors protéger le pays de l'influence grandissante du christianisme.

Au milieu du XIXe siècle, les structures économiques du Japon restent largement traditionnelles et ses performances économiques relativement médiocres. D'après Maddison (2001), la croissance du PIB du Japon est seulement de 0,41 % sur la période 1820-1870, alors qu'elle atteint 4,2 % aux États-Unis, 2,05 % au Royaume-Uni, 1,27 % en France et 2,01 % en Allemagne sur la même période. Cette séquence historique rappelle que **l'ouverture est une condition nécessaire de la croissance**, sans naturellement être une condition suffisante.

b) La menace occidentale

En 1854, les canonnières américaines du Commodore Perry pressent, par la force, le Japon de s'ouvrir aux échanges internationaux. Le Japon doit concéder l'ouverture de trois ports : Shimoda, Nagasaki et Hakodate. Il est contraint de signer des « **traités commerciaux inégaux** » avec les États-Unis (1854) et les puissances européennes (1858). L'autarcie est analysée par certains

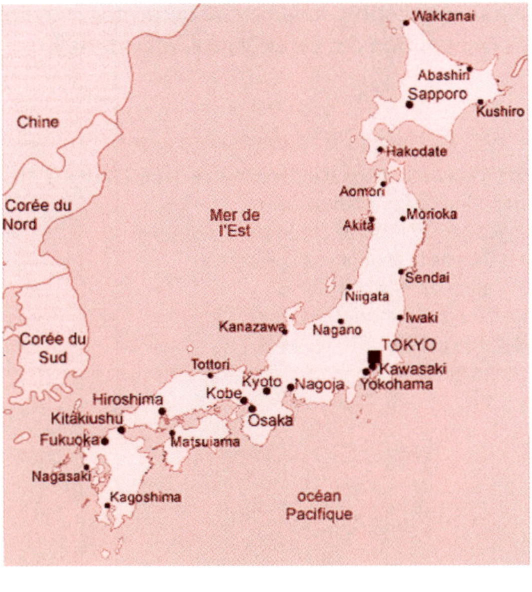

samouraïs comme un facteur explicatif de l'affaiblissement du Japon. Craignant la colonisation par l'Occident, ils entendent restaurer le pouvoir politique de l'empereur accaparé par les Shoguns depuis le Moyen Âge et impulser une politique d'ouverture et de modernisation. À la suite d'un coup d'État, le pouvoir impérial est restauré, Tenno Mutsuhito est porté au pouvoir en 1868. Jusqu'en 1890 l'empereur promulgue les grandes réformes structurelles. Après l'octroi de la charte constitutionnelle de 1889, Tenno Mutsuhito ne légifère plus afin de ne pas user le prestige impérial, mais il reste le symbole de l'unité de la nation et de sa modernisation. Le nom Meiji lui sera attribué à titre posthume.

Au début de son règne, le pays paraît cumuler les handicaps structurels et rien ne laisse présager qu'il puisse connaître un développement foudroyant. La surface agricole est relativement réduite, les ressources minérales et énergétiques sont très faibles, le risque sismique est permanent, le relief escarpé ne favorise pas l'intégration des marchés internes...

2. LE RÔLE CENTRAL DE L'ÉTAT DANS LE DÉCOLLAGE DU JAPON

Comme le souligne Gerschenkron dans l'ouvrage *Economic backwardness in Historical Perspective* (1962), l'État japonais joue un rôle clef dans le processus de rattrapage en mettant en place de nouvelles institutions et en favorisant le transfert des technologies occidentales.

a) La restructuration du système fiscal

L'État consolide son système fiscal et accroît constamment ses recettes. L'effort fiscal est d'abord supporté par les paysans avec la création en 1873 d'un impôt foncier assez élevé (3 % de la valeur de la terre) qui représente alors plus de 90 % des revenus gouvernementaux. Les recettes sont par la suite diversifiées avec le développement d'une taxe sur la consommation et la création d'un impôt sur le revenu dès 1887 : la part de l'impôt foncier dans les recettes budgétaires n'est plus que de 35 % en 1900.

b) L'État fournisseur de biens collectifs

L'État joue pleinement son rôle de fournisseur des biens collectifs favorables au développement : réseau de télégraphe, bureaux de poste, canaux, routes, aménagements portuaires, chemins de fer... La première ligne de **chemin de fer** (Tokyo-Yokohama) est mise en chantier en 1869, avec l'appui des Anglais, et mise en service dès 1872.

Alors qu'auparavant l'éducation était réservée aux enfants des samouraïs et des marchants, **l'école est ouverte à toutes les catégories sociales sans distinctions de sexe**. L'école obligatoire est introduite en 1879, passe de trois à quatre ans de scolarité en 1900, puis à six ans en 1908. Des cours élémentaires et supérieurs sont institués, des universités sont créées. L'État contrôle les programmes avec la volonté d'intégrer les savoirs occidentaux les plus récents. Par ailleurs beaucoup de jeunes Japonais sont envoyés aux États-Unis et en Allemagne pour observer les institutions et acquérir de nouveaux savoirs.

Un mot d'ordre des nouveaux gouvernants japonais était au départ « un pays riche, une armée forte ». Un effort colossal est réalisé pour restructurer et renforcer l'armée : la part des **dépenses militaires** dans les dépenses publiques atteint 31 % en 1900 et 41,9 % en 1910, elles soutiennent le développement industriel du pays. Le service militaire est rendu obligatoire. Le nationalisme est exacerbé.

c) L'État promoteur de l'industrialisation et du transfert de technologies

Le Japon axe largement son industrialisation sur le transfert des technologies occidentales, il importe des biens d'équipements d'abord dans le secteur du textile (filature de la soie et du coton), un peu plus tard dans l'industrie lourde (aciéries, chantiers navals). Pour s'approprier véritablement les nouvelles techniques de production, le Japon recourt à l'expertise d'ingénieurs et de techniciens occidentaux : en 1874 le ministère de l'Industrie finance le séjour de plus de 500 spécialistes étrangers.

L'État favorise le développement de secteurs jugés clefs en construisant lui-même des usines pilotes (filatures, entreprises métallurgiques, ciments, produits chimiques…). Certaines de ces entreprises sont privatisées dans les années 1880 renforçant ainsi des Zaibatsu naissants. Ces privatisations permettent l'émergence d'un grand patronat très lié à l'administration, largement dépendant des commandes publiques et des financements nationaux.

d) La mobilisation de l'épargne interne

Cette modernisation est financée essentiellement par une épargne interne. Immédiatement après la Révolution, le Japon tente d'emprunter des capitaux à l'étranger mais, jugeant les taux trop élevés, il décide jusqu'en 1898 (date à laquelle il renverse de nouveau sa politique) de s'interdire l'accès au capital étranger. **Les comportements d'épargne sont valorisés** autour de l'ambition nationale de devenir une grande puissance. Un système financier moderne est mis en place. En 1872, l'ordonnance sur les banques inspirée du *Free Banking Act* américain de 1838 autorise les banques agréées à émettre des billets de banque convertibles en or. En 1875, un système d'épargne postale est mis en place, ces caisses sont autorisées à collecter des dépôts. En 1882, la Banque du Japon est créée (dans un premier temps, elle ne bénéficie pas d'un monopole d'émission). L'État encourage l'émergence de banques d'investissement à long terme, capables de prendre le relais du financement public.

3. L'INSERTION DANS LES ÉCHANGES INTERNATIONAUX

À l'heure de la restauration Meiji le mot d'ordre « Quittons l'Asie et rejoignons l'Occident » signifiait une volonté de modernisation et de perméabilité aux influences occidentales. Mais l'ouverture du Japon n'est pas seulement une ouverture aux idées nouvelles, le pays connaît une rapide insertion dans les échanges mondiaux. Dès 1868, il ouvre ses principaux ports au commerce international. En 1871, il négocie d'égal à égal un accord avec la Chine. La trajectoire de son ouverture commerciale apparaît fulgurante : en à peine un demi-siècle, le Japon passe d'une situation de quasi-autarcie (fermeture sous l'ère des shogun Tokugawa) à une ouverture comparable à celles des pays développés occidentaux malgré des contraintes structurelles beaucoup plus lourdes (insularité, relief escarpé…) : le rapport exportations de marchandises sur PIB atteint déjà 5,1 % en 1890, puis 12,5 % en 1913. Le Japon exporte alors pour l'essentiel des produits manufacturés relativement peu élaborés (tissus de coton, de soie…).

Cette **ouverture économique** reste **contrôlée** comme en témoignent les changements de stratégies concernant le recours aux capitaux étrangers et une politique commerciale particulièrement active. En 1911, les traités commerciaux inégaux sont abolis. En 1913, le taux moyen de droit de douanes sur les produits manufacturés est estimé à 30 % ce qui est relativement élevé pour l'époque.

4. LE SUCCÈS D'UNE STRATÉGIE DE DÉVELOPPEMENT DIFFICILEMENT TRANSPOSABLE

a) L'essor japonais

Les performances de croissance du Japon sont brillantes sous l'ère Meiji : entre 1870 et 1913, le taux de croissance annuel moyen du PIB atteint déjà 2,44 %, il est sur la même période de seulement 1,9 % au Royaume-Uni, 1,6 % en France… Le produit intérieur brut par tête augmente à un rythme rapide (1,48 % par an). Le niveau de développement progresse lui aussi comme en témoigne la composition sectorielle de l'économie. La part du secteur primaire dans le revenu national diminue très vite (63,9 % entre 1878 et 1882 ; 35,6 % entre 1913 et 1917) au profit du secteur manufacturier dont la part bondit sur la même période de 10,4 % à 26,5 %.

Les objectifs initiaux d'indépendance et de puissance sont atteints. La puissance militaire du Japon est reconnue par l'alliance anglaise en 1902 et la victoire sur la Russie en 1905. Le Japon parvient aussi à se constituer un empire colonial (en Corée) avec lequel il réalise d'ailleurs une part significative de son commerce extérieur (de l'ordre de 10 % dès 1913).

b) Le rôle des singularités culturelles japonaises

L'exemple du Japon est riche d'enseignements. Non seulement il rappelle que l'ouverture est une condition nécessaire du développement, mais il démontre aussi la **possibilité d'une convergence rapide,** quels que soient les handicaps initiaux d'une économie. Cela étant, cet exemple ne paraît pas transposable. Dans l'ouvrage *Capitalisme et confucianisme*, Morishima (1987) insiste sur le fait que l'une des clefs du succès japonais est d'avoir mis en place des institutions centralisées (d'ailleurs héritées de l'ère des shogun Tokugawa), étroitement imbriquées et pleinement en phase avec le comportement des individus japonais. Ceux-ci sont fortement imprégnés de la notion confucéenne de loyauté entendue au Japon comme la capacité des individus à s'effacer devant certaines institutions comme la famille, l'entreprise et la nation… Cette éthique confucéenne associée à un engagement sans faille dans le travail et à un esprit d'épargne aurait joué un rôle de premier plan dans l'expansion japonaise.

Repères chronologiques

- 1639 : fermeture du Japon.
- 1854 : ouverture de force du marché japonais par les canonnières américaines.
- 1868 : restauration Meiji, l'empereur prête le « serment de la charte » qui promet des institutions représentatives et la création d'une nouvelle société civile démocratique.
- 1872 : inauguration par l'empereur de la première ligne de chemin de fer. D'une longueur de 29 km, elle relie Tokyo à Yokohama.
- 1905 : victoire militaire du Japon sur la Russie.

23 La déflation britannique des années 1920

Point clef

La politique de déflation conduite en Grande-Bretagne dans les années 1920 reste, aujourd'hui encore, un cas d'école pour illustrer le caractère coûteux de la déflation en termes de croissance et de chômage ainsi que les méfaits de l'aveuglement monétaire.

1. UN OBJECTIF : LE RÉTABLISSEMENT DE L'ANCIENNE PARITÉ-OR DE LA LIVRE STERLING

a) Le rapport Cunliffe

En janvier 1918, le gouvernement britannique charge un *Commitee on Currency and Foreign Exchanges after the War* d'une mission d'étude sur les conditions du rétablissement de l'ancienne parité-or de la livre sterling (près de 3,17 £ par once d'or). Le Comité est présidé par Lord Cunliffe, gouverneur de la Banque d'Angleterre. Le rapport rappelle les vertus stabilisantes du régime d'étalon-or en matière de balance des paiements. Mais l'analyse se fonde sur une vision idéalisée du fonctionnement de l'étalon-or, trop inspirée du *price specie flow mechanism* de David Hume.

b) La nostalgie de l'étalon-or

Les responsables britanniques sont convaincus que la livre doit retrouver son statut de monnaie internationale. En Grande-Bretagne, le rétablissement monétaire passe par une réévaluation de la livre vis-à-vis du dollar resté stable mais aussi de l'ensemble des autres monnaies. Les conséquences de ce choix en termes de compétitivité commerciale et d'activité économique sont éludées. La question du rétablissement monétaire de la livre sterling est exclusivement abordée en termes de parité des pouvoirs d'achats avec le dollar. En 1920, l'indice des prix à la consommation base 100 en 1913 atteint 248 au Royaume-Uni contre seulement 194 aux États-Unis. La résorption de l'écart passe donc par une politique de déflation qui ramènerait les prix anglais au niveau des prix américains.

c) Les mises en garde

En théorie, pour les économistes libéraux, dans la lignée de Walras, la déflation peut être sans coût en termes d'activité à condition que les structures de l'économie soient flexibles et que les prix puissent s'ajuster immédiatement. Mais Charles Rist qui observe la situation anglaise constate ses effets redistributifs et ses conséquences récessives (*La déflation en pratique,* 1924).

Si certains pays comme la Suède, la Suisse, les Pays-Bas s'engagent eux aussi sur la voie déflationniste, pour d'autres, comme la France, la contradiction entre le rétablissement de l'ancien pair du change et les contraintes financières (liées à la reconstruction) paraît manifeste dès 1922. La Banque d'Angleterre tente alors de promouvoir l'idée d'un étalon de change-or, un système de convertibilité à deux paliers. Les monnaies des grands pays seraient convertibles en or et les réserves des autres banques centrales pourraient comporter des devises étrangères. Les négociations internationales (notamment la conférence de Gênes en 1922) échouent à promouvoir ce Gold Exchange Standard.

2. LA MOBILISATION DES DIFFÉRENTS INSTRUMENTS DE POLITIQUES CONJONCTURELLES

En Grande-Bretagne les politiques économiques conjoncturelles (monétaire, budgétaire et salariale) convergent vers l'objectif de mise à niveau des prix et partant le rétablissement de la livre sterling.

a) Une politique monétaire de rigueur

La politique monétaire se caractérise par la pratique de taux d'intérêt élevés pour attirer les capitaux et soutenir le change, mais aussi pour contrôler le niveau interne des prix en freinant l'activité économique. Dans un contexte de baisse des prix, des taux d'intérêt réels très élevés paralysent l'investissement.

b) La difficile recherche d'excédents budgétaires

Au plan budgétaire, le gouvernement parvient à dégager des excédents afin de se désendetter. Mais la réduction des dépenses publiques se heurte à des résistances et reste inférieure à la baisse des prix… Par ailleurs, pour faire face au ralentissement de l'activité économique, Lloyd George met en place un programme de grands travaux qui se poursuit jusqu'en 1925 malgré les critiques des tenants de l'orthodoxie monétaire. L'indemnisation du chômage illustre les contradictions de la politique gouvernementale.

c) La stagnation salariale

Pour ce qui est des salaires, ils baissent fortement entre 1920 et 1923 : la baisse du salaire moyen hebdomadaire atteint en valeur nominale 31,5 %. Les salaires réels restent donc stables sur le moyen terme.

3. « LE DÉPLORABLE SUCCÈS » DU RETOUR DE LA LIVRE À SON ANCIENNE PARITÉ-OR

a) Une stratégie crédible aux yeux du marché

La stratégie britannique a été jugée très tôt crédible par les opérateurs sur le marché des changes. Si fin 1920, le cours dollar/livre s'établit seulement à 3,40 dollars pour une livre, au printemps 1923 il atteint déjà 4,70 dollars. L'installation d'un gouvernement travailliste provoque un temps une nouvelle dépréciation de la livre qui retombe à 4,30 dollars, mais il rappelle son adhésion à la stratégie de restauration de la convertibilité-or et au contrôle des prix. L'indice des prix à la consommation chute de 248 en 1920 à 176 en 1924, le niveau des prix britanniques tend à converger vers le niveau des prix américains. En mai 1925, la livre redevient convertible en or à la parité de 4,86 dollars. Elle la conserve jusqu'en 1931.

b) La détérioration des positions commerciales britanniques

Jean-Charles Asselain (1995) qualifie ce rétablissement monétaire de « déplorable succès ». Cette politique de déflation est associée à une importante surévaluation réelle de la livre. Les positions commerciales du Royaume-Uni se détériorent d'autant plus que les diversifications produits et marchés héritées de l'avant-guerre sont archaïques. Entre 1913 et la fin des années 1920, la part de marché du Royaume-Uni chute de moitié sur certains marchés comme aux États-Unis ou en Italie. Le déficit commercial se creuse. Le volume des exportations britanniques est inférieur en 1929 de 20 % à son niveau de 1913. Au même moment, les pays neutres qui ont rétabli leurs anciennes parités-or (Suède, Norvège…) ont retrouvé ou dépassé le volume d'exportations de 1913.

c) La stagnation de l'activité économique

Les coûts en termes d'activité économiques sont particulièrement importants. Si l'indice du produit intérieur brut (base 100 en 1913) atteint 101 dès l'année 1919, il stagne par la suite et n'est en 1926 qu'à la valeur 99,4 en 1926 alors qu'en France il est passé de 75 à 110 entre 1919 et 1926. Le chômage atteint, quant à lui, des niveaux élevés entre 1921 et 1928 souvent supérieurs à 8 %. Les tensions sociales sont extrêmement fortes jusqu'en 1926.

À la fin des années 1920, la livre retrouve son rôle de monnaie internationale mais sans l'avantage de pouvoir bénéficier de taux d'intérêt bas. En effet, la place de Londres emprunte les capitaux à court terme pour pouvoir les placer à long terme et doit en permanence les attirer.

Repères chronologiques

- 1918 : parution du rapport Cunliffe.
- 1922 (avril-mai) : conférence monetaire de Gênes qui ne parvient pas à établir un régime de Gold Exchange Standard.
- 1925 (avril) : rétablissement de la convertibilité or de la livre sterling.

24 L'hyperinflation allemande

Point clef

L'hyperinflation allemande de 1922-23 illustre les dangers d'une inflation incontrôlée : la monnaie n'exerce plus ses fonctions de réserve de valeur et d'intermédiaire des échanges. Cette « catastrophe monétaire » marque l'histoire allemande : le pays accorde dès lors une absolue priorité à l'objectif de stabilité des prix.

1. L'HÉRITAGE DE LA GUERRE ET LE POIDS DES RÉPARATIONS

L'inflation qui sévit en Allemagne au sortir de la guerre prend, comme en France, sa source principale dans le **financement monétaire du conflit militaire puis de la reconstruction**. Les deux inflations suivent d'ailleurs, toutes proportions gardées, des évolutions similaires jusqu'au premier semestre de 1921. Mais si l'annonce de l'accord de Londres sur les réparations de mai 1921 provoque une nette appréciation du franc, il semble qu'elle entraîne, au contraire, une accélération sensible de la dépréciation du mark : le cours du dollar passe de 67 marks pour un dollar en mai 1921 à 186 à la fin du mois de décembre 1921.

Courant 1922, la tendance à la dépréciation du mark est accentuée par l'impossibilité d'aboutir à un nouvel accord, plus réaliste, sur le montant des paiements allemands. En octobre 1922, Brand, Cassel et Keynes affirment qu'il ne saurait y avoir de stabilisation du mark sans une suspension de deux ans des paiements allemands. Mais les alliés ne parviennent pas à conclure un accord : malgré une forte pression diplomatique, la France fait preuve d'une grande fermeté. La confiance dans le mark est de plus en plus ébranlée, sa chute s'accélère et avec elle la hausse du niveau général des prix : fin décembre 1922, il faut déjà près de 7 000 marks pour obtenir un dollar ; entre juin et décembre 1922, les prix de détail sont, eux, multipliés par 16. Un **cercle vicieux –** dépréciation de la valeur externe/dépréciation de la valeur de la monnaie – s'active.

Lasses des « manquements volontaires » de l'Allemagne, la France et la Belgique envahissent la Ruhr le 11 janvier 1923. La politique de « résistance passive » du Chancelier Cuno empêche les prélèvements en nature, mais désorganise un appareil productif déjà grandement perturbé par l'instabilité monétaire. Les salaires des « grévistes » continuent d'être versés en recourant à la création monétaire.

2. LA FAILLITE MONÉTAIRE

Durant le premier semestre de 1923, les prix allemands doublent chaque mois : en juillet ils sont multipliés par 7, en août par 16, en septembre par 26, puis par 244 en octobre. Au total en 1923, le taux d'inflation avoisine un million de pour cent.

L'horizon de prévision se bouche, l'incertitude grandit. Les coûts d'affichage s'envolent lorsque les commerçants ajustent quotidiennement leurs prix. Des coupures d'un millions de marks sont émises en septembre 1923, puis de 20 milliards de marks en novembre 1923. Le papier monnaie est alors tellement abondant qu'il doit être transporté par sacs, par valises, voire par brouettes. Les comportements de « fuite devant la monnaie » se généralisent.

Le rythme de l'inflation est tel que la simple détention d'encaisse liquide pendant quelques jours réduit le pouvoir d'achat presque à néant. **Le mark n'exerce plus ses fonctions de réserve de valeur, ni d'intermédiaire des échanges**. La faillite monétaire est consommée. L'usage de monnaies parallèles se répand. Un retour à l'économie de troc s'opère. Cette instabilité paralyse largement la production.

3. LE RÉTABLISSEMENT MONÉTAIRE ALLEMAND

En octobre 1923, le chancelier Stresemann obtient le vote de pouvoirs étendus pour solutionner les problèmes monétaires.

Le plan de stabilisation, conduit par H. Schacht, s'articule, sans originalité, autour de deux volets :

- la mise en place de politiques de rigueur au niveau budgétaire et salariale ;
- l'établissement d'une nouvelle monnaie.

Les autorités cherchent à la fois à rétablir les « fondamentaux » macroéconomiques et la confiance.

La nouvelle monnaie le rentenmark – gagée sur des actifs agricoles et industriels – est introduite en novembre 1923 (un rentenmark égal un milliard de marks et un dollar égal 4,2 rentenmarks). Une politique d'émission restrictive lui attire la confiance des utilisateurs. En août 1924, cette monnaie est rattachée à l'or (sur la base de l'ancien pair du mark), elle prend le nom de *reichmark*. Mais la solidité de la monnaie dépend dès lors de la capacité de la Reichsbank à se constituer une encaisse-or suffisante. L'Allemagne est alors totalement tributaire en 1924 de l'octroi de crédits extérieurs, étroitement liés au règlement du conflit sur les réparations. L'Allemagne est ainsi contrainte d'accepter le plan Dawes (conférence de Londres d'août 1924). Cet accord cherche à ajuster le montant des versements à la capacité de paiements de l'Allemagne et se préoccupe, par conséquent, de créer des conditions favorables au développement de l'activité économique. John Maynard Keynes salue l'impartialité et le caractère scientifique de ce plan, « *la meilleure contribution jusqu'à présent à la solution de cet impossible problème* ».

Cet épisode d'hyperinflation marque profondément le pays et fonde par la suite sa culture de la stabilité monétaire qui elle-même a influencé la construction monétaire européenne (conditions de fonctionnement du système monétaire européen à partir de 1979, modalité du passage à la monnaie unique, fort degré d'autonomie de la Banque centrale).

Repères chronologiques

- 1921 (mai) : accord de Londres qui fixe le montant des réparations allemandes.
- 1922 (juin) ; assassinat de Rathenau qui prônait une solution négociée au problème des réparations.
- 1923 (janvier) : occupation de la Ruhr par la France et la Belgique.
- 1923 (novembre) : mise en circulation du Rentenmark.
- 1924 (août) : création du Reichsmark.

25 La « Nouvelle Économie Politique » en URSS

Point clef

La NEP appliquée entre 1921 et 1928 en URSS désigne un ensemble de mesures rétablissant partiellement des mécanismes de marché au sein de l'économie soviétique. Elle a permis paradoxalement d'assurer la survie du régime « communiste » et de préparer, par certains aspects, la mise en place, à partir de 1929, d'une planification intégrale et autoritaire dans le cadre des plans quinquennaux.

1. COMMUNISME DE GUERRE ET EFFONDREMENT ÉCONOMIQUE DE LA RUSSIE

a) La guerre civile russe

En Russie, les conséquences de la guerre provoquent une hostilité grandissante envers le régime tsariste. En novembre 1917, la révolution dite d'Octobre (en raison du décalage du calendrier russe) porte les bolcheviks au pouvoir. Une paix avec l'Allemagne est immédiatement négociée mais, à partir de l'été 1918, les attaques contre le régime bolchevik se multiplient. Une insurrection interne se structure autour des « armées blanches » du général Denikine à partir de l'Ukraine, de l'amiral Koltchak à partir de l'Oural et de la Sibérie… Des interventions militaires étrangères (britannique et japonaise notamment) sont déclenchées à l'Est de la Russie. L'Armée Rouge organisée par Trotski parvient à repousser des offensives trop peu coordonnées. Au printemps 1920, une guerre s'engage avec la Pologne, elle se conclut par la signature du traité de Riga en octobre 1920 qui oblige la Russie à d'importantes concessions territoriales. Dans le même temps, les insurrections paysannes en réaction aux réquisitions forcées prennent le caractère d'une véritable guerre civile.

b) La tentative d'établissement d'un « communisme final »

Les circonstances dramatiques d'une économie affaiblie paraissent favorables à l'établissement immédiat d'un **communisme final**, sans période de transition de « type capitaliste ». Selon Marx, le socialisme devait constituer une phase de transition entre le capitalisme et le communisme édénique. Dans l'esprit de Lénine et des siens, il s'agit de court-circuiter cette phase préparatoire en éliminant immédiatement la monnaie des rapports sociaux de production et de répartition. Des mesures sont très vite prises en ce sens : nationalisation des banques en février 1918, **nationalisation** des entreprises industrielles dont le capital dépasse un million de roubles en juin 1918, mesure étendue à toutes les entreprises de plus de 10 salariés à la fin de l'année 1920. Le Vesenkha (Conseil supérieur de l'économie nationale), créé en décembre 1917, tente d'imposer une gestion centralisée de l'économie qui prend en réalité l'allure d'une répartition de la pénurie. À partir de 1919, le régime décide d'instaurer la **démonétarisation** de l'économie. En 1920, les banques sont supprimées et les responsables administratifs tentent d'établir le budget de l'État en nature et de concevoir des méthodes de planification en unités physiques. Jusqu'en 1921, le nouveau régime s'engage dans une fuite en avant centralisatrice : collectivisation des moyens de production, **centralisation** des décisions économiques. Dans le secteur décisif de l'agriculture, il ne peut éviter l'activation d'un cercle vicieux : réquisition, répression, rationnement envers les paysans.

c) Une économie exsangue

En 1921, le régime bolchevik a survécu, mais l'effondrement de l'économie soviétique est manifeste. La production de céréales représente 40 % de celle de 1913, la production industrielle

20 % de celle de 1913. La capacité d'exportation est réduite à néant. Le taux de mortalité a connu une explosion : il atteint 60 pour 1 000 en 1921. Le nombre de victimes de la **famine** dépasse 5 millions, alors que la guerre civile a fait 10 millions de victimes… (2 millions pour la Première Guerre mondiale entre 1914 et 1917). Durant l'été 1921, sous la pression, alors que la famine s'amplifie et que les mécontentements menacent de converger, Lénine accepte l'aide alimentaire internationale et annonce devant le Xe congrès du parti une Nouvelle Économie Politique.

2. LES MÉCANISMES DE MARCHÉ AU SECOURS DE L'ÉCONOMIE SOVIÉTIQUE

a) Les concessions accordées au marché

Déjà en mars 1921, Lénine avait remplacé les réquisitions arbitraires par un impôt en nature qui devait en principe laisser aux paysans un surplus commercialisable. Mais le niveau d'imposition était élevé (un peu plus élevé que les réquisitions effectives de 1920-1921) et le surplus ne pouvait être vendu qu'à un organisme d'État unique, le Centrosoyuz, qui achetait à bas prix. Les premiers résultats avaient été décevants. Des concessions beaucoup plus significatives interviennent en octobre 1921 : suppression du monopole de Centrosoyuz, **légalisation du commerce privé**, **autonomie des coopératives**. Le marché des terres est par la suite rétabli, les paysans sont autorisés à vendre leurs terres ou à les confier à bail… Les **droits de propriété** sont reconnus. En 1924, l'emploi de salariés agricoles à temps plein redevient autorisé. Le commerce de détail connaît une large dénationalisation et s'effectue de plus en plus dans le cadre des coopératives. Dans l'industrie, les **dénationalisations** se limitent aux entreprises de moins de vingt personnes restituées à leur propriétaire ou données en bail.

Le monopole d'État persiste pour le commerce extérieur, mais les relations commerciales s'intensifient. L'URSS importe en particulier du charbon et des locomotives pour desserrer des goulets d'étranglements énergétiques et ferroviaires.

En 1921, le système d'allocation centralisé des moyens de production est dissous, les entreprises d'État ou les trusts disposent d'une certaine autonomie en matière de choix des approvisionnements et d'utilisation de la production.

À la suite de la constitution de l'URSS en tant qu'État fédéral (1922), une partie des pouvoirs des Vesenkha sur les industries d'importances régionales ou locales est transférée en 1923 à des organes au niveau des républiques (Sovnarkhoz).

b) Une expérience fondatrice

Cela étant, la centralisation reste maximale pour l'industrie lourde et l'énergie considérées comme stratégiques. Les banques sont rétablies en 1921-1922 mais restent sous le contrôle de l'État. Des **plans sectoriels et prévisionnels** commencent d'être élaborés au sein de cette NEP sous l'égide du Vesenkha. Les recherches menées à ce moment-là permettent de constituer peu à peu les instruments techniques de la future planification impérative. Le **Gosplan** (Commission d'État pour la planification) est créé en 1921. La « balance de l'économie nationale » est établie pour la première fois sur l'année 1923-1924. Elle préfigure la méthode des balances qui devient l'instrument de base de la planification à partir du premier plan (confrontation emplois ressources pour les produits clefs).

En novembre 1921, le rationnement prend fin, on revient vers une distribution monétaire des salaires et à une répartition des biens de consommation par le marché ; une certaine différenciation des salariés est censée améliorer l'effort individuel. La fiscalité est rétablie. Sur ces bases, la NEP russe apparaît comme la première expérience historique de socialisme de marché.

3. BILAN DE LA NEP : LE RÉTABLISSEMENT DE LA PRODUCTION

La NEP constitue dans l'ensemble un dispositif cohérent qui permet le rétablissement de la production et des avancées en termes de développement.

Le **redressement de la production industrielle** a lieu à partir de 1922-1923, dès lors celle-ci connaît un quadruplement en 4 ans : la production industrielle de 1913 est retrouvée en 1926 pour l'industrie légère (biens de consommation) et en 1928 pour l'industrie lourde. **Le pouvoir d'achat ouvrier se redresse** et ils bénéficient d'une réduction de la durée du travail, de congés annuels (deux semaines) et d'un **système complet de protection sociale**. Mais la rationalisation de la production s'accompagne d'une montée du chômage. En 1924, il touche déjà 1,2 million de travailleurs (sur un nombre d'emplois salariés de 8,5 millions) et en 1928, il atteint près de 2 millions de personnes ; ni les ouvriers qualifiés, ni les nouveaux diplômés des Instituts ne sont épargnés.

La production agricole a retrouvé puis dépassé vers 1926-1928 celle d'avant-guerre, nettement pour l'élevage, plus légèrement pour les céréales (+ 10 % par rapport à 1909-1913). Une catégorie sociale de paysans aisés, les koulaks, s'est certes constituée, ils possèdent des exploitations un peu plus grandes que la moyenne, sont parvenus à se constituer un capital et peuvent parfois employer un ou deux salariés, mais ils ont une forte autoconsommation et, par conséquent, dégagent des surplus assez faibles.

Pour consolider les fondements de la croissance, quelques grands projets d'infrastructures sont lancés en 1926-1927 (notamment concernant des équipements hydroélectriques) et les relations extérieures réactivées avec la volonté d'importer des biens d'équipements. Mais le commerce extérieur reste limité, il ne représente que 40 % de son volume de 1913, il est déficitaire. La capacité d'exportation du pays est réduite par rapport à l'époque tsariste, surtout dans le domaine des céréales où seulement 2 millions de tonnes sont exportées en 1926 contre 13 millions de tonnes en 1913.

4. LA NEP VICTIME DE SON SUCCÈS ?

Vers 1928, le problème majeur de l'économie soviétique est celui de **l'insuffisance de l'approvisionnement agricole**. Staline déplore que la proportion commercialisée de la production céréalière ait chuté de moitié par rapport à 1913. Cette situation menace le développement industriel de l'URSS. Les exportations de céréales conditionnent alors les importations de biens d'équipement pour l'industrie. L'industrialisation et l'urbanisation nécessitent un approvisionnement croissant en denrées alimentaires. Les koulaks ne parviennent pas à compenser la production des très grandes exploitations qui dégageaient d'importants surplus avant guerre : l'égalisation des structures agraires explique largement cette situation. Pour autant l'aile gauche des bolcheviks, autour de Trotski et Preobrajenski, dénonce la spéculation des koulaks et des *nepmen* (petits industriels et commerçants qui jouent le rôle d'intermédiaire). Elle redoute une perversion du régime à travers le développement de ces éléments d'économie de marché. Elle recommande une collectivisation immédiate et totale du secteur agricole. À droite du parti, Boukharine récuse la collectivisation forcée, il préconise de laisser jouer les mécanismes d'incitations du type capitaliste. La socialisation agricole doit être un objectif de long terme qui s'imposera de lui-même lorsque le secteur coopératif aura fait la preuve de sa plus grande efficacité.

Sans doute pour des motifs politiques, Staline revient en 1928 à la politique de **réquisition forcée** en donnant des instructions dures aux cadres locaux. Les paysans réagissent comme après guerre par la baisse de la production. En novembre 1929, dans l'improvisation la plus totale, en dehors des objectifs du premier plan quinquennal, Staline – maître absolu du parti – annonce la **liquidation pure et simple des koulaks en tant que classe**. Des centaines de milliers de paysans sont déportés. La collectivisation totale est mise en place. Cette déclaration de guerre clôt la NEP. La collectivisation associée à des prélèvements massifs sur l'agriculture ouvre la voie à une industrialisation accélérée de l'URSS dans un cadre de planification intégrale et autoritaire.

Repères chronologiques

- 1917 (7 novembre et 25 octobre dans le calendrier russe) : évolution dite d'Octobre, les bolcheviks contrôlent Petrograd et s'emparent du pouvoir en Russie.
- 1917 (décembre) : signature d'un armistice entre la Russie et l'Allemagne.
- 1918 (mars) : traité de Brest-Litovsk, la Russie cède aux exigences allemandes (indépendance de l'Ukraine, de la Finlande, de la Pologne...).
- 1921 : mise en place de la Nouvelle Économie Politique.
- 1922 (décembre) : le premier Congrès des soviets des Républiques socialistes soviétiques crée l'Union des Républiques Socialistes Soviétiques (URSS), fédérations d'États.
- 1924 (janvier) : mort de Lénine.
- 1928 : abandon de la NEP.

26 La crise de 1929

Point clef

La crise de 1929 demeure une rupture majeure de l'histoire économique du xxe siècle. Le krach financier qui intervient à partir du 24 octobre 1929 révèle certains déséquilibres de l'économie américaine et déclenche une très violente crise économique. En raison de l'intensité des interdépendances internationales, l'ensemble des économies capitalistes est plongé dans la dépression. Cette crise est aussi celle de la mondialisation car la recherche de solution nationale est associée à un repli autarcique dans les années 1930.

1. LES ÉTATS-UNIS ÉPICENTRE DE LA CRISE

a) Le climat euphorique des années 1920

La croissance économique américaine reste forte au cours des années 1920 portée par le **dynamisme des gains de productivité** dans l'industrie et le développement d'un **modèle de consommation de masse**.

Le secteur automobile progresse ainsi fortement : la production de véhicules passe de 569 000 en 1914 à 5 621 000 en 1929. Le taux d'équipement atteint alors le niveau élevé de 1 véhicule pour 4,6 habitants. Des effets d'entraînement sont à l'œuvre dans les secteurs de la sidérurgie, de la chimie, des travaux publics… Le bâtiment connaît lui aussi un fort développement en raison d'une urbanisation croissante, la construction de logements se stabilise à un niveau élevé entre 1926 et 1929. De nouvelles pratiques de consommation de masse se développent : les ménages s'équipent en biens de consommation durable (postes de radio et autres articles ménagers…).

Si entre 1921 et 1929 la production industrielle connaît une hausse de 50 %, l'indice des actions progresse sur la même période de près de 300 %. Le mouvement haussier de 1928-1929 a un caractère largement spéculatif, il est notamment alimenté par d'importants crédits faits aux Brokers… En décembre 1928 et mars 1929, les cours des actions chutent, révélant des tensions. Loin d'alarmer les opérateurs, ces chutes accréditent la thèse d'une accélération indéfinie de l'activité économique qui rendrait obsolète la notion même de cycle. Les opérateurs semblent emportés par un climat euphorique et une confiance démesurée.

b) Le krach boursier à Wall Street

Le jeudi 24 octobre 1929, souvent qualifié de « jeudi noir », **les cours des actifs financiers s'effondrent de près de 30 %** à la Bourse de New-York. Après une relative accalmie le lendemain, le mouvement se poursuit le lundi 28 avec une baisse de 12,9 % de l'indice de référence. Une véritable panique s'empare du marché jusqu'en janvier 1930. Des spéculateurs et des épargnants ruinés se suicident… Après une nette remontée des cours au premier semestre de 1930, le mouvement baissier reprend jusqu'en 1932 : l'indice du cours des actions qui culminait à 238 en 1929 n'atteint plus que 36 en 1932, soit un niveau nettement inférieur à 1921 (indice 58).

Les conséquences de cet effondrement sur l'activité économique sont difficiles à évaluer. L'effet psychologique est naturellement désastreux : la confiance est brisée, les décisions d'investissement et de consommation en pâtissent. Certaines entreprises connaissent des difficultés de trésorerie et sont acculées à la faillite. La baisse des cours des actifs freine mécaniquement la demande à travers des effets de richesse. Les banques qui subissent des pertes financières et sont exposées à des menaces de retraits des déposants restreignent leurs crédits pour tenter de reconstituer leur liquidité.

c) L'effondrement de l'économie américaine

Les performances macroéconomiques des États-Unis au début des années 1930 sont spectaculairement médiocres. L'économie américaine est frappée par une déflation de grande ampleur.

Selon Maddison (1981), l'indice du PIB passe de 163 en 1929 à 147,4 en 1930, 136,1 en 1931 et 115 en 1932. Comme le montre le graphique ci-dessous, le niveau du PIB de 1929 n'est retrouvé qu'en 1939. La production industrielle connaît un repli plus important encore : l'indice passe de 105 en octobre 1929 à 52 en juillet 1932.

Le taux de chômage – faible depuis le milieu des années 1920 – connaît une envolée jusqu'à dépasser nettement les 20 % en 1932 et 1933.

La baisse de l'activité s'accompagne d'une baisse des prix : l'indice des prix à la consommation passe de 165 en 1929 à 124 en 1933. Le mouvement de déflation est d'autant plus ample que les opérateurs étaient fortement endettés.

Indices du PIB et des prix à la consommation aux États-Unis entre 1921 et 1939 (base 100 en 1913)

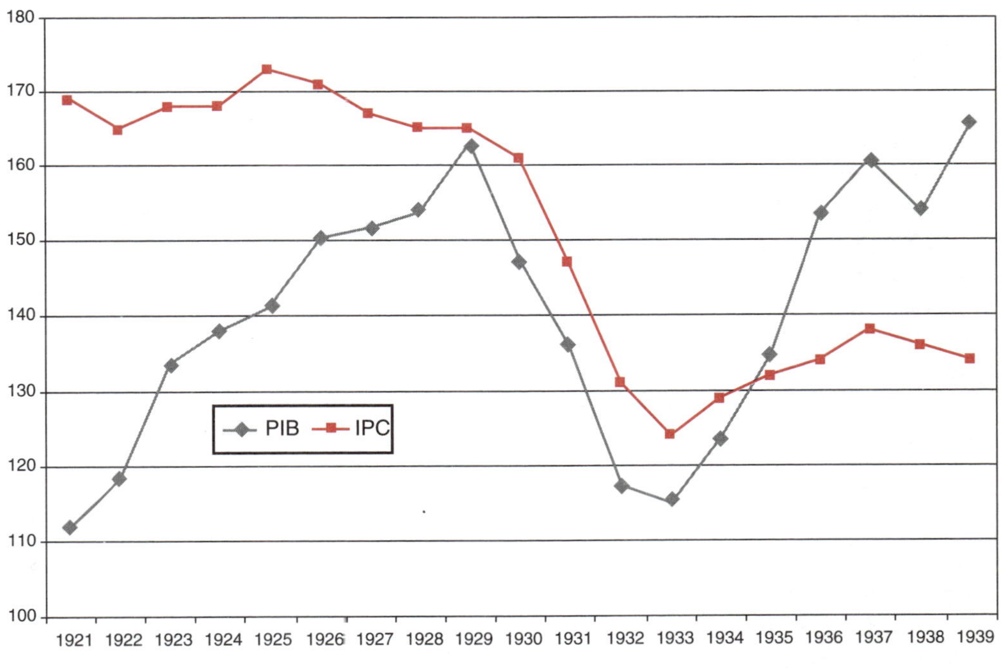

Source : d'après Maddison (1981).

2. LA GRANDE DÉPRESSION DU CAPITALISME MONDIAL

En raison notamment de l'intensité des relations financières et commerciales internationales et du poids de l'économie américaine (à l'époque, la production industrielle américaine représente près de 45 % de la production industrielle mondiale et ses importations 12,5 % du total des importations mondiales), la crise économique s'étend à l'ensemble des économies capitalistes.

a) Le rôle des mouvements internationaux de capitaux

À la fin des années 1920, les États-Unis sont le premier prêteur mondial de capitaux. À la suite de la hausse des taux d'intérêt aux États-Unis et du boom boursier de 1928-1929, le montant des émissions de valeurs étrangères aux États-Unis recule de 1 336 milliards de dollars en 1927, à 1 250 milliards de dollars en 1928 et 790 en 1929. Après le retournement d'octobre 1929, les banques américaines rapatrient massivement leurs capitaux déposés à l'étranger afin de pallier leurs difficultés internes. Les pays débiteurs (Allemagne, Australie, Argentine, Pologne...) qui dépendent des capitaux américains pour le financement de leur déficit courant subissent des contrecoups. Ce désengagement accentue notamment les tensions financières en Allemagne (principal débiteurs des États-Unis) où la situation des banques commerciales se détériore. Le 14 mai 1931, la plus grande banque autrichienne, la Kredit Anstalt de Vienne est en situation de cessation de paiements. Cette **crise bancaire** contribue à accentuer les difficultés du système bancaire allemand : une panique bancaire contraint l'État à intervenir durant l'été 1931.

b) Le durcissement des politiques commerciales

L'effondrement de l'activité économique fait surgir aux États-Unis la tentation d'un repli sur le marché national. Un débat s'engage sur la pertinence d'un durcissement de la politique commerciale. Les responsables politiques voient dans la hausse des tarifs douaniers un moyen d'augmenter les prix intérieurs et de réorienter la demande vers les produits nationaux. Une pétition signée par 1 028 économistes (dont I. Fisher) met en garde contre les dangers de la solution protectionniste et notamment le risque de représailles commerciales généralisées.

En juin 1930, le tarif Smoot Hawley est instauré par les États-Unis et marque un tournant vers un durcissement sans précédent du protectionniste au niveau mondial. Aux États-Unis, les droits de douanes sont accrus sur 25 000 produits et le tarif moyen sur les importations protégées passe de 39 % à 53 %. À la faveur des mesures de rétorsion, l'arsenal protectionniste s'enrichit. Aux traditionnels droits de douane portés à des niveaux record, s'ajoutent des dépréciations monétaires cette fois volontaires (la livre sterling dès 1931...), des taxes, des quotas, l'instauration de normes sanitaires et autres roueries administratives. Les économies se replient sur elles-mêmes : pour les États-Unis, le rapport exportations sur PIB à prix courants passe de 5 % en 1929 à 3,7 % en 1938 et pour l'Europe occidentale, il passe de 14,5 % à seulement 7,1 %. **Ce recul du commerce international constitue un facteur supplémentaire de freinage de l'activité économique**.

3. LES MULTIPLES EXPLICATIONS DE LA CRISE ET DE SON AMPLEUR

Les analyses de la crise de 1929 sont nombreuses, certaines paraissent avoir été invalidées par les faits postérieurs comme la thèse d'une stagnation séculaire du capitalisme mais beaucoup conservent une portée explicative.

L'**approche marxiste** analyse cet épisode comme une crise de surproduction générale imputable à une insuffisance de la demande. L'accentuation des inégalités de répartition serait à l'origine d'une sous-consommation. La stagnation des salaires réels et la diminution de la part des travailleurs dans le revenu national sont mises en avant pour étayer cette thèse. Si les travaux de Kuznets accréditent l'idée d'une hausse des inégalités dans les années 1920, l'absence d'une baisse de la propension moyenne à consommer fait défaut pour établir un lien entre inégalité et sous-consommation.

Le **surinvestissement** qui caractérise la toute fin des années 1920 (période du boom spéculatif aux États-Unis) serait d'après I. Fisher à l'origine de la crise. L'investissement aurait dépassé les capacités d'épargne. Il aurait été alimenté par un excès de crédits et un surendettement des opérateurs. Le surendettement est, par la suite, analysé comme un facteur aggravant de la déflation.

Milton Friedman et Anna Schwartz (1963) mettent en cause la responsabilité d'une politique monétaire trop restrictive des autorités du Federal Reserve System. Le resserrement monétaire de l'été 1929 aurait d'abord alimenté la spéculation (relèvement du taux d'escompte à 6 % en août 1929) en provoquant un rapatriement des capitaux vers les États-Unis. Après la crise, et jusqu'en 1933, la Fed n'aurait pas suffisamment approvisionné le système en liquidité (*via* des achats de titres sur l'open market et le soutien direct aux banques en difficulté). Cette attitude trop passive aurait aggravé la contagion des faillites bancaires (près de 9 000 entre 1930 et 1933).

Selon Kindleberger, l'ampleur de la crise résulte d'une **absence de leadership mondial** : la Grande-Bretagne n'a plus les moyens de stabiliser les relations financières internationales et les États-Unis ne jouent pas le rôle de prêteur en dernier ressort au niveau international. Au contraire, les mouvements de capitaux américains et la réaction protectionniste du gouvernement américain ont amplifié les déséquilibres. Dans le prolongement de cette vision centrée sur les relations internationales, les contributions plus récentes de P. Temin et B. Eichengreen incriminent, elles aussi, l'absence d'un système monétaire international stable durant l'entre-deux-guerres.

Repères chronologiques

- 1929 (24 octobre) : krach boursier à Wall Street.
- 1930 (juin) : adoption des tarifs douaniers Smoot Hawley aux États-Unis.
- 1931 : faillite de la Kredit Anstalt.
- 1932 (juillet) : l'indice de la production industrielle américaine atteint 52 contre 105 en octobre 1929.

27 Le *New Deal*

Point clef

L'expérience Roosevelt dite du *New Deal* (la nouvelle donne) conduite entre 1933 et la veille de la Seconde Guerre mondiale bénéficie d'un extraordinaire prestige. Elle apparaît pour beaucoup comme un premier exemple historique de l'efficacité d'une stratégie de relance et préfigurerait les politiques économiques d'inspiration keynésienne. En réalité, les enseignements de cet épisode sont beaucoup plus nuancés et sa portée plus limitée.

1. LE CONTEXTE : LES ÉTATS-UNIS ENLISÉS DANS LA DÉPRESSION

a) La spirale déflationniste

À la fin de la présidence du Républicain Hoover en 1932, alors que les premiers signes d'une reprise mondiale se font jour, la dépression continue à s'aggraver aux États-Unis et la situation sociale tend à devenir explosive.

La production industrielle américaine décline toujours, son indice base 100 en 1928 s'établit à 62 en février 1932, puis chute à 52 en août 1932. La baisse des prix se poursuit en 1932 : les prix à la consommation chutent de plus de 10 % par rapport à 1931. Les mécanismes d'auto-entretien de la déflation sont toujours à l'œuvre : la consommation et l'investissement diminuent d'autant plus que l'endettement des agents économiques est élevé (I. Fisher, 1933). Le chômage continue de s'aggraver… Malgré les incertitudes qui entourent sa mesure à l'époque, le chiffre de 25 % de taux de chômage fin 1932 est souvent retenu. Le climat social se tend à mesure que la pauvreté se développe.

b) Un pays au bord de l'explosion sociale

Ainsi en mars 1932 à Dearborn près de Détroit, une « marche de la faim » des chômeurs de la ville (dont beaucoup viennent d'être licenciés des usines automobiles Ford) est violemment réprimée par la police, on compte 4 morts. L'agitation des anciens combattants culmine durant l'été avec la « marche du bonus », 11 000 d'entre eux marchent sur Washington pour exiger le paiement anticipé d'une prime qui leur est due ; la manifestation est fermement dispersée par l'Armée. Les expulsions pour loyers impayés se multiplient…

Dans ce contexte, les Démocrates sortent grands vainqueurs des élections de novembre 1932. Franklin Delano Roosevelt est élu président avec une large avance.

Le point culminant de la crise économique et sociale est atteint entre novembre 1932 et le début mars 1933 au moment où le nouveau président prend ses fonctions. L'incertitude sur le programme de Roosevelt et son refus de coopération avec Hoover pour assurer la transition provoquent d'importantes sorties de capitaux et une véritable panique bancaire. En février, la fermeture générale des banques est décidée dans certains États et le 4 mars, jour de l'investiture de Roosevelt, les banques sont fermées dans l'ensemble du pays pour 4 jours (*bank holiday*) afin de tenter d'endiguer la panique.

2. DES MESURES PRAGMATIQUES ET NOVATRICES

Roosevelt n'a en réalité ni doctrine, ni vrai programme économique, il entend seulement lutter de façon pragmatique contre les manifestations de la crise.

En cent jours, du 4 mars au 16 juin 1933, une quinzaine de lois sont adoptées. Les objectifs sont de casser le processus de baisse des prix et de redonner au plus vite du travail aux chômeurs.

L'*Agricultural Adjustment Act* de mai 1933 a pour objectif d'assurer le redressement des prix agricoles en subventionnant une réduction volontaire de la production (blé, maïs, coton...).

En juin 1933, le *National Industrial Recovery Act* (NIRA) entend impulser une concertation entre les industriels afin de définir des prix planchers, des quotas de production, des horaires réduits, des minima salariaux. Les firmes qui « jouent le jeu » se voient attribuer un label « aigle bleu » que les consommateurs américains sont invités à préférer.

La création de la Tennesse Valley Authority en mai 1933 cherche à réemployer les chômeurs à des tâches liées au réaménagement de la vallée du Tennessee alors en retard de développement (construction de barrages...). La TVA contribue à populariser l'idée que les grands travaux sont en mesure de « réamorcer la pompe ».

L'*Emergency Relief Act* prévoit une assistance aux chômeurs et victimes de la crise. En 1934, environ vingt millions de personnes bénéficient de ce dispositif qui, au départ, devait être un simple palliatif en attendant une relance de l'activité.

Afin de restaurer la confiance dans le système financier le *Banking Act* de 1933 (Glass-Steagall) crée un système d'assurance fédérale des dépôts bancaires et sépare les activités bancaires des activités sur titres. La même année, le dollar est dévalué de plus de 40 % afin d'accroître la compétitivité des produits américains.

3. DES RÉSULTATS MITIGÉS, UNE SIGNIFICATION AMBIGUË

a) Une dépression endiguée

La remontée des prix est réelle dès 1934, l'indice des prix de gros progresse de 15 % par rapport à 1933, la progression la plus forte concerne les prix agricoles. En revanche la hausse des prix à la consommation reste modérée ; l'indice de 1932 (40,9) n'est retrouvé qu'en 1935 (41,1) mais celui de 1931 (45,6) ne sera pas dépassé avant la guerre.

La reprise de l'activité paraît décevante. La production industrielle connaît jusqu'à la guerre une évolution heurtée et médiocre, le niveau de 1929 n'est retrouvé qu'en 1937 avant d'ailleurs de s'effondrer de nouveau en 1938 (baisse d'environ 20 %). La difficulté majeure paraît résider dans l'incapacité à retrouver un volume d'investissement important faute de confiance à la fois dans le système financier et dans les perspectives d'activité. Le chômage est certes réduit, mais reste à un niveau élevé (plus de 10 millions de chômeurs en 1935 ce qui correspond à un taux supérieur à 20 %).

b) La portée de l'expérience Roosevelt

L'expérience du *New Deal* est ambiguë à bien des égards.

En matière d'activité économique, le lent rétablissement de la production ne peut masquer la persistance d'un chômage très élevé.

Du point de vue de son inspiration keynésienne, s'il est vrai que Roosevelt a eu plusieurs entretiens personnels avec Keynes, la politique économique à l'œuvre reste ambivalente. D'un côté un interventionnisme global se fait jour dans l'agriculture et l'industrie et des grands travaux contribuent à réemployer des chômeurs ; en ce sens elle peut être qualifiée de keynésienne. Mais d'un autre côté au moins jusqu'en 1938, le principe du caractère stabilisant du déficit budgétaire n'est pas ouvertement accepté par Roosevelt.

28 Les Trente Glorieuses

Point clef

Entre 1950 et 1973 les pays d'Europe occidentale et le Japon connaissent une phase d'expansion dont le dynamisme n'a pas de précédent historique. Elle résulte d'une combinaison de facteurs qu'il est impossible de voir de nouveau réunie.

1. LES TRENTE GLORIEUSES : UNE EXPRESSION FRANCO-FRANÇAISE

En France, l'expression les Trente glorieuses désigne communément la phase de grande expansion des économies d'Europe occidentale (auxquelles on peut ajouter le Japon) entre la fin de la Seconde Guerre mondiale et le premier choc pétrolier. À l'étranger, les termes « **âge d'or** » et « **miracle** » (miracle japonais, miracle allemand, miracle italien) sont utilisés pour désigner cette époque faste.

La formule les Trente Glorieuses fait écho au titre d'un ouvrage de Jean Fourastié publié en 1979 : *Les Trente glorieuses ou la révolution invisible de 1946 à 1975.* L'auteur fait référence aux Trois Glorieuses de 1830 et insiste sur le caractère révolutionnaire – radicalement nouveau – de l'accélération du rythme de la progression du niveau de vie au cours de cette phase. La formule sert depuis de référence, presque obligée, aux auteurs français. Pour souligner, lui aussi, le fait que depuis 1973 le revenu par tête avait continué de progresser fortement, Jacques Marseille évoque dans un article de la revue *Vingtième siècle* « "Les vingt glorieuses" : la croissance française de 1973 à nos jours » (1996). Au contraire, Nicolas Baverez, très alarmiste sur les performances macroéconomiques de l'économie française, publie en 1998 *Les vingt piteuses* toujours en écho à Fourastié.

En réalité du point de vue des équilibres macroéconomiques, les Trente Glorieuses de Jean Fourastié n'en font qu'un peu plus de vingt. Jusqu'au seuil des années 1950, de fortes tensions inflationnistes perturbent la bonne marche de l'activité au Japon, en France et Italie notamment. En fin de période, les années 1974 et 1975 sont marquées par une stagnation pure et simple de la croissance.

2. LE DYNAMISME DE L'ACTIVITÉ ÉCONOMIQUE

Les années 1950-1973 se caractérisent par le dynamisme et la régularité de la croissance économique. Le tableau ci-dessous fait ressortir le caractère sans précédent des performances de croissance du PIB global et du PIB par tête.

De telles performances dépassent très largement celle de la période 1870-1913 et contraste avec la relative atonie des années 1913-1950. Les économies allemande et japonaise, sorties exsangues de la Seconde Guerre mondiale, connaissent un rétablissement spectaculaire comme le montrent les tableaux ci-dessous.

Dans la plupart de ces pays, le **dynamisme de la croissance** permet d'atteindre un niveau de **chômage extrêmement bas**. Sur la période 1950-1973, le taux de chômage n'est en moyenne que de 2,6 % pour l'ensemble de l'Europe de l'Ouest et seulement de 1,6 % au Japon… Le chômage est au voisinage du taux frictionnel qui résulte du processus d'ajustement sur le marché du travail.

Contrairement à certaines représentations tenaces, les années 1950-1970 ne sont pas des années d'inflation galopante : 2,3 % de moyenne annuelle seulement en RFA, 3,5 % en Italie, 4,9 %

Taux de croissance du PIB

	1820-70	1870-1913	1913-50	1950-73	1973-98
Royaume-Uni	2,05	1,9	1,19	**2,93**	2
France	1,27	1,63	1,15	**5,05**	2,1
Allemagne	2,01	2,83	0,3	**5,68**	1,76
Italie	1,24	1,94	1,49	**5,64**	2,28
Europe de l'Ouest	1,65	2,1	1,19	**4,81**	2,11
Japon	0,41	2,44	2,21	**9,29**	2,97

Source : d'après Maddison (2001).

Taux de croissance du PIB par habitant

	1820-70	1870-1913	1913-50	1950-73	1973-98
Royaume-Uni	1,26	1,01	0,92	**2,44**	1,79
France	0,85	1,45	1,12	**4,05**	1,61
Allemagne	1,09	1,63	0,17	**5,02**	1,6
Italie	0,59	1,26	0,85	**4,95**	2,07
Europe de l'Ouest	0,95	1,32	0,76	**4,08**	1,78
Japon	0,19	1,48	0,89	**8,05**	2,34

Source : d'après Maddison (2001).

en France et au Japon. L'inflation ne s'accélère véritablement qu'au début des années 1970, sans d'ailleurs immédiatement se retourner contre l'activité.

3. LES FACTEURS DE LA CROISSANCE

La croissance du PIB ne résulte pas pour l'essentiel d'un accroissement quantitatif du facteur travail, en France sur le période 1950-1973 le nombre d'heures de travail stagne (autour de 37 900 millions par an). En Grande-Bretagne, en Allemagne et en Italie, il recule même légèrement. La croissance démographique est certes assez rapide sous l'impulsion d'un recul de la mortalité et d'un regain de la natalité à partir de 1946 (*baby boom*), mais la croissance de la population active reste très modérée notamment du fait de l'allongement de la durée des études. La croissance est donc due à l'amélioration de la productivité du travail sous l'effet de plusieurs phénomènes.

L'amélioration des niveaux moyens d'**éducation** et de formation apparaît déterminante. En Europe de l'Ouest, on assiste à une massification de l'enseignement secondaire et à une envolée des effectifs du supérieur. La part des dépenses consacrées à l'éducation augmente dans le budget des États et en volume les dépenses d'éducation sont accrues d'environ 10 % par an.

L'intensification des **transferts de main-d'œuvre** de l'agriculture où elle reste relativement peu productive vers l'industrie contribue à expliquer structurellement la hausse de la productivité moyenne. Le fait que ce facteur joue peu dans le cas de la Grande-Bretagne peut expliquer une partie de son « déficit de croissance » vis-à-vis de pays d'Europe continentale comme la France ou l'Italie.

L'Europe et le Japon bénéficient également d'un **transfert de technologies américaines** (sous forme d'achats de brevets et de licences). La plupart des innovations qui fondent la croissance des années 1950-1960 remontent d'ailleurs en réalité à la première moitié du XXe siècle aux États-Unis (électronique, pétrochimie, industrie aérospatiale…). Les États-Unis parviennent à conserver leur domination technologique durant les Trente Glorieuses grâce à d'importants moyens consacrés à la recherche et développement (industrie spatiale, pharmacie…) même si la croissance américaine est plus faible sur la période. La mise en œuvre de ces transferts s'accompagne d'un haut niveau d'investissement. Entre 1950 et 1970, le taux de FBCF atteint des niveaux très élevés en Europe occidentale jusqu'à 25 % en RFA et culmine au Japon à 30 % de moyenne.

La **stabilité financière** favorise l'accumulation du capital : entre 1945 et 1973, les crises financières sont deux fois moins fréquentes que sur la période postérieure 1973-fin 1990. À l'époque, au sein du système de Bretton Woods, les mouvements internationaux de capitaux sont contrôlés. La stabilité politique est assurée sur la période et les institutions de l'État providence garantissent une certaine paix sociale (sécurité de l'emploi, hausse des salaires avec l'ancienneté, progression des salaires réels, conventions collectives et plus largement forte protection des individus...). Les États conservent des marges de manœuvre de **politiques économiques**. Les politiques budgétaire, monétaire et de change permettent d'absorber les chocs et contribuent à la régularité de la croissance (relance Kennedy-Johnson aux États-Unis (v. fiche 90), plan Rueff (1958) et dévaluation du franc en 1969 en France...).

4. LA RÉOUVERTURE DES ÉCONOMIES

La réouverture commerciale des économies apparaît comme un trait marquant de la période. Depuis la fin des années 1940, le commerce international connaît une forte expansion. Le rebond de l'immédiat après-guerre est suivi d'une accélération continue, avec une croissance moyenne du volume des exportations mondiales de 6,1 % par an sur 1953-1958, 7,4 % sur 1958-1963, 8,3 % sur 1963-1968, 9,2 % sur 1968-1973, presque le double du taux de croissance (pourtant exceptionnel) du PIB mondial. Pour l'Europe occidentale, le rapport exportations de marchandises sur PIB passe à prix constants de 9,3 % en 1950 à 15,9 % en 1970. La **reprise du commerce international** a devancé celle des investissements directs (notamment américains) dans les années 1960 et la libération des flux de capitaux au seuil des années 1980.

Cette expansion du commerce est favorisée par la baisse continue des coûts de transport *via* le renforcement des infrastructures routières, le gigantisme du transport maritime ou encore l'intensification du trafic aérien.

Elle résulte aussi d'une libéralisation des politiques commerciales. Au sortir de la Seconde Guerre mondiale, la volonté de promouvoir une réouverture des économies est très forte. Sous l'impulsion des États-Unis, des structures stables sont mises en place dans les domaines monétaire et financier et les principes libre- échangistes sont appliqués (multilatéralisme, clause de la nation la plus favorisée...). Dans le cadre des cycles de négociations conduits sous l'égide du GATT, le niveau des droits de douanes est abaissé et les pratiques commerciales les plus nocives reculent (quotas, subventions...). La dynamique d'**intégration régionale** à l'œuvre en Europe de l'Ouest à partir des années 1950 (traité de Rome en 1957, AELE en 1960) favorise également l'ouverture économique.

Le développement du commerce international exerce en théorie un effet positif sur la croissance mondiale par plusieurs canaux.

L'argument le plus souvent avancé est celui de la spécialisation des économies à partir d'avantages comparatifs en termes de coûts de production. Cette spécialisation permet une économie globale de facteurs de production et partant un déplacement de la frontière de production.

L'ouverture commerciale favorise également la diffusion internationale de l'innovation à travers les flux de services (brevets, licences...) et de marchandises (surtout les biens d'équipements).

L'ouverture commerciale permet aussi l'exploitation d'économies d'échelle statiques et dynamiques à travers la constitution de grands marchés et l'allongement des séries produites.

Les gains de productivité obtenus dans les secteurs d'exportation se diffusent à l'ensemble des économies, notamment à travers la baisse du prix relatif des biens d'équipement. L'ouverture donne accès au stock mondial de connaissances, la constitution de grands marchés permet aux secteurs de la recherche d'exploiter des rendements d'échelle croissants et de supprimer des activités redondantes. Au final chaque pays peut consacrer une part plus importante de capital humain à la recherche.

À travers l'intensification de la concurrence, l'ouverture commerciale constituerait enfin un facteur de rationalisation tous azimuts au sein des économies, un catalyseur de la croissance économique. Au niveau microéconomique en particulier la concurrence commerciale accélère *de facto* la recherche de gains de productivité, l'effort d'adaptation à la demande et, sous certaines hypothèses, le rythme de l'innovation (controverse sur le lien entre structure de marché et intensité de l'innovation).

Repères chronologiques

- 1957 : signature du traité de Rome.
- 1961-65 : relance Kennedy-Johnson aux États-Unis.
- 1971 (août) : éclatement du système de Bretton Woods.
- 1973 (octobre) : premier choc pétrolier.
- 1979 : publication par Jean Fourastié de l'ouvrage *Les Trente Glorieuses ou la révolution invisible de 1946 à 1975.*

29 Le miracle économique japonais

Point clef

Au cours des années 1950-1960, les performances de l'économie japonaise sont exceptionnelles, son PIB progresse en volume de près de 10 % par an. La mise en place d'un modèle de développement original lui permet de s'imposer, au milieu des années 1970, comme la deuxième puissance économique capitaliste. Le caractère foudroyant de cette réussite, due à la rencontre d'une conjonction particulière de facteurs, conduit beaucoup d'observateurs à évoquer « le miracle économique japonais ».

1. LES HANDICAPS INITIAUX

Au sortir de la Seconde Guerre mondiale, le Japon cumule les handicaps. Le retour de près de six millions de réfugiés accroît le déséquilibre entre population et ressources naturelles. Le pays n'évite la famine que grâce à l'aide alimentaire américaine. La loi eugénique de 1948 ne fait que freiner une forte croissance démographique. Les tensions inflationnistes sont extrêmement fortes. Le Japon est par ailleurs privé de ses possessions extérieures qui jouaient un rôle important dans la croissance des années 1930 (réservoir de matières premières et débouchés privilégiés). En 1949, le Japon voit aussi s'interrompre ses échanges avec la Chine après la victoire des communistes. L'industrie lourde japonaise, tournée auparavant vers le secteur militaire apparaît, non compétitive. Parmi les grands pays, le Japon est le dernier à retrouver son niveau de production d'avant-guerre : le maximum de 1939 n'est retrouvé qu'en 1954.

2. L'EXCEPTIONNEL DYNAMISME DE L'ACTIVITÉ

Le taux de croissance du PIB du Japon est estimé, par Angus Maddison, à 9,29 % par an entre 1950 et 1973. Une approche comparative fait ressortir la fulgurance de cette accumulation : le rythme de la croissance japonaise est près de deux fois supérieur à celui de l'Europe de l'Ouest (v. fiche 28).

De son côté, le taux de croissance du PIB par tête progresse de 8,05 % sur la même période soit, là encore, le double de l'Europe.

Le **rattrapage japonais** se fonde sur une industrialisation rapide : la croissance de la production industrielle atteint les 15 % dans les années 1960.

Un rattrapage en termes de productivité horaire du travail est également à l'œuvre puisque, entre 1950 et 1973, celle-ci passe de l'équivalent de 14 % du niveau américain à 46 % et de 43 à 65 % du niveau ouest-allemand.

Compte tenu de son poids démographique, ses performances permettent au Japon de se hisser au **deuxième rang des puissances du monde capitaliste vers 1973** (la population passe de 83,5 millions en 1950 à 108,6 millions en 1973).

3. UN ESSOR FONDÉ SUR L'EXTENSION DU MARCHÉ INTÉRIEUR

L'industrialisation se fonde sur un immense effort national de formation de capital. Le taux d'épargne des ménages (de l'ordre de 20 %) est plus élevé qu'aux États-Unis et que dans la plupart des pays européens. Le taux d'investissement ne cesse de croître ; il atteint 30 % du PIB vers 1960 puis 35 % vers 1970. L'investissement productif dans l'industrie en est la composante la plus dynamique, il permet l'absorption des technologies occidentales et le rattrapage progressif des niveaux de productivité. Les autorités favorisent l'achat de brevets américains et freinent l'ouverture aux IDE jugés trop dangereux pour l'indépendance nationale.

La percée japonaise s'effectue d'abord sur des bases nationales même si l'aide américaine favorise comme en Europe de l'Ouest le redressement initial ainsi que les transferts de technologies. La taille du marché du marché intérieur permet au Japon d'acquérir une compétitivité dans les secteurs de la mécanique, l'électroménager, l'automobile, puis de l'électronique et de s'orienter vers une croissance plus ouverte à partir des années 1960.

L'essor se fonde sur le maintien d'une **durée hebdomadaire élevée du travail** (environ 60 heures) et un fort taux d'activité des personnes âgées : au total le nombre d'heures travaillées passe de 77 289 millions en 1950 à 107 389 millions en 1973.

Les dépenses en équipements collectifs et l'investissement immobilier paraissent être sacrifiés, ce qui contribue à accroître le coût social de l'expansion japonaise.

4. LES CARACTÉRISTIQUES DU « MODÈLE » JAPONAIS

Comme lors de la restauration Meiji, la force du Japon est d'avoir mis en place des institutions centralisées, très imbriquées et parfaitement en phase avec les singularités culturelles japonaises. Trois éléments du modèle japonais peuvent être mis en exergue.

a) Une économie dualiste

Une grande complémentarité se dégage entre d'un côté de puissants groupes (les ***keiretsu***, résurgence des *zaibatsu*) qui orientent l'accumulation du capital vers des industries d'avenir et de l'autre un secteur de petites entreprises sous-traitantes mais juridiquement indépendantes qui offrent une flexibilité pour absorber des surplus de main-d'œuvre non qualifiée ou faire face à des ralentissements conjoncturels.

b) L'harmonie sociale

Dans les grands groupes, l'attitude des syndicats maisons est coopérative et les revendications salariales modérées. La progression salariale s'effectue à l'ancienneté, les employés perçoivent des prestations sociales spécifiques et ont l'assurance d'une stabilité de l'emploi. La part relativement importante de rémunération variable permet le cas échéant de maintenir une flexibilité des salaires.

c) Une osmose entre pouvoirs publics et milieux industriels et financiers

Le dialogue entre l'État et les fédérations patronales (*zaikai*) est permanent, il est facilité par des liens personnels et des passerelles en termes de carrières. Le ministère du Commerce international et de l'Industrie (**MITI**) joue un rôle moteur dans **l'importation de technologie**, les fusions et les restructurations d'entreprises. Il coordonne la mise en place d'une **politique commerciale active** qui protège le marché intérieur japonais (droits de douane, protectionnisme gris, sous-évaluation réelle du yen…). La banque du Japon contrôle, quant à elle, étroitement les structures financières du pays.

Repères chronologiques

- 1945 (août) : bombardements américains sur Hiroshima et Nagasaki.
- 1949 : création du MITI.
- 1951 : signature d'un pacte de sécurité avec les États-Unis.
- 1955 : admission du Japon au sein du GATT.

30 Les crises de mai 1968 en France

Point clef

Les événements de mai 1968 sont associés à trois crises qui s'enchaînent en s'amplifiant : une crise universitaire, une crise sociale, une crise politique.

1. DES ÉVÉNEMENTS TOTALEMENT IMPRÉVISIBLES

Les performances de l'économie française au milieu des années 1960 sont exceptionnelles. Le potentiel de croissance est élevé (transferts de la technologie américaine, dynamique intersectorielle favorable aux gains de productivité, amélioration du niveau d'éducation...) et les politiques économiques parviennent facilement à corriger les déséquilibres provoqués par des chocs. Malgré la forte récession de l'économie allemande en 1967 (son produit national connaît un recul absolu), le rythme de la croissance française reste soutenu (4,7 % contre 5,2 % en 1966).

Malgré une tendance ascendante depuis 1964, le chômage demeure faible en valeurs absolue et relative (435 000 personnes, soit 2,1 % de la population active en 1967) et l'inflation est – en définitive – contenue puisqu'en quatre ans (de janvier 1964 à décembre 1967) le différentiel d'inflation vis-à-vis de l'Allemagne n'atteint que 1,8 % (sur la période les prix à la consommation ont augmenté de 9,8 % en RFA contre 11,6 % en France soit un rythme annuel inférieur à 3 %). Depuis 1959, la balance courante ne cesse d'être excédentaire.

Au cours des dernières années 1966-1967, les inégalités de revenus diminuent. Le pays semble avoir une ambition nationale autour de projets phares et un rayonnement international. Comment dans ces conditions anticiper les événements de mai 1968 ?

2. CHRONIQUE DES CRISES UNIVERSITAIRE ET SOCIALE

À la Faculté de lettres et à la résidence universitaire de Nanterre, une agitation endémique prévaut depuis la rentrée d'octobre 1967, les examens de février ont été perturbés, les ministres en visite chahutés, rien cependant qui annonce le séisme du mois de mai 1968.

C'est la date du 3 mai qui est retenue comme point de départ des événements. La veille, la faculté de Nanterre a été fermée en raison de la reprise des incidents. En réaction, un rassemblement de protestation se déroule dans la cour de la Sorbonne. Il se clôt en fin de journée par de violents affrontements avec les forces de l'ordre dans le Quartier latin. Le lundi 6, la crise s'étend dans un grand nombre d'Universités françaises... **Les revendications étudiantes restent floues** ; derrière les slogans « l'imagination au pouvoir », « libérer la parole », « sous les pavés la plage » se cache une **contestation de l'ordre établi** essentiellement sur le plan moral mais aussi certains conservatismes.

Pour protester contre la répression policière, les syndicats (CGT, CFDT, FEN) appellent à une grève générale le lundi 13... mais le mouvement social déborde totalement les syndicats. La grève générale se poursuit dans beaucoup d'entreprises qui souvent sont occupées (ateliers de Sud-Aviation, puis Renault-Cléon...). Les revendications sont maintenant plus larges et plus claires, elles englobent le terrain salarial. **Du 20 mai au 4 juin, près de 10 millions de salariés participent au mouvement**. Les approvisionnements énergétiques sont interrompus, le pays est paralysé et connaît sans doute sa crise sociale la plus importante du XXe siècle.

3. LES ACCORDS DE GRENELLE, LA RECHERCHE D'UNE SOLUTION DE SORTIE DE CRISE

La motion de censure lancée contre le gouvernement Pompidou le 22 mai échoue (à seulement 11 voix près) et les forces de Gauche acceptent le principe de négociations avec le pouvoir. Le samedi 25 mai, ces négociations débutent rue de Grenelle au siège du ministère des Affaires sociales… Le lundi 27 mai, un accord est signé entre syndicats, organisations patronales et gouvernement sur les salaires et les droits syndicaux.

Les accords prévoient une **hausse des salaires** de 5 % le 1er juin et de 3 % le 1er octobre… mais surtout un relèvement très important des bas salaires. Le salaire minimum agricole est porté au niveau du SMIG (salaire minimum interprofessionnel garanti) qui lui-même est élevé de 35 % passant de 385 à 519 francs par mois, la mesure entrant en vigueur dès le premier juin… Tous les salaires inférieurs à 1,35 fois le salaire minimum bénéficient donc d'un « coup de pouce » (1,5 million de travailleurs sont concernés). Les allocations et les retraites sont revalorisées. Les droits syndicaux sont renforcés avec la création de la section syndicale d'entreprise (décharges de services pour les représentants du personnel, panneaux d'affichage, réunions dans les locaux de l'entreprise…) légalisée le 5 décembre 1968. Les ordonnances de sécurité sociale de 1967 qui réduisaient le rôle des syndicats sont abrogées.

4. L'AMPLIFICATION DE LA CRISE POLITIQUE

Malgré l'appel à la reprise du travail lancé par les syndicats le 27 mai, la crise s'amplifie, la base réclame davantage… La crise politique atteint alors son paroxysme. Le 28 mai, François Mitterrand déclare qu'« *il n'y a plus d'État* » et se porte candidat à la succession du général De Gaulle. Le 29, une manifestation communiste exige le départ du président de la République… Le général De Gaulle a disparu. On apprendra plus tard qu'il s'est rendu en Allemagne auprès du général Massu pour s'assurer du soutien de l'Armée. De Gaulle réapparaît le 30 mai ; dans un discours télévisé énergique, il affirme la continuité du pouvoir et dissout l'Assemblée nationale. « Le parti de l'ordre » est remobilisé, une manifestation de ses partisans lui permet de reprendre définitivement la main.

Le travail reprend à partir du 4 juin dans les services publics. Le 16 juin la Sorbonne est évacuée. Le 18 juin, le travail reprend à la régie Renault. Les accords de Grenelle sont finalement acceptés par les salariés. Les élections législatives de fin juin se soldent par une victoire écrasante du parti gaulliste (294 sièges sur 485) qui clôt la crise sociale et politique.

5. L'ABSORPTION DU CHOC SALARIAL PAR LES POLITIQUES ÉCONOMIQUES

Pour absorber le choc d'offre que constituent les accords de Grenelle et soulager la trésorerie des entreprises, une **politique de crédit accommodante** est mise en œuvre au cours de l'été par le gouvernement Couve de Murville.

Les tensions inflationnistes sont fortes malgré les mesures gouvernementales d'aides aux entreprises (diminution de la fiscalité, subventions directes) destinées à couper court aux mécanismes d'auto-entretien de la dynamique ascendante des prix. Au total pour 1968, le différentiel d'inflation avec l'Allemagne atteint 3,6 %. La perte de compétitivité des produits français entraîne l'apparition simultanée d'un déficit commercial et d'un déficit courant.

Après le départ du général De Gaulle (le 28 avril 1969), Jacques Chaban-Delmas – premier chef de gouvernement du président Pompidou – procède à une **dévaluation** de 11,1 % (9 août 1969), le taux est modéré mais ses effets sont renforcés par la réévaluation du mark allemand le 27 octobre de la même année. L'opération est un plein succès, l'économie française retrouve une compétitivité prix, l'équilibre externe est rétabli. La parenthèse de Grenelle est refermée.

31 Les chocs pétroliers de 1973 et 1979

Point clef

Les hausses de prix du pétrole qui surviennent en 1973-1974 et 1979-1980 méritent le qualificatif de choc au sens économique du terme : non seulement ces perturbations pouvaient difficilement être anticipées (au moins par leurs ampleurs), mais en plus elles ont eu un impact important sur les performances macroéconomiques des pays les plus avancés.

1. MISE EN PERSPECTIVE HISTORIQUE DE LA FORMATION DES PRIX DU PÉTROLE

a) La domination des *majors* occidentales

La formation des prix du pétrole résulte des interactions entre les structures de l'offre et de la demande, les rapports de forces internationaux et les conditions de fonctionnement du marché.

Une des caractéristiques premières de la croissance économique fondée sur le développement industriel est sa tendance à consommer de plus en plus d'énergie, notamment du pétrole qui, au XXe siècle, s'est substitué au charbon comme énergie dominante. Entre 1950 et 1973, la consommation mondiale d'énergie progresse d'environ 5 % par an, soit un rythme un peu supérieur à celui du PIB mondial. Sur la même période, la consommation d'énergie par habitant a doublé. En 1973, l'Europe est dépendante du pétrole importé à hauteur de 60 % de son approvisionnement énergétique total, le Japon à hauteur de 77 %.

L'offre pétrolière mondiale connaît après-guerre une croissance forte grâce à la découverte et la mise en exploitation de nouveaux gisements.

Dans la première moitié du XXe siècle s'était formé un **marché pétrolier longtemps dominé par sept grandes compagnies anglo-saxonnes, les *majors*** (Royal Dutch Shell, British Petroleum, Standard Oil of New-Jersey, Chevron, Mobil, Texaco et Gulf). Ces firmes, par une entente tacite, ont pu maintenir le prix du pétrole à un niveau inférieur aux autres sources d'énergie, ce qui a accéléré sa substitution aux sources traditionnelles d'énergie.

Les firmes pétrolières provenaient de pays du Nord qui avaient intérêt à maintenir bas les prix de l'énergie. L'intérêt national se combine néanmoins avec l'intérêt des entreprises du fait d'un coût d'extraction très bas des pétroles du Moyen Orient. Cet oligopole de vendeurs était aussi un oligopole d'acheteurs (oligopsone) face à des producteurs dont l'indépendance politique était souvent récente. Les majors se contentaient donc de vendre le pétrole à un prix assurant la rentabilité des gisements américains (environ 2 dollars le baril) tout en empochant une rente considérable sur les pétroles en provenance du Golfe Persique où le coût d'extraction ne dépassait pas 0,3 ou 0,4 dollar le baril. Cette manne allait logiquement éveiller l'intérêt des pays producteurs victimes d'une détérioration des termes de l'échange : par deux fois en 18 mois en 1959 et 1960, les *majors* décident de réduire les prix de 18 cents et de 10 cents.

b) La montée en puissance de l'OPEP

Le 15 septembre 1960 est fondée à Bagdad l'OPEP (Organisation des pays exportateurs de pétrole) à l'initiative de cinq pays (Arabie Saoudite, Koweït, Irak, Iran et Venezuela). Ils sont rejoints ensuite par le Quatar (1961), la Lybie et l'Indonésie (1962), les Émirats Arabes Unis (1967), l'Algérie (1969), le Nigeria (1971), Dubaï (1973), le Gabon (1975). En 1968 est créée l'OPAEP (Organisation arabe des pays exportateurs de pétrole), partisane d'une attitude plus ferme vis-à-vis de l'Occident.

L'OPEP met plus de 10 ans pour imposer son prix, le temps de créer des compagnies nationales mais surtout le temps qu'au niveau mondial la demande devienne structurellement excédentaire par rapport à l'offre. La croissance du début des années 1970 offre la possibilité aux pays producteurs de jouer sur les quantités pour faire varier les prix.

Dans les années 1971-1973, la politique du Cartel se durcit sans que l'on puisse anticiper une envolée des prix. Les actifs pétroliers occidentaux sont nationalisés dans des pays arabes socialistes (Algérie, Irak et Libye), les pétromonarchies accroissent leur participation au capital des sociétés exploitantes. L'OPEP parvient à obtenir une indexation des prix du baril dans le contexte inflationniste de l'époque. Les accords de Téhéran en février 1971, puis de Tripoli en avril majorent de 5 % par an les prix du brut pour compenser les effets de l'inflation occidentale. Suite à la dévaluation du dollar en décembre 1971, l'accord de Genève stipule que l'OPEP indexe le prix du pétrole brut sur la moyenne de neuf taux de change (République fédérale allemande, Belgique, France, Italie, Japon, Pays-Bas, Royaume-Uni, Suède et Suisse). Après la généralisation du flottement monétaire, un second accord de Genève en mars 1973 précise qu'un écart de 1 % par rapport à la moyenne des taux déclenche une révision des prix.

2. LE CHOC PÉTROLIER DE 1973

a) L'effet catalyseur de la guerre du Kippour

Le 6 octobre 1973, l'Égypte et la Syrie déclenchent simultanément une offensive militaire surprise contre Israël dans le but de reprendre les territoires occupés par l'État hébreu depuis la guerre des Six Jours de 1967. Ils ont pris pour date le jour du Yom Kippour, la plus grande fête religieuse juive.

Quelques jours plus tard, pour accroître la pression sur l'Occident, l'OPAEP décide de réduire ses exportations de pétrole de 5 % par mois jusqu'au retrait d'Israël des territoires palestiniens. L'organisation décrète par ailleurs un embargo pétrolier envers Israël et les pays considérés comme ses alliés. La tension monte sur les marchés, les cours du marché libre s'envolent littéralement. En décembre 1973 à Téhéran, l'Organisation des pays exportateurs de pétrole porte le prix du baril de référence à 11,65 dollars. **En quatre mois le prix du pétrole a quadruplé**.

b) Les mécanismes du ralentissement de l'activité, la stagflation

La hausse des prix du pétrole a des conséquences mécaniques pour les pays industrialisés. La détérioration des termes de l'échange qu'ils subissent est associée à un prélèvement extérieur équivalent à environ 3 % du PIB pour la plupart d'entre eux (Japon, France, Italie, Royaume-Uni). Les conséquences inflationnistes de la hausse des prix de l'énergie sont amplifiées par la poursuite de surindexation salariale héritée de la « régulation fordiste ». Dans un contexte d'ouverture internationale croissante, les chefs d'entreprises doivent compresser leur marge pour rester compétitifs. La rentabilité des entreprises est détériorée, l'investissement en subit les conséquences et recule.

La formation brute de capital fixe connaît un recul absolu dès 1974, au Japon (– 9,5 %), aux États-Unis (– 6,8 %) ou encore en RFA (– 9,6 %) ou une politique monétaire de rigueur est mise en œuvre. Pour l'ensemble de l'OCDE, la baisse est de 4,7 % en 1974, elle s'accentue l'année suivante (– 6,3 %). La chute de cette composante de la demande explique la crise économique de 1974-1975 et la réduction du potentiel de croissance des économies par la suite. Cette faible croissance est à l'origine d'une montée du chômage que l'on croit à l'époque conjoncturel.

3. LE CHOC PÉTROLIER DE 1979

a) Révolution islamique iranienne et nouvelle envolée des prix

Les rapports de forces internationaux évoluent en faveur des pays producteurs de pétrole. L'OPEP poursuit une stratégie de contrôle de l'extraction, elle contrôle 48 % de la production mondiale en 1979. Entre 1974 et 1978, malgré le ralentissement de l'activité, les pays de l'OPEP réussissent à maintenir les prix à un niveau élevé.

La situation politique iranienne est à l'origine d'un nouveau choc. L'opposition islamiste au régime du chah prend le tour d'une révolution qui perturbe la production. Des grèves paralysent les exportations pétrolières iraniennes qui, entre septembre 1978 et février 1979, chutent de 6 millions de barils jours à moins de 400 000 barils par jour.

Sur le marché les importateurs accroissent leurs achats de précaution. Les prix s'envolent : ils passent en quelques mois de 14,50 dollars à 26 dollars, ils culminent au voisinage des 40 dollars en 1980. Ce niveau apparaît rétrospectivement comme un maximum historique (lorsque, comme sur le graphique ci-dessus, on analyse l'évolution à prix constants).

Entre le début 1979 et le début 1980, **le prix du baril augmente de 125 %**. Pour les pays européens, les effets de cette hausse sont accentués par un mouvement d'appréciation du dollar.

Évolution du prix du baril de pétrole importé depuis 1960

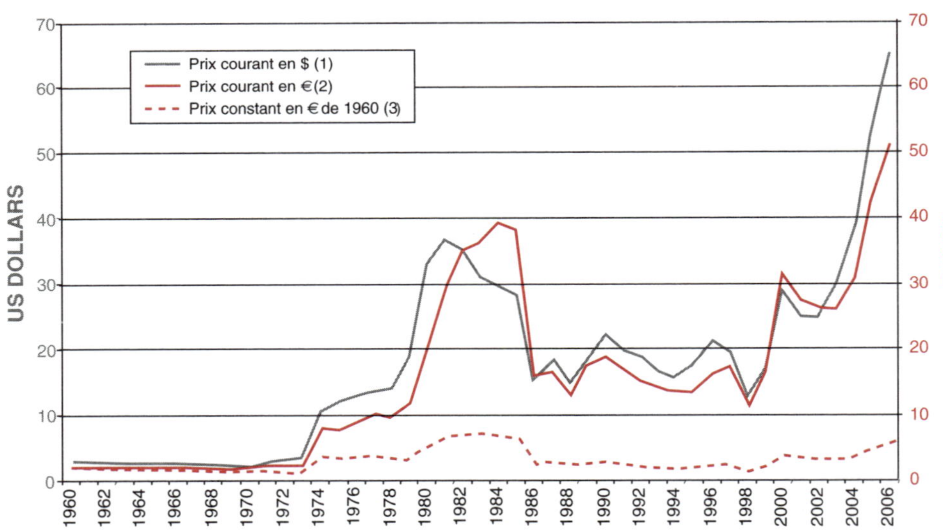

Source: (1) Observatoire de l'Énergie d'après Douanes, DIREM, (2) BCE, (3) INSEE, le prix constant est obtenu en déflatant le prix courant en euros par l'indice de prix du PIB en base 1960. Les prix rapportés chaque année sont en moyennes annuelles. 1

Source : www.centre-cired.fr

b) Des effets amplifiés par la réorientation des politiques économiques

Le choc de 1979 n'est pas l'exacte répétition de celui de 1973, la hausse des prix est moins forte et davantage étalée dans le temps même si, au départ, le niveau des prix est beaucoup plus élevé. Il est difficile d'apprécier l'influence du choc de 1979 sur l'inflation et croissance économique car, au même moment, les États-Unis et le Royaume-Uni, bientôt suivis par les autres pays industriels, mettent en œuvre une politique monétaire de grande rigueur. Les pays les plus industrialisés accordent la primauté à l'objectif de stabilité des prix. À terme, cette stabilité est censée créer un environnement favorable au développement de l'activité économique. Fin 1979, les États-Unis mettent en œuvre une politique monétaire restrictive : les taux de base bancaire atteignent 20 % à New York. L'investissement productif et la consommation sont freinés. Le dollar s'apprécie.

Suite à l'envolée des prix du baril, les excédents commerciaux des pays de l'OPEP s'élèvent de nouveau à partir de 1979 alors que les pays importateurs subissent un prélèvement extérieur de l'ordre de 2 % du PIB.

Les années 1980-1982 sont marquées par un ralentissement du rythme de la croissance. Pour l'ensemble de l'OCDE, la croissance du PIB atteint 1,5 % en 1980, 1,7 % en 1981 et – 0,1 % en 1982 alors qu'elle était supérieure à 4 % entre 1976 et 1979.

À partir de fin 1981, l'OPEP paraît perdre, peu à peu, le contrôle de la formation des prix. Jusqu'en 1985, seules les restrictions volontaires de production appliquées par l'Arabie Saoudite parviennent à endiguer le reflux des cours. En 1986, la décision saoudienne de ne plus soutenir les cours en restreignant les quantités est à l'origine d'un contre-choc pétrolier, les prix s'établissent autour de 10 dollars en 1986 et oscilleront autour de 15 dollars les années suivantes. Pour l'Europe, les effets sont cette fois-ci amplifiés par la dépréciation du dollar. Ce retournement de tendance résulte aussi de l'apparition de nouveaux producteurs (en mer du Nord et en Amérique latine) et d'une stratégie d'économie d'énergie engagée en Europe depuis 1974.

Repères chronologiques

- 1960 (septembre) : fondation de l'Organisation des pays exportateurs de pétrole.
- 1968 : création de l'OPAEP (Organisation arabe des pays exportateurs de pétrole).
- 1973 (octobre) : guerre du Kippour et début de la hausse des prix du pétrole.
- 1979 : deuxième choc pétrolier.
- 1986 : contre-choc pétrolier.

32 Les théories économiques de l'entreprise

Point clef

L'entreprise constitue la cellule élémentaire où se forme la richesse en économie. L'entreprise est une organisation économique complexe, en permanente transformation. Elle est constituée par un ensemble de participants entre lesquels il existe un accord plus ou moins explicite et complet sur les objectifs poursuivis et les moyens à mettre en œuvre pour les atteindre. Cette complexité de la firme ouvre la porte à des analyses économiques plurielles.

1. L'ENTREPRISE « BOÎTE NOIRE » DANS LA THÉORIE NÉOCLASSIQUE STANDARD

Chez les néoclassiques, au sein des modèles d'équilibre général, l'entreprise est représentée comme une ***firme point***. Cette firme est rationnelle et cherche à maximiser son profit. Elle constitue en réalité une sorte de **boîte noire** qui transforme de manière efficiente des ressources (biens d'équipements et travail) en biens et services marchands. Dans ce cadre, l'entreprise est réduite à une fonction de production. Elle s'adapte mécaniquement à un environnement auquel elle est reliée à un système de prix (prix des facteurs de production et prix des produits).

2. L'ENTREPRISE ACTEUR SUR LE MARCHÉ

Dans l'entre-deux-guerres, J. Robinson et E.H. Robinson, à travers la théorie de la concurrence imparfaite et la théorie de la **concurrence monopolistique**, déplacent le centre d'intérêt de la théorie de l'équilibre général vers les **interactions entre les producteurs**. De la sorte, les producteurs deviennent des acteurs à part entière de la création de richesse. Ils ont une **capacité à agir sur les prix**, ils peuvent faire des choix en matière de **quantités à vendre** ou encore de différenciation des produits. Aujourd'hui, l'économie industrielle analyse, dans cette veine, les stratégies des firmes concernant les barrières à l'entrée, la recherche et développement, les brevets, le secret…

3. NATURE DE LA FIRME ET COÛTS DE TRANSACTION

En 1937 dans une contribution célèbre R. Coase pose la question de la nature de la firme. La firme lui apparaît comme un mode de **coordination alternatif au marché** pour assurer la coordination économique. Au sein du marché la coordination des comportements individuels se réalise à travers le système de prix, dans la firme la coordination est de nature administrative. La « frontière de la firme » – le partage marché firme – est déterminée par l'importance des coûts de transaction. La coordination par les prix entraîne en effet des coûts (de négociation des contrats pour chaque transaction). La firme se caractérise par une **coordination hiérarchique**, elle supprime le système de prix pour allouer les ressources.

Dans les années 1970 O. Williamson, chef de file du courant néoinstitutionnalisme, prolonge les travaux de Coase en systématisant l'analyse de ces coûts de transaction. L'existence d'institution comme la firme se justifie lorsque le marché présente une efficience insuffisante en raison de l'importance des coûts de transaction ou de comportements opportunistes de certains prestataires de services. L'opportunisme consiste à ne pas respecter les engagements pris dans le cadre d'une relation marchande.

4. LA THÉORIE DES DROITS DE PROPRIÉTÉ

Cette théorie est au cœur de l'approche néoclassique des institutions. Elle est développée dans les années 1960 pour montrer les vertus de la propriété privée et justifier le caractère efficient de la firme. Elle vise à montrer comment les droits de propriété influencent les comportements et l'efficacité des systèmes économiques. Selon ce courant, toute transaction est un échange de droits de propriété soit pour s'approprier un actif, soit pour en obtenir le droit d'usage à travers par exemple la location. La **firme** est un **ensemble de droits de propriété** qui définissent le statut et les relations des membres de l'entreprise. La firme est **efficiente** car la mise en commun de certains droits de propriété permet de profiter d'avantages (exploitation d'économies d'échelle, externalités positives). Les machines ne sont par exemple efficaces que dans le cadre d'un travail collectif (Alchian et Demsetz, 1972). La firme ne s'oppose pas au marché mais elle en prolonge la logique puisqu'elle est un lieu d'échange de droits de propriété.

5. LA THÉORIE DE L'AGENCE

La théorie de l'agence vise également à justifier le caractère efficient de la firme en complétant la théorie des droits de propriété. Une relation d'agence relie le principal (donneur d'ordre) et l'agent (exécutant de la tâche). La firme apparaît comme un « **nœud de contrats** » entre l'entrepreneur, les salariés, les fournisseurs. Elle doit choisir les meilleures relations d'agence en optimisant les coûts d'agence, en arbitrant entre réalisation de tâches à l'intérieur ou à l'extérieur de la firme. Cette théorie est utilisée pour rendre compte des choix en matière d'externalisation de certaines activités. De même, elle cherche à montrer l'efficience des formes contemporaines d'organisation du capitalisme, en particulier la société par actions. C'est dans le cadre de cette théorie que se sont notamment développées les analyses récentes en termes de *corporate governance*.

6. LA THÉORIE ÉVOLUTIONNISTE

Cette théorie s'inspire des travaux de Schumpeter. Le comportement des acteurs de la production doit être analysé en termes dynamiques car, en permanence, l'entrepreneur doit s'adapter aux évolutions de l'environnement. Selon Nelson et Winter (1982), la firme se définit par les compétences qu'elle détient : ces **compétences** sont **individuelles** (expérience et savoir-faire des salariés) et **organisationnelles** (habitudes de travail communes dans les cadres organisationnels mis en place par la firme). La firme tire ses capacités d'innovations des compétences accumulées qui dépendent de la **routine** et des **habitudes de travail** qui fondent la **culture** de chaque firme. Les auteurs insistent sur le caractère tacite et informel des compétences, inscrites dans la mémoire collective de l'entreprise ce qui peut expliquer une capacité d'innovation dans certains domaines et pas dans d'autres.

33 La direction d'entreprise

Point clef

La direction d'entreprise apparaît en perpétuelle transformation au sein de structures complexes. Parmi les évolutions historiques marquantes figure le retournement des rapports de forces entre actionnaires et managers.

1. L'HÉRITAGE DU XIXe SIÈCLE

À la suite de la Révolution industrielle, au sein d'usines naissantes, une direction d'entreprise de type familiale prédomine. L'entrepreneur chef d'entreprise assume la gestion quotidienne de l'organisation, assisté d'ingénieurs et de contremaîtres. Des dynasties de chefs d'entreprise se constituent dans les secteurs de la métallurgie, du textile, de l'énergie… En France, on évoque l'existence de **relations paternalistes** entre le chef d'entreprise et ses ouvriers. Dans la ville du Creusot la famille Schneider, qui produit de l'acier à partir de 1836, crée ainsi un dispensaire, puis un hôpital pour la population locale, construit des logements pour ses ingénieurs et ses ouvriers, installe des écoles…

Courant XIXe, les structures sociétaires se développent particulièrement aux États-Unis et en Allemagne (plus lentement en France). La montée en puissance progressive des sociétés anonymes et la concentration des entreprises sont associées fin XIXe début XXe à l'émergence des **managers** d'entreprise (le manager est un cadre supérieur spécialisé dans la direction d'entreprise).

2. LA FIGURE DE L'ENTREPRENEUR

Pour Dobb (1925), l'entrepreneur est un agent qui prend les décisions dominantes de la vie économique. Il a des qualités particulières et assume des fonctions décisives :

- une **fonction d'innovation** ou **de création** qui implique que l'entreprise dominante ne s'adapte pas à l'environnement mais au contraire cherche à le transformer ;
- une **fonction d'acquisition et d'exploitation de l'information**. L'entrepreneur évolue dans un univers incertain (non probabilisable) et doit avoir un sens prononcé des affaires ;
- une **fonction d'organisation et de coordination de la production**. L'entrepreneur doit être capable de combiner des facteurs de manière efficiente.

Schumpeter met également en avant le rôle de l'entrepreneur innovateur dans la dynamique du capitalisme. L'innovation est le moteur de la croissance et l'entrepreneur est celui qui innove. Un entrepreneur présente des qualités particulières qui ne sont ni héréditaires, ni permanentes. Il est animé par une **volonté de puissance**, une soif d'aventure plus que par la recherche du profit qui ne fait que sanctionner le risque pris. L'entrepreneur entend se constituer une sorte de royaume terrestre, donner vie à ses idées.

La fonction d'entrepreneur atteint selon Schumpeter son apogée à la fin du XIXe siècle. Dans *Capitalisme Socialisme et Démocratie* (1942), Schumpeter fait état de ses craintes : la concentration des entreprises conduit à une bureaucratisation de l'innovation, au déclin de la fonction d'entrepreneur. À terme, c'est plus fondamentalement la pérennité du capitalisme lui semble menacée.

3. LES CONFLITS D'INTÉRÊTS AU SEIN DE LA GRANDE FIRME

La concentration progressive des entreprises entraîne l'émergence de structures de très grandes tailles au sein desquelles les propriétaires n'exercent pas le pouvoir au quotidien, mais délèguent la direction d'entreprise à un manager.

Berle et Means (1933) montrent que cette grande entreprise moderne se caractérise par une séparation entre les propriétaires (actionnaires) et les dirigeants salariés de l'entreprise. Un **conflit d'objectifs** peut naître de cette coupure. Comme le montre par la suite Baumol, l'objectif du manager de l'entreprise peut ne pas être la maximisation du profit, mais l'accroissement du nombre de subordonnés ou du chiffre d'affaires.

4. LA COMPLEXITÉ DE L'ORGANISATION

Cyert et March dans l'ouvrage *A Behavoural Theory of the Firm* (1963) montrent que la firme est une organisation complexe mettant en présence des **groupes aux intérêts multiples**. Dès lors le processus de prise de décision passe par des **médiations** (entre services, directeurs...). Les négociations entre composantes peuvent être facilitées par l'utilisation de « budgets discrétionnaires », c'est-à-dire de récompenses distribuées pour faire accepter certains choix des dirigeants de l'entreprise. L'objectif de la firme ne se circonscrit pas à une maximisation du profit mais à la recherche de la satisfaction des différents groupes qui composent la structure.

5. LE POUVOIR DES MANAGERS

Galbraith dans *Le Nouvel État Industriel* (1967) montre que les managers détiennent le pouvoir dans l'entreprise. Il analyse la formation d'une **technostructure** c'est-à-dire d'un groupe de cadres supérieurs qui accaparent la réalité du pouvoir aux détriments des actionnaires dont le pouvoir est seulement formel.

Dans *La main visible des managers* (1977), l'historien Chandler montre que le fonctionnement des marchés eux-mêmes est le produit des stratégies managériales. À travers ses choix organisationnels et ses choix de long terme, les firmes parviennent à orienter et à structurer les marchés.

6. LA GOUVERNANCE D'ENTREPRISE

À partir de la fin des années 1980, les avancées de l'intégration financière internationale, la plus grande mobilité des capitaux, la concentration de l'actionnariat dans des fonds collectifs (fonds de pension et autres) sont associées à l'émergence d'un capitalisme actionnarial au sein duquel les rapports de forces entre managers et actionnaires se renversent. Le pouvoir des actionnaires grandit, ils sont en mesure d'imposer leurs exigences en termes de rendements et de stratégies. Les managers dont les résultats sont insuffisants peuvent être remis en cause. Cette situation comporte le risque de voir des stratégies financières de court terme entrer en contradiction avec des stratégies industrielles de plus longue période qui engagent la pérennité des entreprises.

Le terme anglo-saxon ***corporate governance***, traduit en français par l'expression gouvernance d'entreprise, désigne cette réalité nouvelle.

34 Le taylorisme

Point clef

Le taylorisme est une méthode de production qui repose sur une division du travail en tâches répétitives ainsi que la mise en place d'une rémunération au rendement. Le taylorisme symbolise l'ère industrielle du XXe siècle, vecteur d'importants gains de productivité mais facteur « d'aliénation » pour l'ouvrier.

1. MISE EN PERSPECTIVE

Après les travaux d'Adam Smith sur la division du travail, de nombreux auteurs ont réfléchi de manière rigoureuse à l'amélioration de l'efficacité de l'organisation productive, mais on attribue à l'ingénieur américain F.W. Taylor (1856-1915) l'étude scientifique de la division du travail à partir des années 1880. Il formalise sa méthode dans l'ouvrage *The Principles of Scientific Management* (1911). Les principes de cette organisation scientifique du travail se diffusent aux États-Unis au début du XXe siècle en particulier dans la sidérurgie (notamment chez la Midvale Steel Co). L'organisation scientifique du travail constitue un aspect important du fordisme (v. fiche 35). Les principes tayloriens se diffusent par la suite plus lentement dans d'autres pays comme en France où ils sont adoptés à partir de l'entre-deux-guerres.

2. LES PRINCIPES DE BASE DU TAYLORISME

Taylor part du constat que le travail en groupe est à l'origine de perte de temps (nombreux mouvements, discussions…). En assignant à chacun une tâche unique à un poste fixe et en organisant de manière méthodique le processus de production, l'efficacité doit pouvoir être améliorée.

L'organisation scientifique du travail est basée sur les principes suivants :

- l'étude systématique des pratiques des meilleurs ouvriers pour découvrir le ***one best way***, c'est-à-dire la meilleure façon de faire, les meilleurs outils, les meilleures séquences de geste à réaliser ;
- la division de la séquence productive en plusieurs mouvements élémentaires qui peuvent constituer autant de postes de travail ;
- les bonnes séquences qui sont enseignées aux ouvriers et la mise en place d'un **système de chronométrage** accompagné d'incitations financières pour tenir les cadences.

3. UNE DOUBLE DIVISION DU TRAVAIL

L'organisation scientifique du travail induit une **double division du travail** : une division horizontale du travail entre les ouvriers et une division verticale du travail entre les ingénieurs qui conçoivent l'organisation du travail, les ouvriers qui l'exécutent et les contrôleurs qui s'assurent de la bonne application des méthodes.

La **division horizontale** réside dans la décomposition du processus de production d'un bien en tâches simples dont chacune est confiée à un ouvrier spécialisé. Les ingénieurs définissent la méthode de production. Ils chronomètrent chaque tâche élémentaire, ils éliminent les temps inutiles, ils définissent un temps optimal pour chaque tâche, ils rédigent les « recettes de fabrication ».

La **division verticale** du travail correspond à la distinction entre les tâches de conception du travail et de formations des ouvriers et les tâches d'exécution. Les ingénieurs pensent le travail et les ouvriers ne font que l'exécuter mécaniquement.

4. LES CRITIQUES DE L'OST : LA NÉGATION DE LA DIMENSION HUMAINE

L'école psycho-sociologique des relations humaines de E. Mayo (1880-1949) montre que les motivations humaines ne reposent pas uniquement sur des incitations matérielles, mais également sur l'idée que le travail doit permettre un accomplissement personnel. Ce courant perçoit très tôt que la **monotonie** et l'ingratitude de l'OST risque de nuire à l'efficacité.

L'OST revient à considérer le travail au même titre que le capital, c'est-à-dire comme un facteur purement technique en niant le fait que le travail fonde l'identité de l'individu et compte dans son épanouissement personnel. Le film *Les temps modernes* de Ch. Chaplin dénonce à sa manière cette réalité.

L'évolution des normes sociales a rendu peu à peu insupportable le travail répétitif et la pénibilité des tâches. Dans les années 1960, l'hostilité des ouvriers envers l'OST se développe : elle se manifeste par un **absentéisme** grandissant, les grèves, le taux important de turn-over. La déqualification de l'emploi qui résulte de l'OST devient également de plus en plus difficilement supportable.

5. LE POST-TAYLORISME

Le post-taylorisme désigne l'organisation du travail qui met en place une plus grande implication de salariés dans les décisions qui concernent la production. Il prend plusieurs formes :

- La **rotation des postes**. Elle permet à l'ouvrier d'occuper successivement plusieurs postes et rompre ainsi la monotonie taylorienne. Le salarié acquiert par ailleurs une connaissance plus globale du processus de production qui facilite la communication et l'adaptation.
- L'**élargissement et l'enrichissement des tâches**. Les tâches sont moins fragmentées, moins pénibles et l'ouvrier qualifié peut avoir la responsabilité du réglage et de l'entretien des machines.
- La **constitution de cercle de qualité**. Des groupes de travailleurs volontaires réfléchissent aux possibilités d'amélioration de la productivité et de la qualité des produits (v. fiche 36).
- L'**élargissement de l'autonomie des salariés**. P. Drucker prend appui sur une critique du taylorisme pour proposer une théorie du management fondé sur une « direction par objectifs ». La fixation d'objectifs clairs et cohérents aux salariés, en leur laissant une certaine autonomie pour y parvenir, permet de les impliquer davantage et d'améliorer ainsi la productivité.

Repères chronologiques

- 1911 : publication par Taylor de l'ouvrage *The Principles of Scientific Management.*
- 1960 (années) : remise en cause de l'organisation scientifique du travail.

35 Le fordisme

Point clef

Le concept de fordisme est d'abord avancé par le philosophe marxiste italien Antonio Gramsci (1891-1937) en référence aux intuitions et aux pratiques de l'industriel Henry Ford (1863-1947). Le terme est ensuite repris par l'École de la Régulation pour caractériser le régime d'accumulation en vigueur en Occident entre la fin de la Seconde Guerre mondiale et le milieu des années 1970.

1. LES PRATIQUES PIONNIÈRES DE L'ENTREPRISE AUTOMOBILE FORD

Dans les années 1910, Henry Ford met en place dans ses usines de Detroit un système de production fondé sur le travail à la chaîne, la standardisation de la production et des salaires élevés.

a) Le travail à la chaîne

Le fordisme perfectionne l'organisation scientifique du travail de Taylor en fixant les ouvriers à un poste de travail. Une tâche d'exécution répétitive leur est assignée. Un produit standardisé est acheminé vers l'ouvrier par une chaîne mécanisée dont les dirigeants définissent la cadence.

Une telle organisation permet d'obtenir d'importants gains de productivité :

- en supprimant les tâches de manutention et toutes formes de déplacement des individus ;
- *via* la mise en place d'équipes de travail qui se succèdent permettant d'accroître la durée d'utilisation des équipements ;
- la standardisation de la production automobile (le célèbre modèle T de Ford) qui permet la réduction du coût unitaire de production *via* notamment un amortissement des coûts fixes sur de longues séries de véhicules.

La baisse du prix de la Ford T illustre l'ampleur des gains de productivité réalisés. Son prix passe de 950 dollars en 1909 alors que le rythme annuel de production avoisine les 20 000 exemplaires à seulement 360 dollars en 1916 lorsque la production atteint 785 000 exemplaires. Au total, 15 millions d'exemplaires sont produits sur la période 1909-1928.

b) La progression des salaires

En 1914, dans les usines Ford, le salaire minimum est porté à 5 dollars par jour pour huit heures de travail (*five dollars a day*). Ailleurs, le salaire moyen se situe entre 2 et 3 dollars pour une journée de travail de dix heures. Chez Ford, ce salaire beaucoup plus élevé constitue, à l'origine, un moyen d'obtenir une meilleure productivité du travail, voire le seul moyen de faire accepter les conditions de travail particulièrement difficiles de l'usine notamment les cadences élevées des chaînes de production et la monotonie des tâches. Il a aussi pour contrepartie l'absence de syndicat. Sur ces bases, ce salaire peut être interprété comme un salaire d'efficience (v. fiche 44).

Ce pouvoir d'achat élevé constitue, de fait, un facteur de soutien de la demande adressée à l'entreprise Ford dont les ouvriers peuvent ainsi s'offrir la voiture.

Cette mesure marque chez Ford le début d'une phase de progression des salaires compatibles avec celle des profits grâce à l'augmentation permanente de la productivité.

Le système de production se combine dès lors avec un modèle économique : des salaires élevés créent des débouchés pour une consommation de masse.

2. LE FORDISME, CONCEPT PHARE DE L'ÉCOLE DE LA RÉGULATION

Le courant régulationniste a popularisé l'usage du terme fordisme pour désigner les Trente Glorieuses.

a) Un choix ambigu

Pour les théoriciens de l'École de la Régulation, le fordisme désigne le fonctionnement du capitalisme occidental entre la fin de la Seconde Guerre mondiale et le milieu des années 1970. Dans les années 1950, les pratiques pionnières de Ford se généralisent en Europe à l'ensemble des secteurs manufacturiers. Ce mouvement serait à l'origine de la forte croissance des Trente Glorieuses.

Robert Boyer, l'un des chefs de file de l'École, convient que le terme est sans doute mal choisi. Chez Ford, tout d'abord l'élévation des salaires est plus conçue comme un moyen de faire accepter les conditions de travail difficiles liées à l'organisation scientifique du travail que comme une mesure de soutien du pouvoir d'achat des travailleurs. La notion évoque ensuite la stratégie consciente d'un individu, une personnalisation du capitalisme très peu en phase avec l'approche holiste de l'École de la Régulation.

b) Les caractéristiques du régime d'accumulation

Dans le cadre analytique régulationniste, le fordisme est un régime d'accumulation intensive qui combine trois caractéristiques principales.

- La recherche de gains de productivité systématiquement élevés grâce à une organisation du travail, à partir du taylorisme, développe la division des tâches, la mécanisation et la standardisation de la production, et sépare complètement les phases de conception et l'exécution des produits.
- L'accumulation fordiste nécessite ensuite que les salariés obtiennent des assurances quant à un partage favorable de ses gains de productivité sur le long terme.
- Enfin le fordisme doit aussi présenter des formes institutionnelles compatibles avec le rapport salarial décrit précédemment : une faible concurrence interne *via* par exemple une structure de marché de concurrence oligopolistique et un contrôle étroit du crédit, mais aussi une faible ouverture internationale afin que l'impératif de compétitivité n'entrave pas la synchronisation des normes de production et de consommation au sein des espaces nationaux.

La croissance fordiste est fondée sur le marché interne et gouvernée par le renouvellement des normes de consommation, une consommation de masse de biens durables indissociables du mode de vie des années 1950-1960 (civilisation de l'automobile, appareils ménagers, téléviseurs…).

Le rayonnement de l'École de la Régulation est lié à son analyse de la crise des années 1970 interprétée comme un épuisement de la croissance fordiste qui, pour la plupart des auteurs, remonterait aux années 1960.

Repères chronologiques

- 1914 : dans les usines Ford, le salaire journalier est porté à 5 dollars.
- 1920 (années) : la production automobile joue un rôle moteur dans la croissance américaine.
- 1970 (années) : épuisement de la croissance fordiste selon l'École de la Régulation.

36 Le toyotisme

Point clef

Au début des années 1950, Toyota est un petit constructeur automobile. La taille réduite du marché intérieur japonais ne lui permet pas d'aligner ses coûts de production sur ses concurrents américains. Un ingénieur de la firme Taiichi Ohno imagine alors une organisation nouvelle du travail et de la production qui est à l'origine des succès de l'entreprise. Ce système appelé toyotisme se diffuse aux États-Unis et en Europe dans les années 1980 à la suite de la crise du modèle taylorien-fordien.

1. LE *KANBAN* OU SYSTÈME DE PRODUCTION « JUSTE-À-TEMPS »

Une innovation marquante de Toyota est la mise en place du système de production appelé *kanban* ou « juste-à-temps ». Le principe est de créer un **flux tendu de production à toutes les étapes du processus**. L'objectif central est de diminuer les coûts liés aux stocks entre les lignes de fabrication et les ateliers. Les lignes de fabrication doivent être synchronisées au rythme du montage final.

Chez Toyota, on inverse les méthodes de programmation de la production en raisonnant de l'aval vers l'amont. L'ouvrier de « bout de chaîne » muni de la commande du client fait remonter ses besoins vers l'avant-dernier ouvrier et ainsi de suite jusqu'à la fonderie pour le moteur et les autres « pièces de base ». Des *kanban*, fiches de papier indiquant le nombre de pièces à produire ou à livrer, sont introduites en 1953 dans l'entreprise.

Ce *kanban* apparaît en réalité comme un système d'information pour la gestion de la production qui vise à éviter toutes productions excessives.

Il est indissociable de trois grandes caractéristiques de l'organisation productive de Toyota :

- l'autonomisation des lignes de fabrication qui doivent être capables de s'interrompre en cas d'anomalies afin de limiter la production de pièces défectueuses ;
- un rythme de production régulier permettant la contraction des stocks et un effectif stable sans surcapacité ;
- la « production mixte », c'est-à-dire la capacité d'une même ligne à produire des modèles différents, le volume de production commandé pouvant varier.

2. UNE COORDINATION ÉTROITE AVEC LES FOURNISSEURS ET LES CONCESSIONNAIRES

À ses débuts, contrairement à ses concurrents américains, Toyota ne pouvait pas réaliser d'économies d'échelle dans la production de ses composants, ni se permettre d'être propriétaire de ses fabricants de pièces détachées. L'entreprise a alors massivement opté pour des fournisseurs extérieurs, y compris pour des composants complexes (systèmes de freinage, d'injection de carburant, phares…).

Toyota noue des relations de long terme avec ses fournisseurs. Le contrat de fourniture est conclu lors du lancement de la production du modèle, le prix unitaire d'une pièce est fixé à l'avance par négociation. Si le modèle marche moins bien qu'anticipé et que la demande adressée au fournisseur est inférieure à ce qui était prévu, Toyota lui offre des compensations. Plus largement, Toyota met en place des relations qui conduisent à un partage des risques et des profits avec ses fournisseurs.

Par ailleurs, le choix des fournisseurs se fait pour chaque modèle, ce qui maintient un certain degré de concurrence entre eux.

Toyota noue également des relations de long terme avec ses concessionnaires. Ces derniers vendent exclusivement la marque. Ils notent les exigences de la clientèle et les font remonter chez Toyota qui en tient compte dans l'élaboration des nouveaux modèles. Un système de commande-production est en place : pour partie, Toyota produit ce que les concessionnaires ont promis de vendre. Ce système est associé à une planification minutieuse de la production (tous les dix jours) afin de la niveler.

3. LE RÔLE MOTEUR DU *KAIZEN* (AMÉLIORATION CONTINUE) DANS LES PERFORMANCES DE TOYOTA ET LA CULTURE DE LA QUALITÉ

Le *kaizen* dit volontaire réside dans un système de suggestions qui remontent des agents et dans la participation à des cercles de qualité qui ont vocation à améliorer les connaissances et l'implication des individus.

Le *kaizen* dit contrôlé réside dans l'imposition aux ateliers d'une réduction du temps standard comme norme de *kaizen*. Il passe par la **mise en concurrence des ateliers** : lorsqu'un certain nombre d'ateliers parviennent à améliorer significativement l'efficacité productive, la norme est étendue à l'ensemble de l'entreprise. La capacité à améliorer l'efficacité productive, à faire mieux que la norme, est rémunérée, elle est une composante substantielle du salaire.

4. LES TRANSFORMATIONS RÉCENTES CHEZ TOYOTA, CONTINUITÉ OU RUPTURE ?

La stratégie de réduction permanente des coûts à volumes constants exige dans un cadre analytique régulationniste (Boyer) à la fois une pertinence externe et une cohérence interne. Elle a été bien adaptée au mode de croissance japonais, fondé dans les années 1970 sur le développement des exportations et la recherche d'une compétitivité prix, facilitée à l'époque par la sous-évaluation réelle du yen. Jusqu'en 1985, Toyota a pu accroître ses ventes. Au plan interne, le système repose sur un compromis de gouvernement d'entreprise longtemps stable, mais très dépendant du statut central du travail dans la société japonaise. Ce compromis éclate à la fin des années 1980 lorsque les jeunes Japonais se détournent d'emplois industriels, jugés trop pénibles et dangereux.

Toyota fait face à d'importantes difficultés de recrutements au Japon. Les salariés refusent de plus en plus les heures supplémentaires, les contremaîtres refusent de suppléer les défaillances des jeunes recrues dont le turn-over grandit.

Toyota remet alors en cause, en concertation avec les syndicats, trois piliers de son système : le système de salaire et de promotion, les heures supplémentaires journalières non programmées, les chaînes de montage sans stock intermédiaire. Elle réduit la part des salaires dépendant de la réduction des temps standard par les salariés eux-mêmes. On met en place un système de deux équipes de jour sans possibilité d'heure supplémentaire au-delà des huit heures, on baisse la durée annuelle du travail, on effectue un découpage les chaînes de production en tronçons séparés par des stocks tampons. Toyota adopte au Japon le système qu'il avait mis en place en Occident. Beaucoup considèrent que cette rupture marque la fin du toyotisme.

Pour Shimizu (2000), l'application rigide des principes ohniens est bel et bien rejetée chez Toyota, mais l'entreprise poursuit le même objectif de réduction des coûts par d'autres voies (diversité des modèles et standardisation des composants, importance plus grande accordée à l'innovation – modèle Prius à moteur hybride dès 1997).

Repères chronologiques

- 1953 : introduction des *kanban*, fiche de papier chez Toyota.
- 2007 : Toyota devient premier constructeur automobile mondial devant General Motors avec 9,51 millions de véhicules produits.

37 Les firmes multinationales

Point clef

De plus en plus d'entreprises organisent leur production à l'échelle mondiale et ont des stratégies globales. Ces firmes multinationales jouent aujourd'hui un rôle clef dans le commerce international.

1. DÉFINITIONS : FMN ET IDE

Une firme multinationale (FMN) est une **entreprise qui possède ou contrôle des filiales ou des actifs physiques ou financiers dans au moins deux pays**. Une firme devient multinationale lorsqu'elle réalise un investissement direct à l'étranger (IDE). Un IDE est un flux international de capital motivé par l'acquisition d'une entreprise à l'étranger (rachat d'une structure existante ou création *ex nihilo* d'un site de production…) ou une prise de participation dans le capital supérieure par convention à 10 %. L'IDE doit présenter en principe un caractère stable et celui qui l'effectue doit prendre part aux décisions stratégiques de l'entreprise.

2. L'EXPANSION CONTEMPORAINE DES FMN

À la fin du XIXe siècle déjà, lors d'une première mondialisation, les investissements directs à l'étranger avaient atteint des niveaux élevés (Bairoch, 2002) et de nombreuses entreprises avaient développé des implantations à l'étranger (Bayer, Singer, Kodak, BASF…). Sous l'impulsion des États-Unis, dont la croissance du marché intérieur manquait de force, le phénomène est réapparu dans les années 1960-1970. En 1977, il existait déjà 11 000 multinationales qui contrôlaient 82 000 filiales. Le phénomène s'est développé dans les années 1980 avec l'envolée des flux d'IDE, puis accéléré, symbolisant l'intensification du processus de globalisation. Il existe aujourd'hui environ 78 000 firmes multinationales qui comptent près de 870 000 filiales à travers le monde, au total elles emploient près de 54 millions de personnes. Parmi les plus grandes entreprises multinationales figurent General Electric, IBM, Ford, Toyota…

3. LES DÉTERMINANTS DE LA MULTINATIONALISATION

Pour quelles raisons une firme peut-elle souhaiter réaliser des investissements directs à l'étranger et devenir une FMN ?

- L'entreprise peut rechercher un **accès direct à des matières premières** et souhaiter contrôler la régularité de ses approvisionnements (exemple de Michelin qui investit en Malaisie pour contrôler l'hévéa).
- L'entreprise peut souhaiter **contourner des entraves à l'échange international** (obstacles de nature protectionniste – tarifs, quotas, restrictions volontaires à l'exportation… – et/ou monétaire – mésalignement du change). En réaction à l'envolée de l'euro, l'entreprise aéronautique EADS envisageait en 2008 des implantations en zone dollar.
- La firme peut souhaiter **rapprocher sa production des bassins de demande** parce que le marché en question est de grande taille ou présente des spécificités.
- L'entreprise peut s'implanter sur un site national où les **coûts de production sont plus faibles** (Renault en Roumanie), les **infrastructures et les services collectifs de meilleure qualité** (Toyota dans le nord de la France).

4. L'ARBITRAGE EXPORTATION/INVESTISSEMENT

Dans un environnement globalisé, la firme doit opérer en permanence un arbitrage entre investissement extérieur et exportation. L'exportation est une stratégie qui permet de faire l'économie des coûts fixes d'implantation d'une filiale à l'étranger mais qui conduit à supporter les coûts variables liés aux transports, aux instruments protectionnistes et souvent aux incertitudes concernant l'évolution des cours de change. En principe l'investissement est préféré à l'exportation lorsque les coûts fixes d'implantations sont faibles, la taille du marché visé est grande, le marché visé est éloigné, les économies d'échelle réduite, les coûts de production à l'étranger plutôt faibles.

5. INVESTISSEMENTS HORIZONTAL ET VERTICAL

Les comportements stratégiques des firmes concernent aussi l'exploitation de la diversité des avantages comparatifs au niveau international afin d'améliorer leur compétitivité.

Un **investissement dit horizontal** vise simplement à répliquer à l'étranger la production du même bien. Ce type d'investissement vient se substituer aux exportations.

L'**investissement vertical** permet de scinder la chaîne de valeur de l'entreprise en différentes activités localisées sur des sites nationaux différents. L'entreprise cherche ici à exploiter les avantages comparatifs de chaque économie nationale. Ce type d'investissement entraîne le développement de flux commerciaux (complémentarité entre IDE et commerce). Il renforce la division internationale du travail.

6. LES FMN ACTEURS DU COMMERCE INTERNATIONAL

Les firmes multinationales sont impliquées dans deux tiers des transactions internationales. Dans le cadre d'une division internationale des processus de production, le commerce intra-firme représente un tiers du commerce mondial. Ces flux ne peuvent être expliqués en recourant aux analyses traditionnelles des déterminants du commerce international : les prix auxquels ces flux sont valorisés résultent de choix stratégiques plus que d'équilibres de marché. Les firmes multinationales constituent de véritables réseaux transnationaux qui échappent de plus en plus au contrôle des États. Elles apparaissent en capacité d'imposer des standards techniques et consommation, elles sont perçues par certains comme un puissant vecteur d'homogénéisation des modes de vie à l'échelle planétaire (Coca-Cola, Nike, Mac Donald en étant les symboles…).

38 Nationalisations et privatisations

Point clef

Le choix entre nationalisations et privatisations d'entreprises apparaît historiquement de nature politique au sens plein du terme et constitue l'une des dimensions d'une dialectique État-marché qui structure puissamment le capitalisme.

1. DÉFINITIONS ET MOTIVATIONS

Une nationalisation désigne **un transfert de propriété du secteur privé vers le secteur public à la suite d'un achat ou d'une confiscation par l'État**. Les entreprises nationalisées conservent leur personnalité morale et une large autonomie financière.

Plusieurs facteurs peuvent motiver une nationalisation.

Elle peut sanctionner une conduite de l'entreprise jugée contraire aux intérêts nationaux (nationalisation de Renault en France en 1944).

La principale motivation est d'ordre politique au sens plein. Elle a trait à un choix de système, de degré d'intervention de l'État dans la vie économique et de croyance en son efficacité. À ce niveau, une motivation stratégique peut s'articuler au sens où les pouvoirs publics peuvent juger le contrôle de telle ou telle activité particulièrement décisif du point de vue de l'avenir du pays (énergie, défense, transports...).

En écho, la privatisation désigne une cession d'actifs appartenant à l'État. Au sens strict, pour parler de privatisation, il convient que la participation de l'État cesse d'être majoritaire (sinon la notion de privatisation partielle est employée).

La privatisation est motivée principalement par la croyance en l'efficacité de la propriété privée et des mécanismes de marché dans l'allocation des ressources. Elle peut être décidée de manière autonome par les autorités nationales ou imposée comme un élément de contrainte externe (par des institutions internationales aux motifs de l'efficacité).

2. L'ÉCONOMIE MIXTE À LA FRANÇAISE

Les nationalisations françaises des années 1940 posent les bases (avec les Plans) d'une économie dite mixte, d'un modèle de capitalisme caractérisé par un fort engagement de l'État dans la sphère marchande.

Le processus se déroule en trois temps de natures politique et juridique différentes.

Une première vague d'ampleur limitée intervient à partir de décembre 1944. Il s'agit de nationalisations spontanées sans légitimité constitutionnelle (par voie d'ordonnances) qui sanctionnent des chefs d'entreprise accusés de collaboration : nationalisation des houillères du Nord-Pas-de-Calais le 13 décembre 1944, création de la Régie Renault le 16 janvier 1945, constitution de la SNECMA le 29 mai 1945 à partir de Gnome & Rhône.

Une deuxième vague de nationalisations légales votées, par l'Assemblée constituante, se déroule entre décembre 1945 et mai 1946. Elle concerne les secteurs du crédit, de l'assurance et de l'énergie. Le 2 décembre 1945 a lieu la nationalisation du Crédit Lyonnais, de la Société Générale, du Comptoir national d'escompte de Paris. Le 8 avril 1946, toutes les compagnies charbonnières, d'électricité et de gaz sont nationalisées. Le 24 avril 1946, 34 grosses sociétés d'assurance passent sous le contrôle de l'État.

Dans un contexte politique très différent, une troisième vague de nationalisations intervient en 1948 mais son ampleur reste modeste. Le transport marine, aérien et terrestre est organisé en sociétés d'économie mixte (Air France, RATP...).

Si ce programme de nationalisations d'après-guerre souffre d'une absence de cohérence (la sidérurgie, les banques d'affaires ont par exemple été laissées de côté), il a permis néanmoins une modernisation rapide de certains secteurs de base de l'économie française.

3. LA GAUCHE AU POUVOIR ET LES NATIONALISATIONS DE 1982

Parvenue au pouvoir en 1981, la gauche renoue avec les nationalisations. Il s'agit plus pour le gouvernement Mauroy de préserver la cohésion de sa majorité en donnant des gages au parti communiste que de pallier un manque de capitaux dont souffriraient les entreprises concernées. En juillet 1982, l'État prend le contrôle de 100 % de cinq grands groupes industriels (Rhône-Poulenc, Péchiney-Ugine-Kuhlmann, Saint-Gobain, Compagnie générale d'électricité et Thomson), de 51 % de Matra et de Dassault. Le secteur du crédit est aussi concerné avec la nationalisation de deux groupes financiers (la Compagnie financière de Suez et la Compagnie financière de Paris et des Pays-Bas) et de 39 banques ayant plus d'un milliard de francs de dépôts (Crédit Commercial de France, Groupe du CIC...).

Cette vague de nationalisation intervient à contresens d'un processus de libéralisation des économies occidentales, entamé dès le début des années 1980 et que la gauche française est finalement contrainte de mettre en œuvre, par exemple dans le domaine financier à travers la loi bancaire de 1984.

4. LES PRIVATISATIONS DE 1986 À NOS JOURS

Le retour de la droite au pouvoir s'accompagne entre 1986 et 1987 de la privatisation d'une douzaine d'entreprises dont certaines avaient été nationalisées en 1982 (en 1986 Saint-Gobain, en 1987 Havas, Paribas, Société Générale, Suez, TF1...). Le gouvernement Chirac croit en l'efficacité du marché et entend promouvoir un « **actionnariat populaire** » dans un contexte de mondialisation. Le programme est interrompu à la suite du violent crash boursier d'octobre 1987, puis du changement de majorité parlementaire au printemps 1988. Sous l'impulsion de F. Mitterrand les gouvernements socialistes ne pratiquent entre 1988 et 1993 « *ni nationalisations, ni privatisations* ». Cela étant certaines ouvertures minoritaires du capital par augmentation de capital (GAN, AGF, Elf Aquitaine...) ou par entrée de partenaires (Renault, Bull...) se déroulent.

Le gouvernement Balladur relance les privatisations à partir de 1993, elles se poursuivent depuis à un rythme relativement régulier par-delà les alternances politiques : BNP, Rhône-Poulenc (1993) ; Usinor-Sacilor, Péchiney (1995) ; AGF, Renault (1996) ; Thomson-CSF, Bull (1997) ; GAN (1998) ; Air France (2002) ; Gaz de France (privatisation partielle), EDF (privatisation partielle, 2005) ; SNCM, ASF, APPR, Sanef (2006).

Ces privatisations sont justifiées par un « nécessaire » désengagement de l'État de la sphère productive dans un environnement d'intégration financière internationale croissante. Par ailleurs ces privatisations contribuent depuis 1994 à une amélioration substantielle de la situation des finances publiques.

Repères chronologiques

- 1944 (mars) : le Conseil national de la résistance inscrit les nationalisations à son programme.
- 1945 (à partir de décembre) : importante vague de nationalisations légales dans les secteurs de l'industrie et de la banque.
- 1982 : nationalisations opérées par le gouvernement socialiste de Pierre Mauroy.
- 1986 : début d'un mouvement de privatisations opérées par le gouvernement Chirac.
- 1993 : reprise des privatisations après une pause entre 1988 et 1992.

39 La population active

Point clef

Les capacités de production d'une économie dépendent pour partie des caractéristiques du facteur travail susceptible d'être engagé dans le processus productif. La population active constitue cette force de travail.

1. DÉFINITIONS

La population active se définit comme l'ensemble des personnes âgées de 15 à 64 ans qui occupent ou recherchent un emploi. Elle désigne donc la **population occupée** plus les **chômeurs** qui ne sont pas considérés comme inactifs.

Le taux d'activité représente la proportion des individus d'une tranche d'âge qui occupe ou recherche un emploi.

Le **taux global d'activité** (taux d'activité des 15-64 ans) est ainsi le rapport entre la population active et le total des personnes âgées de 15 à 64 ans.

Les taux d'activité les plus observés sont ceux de certaines tranches d'âges comme les 15-24 ans qui représentent la population des jeunes et les 50-64 ans qui représentent les plus âgés, les seniors (on étudie parfois la tranche 55-64 ans). De même historiquement le taux d'activité des femmes est observé très attentivement.

2. ORDRES DE GRANDEURS POUR LA FRANCE

En France, depuis le milieu du XXe siècle, la population active a connu une progression assez régulière. Le nombre d'actifs est passé de 19,5 millions en 1949 à 22 millions en 1970 et à 25,1 millions en 1990.

Population active de la France

1936	1949	1962	1970	1980	1990	2001	2005	2006
19,2	19,5	19,9	22	24,5	25,1	27,1	27,6	27,6

Sur la période récente, la population active s'est stabilisée au-dessus des 27 millions. Sur les 27,6 millions de personnes actives que compte la France, 14,8 millions sont des hommes et 12,8 millions des femmes.

3. LES DÉTERMINANTS DE LA POPULATION ACTIVE

La population active est influencée par la structure démographique de la société et l'évolution des comportements d'activité de certaines catégories de personnes.

a) La structure démographique

L'évolution de la natalité conditionne le potentiel d'actifs d'une économie. Sur les dernières décennies, la trajectoire des actifs européens est ainsi très marquée par le phénomène du *baby boom*. En France à partir de 1946 et jusqu'au seuil des années 1970, les naissances sont nombreuses, la population augmente et, dans les années 1960, la population en âge de travailler progresse à son tour. Cette configuration démographique produit ses pleins effets dans les années 1970-1980. La hausse de la population active s'est prolongée jusqu'en 2006. En revanche depuis, du fait du départ en retraite des générations de 1946 et suivantes, la population active pourrait entamer une diminution, les sorties du marché du travail étant supérieures aux entrées des « classes » moins nombreuses de la fin des années 1970 et du début des années 1980.

Sur cette base, la situation sur le marché du travail pourrait à l'avenir poursuivre une détente sous réserve que tous les emplois soient renouvelés et qu'ensuite il n'y ait pas de réaction des comportements d'activités. Les entreprises privées peuvent vouloir rechercher des gains de productivité supplémentaires en ne renouvelant pas certains postes et, dans le secteur public, le gouvernement annonce son intention de ne renouveler que la moitié des emplois. À la suite de la décrue du taux de chômage, certaines catégories de personnes pourraient être tentées de venir sur le marché du travail (les jeunes d'entrer plus tôt, les plus âgés de rester plus longtemps, les chômeurs découragés de revenir sur le marché). L'évolution de la population active dépendra aussi de manière décisive des pratiques en matière d'âge de départ en retraite.

b) L'évolution des comportements d'activités

La modification des comportements d'activité influence la population active. De ce point de vue, l'activité féminine, celle des jeunes et celle de la catégorie des 50-64 ans sont décisifs.

Au cours des décennies récentes, plusieurs phénomènes se sont manifestés en France comme le montre le tableau ci-après.

- La montée continue de l'activité des femmes

Le taux d'activité global des femmes est passé de 53,3 % en 1975 à 64,8 % en 2006. Le taux d'activité des femmes de 25 à 49 ans est passé de 59,9 à 82,3 % sur la même période. Cette progression résulte de mutations sociales profondes (libération des femmes, éclatement des familles...).

- La prolongation de la scolarité

Le taux d'activité des jeunes femmes de 15-24 ans est passé de 50,1 % à 30,7 % en 2006 et celle des jeunes hommes de 60,6 % à 38 % sur la même période du fait d'une massification de l'enseignement supérieur.

- L'abaissement de l'âge de la retraite

Le taux d'activité des hommes de 50 à 64 ans était de 79,5 % en 1975, il s'établit à 62,7 % en 2006. L'abaissement de l'âge légal de départ en retraite à 60 ans en 1982 et développement des préretraites dans le cadre d'une stratégie de traitement social du chômage expliquent cette évolution. En revanche, le taux d'activité des femmes de plus de 50 ans a progressé au cours des dernières décennies, révélant la force de la montée en activité des femmes et aussi la nécessité de rester en situation d'emploi pour bénéficier de retraites à taux plein.

Taux d'activité des hommes et des femmes selon l'âge

	1975	1985	1995	2005	2006
Femmes					
15-24 ans	50,1	44,3	31,1	30,7	30,7
25-49 ans	59,9	72,1	79,6	81,9	82,3
50 et plus	42,9	39,8	43,9	55,0	54,9
Ensemble	53,3	57,4	61,6	64,7	64,8
Homme					
15-24 ans	60,6	53,0	37,4	38,0	38,0
25-49 ans	97,3	96.9	95,7	94,7	94,8
50 et plus	79,5	64,5	58,6	63,7	62,7
Ensemble	83,9	78,6	75,1	75,0	74,8

Source : Insee.

40 L'emploi en France

Point clef

Trois caractéristiques de l'emploi en France sont mises en exergue ici : la transformation de l'emploi de l'industrie vers les services, la précarisation de l'emploi et la persistance d'une division sexuelle du travail.

1. LA TRANSFORMATION DE L'EMPLOI DE L'INDUSTRIE VERS LES SERVICES

Un transfert des emplois de l'industrie vers les services a eu lieu au cours des trente dernières années. Le nombre des emplois industriels est passé de 5,5 millions en 1978 à 3,5 millions en 2005. Cette baisse absolue constitue la manifestation de la désindustrialisation de l'économie française même si l'externalisation par les entreprises industrielles de fonctions comme la maintenance ou la logistique explique une partie du phénomène.

Le nombre d'emploi dans le secteur des services marchands est passé de 7,8 à 11,7 millions entre 1978 et 2005 (essentiellement sous l'impulsion des services aux entreprises) et de 4,7 à 7,3 millions dans les services administrés.

Évolution de l'emploi par branche en France entre 1978 et 2005

	1978	2005
Agriculture	2,1	0,9
Industrie	5,5	3,5
Construction	1,9	1,6
Services marchands	7,8	11,7
dont services aux entreprises	1,6	4
Services administrés	4,7	7,3
Total des emplois	22	25

Source : L'économie française 2008, OFCE, 2007, p. 48.

Le développement de la sous-traitance dans de nombreuses entreprises a entraîné un changement de structure de l'emploi salarié par taille d'entreprise. La part des salariés dans les grandes entreprises (plus de 500 salariés) a diminué (passant de 19,7 % en 1978 à 10,7 % en 2005) au profit des petites (moins de 20 personnes) qui concentrent 36,1 % des salariés en 2005 contre 28,9 % en 2005 comme le montre le tableau ci-dessous. Les PME jouent aujourd'hui un rôle clef en matière de création d'emplois.

Répartition des effectifs salariés selon la taille des entreprises (part de l'emploi en %)

	1978	2005
Moins de 20 salariés	28,9	36,1
De 20 à 499 salariés	51,3	53,2
Plus de 500 salariés	19,7	10,7

Source : L'économie française 2008, OFCE, 2007, p. 48.

2. LA PRÉCARISATION DE L'EMPLOI

La précarisation de l'emploi se manifeste par le développement de l'**emploi à temps partiel** et de **l'emploi temporaire** (contrat à durée déterminée – CDD) et intérim).

Évolution de la part de l'emploi à temps partiel dans l'emploi total entre 1990 et 2006 (en pourcentages)

	1990	2006
France	11,8	17,1
Allemagne	14,9	25,2
Italie	4,7	13,1
Royaume-Uni	20,8	24,4
Union européenne	13,1	18

Source : L'économie française 2008, OFCE, 2007, p. 49.

En France, la part de l'emploi à temps partiel était de 11,8 % en 1990, elle atteint 17,1 % en 2005. Cette hausse est conforme à la tendance au sein de l'Union européenne (sur la même période, cette part passe de 13,1 % à 18 %).
En France, la part de l'emploi temporaire (contrats à durée déterminée, intérim) dans l'emploi total est passée de 10,6 % en 1990 à 13,5 % en 2006.

3. LA PERSISTANCE D'UNE DIVISION SEXUELLE DU TRAVAIL

Aujourd'hui les femmes sont très présentes sur les emplois de services (services à la personne, santé, commerce…). Parmi les métiers les plus féminisés figurent en 2005 :

- les assistantes maternelles (99 %) ;
- les aides à domiciles et aides ménagères (98 %) ;
- les aides-soignantes et infirmières (90 %) ;
- les employés de libre-service (82 %) ;
- les professions paramédicales (70 %).

À l'inverse, les hommes sont très présents dans l'artisanat et l'industrie. Parmi les emplois les plus occupés par les hommes figurent :

- les ingénieurs et les cadres de l'industrie (97 %) ;
- les militaires, les policiers, les pompiers (96 %) ;
- les plombiers, les électriciens, les menuisiers, les garagistes (83 %).

La réussite scolaire des femmes leur a permis d'obtenir une représentation paritaire dans certains types d'emplois (cadres commerciaux, médecins, juristes, cadres administratifs…).

41 Le marché du travail

Point clef

Même si le marché du travail n'est pas un marché comme les autres car il présente des aspects sociologiques très marqués (le travail continue de fonder l'identité des individus et reste à la base de l'intégration sociale), il peut être très utile d'analyser la manière dont les économistes néoclassiques théorisent son fonctionnement, puis de voir comment certaines hypothèses peuvent être relâchées.

1. L'ANALYSE NÉOCLASSIQUE DU MARCHÉ DU TRAVAIL

a) L'offre de travail

La théorie néoclassique de l'offre de travail vise à expliquer la quantité de travail salarié qu'une personne désire offrir au cours d'une période donnée en fonction de ses goûts et de son environnement. À partir de ce comportement individuel, une généralisation peut être opérée au niveau macroéconomique soit par agrégation, soit en postulant la représentativité de l'agent.

Le modèle néoclassique de base se réfère à un célibataire rationnel, individualiste et analyse la façon dont il répartit son temps entre travail et loisir. Il repose sur des hypothèses traditionnelles de concurrence pure (homogénéité des heures de travail, atomicité, transparence de l'information). Il est rationnel pour l'individu de rester en loisir : le fait de renoncer au loisir est associé à une perte de satisfaction. Le salaire récompense le renoncement à ce loisir. À l'échelle de l'individu, l'offre résulte d'un arbitrage entre le temps consacré aux loisirs et le temps consacré au travail, c'est-à-dire à la recherche des moyens de consommer.

L'**offre de travail est une fonction croissante du salaire réel**. À mesure que le salaire augmente la quantité de travail offerte progresse : l'effet de substitution l'emporte sur l'effet de revenu.

L'**effet de substitution** pose que la rationalité de l'agent le pousse à augmenter les quantités offertes suite à une hausse du prix. L'**effet de revenu** a une dimension plus sociologique et psychologique. Lorsqu'un certain niveau de satisfaction (de revenu), jugé suffisant, a été atteint, une hausse de prix s'accompagne d'une baisse des quantités offertes. Peu à peu l'offre de travail devient moins élastique au salaire.

b) La demande de travail

La demande de travail émane de l'entreprise qui cherche à maximiser son profit. La **demande de travail est une fonction inverse du salaire réel**. La courbe de demande de travail se confond

Marché du travail

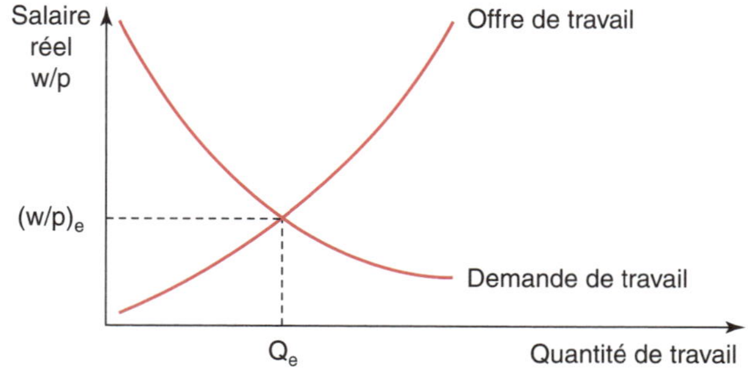

avec la courbe de productivité marginale du travail. L'entreprise demande du travail jusqu'à ce que la dernière unité de facteur travail employée rapporte l'équivalent du salaire réel. À l'équilibre, la productivité marginale est égale au salaire réel.

c) Le rôle du salaire réel

Sur le marché du travail, le salaire réel joue un rôle de variable d'ajustement entre l'offre et la demande de travail. À l'équilibre, une situation de plein-emploi apparaît. Tous les agents qui souhaitent travailler peuvent obtenir un emploi au prix du marché.

Sur ces bases, pour les néoclassiques, le chômage est volontaire. Il résulte d'un choix rationnel de rester dans l'oisiveté. En termes strictement économiques, l'agent qui reste en loisir a un **salaire de réserve** supérieur au salaire d'équilibre.

2. UN MARCHÉ DUAL

Doeringer et Piore (1971) montrent que le **marché du travail** n'est pas homogène mais **segmenté**. Un marché primaire et un marché secondaire coexistent avec des modes de fonctionnement très différents.

Le **marché secondaire** concentre des travailleurs peu qualifiés qui appartiennent le plus souvent à des groupes fragiles (femmes, jeunes, immigrés). Ce marché a un fonctionnement proche de celui décrit par les néoclassiques. Le salaire joue un rôle de variable d'ajustement, aucune entrave institutionnelle ne vient perturber son fonctionnement (pas de syndicat, pas de salaire minimum…).

Sur le **marché primaire** les travailleurs sont qualifiés, ils ont des perspectives de carrière et des garanties de maintien de l'emploi. Le salaire n'est pas le principal mode d'ajustement, des règles de promotion et de gestion de la main-d'œuvre existent.

Pour les institutionnalistes, les deux marchés sont complémentaires. Le marché secondaire permet aux entreprises d'absorber les variations conjoncturelles : en période de forte activité, elles peuvent par exemple recourir à des intérimaires.

Les deux marchés sont relativement hermétiques, il est très difficile de passer du marché secondaire au marché primaire. Un cercle vicieux enferme les agents dans le marché secondaire. En occupant un emploi sur ce marché, ils ne sont plus en mesure d'investir en capital humain pour accéder au marché primaire.

Cette théorie du dualisme cadre, dans une certaine mesure, avec la situation française et la montée d'une précarisation de certains emplois au cours des dernières décennies. De même, elle correspond à la situation du marché du travail au Japon jusque dans les années 1980 (v. fiche 29).

42 La mesure du chômage

Point clef

La mesure du chômage a un caractère très conventionnel et se révèle particulièrement délicate en raison de nombreuses situations intermédiaires entre l'emploi, l'inactivité et le chômage.

1. L'ÉMERGENCE HISTORIQUE DU CHÔMAGE

Pour apprécier les performances d'une économie en matière d'emploi, le **taux de chômage** est l'indicateur le plus souvent utilisé. Il met en rapport au numérateur des **individus considérés par convention en situation de chômage** et au dénominateur la **population active**.

On ne commence à mesurer ce phénomène qu'à partir de la fin du XIXe siècle et il faut attendre l'entre-deux-guerres pour qu'il devienne une préoccupation véritable des autorités à mesure que l'opinion publique manifeste une préférence de politique économique en faveur des objectifs d'activité.

Depuis le milieu des années 1970, à des degrés divers, les économies les plus avancées ont dû faire face à la montée du chômage et aucune n'a paru pouvoir éviter le dilemme précarisation de l'emploi *versus* gestion sociale du sous-emploi.

Derrière un chiffre de chômage, il y a d'abord une définition, une convention de mesure plus ou moins acceptée par la société. Ainsi au cours de la période récente, la mesure du chômage est caractérisée par une tendance à la sous-estimation de la réalité du phénomène ; il s'agit pour les autorités de préserver la confiance des agents économiques.

2. LE CHÔMAGE AU SENS DU BIT

Une conférence de statisticiens du travail réunie en 1954 par le **Bureau international du travail** (BIT) adopte une définition du chômage avec pour objectif de pouvoir comparer les agrégats dans une perspective internationale. La définition a été affinée depuis, mais son interprétation est parfois délicate et doit, pour devenir opérationnelle, être précisée par les statisticiens de chaque pays. C'est dans ce cadre que l'Insee calcule, pour la France, le chômage au sens du BIT à partir d'une enquête emploi et des fichiers de l'ANPE (Agence nationale pour l'emploi) qui, elle, comptabilise huit catégories de demandeurs d'emploi.

Trois conditions doivent être remplies pour être classé comme chômeur au sens du BIT :

- l'**absence d'emploi** salarié ou non salarié pendant une période de référence ;
- un **comportement de recherche d'emploi** : ces dispositions peuvent inclure l'inscription à un bureau de placement public ou privé, la réponse à des offres ;
- une **disponibilité pour l'acceptation d'un emploi** (15 jours).

Sur chacun de ces critères, les seuils sont arbitraires. De plus l'indicateur peut être sensible au zèle de ceux et celles qui recensent le phénomène. Il y a des divergences internationales sur le contenu d'une démarche de recherche d'emploi. Ainsi pour Eurostat, le renouvellement d'inscription à l'ANPE ne constitue pas une démarche.

3. DES SITUATIONS AMBIGUËS

Si la mesure du chômage est délicate, c'est aussi parce que des franges de la population se trouvent dans des situations intermédiaires entre l'emploi, l'inactivité et le chômage. *Quid* du

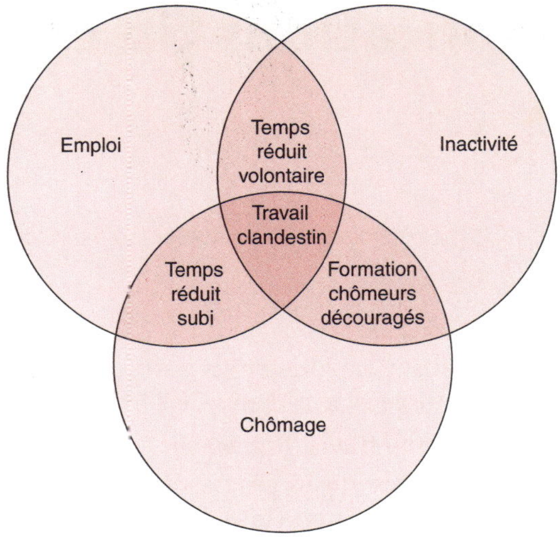

Source : J. Freyssinet, Le chômage, *Repères, 2004.*

travail à temps réduit subi, des « petits boulots » ? *Quid* du traitement social du chômage, des « voies de garage » ?

a) Le travail à temps réduit

La notion d'emploi renvoie en principe à un poste de travail occupé régulièrement et à temps plein, mais des situations concrètes d'emploi peuvent s'écarter de deux manières de ce statut de référence.

- L'emploi est exercé à plein-temps mais de manière discontinue (travail saisonnier ou travail intérimaire).
- L'emploi est exercé à temps partiel, c'est-à-dire selon un horaire inférieur à l'horaire normal ou moyen. Il est très important de déterminer si, du point de vue du titulaire de l'emploi, cette situation est considérée comme volontaire ou involontaire. Dans le premier cas, l'individu se situe entre activité et inactivité, dans le second à mi-chemin entre activité et chômage.

b) L'inactivité comme forme de chômage déguisé

La définition du chômage requiert que le demandeur d'emploi non seulement effectue des actes de recherche, mais soit aussi disponible pour exercer un travail. Cet énoncé restrictif fait disparaître des gens du chômage pour les transférer dans la population inactive. Trois exemples illustrent les formes principales de ce transfert :

- les dispositifs de cessation anticipée d'activité pour les salariés proches de l'âge de la retraite, très développés en France ;
- les activités de formation professionnelle des demandeurs d'emploi qui les rendent indisponibles pour un emploi immédiat ;
- les chômeurs dits découragés qui ont abandonné la recherche effective d'emploi. Cet abandon ne résulte pas d'une absence de volonté de travail, mais de la perception de la situation du marché du travail.

Si l'on convenait de mesurer la situation de l'emploi en prenant en compte toutes ces personnes confrontées à des difficultés d'emploi, les chiffres publiés seraient au moins deux fois plus élevés que ceux du seul nombre des chômeurs au sens du BIT.

En statique, la mesure du chômage au sens du BIT pose donc beaucoup de problèmes. Néanmoins, elle reste utile pour les comparaisons internationales et dans le temps.

43 Les explications du chômage

Point clef

Le chômage constitue un phénomène hétérogène. Ses explications sont par conséquent nombreuses et largement complémentaires.

1. LES APPROCHES TRADITIONNELLES

Les explications « traditionnelles » explorent trois pistes pour rendre compte du chômage : le coût excessif du travail, l'insuffisance de la demande, l'influence du progrès technique.

a) Le chômage classique, un coût du travail trop élevé

Pour les économistes néoclassiques et plus généralement libéraux (Pigou, Rueff…), l'origine du chômage réside dans le **caractère trop élevé du coût du travail et dans la persistance de rigidités sur le marché** du travail. Le salaire réel ne peut pas jouer correctement son rôle de variable d'ajustement et assurer la réalisation d'un équilibre de plein-emploi.

Chez les néoclassiques, la rigidité est au départ d'origine exogène à travers l'existence d'un salaire minimum ou de dispositifs d'aides aux sans-emplois (v. fiche 45).

Un coût du facteur travail trop élevé est à l'origine du chômage (rappelons que le coût du travail est constitué par le salaire et les cotisations sociales), il convient donc de réduire ce coût et plus généralement d'opérer une libéralisation du marché.

b) Le chômage keynésien, une insuffisance de la demande

Pour Keynes, le chômage résulte d'une faiblesse de la demande de travail, causée par une **insuffisance de la demande globale**. Du fait de la « nature anticipée » du principe de la demande effective, de la loi psychologique fondamentale et de la non-neutralité de la monnaie, l'apparition d'un équilibre de sous-emploi est le cas de figure le plus probable si on laisse jouer les forces de marché.

Selon Keynes, l'État doit intervenir pour résorber l'écart déflationniste ainsi apparu *via* une action de soutien d'une ou plusieurs composantes de la demande. Les pouvoirs publics peuvent intervenir de plusieurs manières pour rétablir un équilibre de plein-emploi :

- Par la politique monétaire, en augmentant la quantité de monnaie en circulation, c'est-à-dire en cherchant à abaisser le prix de la liquidité de la monnaie. La baisse du taux d'intérêt doit favoriser l'investissement. Cela étant, l'arme monétaire trouve assez vite un butoir au niveau de la trappe à la liquidité (niveau du taux d'intérêt nominal en dessous duquel on ne peut pas descendre).
- Par la politique budgétaire qui a la préférence de Keynes. Pour réguler l'activité, les autorités utilisent les recettes et les dépenses publiques (transferts, dépenses publiques, impôts). Les politiques keynésiennes de stabilisation de l'activité ont été à l'œuvre en Occident dans les années 1950-1960, elles sont associées au maintien d'un faible niveau de chômage.

c) Le chômage technologique, le rôle du progrès technique

Le débat à propos de l'influence du progrès technique sur l'emploi est ancien. En France au XIXe siècle, les « **saboteurs** » glissaient leurs sabots dans les machines pour les détruire et préserver ainsi leurs emplois. Aux États-Unis, le mouvement technocrate mettait en cause le progrès technique pour expliquer l'intensité du chômage pendant la grande dépression des années 1930.

Pour aborder le lien entre progrès technique et chômage, certains proposent de distinguer le débat qui porte sur les **effets transitoires** de l'introduction du progrès technique et celui qui porte sur son **impact à long terme**.

À court terme, le progrès technique est un facteur d'accélération des mutations qui touchent à la fois la composition qualitative (qualifications, organisation du travail...) et la distribution sectorielle de l'emploi. Dès lors que l'adaptation des travailleurs à ces évolutions n'est ni parfaite, ni immédiate, un **chômage transitoire** en découle soit parce que les qualifications professionnelles ne correspondent plus aux nouveaux postes de travail, soit parce que la mobilité restreinte des travailleurs exige des délais plus ou longs pour s'adapter.

À plus long terme, il convient de s'interroger sur le thème de la **compensation** entre emplois détruits et emplois créés par le progrès technique. C'est par exemple l'approche en termes de déversement développée par A. Sauvy dans *La Machine et le chômage* (1980). Il y a des effets négatifs là où les techniques nouvelles sont appliquées (phénomène de substitution de capital au travail en particulier au travail non qualifié...), mais cet effet peut être compensé par le développement d'activités nouvelles liées aux innovations (recherche et développement, maintenance...). Les études empiriques peinent à faire la lumière sur l'intensité de ces compensations. En phase de plein-emploi, elles mettent en avant un effet positif global du progrès sur l'emploi. Depuis le ralentissement de l'activité en Occident, elles mettent plutôt l'accent sur la réduction massive des besoins en main-d'œuvre du fait du développement de l'informatique en particulier.

2. LE RENOUVELLEMENT DES EXPLICATIONS DU CHÔMAGE

Dans un cadre analytique orthodoxe, les nouvelles théories du chômage ont en commun de relâcher certaines hypothèses de la concurrence pure et parfaite et de ne plus analyser le chômage comme exclusivement volontaire. Des représentations plus réalistes du marché du travail sont proposées. Le marché n'est pas transparent, la force de travail n'est pas homogène, elle n'est pas parfaitement adaptable, il y a des collusions entre acteurs sur le marché.

a) La théorie de la recherche d'emploi, l'explication d'un taux de chômage frictionnel

La théorie du ***Job Search*** (théorie de la recherche d'emploi en français) a été fondée dans les années 1960 sous l'impulsion de George Stigler, puis développée dans les années 1970 par McCall et Mortensen. L'hypothèse de parfaite transparence de l'information sur le marché du travail est relâchée.

Selon cette approche, il faut du temps pour trouver un nouvel emploi. L'agent ne connaît pas la totalité des postes disponibles, les caractéristiques des emplois en termes de salaire, de pénibilité... Il doit développer une activité de recherche d'informations sur ces postes, qualifiée d'activité de prospection.

Dans une perspective microéconomique, l'agent reste au chômage jusqu'à ce que le coût marginal d'un jour de recherche supplémentaire (assimilé à une perte de salaire journalier) soit égal au bénéfice marginal attendu d'un jour de recherche supplémentaire (chance de trouver un emploi mieux rémunéré).

L'imperfection du marché est à l'origine d'un chômage constitué d'un flux de personnes qui changent de travail et prennent le temps d'en trouver un autre. Le *Job Search* fournit une explication du **taux de chômage frictionnel**.

Dans cette perspective, plus le système d'assurance chômage est avantageux et protecteur, plus le taux de chômage frictionnel est important ; moins les organismes sont efficaces dans la transmission de l'information et le cadrage des compétences, plus le taux de chômage est important.

Les chômages frictionnel et structurel sont associés à l'existence d'emplois inoccupés.

La **courbe de Beveridge** met en évidence le fait qu'il existe une relation inverse entre le taux de chômage et le taux d'emplois vacants.

Les emplois vacants sont plus nombreux en phase de haute conjoncture alors que le chômage diminue et moins nombreux en phase de basse conjoncture lorsque le chômage augmente.

Une modification des structures sur le marché du travail peut être associée à un déplacement de la courbe de Beveridge. Une amélioration de l'efficacité des organismes de placement peut se traduire par un déplacement de la courbe vers le bas et la gauche.

La courbe de Beveridge

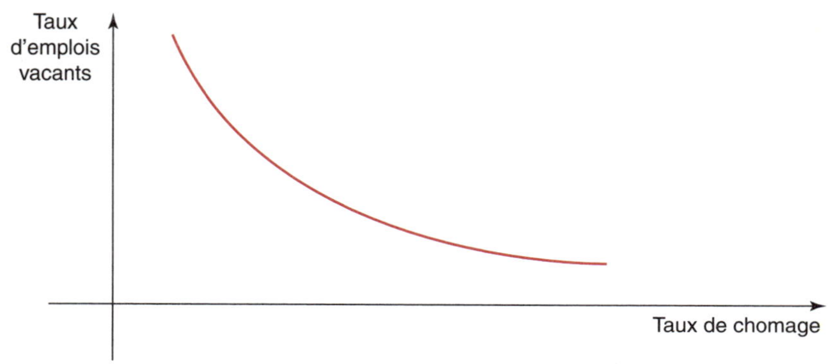

b) Les contrats implicites

Cette explication part du constat que, durant le cycle d'activité, les salaires fluctuent moins que l'emploi. Le chef d'entreprise opérerait un ajustement du coût total du travail par les quantités, c'est-à-dire par l'emploi plus que par le prix. Les travailleurs auraient une aversion pour le risque de variation à la baisse du salaire. L'entrepreneur garantirait la fixité du salaire mais se réserverait la possibilité de licencier pour ajuster le coût total du travail. L'entrepreneur joue implicitement un rôle d'assureur : il n'y a pas de baisse de salaire en période de basse conjoncture pour ceux qui gardent leur emploi.

Cette approche cadre assez bien avec les pratiques en vigueur dans certaines entreprises américaines.

En régime de basse inflation, le non-ajustement par les salaires est amplifié par leur rigidité à la baisse ; la compression du coût du travail passe par les quantités (licenciements).

c) L'approche *insider/outsider*

Cette approche entend expliquer le fait que le salaire d'équilibre soit supérieur au salaire d'équilibre concurrentiel et partant rendre compte d'un chômage individuellement involontaire.

Les approches *insiders/outsiders* développées par Lindbeck et Snower (1988) s'appuient sur l'existence de coûts liés au turn-over des employés (coûts de licenciement, procédure de recrutement, formation au poste…). Ces coûts sont à l'origine d'un écart entre le gain net que procure l'emploi d'un salarié titulaire (un *insider*) et celui que procurerait l'embauche d'un chômeur ou d'un travailleur précaire (*outsider*). Dans l'intervalle ainsi défini, la firme n'a pas intérêt à recruter un *outsider* même s'il est disposé à accepter un salaire inférieur à celui des *insiders*. Les *insiders* peuvent, en particulier grâce à l'action syndicale, accroître les coûts du turn-over et obtenir la fixation de salaires supérieurs à l'équilibre concurrentiel.

La fixation d'un salaire au-dessus de l'équilibre concurrentiel peut aussi résulter des conditions des négociations salariales dans l'entreprise. Elles mettent en présence les représentants du personnel et la direction. Pour le syndicat, deux éléments comptent : les hausses de salaires et les embauches. Plusieurs équilibres sont possibles. L'équilibre le plus probable est que le syndicat insiste sur la progression ou le maintien des salaires plutôt que sur de nouvelles embauches. Les *outsiders* sont relativement moins syndiqués que les *insiders*, leurs aspirations sont par conséquent privilégiées.

d) L'effet d'hystérésis

Selon cette approche développée dans les années 1980 par Blanchard et Summers, **le taux de chômage structurel peut dépendre du taux de chômage effectif**. Les chômeurs de longue durée (par convention, supérieure à un an) perdent une partie de leurs compétences et ont des difficultés à développer leur capital humain, en particulier les jeunes chômeurs. Une augmentation de la proportion des chômeurs de longue durée entraîne une hausse du chômage structurel car plus ils sont nombreux et non employables, moins ils sont en mesure de peser sur les salaires réels. Les salaires ont tendance à se fixer à un niveau élevé. Le passage par un chômage de longue durée aurait un effet permanent : les individus n'influenceraient plus la formation de l'équilibre sur le marché du travail. Une action ciblée sur l'employabilité de ce public est ici justifiée. Cette approche explique le chômage de masse qui s'est développé dans certains pays occidentaux dans les années 1980 à la suite de la mise en œuvre de politique de désinflation compétitive.

44 La théorie du salaire d'efficience

Point clef

Les nombreuses variantes du salaire d'efficience s'appuient sur la microéconomie de la concurrence imparfaite. Elles visent à expliquer la formation du salaire et un chômage de nature involontaire.

1. VUE D'ENSEMBLE DE LA THÉORIE

a) Racines

Dans le cadre néoclassique, la productivité « gouverne » le salaire réel : le salaire réel s'ajuste à la productivité marginale du travail. H. Leibenstein (1957) propose de renverser l'approche. Selon lui, la productivité individuelle est une fonction croissante du salaire réel (avec derrière la ration alimentaire). Une hausse du salaire réel doit entraîner un effort de l'employé.

b) Objectifs

La théorie du salaire d'efficience explique d'abord la formation des salaires. Les imperfections de la concurrence peuvent conduire les acteurs du marché du travail à fixer le salaire au-dessus du niveau qui correspond à l'équilibre concurrentiel.

Sur ces bases, la théorie du salaire d'efficience constitue, par extension, une théorie explicative du chômage. Le **chômage** est dans ce cadre **involontaire**, il résulte de rigidités du marché. Un salaire supérieur au salaire d'équilibre concurrentiel explique le chômage. Seules des politiques structurelles visant à fluidifier le fonctionnement du marché et à le rapprocher de l'idéal-type de la concurrence pure et parfaite peuvent combattre ce chômage.

2. LE SALAIRE D'EFFICIENCE POUR PALLIER L'ABSENCE DE TRANSPARENCE SUR LE MARCHÉ DU TRAVAIL

a) Une réponse à l'aléa de moralité

En théorie économique (en économie de l'assurance, en économie bancaire), l'**aléa moral** désigne le fait qu'un contractant ne tienne pas ses engagements, ait un comportement différent de ce qui était prévu. Le bénéficiaire du prêt peut en faire un usage farfelu, l'assuré se sachant couvert peut prendre plus de risques (voiture avec vitres ouvertes par exemple).

Pour Shapiro et Stiglitz (1984), sur le marché du travail, l'employeur, pour lutter contre l'aléa moral (**tire-au-flanc** dans le monde de l'entreprise) peut inciter le travailleur à avoir une meilleure productivité en proposant un salaire supérieur à l'équilibre concurrentiel. L'employé sait qu'en cas de licenciement il ne retrouverait pas un salaire équivalent dans une autre firme. Pour certains, cette idée motivait déjà H. Ford lorsqu'il proposait (en 1914) un salaire quotidien de 5 dollars contre 2 à 3 dollars pour la concurrence au début du XXe siècle. Selon Ford lui-même : *« Le paiement de 5 dollars par jour pour une journée de huit heures est l'une des meilleures mesures de réduction des coûts que nous ayons jamais prises. »*

b) Une réponse à l'asymétrie d'information

La **théorie de l'agence** trouve des applications sur le marché du travail. Pour Weiss (1980), le salaire d'efficience pallie l'asymétrie d'informations entre chef d'entreprise et candidat à l'embauche en tant que salarié.

Le « candidat/salarié » (désigné par le terme agent dans le cadre de la théorie de l'agence) connaît ses réelles capacités, sa véritable productivité, il sait en particulier s'il est ou non un opportuniste.

Le patron (désigné par le terme principal) dispose d'un *curriculum vitae*, voire d'autres éléments sur le candidat pour apprécier son profil, mais il risque de se tromper sur ses véritables qualités professionnelles (en particulier sur son degré d'implication).

Une solution pour l'employeur peut consister à proposer un salaire élevé, supérieur au salaire d'équilibre concurrentiel afin d'attirer dans son entreprise les individus les plus compétents (qui ont un salaire de réservation élevé).

Le salaire de réserve ou de réservation désigne le niveau de salaire à partir duquel un individu accepte de s'engager sur le marché du travail. Ce salaire égalise coûts et gains marginaux de la recherche d'emploi (Lippman et Mac Call).

3. SALAIRE D'EFFICIENCE ET BON FONCTIONNEMENT DE L'ORGANISATION

a) Optimiser la rotation de la main-d'œuvre

Le remplacement d'un travailleur a un coût pour la firme. D'un côté, la procédure de recrutement peut être fastidieuse (gestion des candidatures, entretiens de motivations...). Ensuite le départ d'un collaborateur est coûteux pour l'entreprise (gestion de la procédure de départ et surtout coût d'opportunité lié aux efforts réalisés pour le former – les modèles de capital humain insistent sur le coût de formation d'un travailleur...).

Le taux de rotation dans l'entreprise est d'autant plus élevé que le salaire proposé par l'entreprise est inférieur à l'équilibre du marché.

Pour Stiglitz, le coût du travail a deux composantes, un coût direct (salaire) et un coût indirect lié à la rotation de la main-d'œuvre. Le salaire d'efficience limite la rotation de la main-d'œuvre : il fixe les salariés dans l'entreprise. L'entreprise doit faire face à un problème d'optimisation : il y a un arbitrage à opérer entre coût direct du travail et coût indirect.

b) Salaire d'efficience et reconnaissance

Dans le cadre d'approches sociologiques (systématisées par Marcel Mauss), le salaire d'efficience constitue une **marque d'équité**, **de considération**. Akerlof montre que l'efficacité productive du travail dépend du sentiment d'être bien traité dans l'entreprise. En retour, le bon traitement, la gratification engendre une intensité accrue de l'effort. Se met en place un mécanisme lié à la perspective de long terme dans laquelle s'inscrit la relation d'emploi au cours de laquelle **« dons » et « contre-dons »** vont assurer l'échange de salaires et de niveaux d'effort supérieurs à leurs valeurs concurrentielles.

45 Salaire minimum et emploi

Point clef

Les effets d'un salaire minimum sur l'emploi dépendent de la structure du marché du travail. Plus on est proche de l'idéal type de la concurrence pure et parfaite (CPP), plus le salaire minimum a un effet négatif sur l'emploi ; plus on s'éloigne de la CPP, moins son effet est négatif. Dans certaines configurations de marché, le salaire minimum peut même favoriser l'emploi (par exemple dans le cas d'un monopsone).

1. POSITION DU PROBLÈME

a) Définition

Le salaire minimum garanti est un dispositif légal qui fixe un plancher à la rémunération des travailleurs. Ce salaire minimum est de nature exogène et, à ce titre, doit être distingué du salaire d'efficience qui, lui, est endogène. Le salaire minimum **résulte d'un choix politique** et constitue un instrument central de la politique salariale. De telles dispositions légales existent dans quasiment toutes les économies occidentales. Celles-ci se distinguent par le niveau plus ou moins élevé de cette protection. Les salaires minimums ont été instaurés en réponse à une demande sociale de protection des salariés et pas au terme d'une réflexion théorique sur leurs effets.

Des salaires minimums sont en vigueur dans la plupart des économies les plus avancées. Le salaire minimum constitue, dans ces pays, l'instrument de la politique salariale. Cet instrument de politique conjoncturelle tend à tomber en désuétude tant il est difficile de transmettre l'impulsion donnée au salaire minimum à l'ensemble des salaires : la progression se répercute peu (voire pas) sur l'échelle des salaires.

b) Enjeux

Le débat sur les effets d'un salaire garanti est particulièrement vif durant l'entre-deux-guerres à la faveur des discussions sur les effets de l'indemnisation du chômage (**la dole**) et de la protection des travailleurs en Angleterre. Les principaux protagonistes sont J. Rueff et J.-M. Keynes. Pour Rueff, la protection (dont le salaire minimum) empêche le salaire réel de baisser suffisamment pour équilibrer le marché et résorber le chômage, d'où son niveau particulièrement élevé dans l'Angleterre des années 1920. L'une des principales questions associées historiquement au sujet est en effet celle de l'influence de ce salaire minimum sur l'emploi. Est-il comme certains l'affirment aujourd'hui encore à l'origine du chômage ? Le débat a toujours été extrêmement vif sur cette question. Le Royaume-Uni qui avait supprimé le salaire minimum garanti en 1992 l'a réintroduit en 1998.

Quelle stratégie d'indexation mettre en œuvre pour le salaire minimum garanti ? Le salaire minimum touche-t-il de la même manière les différentes catégories de travailleurs, les différents segments du marché ? Faut-il instaurer un salaire minimum spécifique pour les jeunes salariés ?

2. LE SALAIRE MINIMUM, ENNEMI DE L'EMPLOI EN « RÉGIME » DE FORTE CONCURRENCE

a) Blocage de l'ajustement par le salaire réel et rationnement en CPP

Dans un univers idéal typique de CPP (Walras, Pareto, Arrow-Debreu), le salaire réel d'équilibre établi par le commissaire-priseur est associé à une situation optimale. La firme est dotée d'une fonction de production à rendements décroissants qui exprime la quantité de production que l'on peut obtenir à l'aide d'une quantité de travail. À l'équilibre du marché du travail (point E sur le graphique ci-dessous), il y a égalité entre productivité marginale du travail, taux marginal de substitution entre consommation et loisir et salaire réel (w_e). Cette égalité définit l'efficience productive et une situation optimale au sens de Pareto. La réalisation de l'équilibre de plein-emploi repose sur deux éléments essentiels : la coordination des décisions individuelles par l'intermédiaire du commissaire-priseur et l'absence d'entrave à la flexibilité des prix. Dans ce cadre, un salaire minimum garanti (w_{min}) conduit à une situation sous-optimale, l'ajustement est bloqué. Le salaire minimum donne naissance à un chômage dit involontaire, le niveau d'emploi d'équilibre se fixe au minimum de l'offre et de la demande de travail (au niveau N_1 sur le graphique).

Salaire minimum et emploi sur un marché du travail en concurrence pure et parfaite

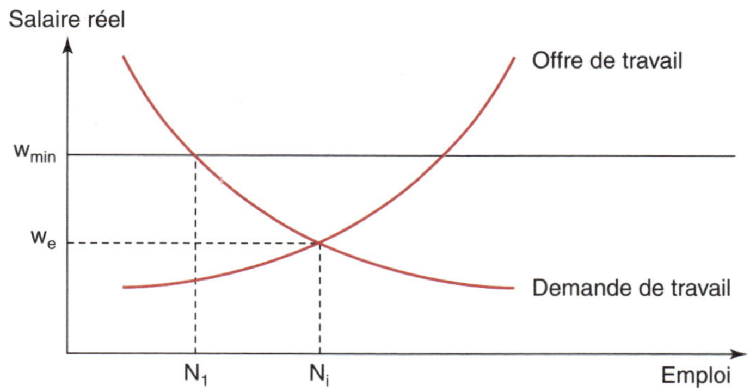

b) Segmentation du marché : le salaire minimum à l'origine du chômage des jeunes et des moins qualifiés

Considérons plusieurs types de main-d'œuvre : nous sommes *de facto* en situation de concurrence imparfaite, on relâche l'hypothèse d'homogénéité de la force de travail. Ici le salaire minimum modifie la structure des salaires et conditionne l'évolution sur l'ensemble des marchés. Une série de travaux empiriques mettent en avant l'influence négative du salaire minimum sur certaines catégories de travailleurs. Ils confirment dans une large mesure les travaux fondateurs de Stigler ou Welch sur les effets négatifs d'entraves à la libre formation des prix.

Le modèle de Cahuc et Zylberberg (1996) à deux catégories de main-d'œuvre (qualifiée, non qualifiée) fait apparaître que toute progression du salaire minimum augmente le taux de chômage des travailleurs non qualifiés ainsi que le taux de chômage de l'ensemble de l'économie. Dans les années 1990, Bazen et Martin mettent de leur côté en évidence des élasticités négatives de – 0,1 à – 0,3 entre salaire minimum et chômage des jeunes. Brown confirme ce résultat à l'échelle internationale dans les années 1970 : une hausse de 10 % du salaire minimum se traduit par une diminution de l'emploi des jeunes de 1 à 3 %.

Certains économistes dénoncent en plus les effets du salaire minimum en matière d'inégalités dans la mesure où il constitue un facteur d'exclusion de certains travailleurs parmi les plus fragiles (moins qualifiés).

Mais **plus on s'éloigne de la concurrence pure et parfaite moins les effets négatifs sur l'emploi sont importants** et, si on introduit des rigidités, les effets peuvent devenir positifs.

3. LE SALAIRE MINIMUM, COMME SOUTIEN DE L'EMPLOI

Dans certaines **situations de concurrence imparfaite, le salaire minimum apparaît au contraire comme un facteur de dynamisation de l'emploi**. Nous choisissons d'en exposer deux seulement mais plusieurs pourraient servir l'argumentaire (par exemple un simple modèle keynésien de base où la hausse du salaire minimum garanti soutiendrait la consommation et la demande globale).

a) Théorie de la recherche d'emploi et efficacité du salaire minimum en information imparfaite

La **théorie de la recherche d'emploi** (*Job Search*) part de l'idée qu'il faut du temps pour trouver un nouveau travail, aller chercher les informations sur les postes, les rémunérations, d'où un chômage permanent qui est constitué par les personnes qui changent de travail et prennent le temps d'en trouver un autre (v. fiche 43). Plus le système d'assurance chômage sera avantageux et protecteur, plus le taux de chômage frictionnel sera important ; moins les organismes seront efficaces dans la transmission de l'information et le cadrage des compétences, plus le taux de chômage sera important.

Dans l'optique de cette théorie, le salaire minimum garanti peut être analysé comme un facteur de dynamisation de l'emploi et trouver une justification théorique. L'idée de base est que l'existence d'un salaire minimum évite de perdre du temps en recherche d'information sur les rémunérations, donc constitue un facteur de baisse du chômage frictionnel.

Dans les années 1990, Swinnerton présente un modèle dans lequel les entreprises ont une courbe de demande de main-d'œuvre décroissante, la productivité varie d'une entreprise à l'autre. Les chômeurs ont une information imparfaite et recherchent un emploi de façon aléatoire et séquentielle. L'auteur montre que la productivité du travail s'améliorant du fait du salaire minimum, il peut y avoir un effet positif sur le bien-être.

b) Monopsone et salaire minimum

Dans cette configuration de marché, il est vrai relativement rare, les travailleurs n'ont pas de pouvoir de négociation. Par définition, il leur est difficile de trouver un emploi dans une autre entreprise (le marché du travail peut être monopsonique lorsque, par exemple, les travailleurs ont une faible mobilité géographique).

Dans ce cas, l'employeur peut fixer les salaires à un niveau We inférieur à celui correspondant au produit marginal du travail (v. graphique ci-dessous).

Salaire minimum et emploi sur un marché du travail monopsonistique

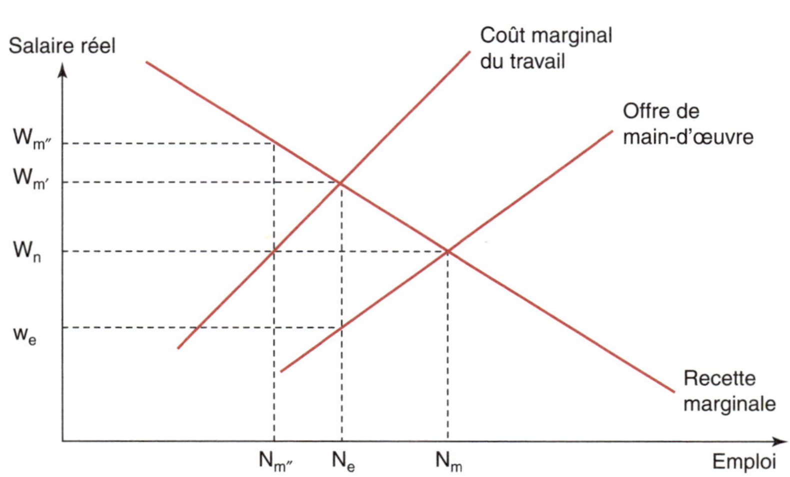

L'application d'un salaire minimum Wm peut ici accroître l'emploi Nm > Ne. L'effet positif sur l'emploi sera maximal au niveau du salaire correspondant au niveau d'équilibre du marché sur un marché concurrentiel. Pour des niveaux de salaires minimums supérieurs au niveau de salaire sur un marché concurrentiel, l'effet jouera en sens inverse ; l'emploi tombera en deçà de son niveau initial. Dans cette configuration de marché, il convient d'observer qu'une plus grande élasticité de l'offre de main-d'œuvre et/ou une moindre élasticité de la demande signifient dans une large mesure que le salaire minimum peut être relevé sans entraîner de perte d'emploi.

46 Évolutions et caractéristiques du chômage

Point clef

Certains aspects du chômage peuvent être mis en exergue : l'évolution historique du phénomène en France depuis les années 1970, une comparaison internationale sur la période contemporaine, enfin l'existence de disparités catégorielles face au chômage.

1. LA SITUATION FRANÇAISE EN PERSPECTIVE HISTORIQUE

Depuis le milieu des années 1970, la France est confrontée au chômage. Dans les années 1980-1990, l'expression « chômage structurel de masse » qualifie la situation du pays, tant l'ampleur du phénomène devient grande et suscite l'inquiétude.

En juin 1974, le pays ne compte que 580 000 chômeurs. Le ralentissement du rythme de la croissance consécutif au choc pétrolier entraîne une hausse rapide du chômage. En juillet 1975, le nombre de chômeurs atteint déjà 950 000, il dépasse très vite le million, puis atteint les deux millions en 1982. Après un repli à la fin des années 1980 provoqué par un retour de la croissance économique, le chômeur progresse de nouveau : en 1994 le nombre de chômeurs dépasse même les trois millions. Durant une dizaine d'années, le phénomène a reculé. En mars 2007, il y avait 2,28 millions de chômeurs dans le pays, le taux de chômage était de 7,5 %. Fin 2008, du fait de la crise financière le taux atteignait 7,9 %.

Jusqu'à une période récente, la France a paru choisir la gestion sociale du sous-emploi plutôt qu'une libéralisation poussée du marché du travail dont les conséquences (précarisation de l'emploi, travailleurs pauvres…) sont en contradiction avec certaines traditions françaises (v. fiche 47).

2. COMPARAISON INTERNATIONALE

En 2006, le chômage de la France est légèrement supérieur à la moyenne de l'UE à 25 : il atteint 9,1 % contre 8,5 % pour l'ensemble de l'Union (v. tableau ci-après sur le chômage des jeunes en Europe).

La situation des pays européens est relativement hétérogène en matière de chômage. Certains pays comme les Pays-Bas (3,9 %), le Danemark 3,9 % ou encore le Royaume-Uni semblent avoir vaincu le chômage. D'autres pays conservent des taux élevés : l'Allemagne 10,4 %, la Slovaquie 13,4 % ou encore la Pologne 13,8 %.

Hors d'Europe, on peut mettre en avant qu'en 2006 le taux de chômage atteint seulement 4,6 % aux États-Unis et 4,1 % au Japon.

3. DES DISPARITÉS CATÉGORIELLES AU SEIN DE L'ÉCONOMIE FRANÇAISE

a) Un écart homme femme en voie de résorption ?

En France le taux de chômage des femmes était, au cours des dernières décennies, beaucoup plus élevé que celui des hommes : en 1995, il atteignait 11,9 % pour les femmes contre 9,3 % pour les hommes. Un mouvement lent de convergence semble pouvoir être observé à partir des chiffres du tableau ci-après.

Taux de chômage des femmes et des hommes

	1995	2000	2005	2006
Femmes	11,9	10,1	9,8	9,6
Hommes	9,3	8,7	8	8
Écart	2,6	1,4	1,8	1,6

Source : Insee.

Néanmoins le tableau ci-dessous (taux de chômage de différentes catégories socioprofessionnelles) montre que le taux de chômage des ouvrières atteint 17,3 % alors que celui des ouvriers s'établit à 10,2 %, l'écart reste très significatif.

b) Le chômage des jeunes

En France, les 15-24 ans sont particulièrement touchés par le chômage. En 2006, le taux de chômage de cette catégorie atteignait 22,6 % contre 9,1 % pour l'ensemble de la population. Ce phénomène n'est pas spécifiquement français. Au sein de l'Union européenne, il atteint 17,5 % contre 8,5 % pour l'ensemble de la population.

L'importance du chômage des jeunes peut s'expliquer par l'existence de certaines barrières à l'entrée sur le marché (v. fiche 41, les analyses en termes de marché dual) et pose la question de la capacité des systèmes éducatifs européens à être en phase avec les besoins du marché du travail.

Chômage des jeunes en Europe en 2006

	15-24 ans	15-64 ans
France	22,6	9,1
Allemagne	13,8	10,4
Italie	21,6	6,9
Royaume-Uni	14	5,4
UE à 25	17,5	8,5

Source : Insee.

c) Les écarts entre catégories socioprofessionnelles

Le tableau ci-dessous fait ressortir le niveau élevé du chômage des employés et plus encore des ouvriers (plus particulièrement les femmes), par opposition aux artisans, aux cadres et aux professions intermédiaires qui semblent relativement protégés.

Taux de chômage de différentes catégories socioprofessionnelles en France (2007)

	Femmes	Hommes
Artisans, commerçants et chefs d'entreprise	4,9	3,8
Cadres	4	4,1
Professions intermédiaires	5,1	4,5
Employés	9,4	8,6
Ouvriers	17,3	10,2

Source : Insee.

47 Les politiques de l'emploi en France

Point clef

Du fait de la très grande hétérogénéité des mesures mises en œuvre, il est très difficile de distinguer de véritables lignes de forces dans les politiques de l'emploi en France. Néanmoins trois époques peuvent être distinguées entre 1975 et 2007.

1. LA RECHERCHE D'UN AJUSTEMENT PAR LES QUANTITÉS (1975-1985)

Trois lignes de forces peuvent être repérées sur cette période.

En amont, des politiques macroéconomiques sont mobilisées afin de soutenir la demande : **relance** Chirac de 1975, relance socialiste de 1981-1982 qui va de pair avec la création d'emplois dans le secteur public (v. fiche 91).

Les comportements d'activité des salariés les plus âgés sont influencés à travers l'élargissement des conditions d'accès aux préretraites (multiplications par trois des **préretraites** entre 1980 et 1983), l'abaissement de l'âge de la retraite à 60 ans en 1983.

Des actions spécifiques sont conduites en faveur des jeunes. Trois pactes pour l'emploi des jeunes sont mis en place entre 1977 et 1981 ; ils combinent baisse du coût du travail et mise en place de dispositifs de formation. En 1983, trois formules d'insertion des jeunes sur le marché du travail sont créées : les contrats de qualification, les contrats d'adaptation et des stages d'initiations à la vie professionnelle. En 1984, les **TUC** (travaux d'utilité collective) prolongent ces actions. Les bénéficiaires ont le statut de stagiaires de la formation professionnelle et sont affectés à mi-temps auprès d'organismes à buts non lucratifs.

2. LA LIBÉRALISATION DU MARCHÉ DU TRAVAIL (1986-1997)

Entre 1986 et 1997, une tendance nette à la flexibilisation du marché du travail peut être mise en avant. Un point de départ pourrait être la suppression de l'autorisation administrative pour les licenciements économiques (lois des 3 juillet et 30 décembre 1986).

En janvier 1989 des mesures d'**exonération de cotisations sociales patronales** sont prises en faveur des entreprises embauchant un premier salarié. Elles font ensuite l'objet d'un élargissement aux deuxième et troisième salariés (pour certains employeurs et certaines zones). En 1991 le dispositif « exo-jeune » prévoit une baisse du coût du travail ciblée sur les jeunes les moins qualifiés.

Afin de favoriser l'emploi des non qualifiés (type de travail très substituable au capital et dont la demande par les entreprises est très élastique au coût), un dispositif général d'**allégement des cotisations sociales patronales** est mis en place à partir de 1993 pour les salaires inférieurs à 1,2 Smic. La mesure concerne alors plus de trois millions de salariés. En 1996, le gouvernement Juppé élargit le dispositif : l'allégement est maximal au niveau du Smic et s'annule au seuil de 1,33 Smic, cinq millions de personnes sont cette fois concernées.

Ces réductions sont maintenues par le gouvernement Jospin en 1997. Ces actions semblent avoir eu un effet positif sur l'emploi (460 000 emplois créés ou préservés si l'on se réfère par exemple à l'étude de Crépon et Desplatz) même si la robustesse des évaluations est discutable. Si cette politique a permis d'enrayer la chute de l'emploi non qualifié dans l'emploi total, elle est associée à une détérioration qualitative de l'emploi (trappe à bas salaires…).

Sur cette période, la création en décembre 1988 du **revenu minimum d'insertion** par le gouvernement Rocard doit être mentionnée malgré son absence de filiation avec la libéralisation du marché. Le RMI avait deux objectifs : accorder aux plus démunis un minimum de ressources afin d'atténuer leur marginalisation et enclencher une dynamique d'insertion professionnelle. Le nombre de bénéficiaires a connu une forte progression (plus de 1 100 000 en 2007) qui rappelle que l'objectif d'insertion n'a pas été atteint.

3. LA RTT, SON ASSOUPLISSEMENT ET LA FLEXIBILISATION DU MARCHÉ (1998-2007)

Le passage à une durée légale du travail de 35 heures (payées 39) est conçue par le gouvernement Jospin comme une **mesure de partage du travail** susceptible de soutenir la demande. La loi « Aubry 1 » de juin 1998 arrête un calendrier de **passage aux 35 heures** (en janvier 2000 pour les entreprises de plus de 20 salariés et janvier 2002 pour les autres). *Via* des allégements de cotisations, elle met en place un dispositif incitant les entreprises à anticiper le passage aux 35 heures et à les aider à absorber une partie du coût. La seconde loi instaure les 35 heures. Par ailleurs cette loi conditionne l'octroi d'un nouvel allégement de cotisations employeurs à la signature d'un accord majoritaire d'entreprise sur la question. En 2003, près des deux tiers des salariés des secteurs associatif et concurrentiel ont une durée du travail de 35 heures. Mais la RTT concerne d'abord les salariés des grandes entreprises (9 sur 10 dans les entreprises de plus de 500 salariés), beaucoup moins les petites (2 sur 10).

Les travaux de la DARES font apparaître qu'entre fin 1996 et fin 2002, la RTT aurait permis de créer ou de sauvegarder environ 350 000 emplois

Outre des aides publiques, le coût de l'opération a été absorbé par les gains de productivité issus d'une réorganisation du travail dans les entreprises et par une « **modération salariale** » qui freine la progression du pouvoir d'achat des employés.

La loi Fillon de janvier 2003 prévoit des **assouplissements** très importants : le contingent légal d'heures supplémentaires passe de 130 à 180 ce qui permet de recourir à 4 heures par semaine, c'est-à-dire de maintenir les 39 heures sans déclencher le mécanisme de repos compensateur obligatoire prévu par la loi Aubry. Par ailleurs le coût des heures supplémentaires diminue. Sous la présidence Sarkozy, de nouveaux assouplissements sont introduits.

Certaines autres mesures récentes doivent être mentionnées, elles ont en commun de chercher à fluidifier le fonctionnement du marché du travail.

Tenant compte du fait que l'écart entre une situation d'emploi et le bénéfice des dispositifs sociaux n'est pas assez incitatif, une série de mesures ont été prises afin de le creuser :

- création du RMA (revenu minimum d'activité), contrat de travail d'une durée minimale de 20 h/semaine qui vise à favoriser l'accès à l'emploi de personnes au RMI depuis plus de un an ;
- limitation de la durée des versements de l'ASS (allocation spécifique de solidarité) perçue par les chômeurs de longue durée en fin de droit auprès de l'UNEDIC ;
- création en 2005 du contrat nouvelle embauche (CNE) qui marque la même volonté de fluidifier le fonctionnement du marché. Il s'agit d'un CDI destiné à tout salarié d'une entreprise de moins de 20 personnes dans le secteur marchand. Ce contrat peut être rompu sans justification pendant une période de deux ans. En cas de rupture avant deux ans, le salarié perçoit une indemnité de départ équivalente à 8 % des salaires bruts perçus. Le dispositif est abandonné en 2008.

Repères chronologiques

- 1986 : suppression de l'autorisation administrative de licenciement.
- 1988 : création du RMI.
- 1993 : adoption d'un dispositif général d'allégement des cotisations sociales patronales.
- 1998 : adoption de la loi Aubry I sur les 35 heures.

48 La monnaie

Point clef

La monnaie est un bien économique qui est accepté en paiement de biens et services et en remboursement de dettes. À travers son rôle d'intermédiaire, elle fluidifie les échanges.

1. LA DÉMATÉRIALISATION DE LA MONNAIE

À travers le temps les formes de la monnaie ont évolué. Une tendance historique à sa dématérialisation est identifiable.

La **monnaie** est constituée à l'origine, dans les sociétés traditionnelles, de **marchandises** (coquillages, animaux, métaux). Peu à peu, l'utilisation du métal se répand (cuivre, argent, or, divers alliages) pour des raisons pratiques, essentiellement du fait de ses propriétés (rareté, facilité de transport et de transformation).

Au XIXe siècle, la **monnaie fiduciaire** (billets) parvient à vaincre la réticence des individus qui, à la suite de catastrophes monétaires (ruine du système de Law, épisode des assignats révolutionnaires), peinaient à associer papier et valeur. Jusqu'au début du XXe siècle, les billets émis par les Banques centrales restent d'ailleurs théoriquement convertibles en métal pour asseoir la confiance des agents.

Aujourd'hui la monnaie est essentiellement scripturale. Cette **monnaie scripturale** est constituée par l'ensemble des soldes créditeurs des comptes à vue gérés par les institutions financières. Le terme monnaie électronique est parfois utilisé ; il désigne en réalité le moyen de faire circuler la monnaie scripturale.

Cette tendance historique à la dématérialisation de la monnaie traduit une montée de la confiance des agents économiques dans le système de paiement.

2. LA VALEUR DE LA MONNAIE

La valeur d'une unité monétaire est fondée sur la quantité de biens et services qu'elle permet d'acquérir. Partant, la **valeur interne de la monnaie est égale à l'inverse du niveau général des prix**. Le gonflement de la quantité de monnaie en circulation (l'inflation) se traduit par une baisse de la valeur de la monnaie.

Sur ces bases, une monnaie forte est une monnaie qui conserve sa valeur sur le long terme. Une **monnaie faible** voit son pouvoir d'achat en marchandises se réduire à travers le temps.

La valeur externe de la monnaie nationale dépend de l'évolution de son cours de change vis-à-vis des autres devises.

À long terme, une monnaie faible voit son cours de change se déprécier mais, à court terme, l'évolution des cours de change ne peut constituer un indice fiable de force d'une monnaie (le cours euro/dollar fluctue ainsi beaucoup alors que l'on est en présence de deux monnaies fortes).

3. LES FONCTIONS DE LA MONNAIE

La monnaie exerce trois fonctions au sein de l'économie.

Elle est un **intermédiaire des échanges**, elle fluidifie les transactions par opposition au troc qui les ralentit. Cette fonction permet de résoudre le problème de la double coïncidence des désirs nécessaire à l'échange en situation de troc.

Elle est une unité de compte, elle permet d'étalonner les valeurs. La valeur de tous les biens peut être exprimée en termes d'un seul bien. Dans une économie de troc, si l'on a n biens il faut établir n (n – 1)/2 rapports d'échange alors que dans une économie monétaire n – 1 rapports d'échange sont établis.

Enfin sa propriété de liquidité lui permet de jouer un rôle de **réserve de valeur** pour faire face à des situations imprévues, voire pour spéculer (analyse de John Maynard Keynes). La détention de monnaie peut être en certaines circonstances plus avantageuse que la détention de titres financiers (si les taux d'intérêt augmentent et le cours des titres baisse). Le fait que la monnaie puisse être ou non désirée pour elle-même constitue le centre d'une controverse théorique sur sa neutralité (v. fiche 49).

4. LA MESURE DE LA QUANTITÉ DE MONNAIE : LES AGRÉGATS MONÉTAIRES

Pour mesurer la quantité de monnaie au sein d'une économie, des agrégats monétaires sont définis. Ils constituent des **grandeurs synthétiques qui regroupent des actifs monétaires ou quasi monétaires** détenus par les agents non financiers auprès des institutions financières.

Les agrégats se distinguent par le **degré de liquidité** des éléments qui les composent.

Au sein de la zone euro, aujourd'hui trois grands agrégats sont pris en compte M1, M2 et M3 (v. fiche 64) :

- *M1* : agrégat étroit qui comprend la monnaie fiduciaire et les dépôts à vue détenus auprès des institutions financières monétaires ;
- *M2* **:** agrégat intermédiaire qui comprend M1 plus les dépôts remboursables avec un préavis inférieur ou égal à trois mois (dépôts d'épargne à terme) et les dépôts d'une durée inférieure ou égale à deux ans (dépôts à court terme) détenus auprès des IFM et de l'administration centrale ;
- *M3* : agrégat large qui comprend M2 plus les instruments négociables, les titres d'OPCVM monétaires et les titres de créance d'une durée initiale inférieure ou égale à deux ans émis par les IFM.

Notons que les **institutions financières monétaires** (IFM) sont un ensemble d'institutions financières qui forment le secteur émetteur de monnaie au sein de la zone euro. Elles comprennent l'Eurosystème, les établissements de crédits résidents, les institutions financières résidentes dont l'activité consiste à recevoir des dépôts ou de substituts des dépôts d'entités autres que les IFM et qui consentent des crédits et/ou effectuent des placements en valeurs mobilières.

49 Monnaie et activité

Point clef

La question de la neutralité de la monnaie, c'est-à-dire de la capacité d'une hausse de la quantité de monnaie en circulation à influencer les variables réelles de l'économie anime les débats depuis plusieurs siècles.

1. UNE CONTROVERSE SÉCULAIRE

a) Position du problème

La question de la neutralité de la monnaie constitue l'un des clivages fondamentaux de l'histoire de l'analyse économique. Depuis le XVIe siècle, le débat est récurrent entre ceux qui pensent qu'une modification de la quantité de monnaie en circulation peut avoir des effets sur les variables réelles et ceux qui pensent qu'elle n'en a pas. La neutralité de la monnaie signifie en effet qu'une hausse de la masse monétaire n'aurait d'autre effet que de provoquer un accroissement proportionnel du niveau général des prix. En aucune manière, elle ne pourrait modifier la structure des prix relatifs et en particulier le niveau du taux d'intérêt réel et du salaire réel, les deux variables qui assurent l'ajustement sur les marchés d'input.

b) Quelques jalons

Chez Locke, Law ou encore Montesquieu est esquissée une conception monétaire du taux d'intérêt. Plus la monnaie est abondante, moins « le prix de l'argent » serait élevé, partant la monnaie ne serait pas neutre. Au contraire, chez Smith et Say, la monnaie ne fait que voiler les échanges de produits. L'intuition selon laquelle la monnaie pourrait avoir des conséquences à court terme et pas en longue période semble présente chez David Hume dans ses essais *Of Money* et *Of Interest* (1752), lorsqu'il met en avant le fait qu'après une perturbation monétaire, « il faut toujours un intervalle avant que tous les éléments s'adaptent à la nouvelle situation ».

L'**équation de Fisher** (1911) ($M \times V = P \times T$ avec M la masse monétaire, V la vitesse de circulation de la monnaie, P le niveau général des prix et T le volume des transaction) suggère qu'une hausse de la masse monétaire a pour seul effet une hausse proportionnelle du niveau général des prix.

À la suite notamment des travaux de Keynes, la question de la neutralité de la monnaie a été plus ouvertement reliée à certaines hypothèses faites sur ses fonctions et sur la capacité des prix à s'ajuster plus ou moins vite. Cette clarification a engendré un relatif consensus chez les économistes pour dire qu'à court terme la monnaie n'est pas neutre mais qu'à long terme, elle le devient.

2. UNE CONCEPTION RESTRICTIVE DES FONCTIONS DE LA MONNAIE

a) Les fondements de l'analyse dichotomique néoclassique

Si les produits s'échangent contre des produits chez Say, c'est malgré tout par l'intermédiaire de la monnaie. Celle-ci fluidifie les échanges : une économie monétaire est plus efficace qu'une économie de troc. En plus de sa fonction d'intermédiaire des échanges, la monnaie est aussi unité de compte. Mais son rôle se circonscrit à ces deux fonctions. Dès lors que la monnaie ne peut pas être détenue pour elle-même, il n'y a pas de thésaurisation et l'intégralité des revenus distribués alimente la demande ; d'où l'impossibilité d'une crise de surproduction ou de sous-consommation d'origine monétaire.

b) Incertitude et détention de la monnaie pour elle-même, l'attaque keynésienne

Chez Keynes, l'économie se caractérise d'abord par l'**incertitude** qui entoure le futur, notamment l'évolution de la demande et des taux d'intérêt. La monnaie a une troisième fonction dite de réserve de valeur et il peut être rationnel d'en détenir au motif de spéculation. Si les taux d'intérêt sont bas (proches de la trappe à liquidité), la probabilité pour qu'ils augmentent est forte, le cours des titres ne peut que baisser. Mieux vaut détenir de la monnaie plutôt que des titres dont la valeur va probablement s'effondrer. Les opportunités offertes par la propriété de liquidité de la monnaie sont tellement conséquentes que, pour y renoncer, les individus doivent obtenir une compensation : le taux devient chez Keynes le prix de la renonciation à la **liquidité de la monnaie**.

3. LA PARFAITE FLEXIBILITÉ DES PRIX

a) Implications et exigences de la flexibilité des prix

La capacité des prix à s'ajuster immédiatement (en cas de choc sur l'offre de monnaie par exemple) est aussi une condition et partant une hypothèse de la neutralité de la monnaie. L'hypothèse de **flexibilité des prix** paraît exiger tout à la fois information parfaite, rationalité des agents et une structure de marché concurrentielle. Sous ces conditions, la structure des prix relatifs peut ne pas être modifiée ; en toutes circonstances, les prix restent un vecteur d'informations non biaisé.

Le courant des anticipations rationnelles (citons les travaux de Lucas) sur la neutralité de la politique monétaire) pose en définitive le principe d'un ajustement immédiat des prix après un choc en raison précisément de la qualité des anticipations : même à court terme la monnaie est neutre. Friedman ne fermait pas la porte à une non-neutralité à court terme en raison du caractère adaptatif des anticipations.

b) L'existence avérée de rigidités nominales

À court terme, la viscosité des prix ne souffre pas de contestation malgré l'actuelle libéralisation des structures économiques. Les salaires ne sont pas parfaitement flexibles, Keynes a mis en exergue la rigidité à la baisse des salaires nominaux. Si comme en Angleterre dans les années 1920, on met en œuvre une politique de déflation, cette rigidité à la baisse du salaire nominal provoque une hausse du salaire réel d'où un taux de chômage élevé. Aujourd'hui, les travaux d'Akerlof, Dickens et Perry (1996) sur la non-verticalité de la courbe de Phillips pour des taux d'inflation bas inférieurs à 4-5 % (c'est-à-dire la possibilité d'un arbitrage inflation-chômage à long terme) repose sur cette hypothèse.

Dans les faits, la variation des prix des importations se répercute avec retard sur la variation des prix à la consommation. Les entreprises ne répercutent que lentement les variations des prix de leurs consommations intermédiaires sur leurs clients (les entreprises américaines ne modifient en moyenne leurs prix qu'une fois par an).

Le débat sur la neutralité de la monnaie est d'abord et avant tout une affaire d'hypothèse. À court terme, si la monnaie est détenue pour elle-même et si les prix sont visqueux, alors la monnaie est non neutre. À long terme, si les prix finissent par s'ajuster et si la monnaie n'a que deux fonctions (unité de compte et intermédiaire des échanges), alors la monnaie est neutre.

50 L'inflation

Point clef

L'inflation désigne une hausse du niveau général des prix. Sa maîtrise constitue aujourd'hui un objectif prioritaire de la politique économique. La stabilité des prix est censée créer le meilleur environnement pour le développement de l'activité.

1. DÉFINITIONS

L'inflation peut se définir comme une **hausse générale, durable et auto-entretenue du niveau général des prix** (il s'agit d'un indice pondéré « représentatif » de l'évolution du prix de biens et services consommés par les ménages). Pour que l'on puisse parler d'inflation, la progression des prix doit revêtir une dimension spatiale (concerner l'ensemble des prix), une dimension temporelle (être à l'œuvre sur plusieurs périodes) et une dimension mécanique (la hausse des prix entraîne la hausse des prix *via* par exemple une demande d'indexation salariale). Sur cette base, il faut distinguer une hausse du niveau général des prix (NGP) de l'inflation : si les mécanismes d'auto-entretien ne sont pas à l'œuvre, il ne s'agit pas d'inflation.

Les termes associés à l'inflation sont nombreux : rampante, galopante, importée.

L'inflation rampante désigne un taux d'inflation annuel de 4-5 % à 8-9 %.

L'inflation galopante désigne une inflation annuelle à deux chiffres.

L'inflation importée désigne les tensions inflationnistes résultant d'une hausse du prix des importations (souvent les matières premières).

Lorsque l'inflation se stabilise entre 0 % et 4-5 %, on situe dans un **régime de basse inflation**.

La désinflation désigne, quant à elle, un ralentissement du rythme de l'inflation. La désinflation compétitive constitue une stratégie de politique économique dont l'objectif est de renforcer la compétitivité commerciale de l'économie nationale *via* une baisse du rythme de l'inflation ou plus exactement en tentant de faire moins d'inflation que ses grands partenaires commerciaux.

2. UN PHÉNOMÈNE ANCIEN

La question du gonflement des prix est ancienne : au XVIe siècle, elle prend une ampleur inconnue jusqu'alors. L'arrivée de métaux précieux des Amériques entraîne une hausse spectaculaire des prix et l'on pose à l'époque les fondements de la théorie quantitative de la monnaie (v. en particulier les écrits de Jean Bodin). Le phénomène resurgit assez souvent dans l'histoire monétaire française (**ruine du système du Law** (1716-1720), épisode des **assignats révolutionnaires**). L'analyse moderne de l'inflation apparaît durant l'entre-deux-guerres : les notions d'incertitude, de rigidités nominales et d'illusion monétaire conduisent à une critique radicale de l'inflation galopante, du principe de la déflation (travaux de Ch. Rist…) et à la proposition provocante de Keynes d'une **euthanasie des rentiers**. Hayek stigmatise, quant à lui, l'incertitude induite par l'inflation : les prix deviennent un vecteur d'informations biaisé.

3. LE CHOIX CONTEMPORAIN DE LA STABILITÉ DES PRIX

Dans les pays occidentaux, du fait de structures particulières (mauvaises informations des agents, faible intégration économique internationale, ajustement par les quantités…), les années 1950-1960 semblent caractérisées par l'existence d'un possible arbitrage-chômage qui motive des interventions conjoncturelles nombreuses. La « stagflation » de la fin des années 1970, la critique de Lucas, l'amélioration de la qualité des anticipations en matière inflationniste conduisent au rejet d'une inflation, même modérée. Au plan théorique, le rapport de forces se renverse alors en faveur du courant monétariste et de la NEC. Dans les faits à partir de 1979 (sommet du G7 de Tokyo, politique monétaire de Paul Volker aux États-Unis), la lutte contre l'inflation devient le principal objectif de politique économique : la parfaite stabilité des prix est censée constituer le meilleur environnement pour la croissance, *via* notamment l'abaissement et la stabilité des taux intérêt nominaux et réels. Depuis plus de vingt ans, les économies les plus avancées se sont installées dans un régime de basse inflation (v. graphique ci-après).

4. LES CAUSES DE L'INFLATION

Selon Milton Friedman : « l'inflation est toujours et partout un phénomène monétaire » (*Inflation et système monétaire*, 1976). Comment cette célèbre affirmation, qui fonde l'explication monétaire de l'inflation, peut-elle être conciliée avec deux autres causes traditionnelles de l'inflation, l'**inflation par les coûts** et l'**inflation par la demande** ?

La hausse des coûts peut être, à court terme, à l'origine de tensions inflationnistes. Les facteurs incriminés sont le plus souvent les matières premières (v. fiche 30), et les salaires (v. fiche 31). Sans que les conditions monétaires ne soient modifiées, la hausse de ces coûts provoque une hausse des prix. En principe, si la création monétaire ne répondait pas à cette poussée, la demande d'autres produits devrait baisser et ramener le niveau général des prix à son niveau initial.

En certaines circonstances – lorsque l'offre n'est pas élastique – une forte demande entraîne une hausse des prix. L'après-guerre correspond en principe à ce genre de configuration. Là encore, pour avoir des effets inflationnistes durables, cette hausse doit être accompagnée d'une progression de la quantité de monnaie en circulation.

Ainsi à long terme, l'inflation semble avoir une **origine** exclusivement **monétaire**. Pour Friedman, chef de file des monétaristes, elle résulte d'une progression trop rapide de la création monétaire par rapport à l'accroissement de la production. Selon lui la responsabilité en incombe au laxisme des autorités monétaires qui abuse du seigneuriage.

Taux d'inflation entre 1971 et 2006

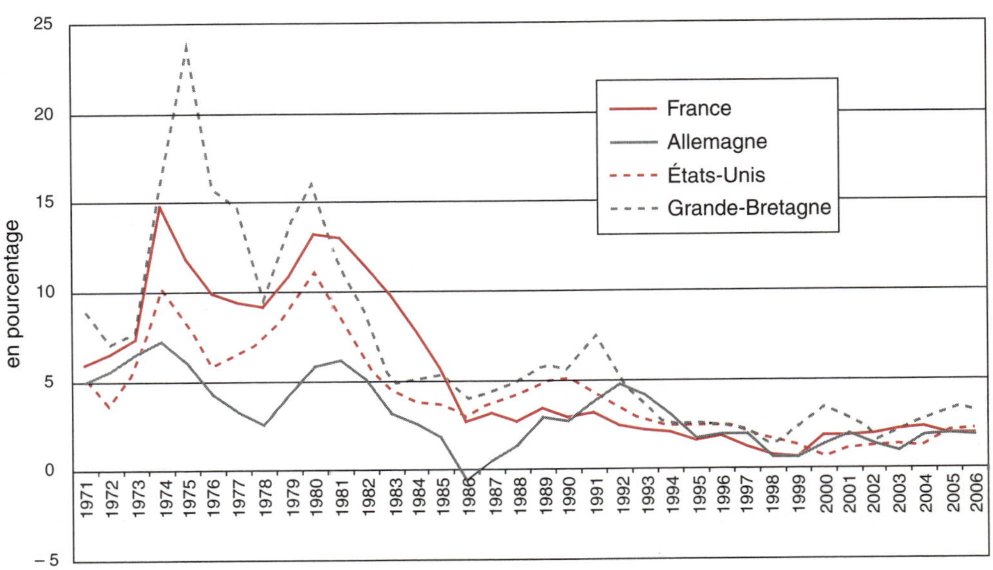

51 Coûts et avantages de l'inflation

Point clef

Les conséquences de l'inflation sont en réalité très liées à son caractère anticipé ou non anticipé.

1. COÛTS ET AVANTAGES DE L'INFLATION NON ANTICIPÉE : UN NID DE CONTROVERSES

L'inflation mal anticipée a des effets réels importants à court terme, mais keynésiens et libéraux sont en désaccord complet quant à leurs conséquences ultimes.

a) Débats autour des effets redistributifs de l'inflation

L'inflation mal anticipée provoque un transfert de richesse des créanciers vers les débiteurs, des épargnants vers les investisseurs par le canal du taux d'intérêt réel.

La relation de Fisher doit être rappelée :

$$1 + r = (1 + i) \times (1 - p)$$

avec r le taux d'intérêt réel, i le taux nominal, p le taux d'inflation constaté ou anticipé. Si on considère le produit $i \times p$ comme négligeable, $r \approx i - p$. Sur cette base si le taux nominal est de 5 % avec une inflation de 7 %, le taux réel est négatif (–2 %), le pouvoir d'achat de ceux qui ont prêté diminue, celui des emprunteurs augmente, tout ceci modifie le fonctionnement de l'économie. L'État bénéficie de ce transfert : l'inflation réduisant notamment la valeur réelle de la dette publique si celle-ci n'est pas indexée.

Pour les keynésiens, ce transfert par les taux d'intérêt est positif dans la mesure où il dynamise l'investissement et évite de s'installer dans une « société de rentiers » ; le plus souvent il s'agit d'un transfert entre générations, des « vieux » vers les « jeunes ». Pour les libéraux, il est préjudiciable à long terme car il ne saurait y avoir d'investissement sans épargne préalable : un taux d'intérêt réel négatif réduira, selon eux, l'épargne à néant.

L'inflation opère également un transfert de richesses des ménages et des entreprises vers l'État par le canal de la fiscalité : si les seuils fiscaux (de l'impôt sur le revenu par exemple) sont fixes, du fait de l'inflation, l'ensemble des revenus progressent, franchissent des seuils, au total les recettes fiscales augmentent. Pour les keynésiens, cette redistribution peut être positive si les prélèvements concernent des agents dont la propension marginale à consommer est faible et si les bénéficiaires des prestations ont des propensions voisines de 1.

b) Illusion monétaire, rigidités nominales et arbitrage inflation-chômage

En période d'inflation les prix deviennent un vecteur d'informations bruité, les agents ont des difficultés à discerner ce qui, dans la hausse d'un prix, signale une distorsion entre l'offre et la demande de ce qui relève d'une progression nominale de l'ensemble des prix… L'incertitude grandit, il devient de plus en plus difficile de faire des projections.

La courbe de Phillips est au cœur du débat sur les avantages et les coûts de l'inflation mal anticipée. Un choc inflationniste est associé à une réduction du salaire réel et partant une hausse de l'emploi. La hausse des prix a des effets réels à court terme sous réserve que l'on soit en présence d'illusion monétaire (lecture de Friedman), de rigidités nominales (lecture néo-keynésienne Fischer, Mankiw). La qualité des anticipations est décisive quant à l'existence d'un arbitrage inflation-chômage. Pour Friedman, comme les anticipations vont s'adapter à long terme, la courbe de Phillips est verticale (elle coupe l'axe des abscisses au niveau du taux de chômage naturel), pour la Nouvelle Économie Classique (v. fiche 17), du fait de la rationalité des anticipations, la courbe est même verticale à court terme.

Depuis plusieurs décennies, la flexibilité des marchés se développe et la qualité des anticipations s'améliore : les agents connaissent de mieux en mieux le fonctionnement de l'économie, l'inflation est mieux anticipée.

2. COÛTS ET AVANTAGES DE L'INFLATION ANTICIPÉE

Même anticipée l'inflation a des coûts. Certains sont négligeables empiriquement, il en va ainsi des coûts de menus, des coûts d'étiquettes (modification des prix affichés par les commerçants) et des coûts de chaussures (liés à une gestion optimale des encaisses liquides par l'agent économique), mais d'autres beaucoup moins.

a) Importance du différentiel d'inflation en économie ouverte

Au niveau commercial, le pays qui fait plus d'inflation que ses partenaires commerciaux perd de la compétitivité. Imaginons deux pays A et B liés par un régime de change fixe ; la parité est de 1 pour 1. Un entrepreneur du pays A vend un produit P 100 et l'entrepreneur de B le même produit P 100. Si on fait l'hypothèse que les coûts de transaction sont nuls, l'entrepreneur de A exporte vers B à 100. Si le pays A a un taux d'inflation annuel de 10 % et le pays B un taux de 20 %, l'entrepreneur de A vendra et exportera en fin de période à 110 alors que B vendra à 120 (sous réserve d'absence de comportement de marge), le recul de la compétitivité de B est évident. Cette inflation fait par ailleurs peser une menace sur la viabilité même du régime de change…

Au niveau financier, un supplément d'inflation pose un problème de crédibilité : le rendement réel des capitaux n'est pas correctement garanti, les capitaux aujourd'hui très mobiles auront tendance à se détourner de l'économie nationale, les taux d'intérêt nationaux vont subir une pression à la hausse *via* l'introduction d'une prime de risque inflationniste.

B) Quel est le « niveau » optimal d'inflation ?

Arguant de l'importance des coûts de l'inflation (incertitude, problème de compétitivité et de crédibilité…) et de la verticalité de la courbe de Phillips, des économistes comme M. Feldstein préconisent aujourd'hui aux États-Unis un objectif d'inflation zéro. La Banque centrale européenne vise un taux d'inflation proche de 2 % au sein de la zone euro. Mais certains économistes comme P. Krugman et O. Blanchard recommandent un objectif de 3 à 4 % de hausse des prix. Quels arguments mettent-ils en avant pour justifier cette inflation ?

Dans les années 1990, les travaux d'Akerlof, Dickens et Perry ont mis en avant l'existence d'un arbitrage inflation-chômage à long terme pour des taux d'inflation bas, inférieurs à 5 %. La rigidité à la baisse des salaires nominaux empêche l'utilisation de la désindexation comme stratégie de compression des coûts salariaux avec une inflation nulle, alors qu'on peut le faire avec 5 % d'inflation. Partant – sous certaines hypothèses (en particulier une faible croissance des gains de productivité) et toutes choses égales par ailleurs – le taux de chômage associé à une inflation de 4-5 % est inférieur de plusieurs points au taux de chômage associé à une inflation de 0-1 %. Dans cet environnement, on va plus ajuster par les quantités (licenciements) pour compresser les coûts.

Ajoutons à cet argumentaire que si l'inflation est voisine de zéro, les taux d'intérêt nominaux se trouvent trop près de la trappe à la liquidité. Dès lors, on ne peut plus mobiliser la politique monétaire en cas de besoin urgent (chocs de natures diverses). De manière liée, on prend le risque de tomber dans la déflation.

52 La déflation

Point clef

Dans sa dimension monétaire, la déflation désigne une baisse absolue du niveau général des prix, un taux d'inflation négatif. Une définition plus large, combinant aspects nominaux et réels, exige la coexistence d'un recul des prix et de la production.

1. LES FACTEURS D'ENTRÉE DANS LA DÉFLATION

Une économie est susceptible de plonger dans la déflation sous l'impulsion de forces endogènes ou du fait de l'action des autorités.

a) Les principaux facteurs endogènes de baisse des prix

Plusieurs facteurs de baisse des prix sont traditionnellement identifiés : les **gains de productivité** et une **structure de marché** de plus en plus **concurrentielle**. Les gains de productivité, s'ils contribuent à l'abaissement de certains prix, ne déclenchent pas la déflation dans la mesure où la demande n'est pas en principe diminuée et l'offre reste dynamique. Le statut de la concurrence, notamment internationale, est plus ambigu. Si la pression à la baisse des prix s'accompagne d'une diminution de la profitabilité, puis de l'investissement, elle peut activer un cercle vicieux déflationniste.

L'**influence de la** mondialisation contemporaine sur les prix est en train de se modifier : on pensait la mondialisation déflationniste (à travers la concurrence plus forte entre acteurs), elle devient inflationniste (du fait de l'évolution des modes de vie dans les pays émergents, gros consommateurs d'énergies, de métaux, de denrées alimentaires…).

L'effondrement du cours des actifs financiers et immobiliers (du fait le plus souvent de l'éclatement d'une bulle spéculative) est plus directement à l'origine de la déflation suivant la structure financière de l'économie et la capacité de réaction des intermédiaires financiers. L'effondrement pose d'abord un problème de baisse de la consommation à travers ses effets de richesse, qui peut être amplifié suivant le niveau d'endettement des agents. C'est à la suite d'éclatement des bulles spéculatives que le Japon est entrée en déflation au cours des années 1990 (entre 1998 et 2002 le taux d'inflation a toujours été négatif, en 2001 et 2002 le PIB a chuté après avoir stagné depuis 1997).

b) La déflation comme choix de politique économique

La déflation peut constituer, plus rarement, un choix de politique économique. C'est le cas du Royaume-Uni au sortir de la Première Guerre mondiale qui souhaite rétablir la parité-or de la livre sterling à son niveau de 1913, pour contracter la masse monétaire. Une politique déflationniste est mise en place sur les structures rigides des années 1920 (rigidités à la baisse salaires nominaux). Elle passe notamment par une double rigueur budgétaire et monétaire. Si le Royaume-Uni parvient à retrouver en 1925 la convertibilité-or de la livre, c'est au prix d'un chômage de masse et d'un effondrement de la production intérieure brute.

La politique déflationniste peut aussi se vouloir temporaire dans le cadre d'un plan de stabilisation par exemple. Pour les libéraux, cette stratégie peut être sans coût en termes réels si les structures de l'économie sont assez flexibles. La contraction de la masse monétaire et du niveau général des prix pourrait être associée au maintien de la structure des prix relatifs au sein de l'économie.

2. LA GRANDE DIFFICULTÉ À SORTIR DE LA DÉFLATION

Il n'y a pas de solution miracle pour combattre la déflation, ce qui donne un caractère impérieux aux mesures de prévention.

a) Mécanismes élémentaires d'auto-entretien et facteurs aggravants

Pourquoi acheter aujourd'hui ce qui sera moins cher demain ? Cette assertion permet à elle seule de comprendre pourquoi la consommation peut être freinée, voire s'effondrer en régime déflationniste. Une lecture « à la Fisher » en termes de ***debt deflation*** met au jour les mécanismes du basculement vers un véritable cercle vicieux. Avec la baisse des revenus nominaux et des prix, il est de plus en plus difficile pour le ménage de rembourser sa dette dont la valeur réelle progresse (part croissante du service de la dette dans le total des revenus). On comprend que la consommation puisse être véritablement déprimée puisqu'elle constitue en l'occurrence la variable d'ajustement.

En matière d'investissement, une grille de lecture keynésienne conduit à associer détérioration de la demande anticipée et diminution de l'investissement. De plus, la baisse des prix constatée et anticipée s'accompagne d'une envolée des taux d'intérêt réels qui concourt à freiner l'investissement (exemple du Japon en 2002 – 1,1 % d'inflation, 0,3 % pour les taux courts). Là encore l'endettement préalable de l'entreprise peut aggraver la situation.

b) Les conditions d'efficacité des politiques budgétaire et de change

La réaction des autorités détermine largement l'intensité de la crise. Il faut **éviter un *credit crunch***, l'action curative du prêteur en dernier ressort doit être massive. Même si l'interprétation de la Grande Dépression américaine par Friedman et Schwartz est critiquable, elle a le mérite de stigmatiser l'excessive rigueur monétaire de la Fed entre 1929 et 1932 à l'origine de plusieurs vagues de faillites bancaires.

Lorsque la préférence pour la liquidité tend à devenir très grande, la politique monétaire est impuissante à abaisser le taux d'intérêt, d'autant plus si les agents formulent des anticipations déflationnistes. Dès lors, les autorités ont plusieurs solutions théoriques dont l'efficacité n'est pas garantie.

- Le modèle IS/LM en économie fermée montre la grande efficacité de la politique budgétaire dans un contexte où les taux ont atteint la trappe à la liquidité, ce qui est souvent le cas en déflation. Il convient néanmoins de penser correctement les modalités de cette politique budgétaire en privilégiant les investissements publics (grands travaux) aux dépens des transferts et des baisses d'impôts dont l'affectation à une consommation supplémentaire n'est pas garantie si les anticipations déflationnistes persistent.
- La dépréciation du change peut éventuellement constituer une solution. Elle est capable, si l'économie est assez ouverte, d'entraîner une inflation, mais cette dépréciation est difficile à obtenir lorsque les marchés de capitaux sont comme aujourd'hui très profonds.

Face à la déflation, l'importance des mesures préventives est criante : ne pas avoir un objectif d'inflation trop bas, éviter le *credit crunch* en adoptant une réglementation prudentielle plutôt souple, mobiliser assez tôt les politiques monétaire et budgétaire afin de soutenir la demande et d'engendrer des anticipations inflationnistes, chercher si possible à obtenir une dépréciation du change.

Repères chronologiques

- 1919-1925 : politique de déflation conduite en Angleterre.
- 1930-1932 : déflation aux États-Unis.

53 L'épargne

Point clef

L'épargne est la partie non consommée du revenu. Elle constitue un agrégat fondamental au centre de controverses théoriques. Pour les néoclassiques, il ne saurait y avoir d'investissement sans épargne préalable ; pour Keynes, elle est un résidu et ne saurait être encouragée.

1. DÉFINITIONS

L'épargne représente la partie non consommée du revenu. En termes macroéconomiques, c'est la différence entre le revenu national et la consommation globale. L'épargne nationale inclut l'épargne des ménages, des entreprises et des administrations (éventuel excédent budgétaire).

L'épargne est un flux qui alimente le patrimoine des agents (qui, lui, est un stock). Rappelons que le patrimoine d'un agent est l'ensemble de ses avoirs (actifs financiers, logements…) et de ses dettes à un moment donné.

Pour le ménage l'épargne peut être motivée :

- par le souhait d'accroître sa consommation future ;
- par un besoin de précaution (pour faire face au risque de dépenses imprévues) ;
- par la volonté de se constituer un patrimoine qui lui assure une reconnaissance sociale et peut être légué aux générations futures.

Pour l'entreprise, l'épargne est motivée par le souhait de dégager une capacité d'autofinancement utile pour financer par la suite des investissements (v. fiche 5).

Pour les administrations publiques, l'épargne est rare. Un solde budgétaire excédentaire peut constituer une réponse à une situation d'urgence en termes de soutenabilité de la dette publique.

2. LES TAUX D'ÉPARGNE

Le taux d'épargne nationale est le rapport entre l'épargne brute des résidents et le produit intérieur brut.

Pour les sociétés non financières (SNF), on peut définir un taux d'épargne par rapport à la valeur ajoutée qu'elles génèrent (taux d'épargne des sociétés non financières = épargne brute des SNF/valeur ajoutée brute des SNF).

Le **taux d'épargne des ménages** est égal au rapport entre l'épargne brute des ménages et le revenu disponible brut des ménages (v. fiche 3). Pour les ménages, il est pertinent de distinguer le taux d'épargne financière du taux d'épargne non financière. Le taux d'épargne financière est le rapport entre la capacité de financement et le revenu disponible brut (RDB) alors que le taux d'épargne non financière est le rapport entre la FBCF (formation brute de capital fixe) des ménages et ce même RDB.

Pour les ménages, la notion de **propension marginale à épargner** désigne la part de la dernière unité de revenu affectée à l'épargne. La propension marginale à épargner est croissante avec le revenu.

3. LES FORMES DE L'ÉPARGNE DES MÉNAGES

L'épargne des ménages peut-être non financière ou financière.

L'épargne non financière est constituée d'achats de logements et de terrains essentiellement.

L'épargne financière prend plusieurs formes et peut être classée suivant son degré de liquidité. L'**épargne liquide** se présente sous la forme de dépôts bancaires rémunérés (livret A, LDD, comptes chèques rémunérés…). Elle est bien adaptée aux besoins de précautions des ménages, son rendement est plutôt faible.

Les **placements financiers** sont constitués par l'achat d'actions, d'obligations, de part de FCP, d'assurance-vie… Le rendement de ces produits est plus élevé mais leur niveau de risque est plus grand. Ces placements sont plutôt destinés à ceux qui souhaitent se constituer un patrimoine.

L'agent qui épargne doit naturellement opérer un arbitrage entre la liquidité et le rendement du produit d'épargne.

4. LES DÉTERMINANTS DE L'ÉPARGNE

Pour les néoclassiques, l'épargne est une **fonction croissante du taux d'intérêt**. Pour I. Fisher, plus le taux d'intérêt, défini comme le prix de la renonciation à la consommation présente, est élevé, plus l'incitation à épargner sera grande. Chez les néoclassiques, elle est un moteur de la croissance car elle finance l'investissement. Toute épargne prend la forme de titre financier et finance de l'investissement (v. la loi de Say). Sur le marché des fonds prêtables, le taux d'intérêt réel assure l'équilibre entre l'offre de fonds (demande de titres financiers) et la demande de fonds (offre de titres) qui émane des entreprises.

Le taux d'intérêt d'équilibre nous renseigne sur le rapport entretenu par les agents économiques avec le temps. Plus le taux est faible, moins la préférence pour le présent est marquée.

Le marché des fonds prêtables

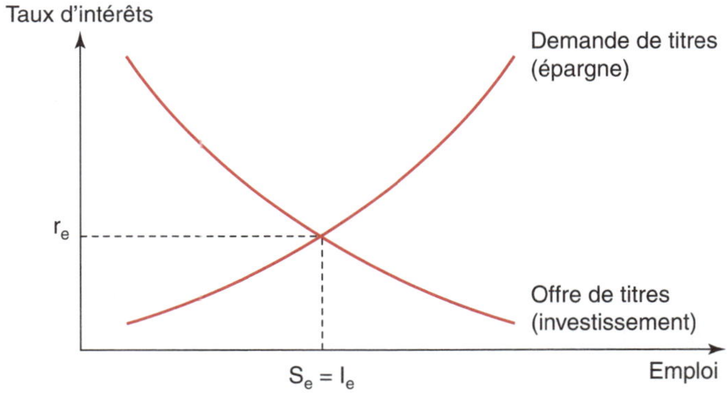

Pour les keynésiens, l'épargne constitue un résidu, c'est la part du revenu qui n'a pas été consommée. Plus le revenu est élevé, plus l'épargne est élevée (**la propension marginale à épargner augmente avec le revenu**). Pour Keynes comme pour les néoclassiques *ex post*, l'épargne est égale à l'investissement mais Keynes inverse la causalité *ex ante*. *Ex ante* l'investissement cause l'épargne.

L'approche démographique en termes de **cycles de vie** développée par Modigliani, Brumberg et Ando insiste sur le fait que les flux d'endettement et d'épargne permettent aux ménages d'obtenir durant leur vie un profil de consommation stable à partir de revenus fluctuants. En période de jeunesse, alors que les revenus sont inexistants, l'emprunt permet de consommer. En période d'activité, les revenus sont élevés, l'épargne progresse et un patrimoine est constitué. Durant la période de retraite, la consommation est alimentée par une « désépargne ».

54 Les marchés financiers

Point clef

Les marchés financiers mettent en présence des agents à besoins de financement et des agents à capacités de financement.

1. MARCHÉS D'ACTIONS ET D'OBLIGATIONS, MONÉTAIRES ET DE CAPITAUX

Une entreprise peut obtenir des capitaux sur le marché financier de deux manières.

Elle peut émettre des titres de dette à revenu fixe, il s'agit essentiellement d'obligations. Une **obligation** représente un engagement contractuel de l'emprunteur de payer au détenteur de l'obligation des sommes déterminées à des intervalles fixés (intérêt et principal). La date de maturité du titre correspond au dernier versement. Par convention, une dette est dite à court terme si sa maturité est inférieure à une année, à long terme si elle est supérieure à dix ans.

Une autre manière d'obtenir des fonds sur le marché financier consiste à émettre des **actions**. Les montants levés entrent dans les fonds propres de l'entreprise car les actions constituent une partie de son capital. Elles donnent à l'acquéreur un droit au partage des bénéfices (perception de dividendes). Elles donnent également un droit de participer à l'élection des dirigeants de l'entreprise et aux grandes décisions de la vie de l'entreprise lors de l'assemblée générale.

L'opposition entre marché monétaire et marché des capitaux est fondée sur la maturité des titres qui y sont échangés. Le **marché monétaire** est un marché financier sur lequel seuls les instruments à court terme sont échangés, les intervenants sont essentiellement les banques. Le **marché des capitaux** voit s'échanger des actions et des titres à plus long terme, tous les agents économiques peuvent intervenir sur ce marché.

2. MARCHÉ PRIMAIRE ET MARCHÉ SECONDAIRE

Le **marché primaire** est le marché sur lequel les nouvelles émissions d'obligations et d'actions sont proposées par les sociétés ou les États émetteurs. En général, une banque d'investissement intervient pour le compte de l'émetteur sur ce marché primaire. Elle garantit le placement des titres à un certain prix, elle vend les titres au public.

Le **marché secondaire** est le marché sur lequel ces titres sont échangés. Les marchés boursiers sont des marchés secondaires sur lesquels certains titres sont cotés. Cette cotation accroît la liquidité d'un titre. Elle constitue également une indication pour l'entreprise du prix auquel elle pourrait émettre de nouveaux titres sur le marché primaire (augmentation du capital…). L'établissement de ce prix est associé à deux problèmes liés, d'une part l'identification des éléments qui fondent la valeur d'une action (principalement les profits anticipés de la société) et par extension la question de l'efficience du marché, en particulier son efficience informationnelle. Le prix reflète-t-il pleinement toute l'information disponible relative à un événement (menace d'OPA, changement technologique…) ?

3. L'ORGANISATION DES MARCHÉS SECONDAIRES

Les marchés secondaires peuvent être organisés de deux manières.

Le marché secondaire peut être un **marché de gré à gré**, géré par des spécialistes qui ont des listes d'agents prêts à acheter ou vendre des titres.

Le marché secondaire est aussi et surtout un **marché organisé en Bourse de valeurs**. Les bourses réunissent en un lieu unique (réel ou virtuel) vendeurs et acheteurs de titres (directement ou par l'intermédiaire d'un courtier). Les valeurs mobilières font l'objet d'une cotation électronique. Les actions de la plupart des grandes sociétés sont cotées sur des marchés organisés tels le New York Stock Exchange (NYSE), la Bourse de Tokyo ou Euronext. Aujourd'hui, les capitalisations boursières atteignent des niveaux élevés et la Bourse paraît incarner le capitalisme, la seule Bourse de New York atteint 16 500 milliards de dollars de capitalisation.

Depuis les années 1980, le nombre d'actions cotées a beaucoup augmenté. De nouveaux marchés ont été créés pour accueillir les titres des PME et des sociétés de haute technologique comme le **NASDAQ** aux États-Unis. Les Bourses sont devenues des sociétés privées, des fusions importantes ont eu lieu avec, par exemple, la création d'Euronext qui réunit les Bourses de Paris, Bruxelles, Amsterdam et Lisbonne.

4. LES INDICES BOURSIERS

Les indices boursiers regroupent certaines valeurs selon les capitalisations ou sur une base sectorielle afin de pouvoir dégager des tendances globales en matière de valorisation des actifs financiers. Les plus connus sont calculés à partir d'un échantillon de titres dont les capitalisations sont les plus grandes. La capitalisation boursière d'une société cotée est obtenue en multipliant le cours de l'action par le nombre d'actions.

Le **Dow Jones** regroupe les trente premières capitalisations de Wall Street (les *blue chips*).

Le **CAC 40** est l'indice phare de la Bourse de Paris, il regroupe les 40 sociétés dont la capitalisation boursière est la plus grande. Cet indice, défini en 1988 (base 1 000 au 31 décembre 1987), retrace l'évolution du cours des actions sur la place financière parisienne. Le sigle CAC signifie cotation assistée en continu.

Les indices boursiers constituent une sorte de baromètre de l'économie. Dans la mesure où les cours des actions dépendent fondamentalement des perspectives de profit, leur variation constitue un indicateur avancé de la conjoncture économique. Pour autant, la nature spéculative de la formation des prix et l'asymétrie d'informations entre les agents sont à l'origine de crises financières récurrentes (v. fiche 80).

5. LES PRODUITS FINANCIERS DÉRIVÉS

Depuis les années 1980, les marchés des produits dérivés ont connu une véritable explosion. Un produit dérivé est un **outil financier** qui permet à un agent de se couvrir contre un risque. Les produits dérivés permettent de **répartir de manière différente les risques** entre agents économiques et **d'accroître la liquidité** des marchés financiers. En raison de leur technicité et leur coût, ils sont surtout utilisés par les entreprises et les institutions bancaires et financières. Un produit dérivé est un contrat financier négociable portant droit sur un autre actif. Trois types de produits dérivés peuvent être distingués : les options, les contrats à terme (appelés également *futures*) et les contrats d'échange (appelés aussi *swaps*).

55 Les banques

Point clef

Les banques sont des institutions financières qui recueillent les dépôts d'épargne des agents économiques, accordent des crédits aux particuliers et aux entreprises et proposent des services financiers de diverses natures.

1. UNE INSTITUTION CAPITALISTE

Le développement des banques épouse l'histoire du capitalisme. À la fin du Moyen Âge, lors de l'éclosion du capitalisme en Italie du Nord, les banquiers lombards transforment radicalement l'activité des changeurs de monnaies en développant des **comptes à vue**. Cette innovation majeure est rendue possible par l'invention de la comptabilité en partie double et de la lettre de crédit. Le compte à vue permet d'intensifier l'activité des marchands qui n'ont plus à transporter leurs fonds. Les premières banques sont alors familiales (les Médicis en Italie, les Fugger en Allemagne) et installées dans les grandes villes.

Les activités de prêts se développent par la suite auprès des monarques qui financent des guerres dans le cadre de l'affirmation des États nations en Europe, mais également pour financer des activités commerciales au long cours dans un environnement de mondialisation. À la suite de faillites retentissantes comme celle du système de Law (1716-1720), la Haute Banque parvient à établir la confiance dans les banques grâce à une gestion prudente et à la garantie d'importants fonds propres. Elle se consacre aux activités bancaires les plus nobles (escompte de lettre de change, crédits internationaux, placement d'emprunts d'États...). Les grandes dynasties ont pour noms Rothschild, Baring, Mallet... Au XIXe siècle, l'expansion des **banques commerciales** (crées en sociétés de capitaux) accompagne l'industrialisation (émergence des *Big Five* au Royaume-Uni (Barclays, Midland Bank, Lloyds, National Principal Bank, Westminster Bank), création du Crédit Mobilier des frères Pereire (1852), du Crédit Industriel et Commercial (1859), de la Société Générale en 1864, du Crédit Lyonnais 1863 en France, de la Darmstadter Bank (1853), de la Dresdner Bank (1872) en Allemagne...).

Si ces établissements financent incontestablement des projets innovants, beaucoup leur reprochent de ne pas avoir suffisamment soutenu l'activité économique. Le XXe marque la démocratisation de la banque avec le développement de l'utilisation du chèque et de la monnaie scripturale, la densification des réseaux d'agences. En France durant les Trente Glorieuses et jusqu'à la loi de déréglementation bancaire de 1984, ce développement va de pair avec une spécialisation bancaire (Crédit Agricole pour les crédits à l'agriculture...).

2. TYPOLOGIE DES ACTIVITÉS BANCAIRES

On distingue deux grands types de banques suivant la nature des activités exercées : banque commerciale et banque d'investissement, mais cette distinction a en définitive peu de sens tant sont nombreux les grands groupes qui exercent toutes les activités bancaires (le terme banque universelle peut les désigner).

a) Les banques commerciales (banques de dépôts ou de détails)

Elles ont fondamentalement une activité d'intermédiation entre agents à capacité de financement et agents à besoins de financement. Elles effectuent cette activité grâce à un réseau d'agences plus ou moins dense et l'outil internet. Elles travaillent principalement avec une clientèle de particuliers (ménages, très petites entreprises) et de professionnels (entreprises de plus grandes tailles). Elles recueillent des dépôts (épargne des ménages pour l'essentiel) et accordent des prêts (crédits immobiliers, financement de projets d'investissement, crédits à la consommation…). La banque se rémunère par le différentiel de taux entre taux débiteurs et taux créditeurs et surtout sous forme de diverses commissions (sur l'utilisation des cartes bancaires, frais de dossiers, de gestion de compte…).

b) Les banques d'affaires (banques d'investissement)

Ces banques sont spécialisées dans les prises de participation dans des sociétés, dans l'ingénierie des rapprochements d'entreprise (conseils en fusions acquisitions), de l'introduction des entreprises en Bourse ou encore dans le placement de grands emprunts. Au niveau mondial, les grandes banques d'affaires ont pour nom Goldman Sachs, Meryll Lynch, Lazard…

Si, à la suite de la crise de 1929, le *Glass-Steagall Act* (1933) a imposé aux États-Unis une séparation entre activité de banque de détail et activité de banque d'investissements afin de garantir la stabilité bancaire et financière, la déréglementation financière a battu en brèche cette séparation et permis l'émergence de grandes **banques universelles** (Citigroup et Bank of America aux États-Unis, la BNP et la Société Générale en France…). Aujourd'hui les banques ont même développé des activités dans le domaine de l'assurance.

3. BANQUES ET CRÉATION MONÉTAIRE

Les banques commerciales participent au processus de création monétaire sous l'égide de la Banque centrale qui détient seule le droit de battre monnaie. Une banque crée de la monnaie dès lors qu'elle accorde un crédit : ce crédit se traduit par une création de monnaie scripturale, par un dépôt à vue pour son bénéficiaire qui peut mobiliser ces fonds. Selon une formule consacrée, **les crédits font les dépôts**. Cette monnaie est ensuite détruite lorsque le crédit est remboursé. La création de monnaie est contrôlée par la Banque centrale qui influence les conditions du refinancement des banques de second rang (à travers le maniement du taux directeur, les obligations en matière de réserves obligatoires…). La Banque centrale approvisionne les banques en billets et organise la compensation des chèques que les banques reçoivent de leurs clients.

4. BANQUE ET MARCHÉ FINANCIER

La montée en puissance des marchés financiers, de la finance dite directe en liaison avec l'apparition de nombreuses innovations techniques et financières ont pu faire craindre au cours des années 1980-1990 la disparition des banques. La collecte de dépôts diminue, les agents préférant placer leur épargne sur les marchés financiers (actions…). Les entreprises font davantage appel aux marchés financiers pour financer leur projet (émission de billets de trésorerie sur le marché monétaire, d'actions et d'obligations). Le financement bancaire apparaît moins attractif, plus complexe et coûteux.

Les banques ont répondu à ce défi en développement une **activité d'intermédiation de marché** (SICAV, FCP…) dans un environnement mouvant et risqué. Les banques conservent des avantages vis-à-vis des marchés, ces éléments garantissent leur pérennité. Elles sont **expertes en collecte et en traitement de l'information**. Elles sont donc mieux à même d'évaluer les risques (de crédit) grâce à leurs expertises sectorielles. De plus, elles peuvent offrir un **financement « sur mesure »** aux entreprises ainsi qu'un accompagnement dans le développement de la firme.

Repères chronologiques

- 1720 : ruine du système de Law.
- 1852 : création du Crédit Mobilier par les frères Pereire.
- 1933 : adoption du *Glass-Steagall Act* aux États-Unis.
- 1984 : vote d'une loi bancaire qui deréglemente le secteur en France.

56 Les banques centrales

Point clef

Les banques centrales sont, en quelque sorte, les banques des banques. Une Banque centrale dispose du monopole d'émission de la monnaie sur un territoire donné et exerce un contrôle sur le système monétaire et financier. Les principales fonctions d'une Banque centrale sont la conduite de la politique monétaire et l'exercice du rôle de prêteur en dernier ressort.

1. LA QUESTION HISTORIQUE DU MONOPOLE D'ÉMISSION

Aujourd'hui les banques centrales disposent de monopole d'émission sur leur « territoire ». Mais l'idée qu'un monopole puisse être accordé à une banque a été très discutée au XIXe siècle en Europe et aux États-Unis. En France, la Banque de France (créée en 1800) obtient un monopole national d'émission en 1848 ; aux États-Unis, il faut attendre 1913 pour voir émerger un Federal Reserve System.

Les partisans du ***free banking*** pensent que l'activité d'émission de monnaie ne doit pas échapper au jeu de la concurrence. Il convient de laisser au marché le soin de sélectionner les monnaies qui conservent leur valeur du fait de la bonne gestion des banques émettrices. Malgré les souvenirs de l'instabilité financière du XIXe siècle attachée à la pluralité des monnaies, le courant du *free banking* est resté vivace aux États-Unis au XXe siècle autour de F. von Hayek et G. Selgin.

Les partisans du **monopole d'émission** ont toujours avancé l'argument de la stabilité financière et de la **réduction du risque systémique**. La monnaie est un bien collectif et n'a d'existence que par la confiance que lui accordent les agents. Il appartient à l'État de garantir cette confiance ainsi que la stabilité en confiant à une seule banque – sous contrôle – le privilège de battre monnaie.

2. LES FONCTIONS DES BANQUES CENTRALES

Historiquement les banques centrales ont exercé trois grandes fonctions.

Elles ont été **banquier de l'État**. En échange des revenus associés au monopole d'émission des billets, les États exigeaient des « avances directes » ou indirectes qui permettaient aux Trésor nationaux de répondre à leurs besoins de financement. Ces besoins financiers du Trésor apparaissent historiquement comme un déterminant de l'autonomie opérationnelle des Banques centrales. Face à un besoin financier fort, les pouvoirs publics sont (et seront vraisemblablement) toujours tentés de se tourner vers la Banque centrale pour obtenir de l'aide. Ils ont intrinsèquement la légitimité pour intervenir dans les affaires monétaires. Depuis quelques années néanmoins, du fait de la priorité accordée à l'objectif de stabilité des prix, les liens financiers entre Banques centrales et gouvernements ont été coupés et cette fonction a disparu.

La Banque centrale exerce une **fonction de prêteur en dernier ressort**. Elle garantit la stabilité financière en venant au secours d'institutions financières en difficulté. Cette fonction est apparue à la fin du XVIIIe siècle en Angleterre. Pour les partisans d'une définition fonctionnelle de la Banque centrale (Goodhart, Capie, Schnadt), une banque ne devient une Banque centrale qu'à partir du moment où elle joue ce rôle.

Plusieurs principes peuvent guider cette action curative de la Banque centrale.

Pour Walter Bagehot (*Lombard Street*, 1873), le prêteur en dernier ressort doit accorder des prêts à toute banque non liquide mais solvable, sans restriction sur la quantité de crédits mais en appliquant un taux de pénalité. Face à l'impossibilité pour les banquiers centraux de faire dans l'urgence la différence entre des situations d'illiquidité et des situations d'insolvabilité, le principe dit du *too big to fail* est appliqué dans les actions de sauvetage au XXe siècle. Une aide est apportée à toute institution financière dont le poids fait peser un risque systémique élevé. La défaillance d'une institution de grande taille aurait trop d'effets induits et menacerait la continuité des paiements au sein de l'économie. Le soutien apporté en France au Crédit Lyonnais dans les années 1990 par la Banque de France se justifie ainsi. Cette intervention pose un problème d'aléa moral : sachant qu'elle sera secourue en cas de difficultés, une banque de second rang peut prendre davantage de risques (dans l'octroi de crédits ou sur les marchés financiers).

La Banque centrale est la seule institution à pouvoir exercer pleinement cette fonction de PDR. Pour pouvoir approvisionner un système en liquidité, il convient en effet d'être émetteur de monnaie ultime. Une institution comme le FMI qui souhaiterait s'affirmer comme PDR international se heurte à cette incapacité.

3. LA CONDUITE DE LA POLITIQUE MONÉTAIRE

La Banque centrale conduit la politique monétaire, elle approvisionne l'économie en liquidité. Elle dispose de plus ou moins de marge de manœuvre dans la définition des objectifs de la politique monétaire et dans le maniement d'instruments lui permettant d'atteindre ses objectifs. La question de l'autonomie de la Banque centrale est en arrière-plan de ces degrés de liberté.

Aujourd'hui, la politique monétaire accorde la priorité à l'objectif de stabilité des prix. La politique monétaire a changé de statut depuis le début des années 1980. Elle est aujourd'hui un instrument indirect de soutien de la croissance à travers l'ancrage des anticipations inflationnistes et moins un outil direct de contrôle de l'activité (comme avec les politiques de *stop and go* des années 1960).

4. LES ACTIONS INTERNATIONALES DES BANQUES CENTRALES

En principe, les Banques centrales ne sont pas en charge du choix du régime de change, ni de la définition de la politique de change d'une économie. Ces prérogatives appartiennent aux gouvernements. La Banque centrale ne fait que mettre en œuvre les choix politiques. Au sein de la zone euro, la situation est de ce point de vue plus complexe, la responsabilité de la politique de change fait l'objet d'un partage relativement flou entre le Conseil des ministres des Finances et la BCE.

Les Banques centrales coopèrent en certaines occasions : elles peuvent mettre en œuvre des interventions concertées sur les marchés de change pour éviter des « désajustements » des cours de change. Elles peuvent se coordonner pour approvisionner le système en liquidité et faire face ensemble à une crise financière (réaction de la Fed et de la BCE face à la crise des *subprimes* en 2007-2008).

Elles peuvent aussi se concerter pour définir une réglementation bancaire. La BRI s'efforce de coordonner ce type d'actions. Elle abrite plusieurs comités : le Comité sur les systèmes de paiements et de règlements, le Comité sur le système financier mondial et le Comité de Bâle sur le contrôle bancaire. Dans le cadre du **Comité de Bâle**, elle définit des règles prudentielles que les banques commerciales doivent appliquer dans le monde entier et dont les Banques centrales sont chargées de superviser la bonne application.

Repères chronologiques

- 1694 : création de la Banque d'Angleterre.
- 1800 : création de la Banque de France.
- 1913 : installation du Fed aux États-Unis.
- 1998 : création de la Banque centrale européenne.

57 L'autonomie de la Banque centrale

Point clef

L'autonomie des Banques centrales constitue une garantie institutionnelle en matière de stabilité des prix. Ce statut est l'objet de débats nombreux et souvent passionnés.

1. DÉFINITION ET POSITION DU PROBLÈME

Le concept d'**indépendance** est le plus couramment employé pour qualifier les relations entre un gouvernement et une Banque centrale.

En réalité, le mot indépendance est très restrictif, la notion est binaire. L'indépendance de deux éléments suppose l'absence de toute relation entre eux. Or par nature, la monnaie, qui est un bien collectif et n'a d'existence que par la confiance que lui accordent ses utilisateurs, est appelée à ne jamais complètement échapper à l'influence de l'État (v. Ch. Goodhart). Le mot autonomie, moins absolu – plus graduel, convient en principe mieux.

On peut distinguer deux types d'autonomie : l'une institutionnelle, l'autre opérationnelle (cette typologie est voisine de l'opposition indépendance *de jure* et indépendance *de facto* proposée en France dans les années 1990 par M. Aglietta).

L'**autonomie institutionnelle** concerne les aspects juridiques et organiques définissant les conditions de fonctionnement de la Banque centrale (conditions de nomination et de révocation des dirigeants, durée du mandat...).

L'**autonomie opérationnelle** a trait à la capacité de la Banque à mettre en œuvre librement la politique monétaire (il faut pour cela qu'elle dispose d'un instrument, le taux d'intérêt le plus souvent, et que ses liens financiers avec l'État soient les plus réduits possible).

On sent que la Banque centrale doit d'une part être assez éloignée des pouvoirs publics pour que les agents aient confiance dans la capacité de la monnaie à conserver sa valeur mais que, d'autre part, la Banque centrale doit rester sous contrôle du gouvernement afin qu'un contrôle démocratique puisse être exercé ou une action d'urgence entreprise.

En matière d'autonomie, rien ne semble pouvoir être « graver dans le marbre ». Le degré d'autonomie varie historiquement en fonction des structures de l'économie, de l'intensité des besoins financiers des gouvernements, du rapport de forces entre sphère économique et sphère sociale et politique (thème de l'encastrement chez Polanyi)...

2. LES JUSTIFICATIONS DE L'AUTONOMIE, LA CRÉDIBILITÉ DE LA POLITIQUE MONÉTAIRE

Historiquement, l'État a montré des limites dans la gestion des affaires monétaires : **les pouvoirs publics ont souvent abusé du seigneuriage** et ont été incapables de contrôler la dynamique inflationniste ainsi engendrée ou entretenue. Lorsque, dans les années 1980, la lutte contre l'inflation s'est imposée pour les États comme un élément de contrainte externe, l'idée d'octroyer une très forte autonomie à la Banque centrale est apparue afin de mieux garantir cette stabilité et de crédibiliser la politique monétaire.

Lorsque l'on coupe les liens financiers entre le gouvernement et la Banque centrale, on supprime en principe toute possibilité de seigneuriage. Un déficit budgétaire ne peut plus être financé par création monétaire directe.

De même si la Banque centrale dispose d'une forte autonomie, elle va spontanément privilégier, en principe, l'objectif de stabilité des prix aux dépens du soutien à l'activité. En ce sens, elle est dite conservatrice (pour reprendre la terminologie de Rogoff, 1985). Le banquier central se sent investi d'une mission de préservation de la valeur de la monnaie (c'est sa fonction).

Ajoutons qu'avec une Banque centrale « indépendante », le risque d'**incohérence temporelle** se trouve minimisé. Contrairement à un gouvernement à la veille d'une élection, la Banque centrale autonome n'est pas tentée de sacrifier son objectif de prix pour soutenir « artificiellement » l'activité.

Dans une approche à la Kydland et Prescott (1977), cette configuration favorise le respect de règles dans la conduite de la politique monétaire et met à l'abri de pratiques discrétionnaires d'autant plus probable à la veille d'une élection (v. les travaux de Nordhaus sur les cycles budgétaires).

En matière de lutte contre l'inflation, la crédibilité d'une Banque centrale autonome est plus grande que celle d'une institution sous la coupe de son gouvernement.

Sans surprise, les études empiriques (Persson et Tabellini (1994), Cukierman et Lippi (1999)...) mettent au jour l'existence d'une relation inverse entre le degré d'autonomie des Banques centrales et le taux d'inflation en vigueur dans l'économie (même si on peut facilement trouver des contre-exemples, la France entre 1983 et 1992).

3. LES ÉCUEILS ET LES RISQUES DE L'AUTONOMIE

Un premier risque est que la Banque centrale conduise une **politique monétaire manifestement inadaptée, trop rigoureuse**. De ce point de vue les positions de la BCE ont été attaquées sur deux horizons monétaires, le court et le long termes.

À court terme, certains lui reprochent – un peu injustement – d'être arc-boutée sur un objectif de 2 % d'inflation et de ne pas tolérer d'entorse à « sa règle » en cas de chocs conjoncturels, ils dénoncent son « autisme » ou *a minima* son manque de réactivité.

À long terme, c'est le chiffre de 2 % lui-même qui est contestable, jugé trop faible. Le niveau d'inflation est surestimé par les indices officiels (d'environ 0,5 %) qui s'ajustent avec retard aux effets qualités (la qualité s'améliore à prix constants) et aux effets de substitution (modification du panier de consommation en fonction des variations des prix relatifs).

Un autre risque concerne **l'absence de cohérence entre politiques budgétaire et monétaire**, deux politiques économiques liées structurellement par les taux d'intérêt.

Une analyse en termes de théorie des jeux fait apparaître que l'absence de coordination débouche sur une situation relativement inefficace. La politique budgétaire apparaît excessivement laxiste (en raison de l'aversion des gouvernements contre le chômage) et la politique monétaire apparaît elle excessivement restrictive (du fait de l'aversion de la Banque centrale contre l'inflation). En définitive cette situation est préjudiciable pour l'économie, elle est associée à un risque de stabilisation insuffisante de l'activité.

Un autre problème réside dans un **défaut de transparence** de la Banque centrale qui recouvre le fait qu'elle ne donne pas assez d'informations sur ses débats internes, les raisons de ses choix monétaires et plus largement qu'elle ne rend pas assez compte de son activité devant « le politique ». La transparence de la Banque centrale européenne est jugée plutôt faible. Elle présente devant le Parlement européen un rapport annuel sur ses activités et la politique monétaire conduite au cours de l'année précédente et l'année en cours. Ce rapport fait l'objet d'un envoi au Conseil de l'Union européenne et à la Commission. Mais, contrairement à son homologue américaine, la Fed, elle ne rend pas public ses « minutes », c'est-à-dire le détail des délibérations du Conseil des gouverneurs.

Repères chronologiques

- 1936 : nationalisation *de facto* de la Banque de France.
- 1993 : octroi d'une forte autonomie à la Banque de France.

58 L'intégration européenne

Point clef

La construction européenne apparaît à la fois comme l'expérience la plus précoce et la plus achevée d'intégration économique régionale. Les avancées de plus de quarante ans d'intégration réelle sont couronnées en 1999 par l'instauration d'une monnaie unique. Le processus de construction semble, par ailleurs, marqué par une alternance entre phase d'approfondissement de l'intégration et phase d'élargissement de l'Union.

1. LA RECHERCHE D'UNE VOIE D'INTÉGRATION, AUX RACINES DE L'EUROPE ÉCONOMIQUE

a) Les premières formes de coopération

Au sortir de la guerre, l'union des pays européens apparaît comme le meilleur moyen de garantir la paix et la prospérité. Mais comment rapprocher les États ? Une grande Europe aurait pu naître sous l'impulsion des États-Unis si l'URSS avait accepté que les pays de l'Est bénéficient du plan Marshall ; c'est d'ailleurs pour gérer cette aide que l'Organisation européenne de coopération économique est créée en avril 1948. Cet organisme de coopération rassemble 18 pays européens.

L'**Union européenne des paiements**, établie en 1950, approfondit cette coopération entre États de l'OECE *via* la mise en place d'un système de clearing multilatéral en matière de règlement des échanges internationaux. Ce dispositif relâche la contrainte externe des pays membres et permet de dynamiser l'ouverture. Durant ces années 1950, l'Europe présente un déficit commercial vis-à-vis des États-Unis, mais plus que compensé par un excédent du poste services et « autres invisibles », ce qui lui permet d'accroître assez rapidement ses réserves monétaires. Les pays de l'OECE peuvent ainsi retrouver la convertibilité de leur monnaie en 1959.

La création de la première institution européenne, le **Conseil de l'Europe** en mai 1949, révèle une première double exigence difficile à concilier en matière de construction européenne : comment promouvoir une organisation fédérative et préserver la souveraineté des États. Ce Conseil de l'Europe est une assemblée qui réunit les gouvernements et les parlements nationaux, mais ne dispose que d'un pouvoir consultatif. Seul son Conseil des ministres possède des pouvoirs dans le domaine très restreint de la protection des droits de l'homme.

L'intégration aurait pu être immédiatement politique si une Europe de la défense avait vu le jour. Le plan Pleven aboutit à la création d'une **Communauté européenne de Défense** (CED) afin notamment d'encadrer le réarmement de l'Allemagne (traité de Paris du 27 mai 1952). Mais le refus du Parlement français de ratifier ce traité met fin à la CED.

b) Vers un rapprochement de nature économique

Conformément à la philosophie de Jean Monnet, l'intégration va être de nature économique autour de réalisations très concrètes.

Le plan Schuman (il est alors ministre français des Affaires étrangères) de mai 1950 propose de créer de premières solidarités européennes en mettant en commun la production dans le domaine de l'industrie lourde. La France manque à l'époque de charbon pour sa sidérurgie et souhaite obtenir du charbon allemand en toute sécurité en créant un marché libre de la houille et de l'acier entre six pays (Belgique, France, Italie, Luxembourg, Pays-Bas, République fédérale allemande). Ce projet est négocié par Schuman avec d'autres « pères de l'Europe », l'Allemand Adenauer et l'Italien De Gasperi. Le traité de Paris du 18 avril 1951 établit les institutions de la **Communauté européenne du charbon et de l'acier** (CECA).

La dimension économique de l'intégration est par la suite privilégiée. Le **traité de Rome**, signé le 25 mars 1957, institue une **Communauté économique européenne**, appelée également « Marché commun » des six. L'objectif est de libéraliser les échanges en créant une union douanière.

2. LE PROCESSUS : APPROFONDISSEMENT *VERSUS* ÉLARGISSEMENT

a) Progrès et promesses de l'intégration économique

En 1960, un autre projet d'intégration voit le jour en Europe : l'**Association européenne de libre-échange** qui rassemble sept pays (dont le Royaume-Uni, qui avait refusé de participer aux négociations préparatoires au traité de Rome). La CEE répond à cette initiative par l'approfondissement de sa propre intégration. En 1962, la politique agricole commune est mise en place (v. fiche 60). De 1959 à 1968, les tarifs douaniers sont abolis entre les six qui réalisent dès le 1er juillet 1968 l'Union douanière, soit avec un an et demi d'avance. Un **tarif extérieur commun** modéré est mis en place à cette époque. En 1967, la Commission européenne est créée afin de faire avancer l'harmonisation des structures des pays membres. L'intensification des échanges commerciaux est forte au sein de la CEE et y apparaît comme un puissant facteur de croissance économique.

Afin de favoriser plus encore le développement des échanges, les six décident en 1969 de préparer une Union économique et monétaire. Le **rapport Werner** (1970) propose l'institution d'une monnaie commune qui coexisterait avec les monnaies nationales. Au sommet de Paris en octobre 1971, les chefs d'États et de gouvernement décident de mettre en place une politique régionale et de réaliser l'Union européenne avant 1980.

b) L'élargissement et ses difficultés

En réalité, malgré ces grandes ambitions, les années 1970 sont marquées par une stagnation relative de l'intégration. Jusqu'en 1986, la construction européenne passe par un élargissement. Trois nouveaux membres rejoignent la CEE en 1972 : le Royaume-Uni, l'Irlande et le Danemark. La dynamique d'intégration apparaît dès lors réduite. Le **serpent monétaire européen** mis en place au printemps 1972 échoue à intégrer les monnaies en son sein et à garantir la stabilité des cours de change. À partir de 1979, le **SME** connaît lui aussi de très nombreux ajustements. Un contexte international d'instabilité et de ralentissement du rythme de la croissance ne favorise pas les concessions nationales. Le Royaume-Uni remet en cause avec fracas la solidarité financière au sein de la CEE. En 1980, les Anglais reçoivent 8 % des dépenses de la Communauté, alors que leur part dans le PNB est de 16 % et qu'ils contribuent au budget à hauteur de 21 %. Margaret Thatcher demande sur cette base le remboursement de la contribution nette du Royaume-Uni. L'hétérogénéité structurelle de la zone apparaît criante à la suite de l'intégration de la Grèce en janvier 1981 puis de l'Espagne et du Portugal en janvier 1986. Il devient indispensable de développer une politique régionale ambitieuse pour résorber les écarts de développement et d'impulser une nouvelle dynamique d'approfondissement de l'intégration.

3. L'INTÉGRATION MONÉTAIRE POUR PRÉSERVER LES ACQUIS DE L'INTÉGRATION RÉELLE

a) Les avancées de la libéralisation

L'**Acte unique européen,** ratifié en 1986, est constitué d'une série d'amendements et de compléments aux traités portant création de la CECA, de la CEE et d'Euratom. Il prévoit la mise en place avant le 31 décembre 1992 d'un espace sans frontière intérieure où les marchandises, les capitaux et les personnes pourraient circuler librement. Cette abolition est réalisée le 1er janvier 1993.

Cette libéralisation interne qui se double d'un mouvement d'intensification de la mobilité internationale des capitaux paraît difficilement compatible avec la préservation de la stabilité monétaire. Les **crises de change de 1992-1993** au sein du SME confirment ces craintes. L'ampleur de l'attaque spéculative contre certaines monnaies impliquait un resserrement monétaire dont les coûts internes auraient été trop difficiles à supporter pour les autorités, d'où des sorties du système pour la livre et la lire (septembre 1992), d'où l'élargissement des bornes à ±15 % début août 1993 à la suite d'une troisième attaque contre le franc français.

b) Le rapport Delors

En avril 1988, le Conseil européen confie à un comité, présidé par Jacques Delors, la responsabilité « d'étudier et de proposer les étapes concrètes devant mener à l'Union Économique et Monétaire ». Le rapport Delors, présenté en juin 1989, opte pour la solution d'une monnaie unique européenne et définit trois étapes pour y parvenir. Une première étape instaurerait la liberté des mouvements de capitaux et développerait la coordination des politiques économiques dans le contexte institutionnel existant. Une deuxième étape prévoit le renforcement de la coordination des politiques économiques et la mise en place de nouvelles institutions préparant la monnaie unique. La troisième étape est constituée par le passage à des parités irrévocablement fixées ; les États transféreraient alors leurs prérogatives monétaires. Les réserves de change seraient mises en commun et la monnaie unique se substituerait aux monnaies nationales. Le projet ainsi définit suit largement la trajectoire de l'intégration systématisée par Balassa dans l'ouvrage *The Theory of Economic Integration* (1961) : l'intégration monétaire couronne l'intégration réelle.

c) Le traité de Maastricht

Ce rapport Delors sert de base au traité de Maastricht signé en février 1992 qui prévoit la création d'une **monnaie unique** (appelé alors Ecu mais le sommet de Madrid en décembre 1995 opte finalement pour le nom euro) et fixe le 1er janvier 1999 comme date butoir pour l'Union monétaire… Il définit un calendrier de l'intégration monétaire. Le traité retient la date du 1er janvier 1994 pour le passage à la deuxième étape. Il définit cinq critères de convergence à respecter par les États dans les domaines monétaire et financier.

d) Les critères de convergence de Maastricht

Le déficit budgétaire brut ne doit pas être supérieur à 3 % du PIB.

La dette publique ne doit pas être supérieure à 60 % du PIB.

L'inflation ne doit pas être supérieure de plus de 1,5 point à la moyenne des trois économies les moins inflationnistes.

Le taux d'intérêt à long terme ne doit pas être supérieur de plus de 2 points à la moyenne des trois économies ayant les taux les plus faibles.

En matière de change, le pays doit respecter les marges normales de fluctuation prévues par le mécanisme de change du SME pendant au moins deux ans sans dévaluation.

Le passage à la monnaie unique doit s'effectuer au plus tôt le 1er janvier 1997 si sept pays satisfont les critères de convergences.

e) Le succès de l'installation de l'euro

Le 3 mai 1998, onze pays sont officiellement qualifiés parmi les quinze d'une Union européenne qui s'est élargie depuis 1995 à la suite de l'adhésion de la Suède, l'Autriche et la Finlande. Les pays qualifiés pour l'euro sont l'Allemagne, la Belgique, l'Espagne la France, l'Italie, le Luxembourg, les Pays-Bas, le Portugal et l'Autriche et la Finlande qui participent au mécanisme de change alors que leurs monnaies ne font pas partie de la composition de l'euro. Une interprétation politique du respect des critères de convergence a prévalu : la Belgique et l'Italie avaient un ratio d'endettement très supérieur à 60 %.

Le 1er janvier 1999, des taux de conversion irrévocables sont établis entre les onze monnaies (rejointe par la monnaie grecque en janvier 2001) même si l'euro n'existe encore que sous sa forme scripturale. Les billets et les pièces sont mis en circulation à partir du 1er janvier 2002 et, le premier juillet 2002, les monnaies nationales disparaissent totalement de la circulation.

4. LES DÉFIS DE L'INTÉGRATION POLITIQUE EUROPÉENNE

En mai 2004, dix nouveaux pays adhèrent à l'Union européenne (Chypre, Estonie, Hongrie, Malte, Lettonie, Lituanie, Pologne, République tchèque, Slovaquie, Slovénie). Le PIB de l'UE atteint en 2005 12 937 milliards de dollars, contre 12 487 milliards de dollars pour les États-Unis. L'Union européenne paraît en mesure de contester la puissance économique des États-Unis et d'influencer davantage les relations commerciales et financières internationales. Mais pour l'heure, l'absence d'intégration politique semble préjudiciable à l'affirmation de l'euro en tant que monnaie internationale et, plus largement, à l'influence européenne dans le monde.

Le non-respect du **Pacte de stabilité et de croissance** par de nombreux pays (dont l'Allemagne et la France) et finalement l'absence de sanction illustrent la prégnance des préoccupations nationales et la difficulté de voir émerger une véritable autorité politique supranationale.

L'échec du projet de traité constitutionnel en 2005 (vote négatif de la France et des Pays-Bas) stoppe la dynamique d'intégration et éloigne notamment l'horizon de l'intégration politique. Cette séquence reste cependant conforme à l'histoire de la construction européenne qui n'a pu associer véritablement approfondissement de l'intégration et élargissement.

L'adhésion des dix nouveaux membres (puis celle de la Bulgarie et de la Roumanie en 2007) pose de nouveau avec acuité la question de la résorption des écarts de développement et de l'hétérogénéité structurelle de l'Union. Ce nouvel élargissement amène aussi à une interrogation sur la définition des frontières européennes (géographique, culturelle...) et sur l'**horizon de l'intégration politique**.

Repères chronologiques

- 1951 (18 avril) : traité de Paris qui établit la CECA.
- 1957 (25 mars) : traité de Rome qui institue la Communauté économique européenne.
- 1968 (juillet) : réalisation de l'Union douanière entre les six.
- 1972 : adhésion du Royaume-Uni, du Danemark et de l'Irlande.
- 1991 : traité de Maastricht.
- 1999 : création de l'euro.
- 2004 : élargissement de l'Union européenne à 10 pays de l'Est de l'Europe.

59 Le Système monétaire européen

Point clef

La mise en place du Système monétaire européen (SME) vise à stabiliser les cours de change entre monnaies européennes. Les crises de ce système au début des années 1990 attirent l'attention sur la nécessité de mettre en place une monnaie unique pour préserver les acquis de l'intégration européenne.

1. L'ÉCHEC DU SERPENT MONÉTAIRE EUROPÉEN

Le sommet européen de La Haye en 1969 envisage la création d'une Union économique et monétaire et le rapport Werner (1970) trace le chemin vers une monnaie commune. Mais ces ambitions européennes sont immédiatement confrontées à la réalité de l'éclatement du système de Bretton Woods.

Les accords du Smithsonian Institut de décembre 1971 en élargissant les marges de fluctuations des monnaies de ±1 % autour des parités centrales, à ±2,25 % constituent une menace pour le développement des échanges intra-européens et la poursuite de la politique agricole commune.

L'idée du Serpent monétaire européen est de **réduire ces fluctuations** en établissant des marges plus faibles. Le 21 mars 1972, le Conseil des ministres de la CEE convient de réduire les marges de fluctuations des monnaies européennes de moitié par rapport à ce que prévoyait l'accord du Smithsonian Institut. Le Comité des gouverneurs des Banques centrales décide, à Bâle, le 10 avril 1972, de mettre en place un mécanisme de solidarité monétaire pour stabiliser les cours de changes. Ce mécanisme réunit les six pays fondateurs plus le Royaume-Uni et le Danemark. Malgré le flottement du dollar en 1973, le Serpent monétaire subsiste mais se montre incapable de garantir véritablement la stabilité. La livre en sort en 1972, la lire en 1973, le franc français quitte définitivement le Serpent en 1976, le mark est réévalué à quatre reprises, le florin hollandais deux fois. Entre 1976 et 1979, le Serpent devient une sorte de zone mark : seuls le deutschemark, le florin, le franc belge et les couronnes scandinaves y participent. L'échec du serpent résulte pour partie d'un **défaut de coordination des politiques économiques** dans un contexte particulièrement instable. Le Serpent est dissous en 1979 et remplacé par le SME.

2. LES GRANDS PRINCIPES DU SME

La conférence de Brême (juillet 1978) puis le Conseil européen de Bruxelles (décembre 1978) décident de la mise en place d'un nouveau système entre les monnaies des pays membres. Ceux-ci fixent les taux de change entre leurs monnaies et les laissent flotter par rapport au dollar. Le Système monétaire européen qui entre en vigueur le 13 mars 1979 repose au départ sur deux piliers.

L'**Ecu** est institué en tant qu'unité monétaire européenne : c'est une monnaie-panier qui tire son nom d'un sigle anglais, *European Currency Unit*, mais évoque aussi une ancienne monnaie française. Sa valeur est déterminée à partir d'un panier de monnaies des pays membres au prorata de leur PIB et de l'intensité de leurs échanges commerciaux. La position de chaque monnaie vis-à-vis de l'Ecu permet d'identifier le ou les responsables des tensions sur les taux de change.

Des marges de fluctuations plus larges et plus réalistes que celles du Serpent sont définies pour limiter les fluctuations des cours bilatéraux : les cours ne doivent pas s'écarter de ± 2,25 % des parités centrales.

Si, à l'époque, les neuf pays membres participent à l'Ecu, certains obtiennent des aménagements en matière de change. Ainsi le Royaume-Uni ne participe pas au mécanisme de change jusqu'à son adhésion au système en octobre 1990. L'Italie obtient des marges de fluctuations plus larges de ±6 %, elle n'entre dans les marges étroites qu'en 1990. L'Espagne et le Portugal ont eux aussi bénéficié de ces marges élargies au moment d'intégrer le mécanisme de change européen, respectivement en juin 1989 et avril 1992.

Les pays qui adhèrent aux mécanismes doivent défendre la valeur de leur monnaie par rapport à toutes les autres. Pour ce faire, les banques centrales disposent de possibilités d'emprunts auprès de leurs consœurs pour des montants illimités (un délai de remboursement est fixé à 75 jours mais il peut être prorogé). Les Banques centrales peuvent utiliser les fonds reçus du FECOM (Fonds européen de coopération monétaire, remplacé par l'Institut monétaire européen à partir de 1994) contre un dépôt auprès de lui de 20 % de leurs avoirs en or et devises.

Entre 1979 et 1986, les ajustements ont été relativement nombreux au sein de ce système (six réévaluations du mark, quatre dévaluations du franc français…). Les trajectoires des déterminants fondamentaux des taux de change (inflation, balance des paiements…) sont alors assez hétérogènes et le système fait preuve d'une relative souplesse. Par la suite, les principaux membres font savoir qu'ils souhaitent maintenir la fixité des parités. **La pérennité du système se pose désormais plus ouvertement en termes de crédibilité. Le SME se transforme alors en un système asymétrique** où les pays à monnaie faible sont contraints de suivre la stratégie monétaire allemande.

3. LES CRISES DU SYSTÈME MONÉTAIRE EUROPÉEN

L'Acte unique européen ratifié en 1986 est constitué d'une série d'amendements et de compléments aux traités fondateurs. Il prévoit la mise en place avant le 31 décembre 1992 d'un espace sans frontière intérieure où les marchandises, les capitaux et les personnes pourraient circuler librement. Cette abolition est effectivement réalisée le 1er janvier 1993.

Cette libéralisation interne, qui se double d'un mouvement d'intensification de la mobilité internationale des capitaux, paraît difficilement compatible avec la préservation de la stabilité monétaire (rapport Padoa-Schioppa de 1987 qui réactualise l'analyse de Mundell en termes de triangle d'incompatibilité). Les **crises de change de 1992-1993** au sein du SME en apportent une démonstration criante. L'ampleur de l'**attaque spéculative** contre certaines monnaies implique un resserrement monétaire dont les coûts internes (sur l'activité) sont trop difficiles à supporter pour les autorités. La livre sterling et la lire italienne (septembre 1992) sont contraintes de sortir du système en 1992. Les bornes de fluctuations des cours doivent être portées à ± 15 % début août 1993 à la suite d'une troisième attaque contre le franc français que l'axe franco-allemand, promoteur de l'union monétaire, ne parvient pas à contrer. Le SME change de nature et devient un régime de semi-flottement. Les évolutions du change menacent alors de freiner les échanges intra-européens. Dans la lignée des travaux de Obtsfeld (1986), une seconde génération de modèles de crises de change analyse le caractère autovalidant de ce type d'attaque.

Repères chronologiques

- 1972 : mise en place du Serpent monétaire européen.
- 1979 (mars) : mise en place du Système monétaire européen.
- 1989 : présentation du rapport Delors.
- 1992 : signature du traité de Maastricht.
- 1992-1993 : crises de change au sein du SME.
- 1999 : création de l'euro.

60 La politique agricole commune

Point clef

La PAC s'inscrit dans une double tradition historique de protection de l'agriculture et d'articulation avec des objectifs plus larges (sécurité des approvisionnements, gestion de l'espace...). Pour affronter le défi de l'indépendance alimentaire, l'Europe naissante met en place en 1962 une politique. Le secteur agricole symbolise la construction européenne pendant plusieurs décennies.

1. LA PAC « VICTIME » DE SES SUCCÈS (1962-1992)

a) La modernisation de l'agriculture européenne à travers un protectionnisme « offensif »

Les objectifs généraux de la PAC ont été définis dans le traité de Rome (25 mars 1957) et ses principes directeurs fixés lors de la conférence ministérielle de Stresa en juillet 1958. Les mécanismes de base ont été établis par les six pays fondateurs en 1960 ce qui a permis à la PAC d'entrer en vigueur dès 1962. Cinq objectifs ont été mis en avant :

- Accroître la **productivité** de l'agriculture en développant le progrès technique...
- Assurer un **niveau de vie équitable** à la population agricole.
- Stabiliser les marchés.
- Garantir la **sécurité des approvisionnements**.
- Assurer des **prix raisonnables** dans les livraisons aux consommateurs.

Le fonctionnement de la PAC repose sur des principes vecteurs d'intégration au sens strict du terme : la **libre circulation des produits agricoles à l'intérieur** de la communauté, l'harmonisation des règles sanitaires, la mise en place d'une organisation commune de marché destinée à garantir l'unité de prix au sein de la zone, la préférence communautaire qui conduit à la taxation des importations dont le prix est inférieur au prix intérieur européen, la solidarité financière des pays membres.

L'axe central de la PAC repose sur la **garantie des prix**. Les marchés sont aménagés en organisation commune de marché (OCM), chaque produit ou groupe de produits fait l'objet d'un règlement de marché destiné à orienter les productions et à stabiliser les prix (céréales, volailles en 1967, lait en 1968...).

Le financement est assuré par le fonds européen d'orientation et de garantie agricole (FEOGA) dont les ressources sont constituées de prélèvements obligatoires, de droits de douane, depuis 1971 d'une fraction de la TVA de chaque État membre et d'une ressource complémentaire fonction de leur PNB depuis 1994.

b) Des résultats inespérés : le « miracle de la PAC »

La PAC a largement contribué à la **modernisation de l'agriculture européenne**. Sa mécanisation s'est intensifiée, les exploitations ont été restructurées, l'irrigation et le drainage se sont développés... Un bond en avant des rendements a été réalisé. En France, la productivité par actif agricole passe du tiers du niveau américain avant 1939 à 60 % dans les années 1990.

La PAC a ainsi contribué à la **reconquête du marché intérieur européen**. Dès les années 1970, l'autosuffisance est atteinte dans de nombreuses productions et des excédents s'accumulent, comme dans le secteur laitier.

Les objectifs initiaux de la PAC ont été dépassés. Dès lors, la nécessité d'une réforme est apparue tant cette politique a fait l'objet de critiques à la fois internes et externes.

Au plan interne, les stocks s'accumulent (500 000 tonnes de beurre, 15 millions de tonnes de céréales en 1991...), le coût budgétaire du soutien des prix et de la gestion des stocks est jugé excessif (la politique agricole absorbe 66 % du budget européen en 1989). Par ailleurs, l'orientation productiviste de l'agriculture européenne commence à être dénoncée, l'utilisation abondante des pesticides et des engrais menace l'environnement.

Au plan international, les effets de distorsion du soutien des prix sont dénoncés dans le cadre des négociations du GATT, les États-Unis mènent une offensive afin de réduire les parts de marché de l'Europe dans le commerce agricole mondial.

2. LES RÉFORMES DE LA PAC (1992-2012) : L'EXTENSION DU DÉCOUPLAGE

a) Le virage de 1992

La réforme de mai 1992 concerne les principes et le contenu de la PAC. Elle substitue pour partie au soutien des prix un système d'aides découplées des variations de production mais liées aux niveaux antérieurs de production et de productivité. Par ailleurs la réforme étend le système des **quotas de production** et promeut le **gel d'une partie des terres** pour les exploitations de grandes tailles. Un volet de la réforme cherche aussi à promouvoir la préservation de l'environnement et le potentiel de développement des campagnes (tourisme rural).

Ces mesures permettent de contrôler l'offre agricole et les dépenses budgétaires, mais elles ne font qu'atténuer les critiques adressées à la PAC. En 1999, cette politique absorbe encore 42 % du budget de l'Union européenne. La répartition des aides est mise en cause (30 % des exploitants captant près de 80 % des aides). Au niveau international, le principe du soutien des prix est dénoncé par les grands pays exportateurs (Australie, Brésil...) rejoints par les pays d'Afrique. Le Conseil européen de Berlin, en mars 1999, décide d'une nouvelle baisse des prix d'intervention.

b) La réforme de 2003

La réforme de la PAC de 2003 prolonge les réformes de 1992 et 1999 en augmentant le nombre de produits soumis à la discipline générale de la baisse du soutien par les prix et la compensation des pertes induites de revenus par des **aides directes découplées** des quantités produites (premier pilier). Le deuxième pilier propose des aides additionnelles conditionnées à des efforts qualitatifs en matière d'environnement.

Un objectif de la réforme est de rendre compatible les aides européennes à l'agriculture avec les pratiques en vigueur dans le cadre de l'OMC. Le découplage de la politique de soutien devrait permettre de classer une part des aides dans la boîte dite verte autorisées du fait de leurs faibles effets « distorsifs » sur les échanges internationaux.

Le premier pilier de la nouvelle PAC transforme une majorité des aides directes de soutien des revenus en un **paiement unique** par exploitation déconnecté des choix et des niveaux de production. Elle conditionne l'attribution du paiement unique au respect de normes environnementales, de bien-être des animaux... En vertu du principe de subsidiarité, les États disposent de vraies marges de manœuvres dans l'application de la réforme (choix de la date de mise en œuvre... Cette souplesse dans les modalités d'application de la nouvelle PAC pourrait préfigurer une renationalisation des politiques agricoles après 2012.

Repères chronologiques

- 1962 : entrée en vigueur de la PAC.
- 1984 : instauration des quotas laitiers.
- 1992 : réforme de la PAC. Aides découplées et promotion du gel des terres.
- 1992 (novembre) : signature de l'accord de Blair House à Washington entre les États-Unis et l'Europe qui prévoit une réduction du soutien à l'agriculture.
- 2003 : nouvelles réformes. Aides directes découplées des quantités produites. Aides additionnelles conditionnées à des efforts qualitatifs.

61 La Banque centrale européenne

Point clef

La Banque centrale européenne conduit la politique monétaire dans la zone euro. Son objectif principal est de garantir la stabilité des prix dans cet espace. Elle est dotée pour cela d'une très forte autonomie en particulier sur le plan opérationnel.

1. LES MISSIONS DE LA BCE

La Banque centrale européenne a été instituée à partir du 1er juin 1998. Elle est dotée d'une personnalité juridique et bénéficie d'un statut supranational. Elle appartient à l'**Eurosystème** et au **SEBC** (Système européen des Banques centrales).

L'Eurosystème rassemble les Banques centrales nationales de la zone euro et la BCE.

Le SEBC intègre les Banques centrales nationales de l'ensemble des États membres de l'Union européenne et la BCE.

Les missions de l'Eurosystème consistent, d'après le traité de Maastricht (art. 105) à **définir et à mettre en place la politique monétaire** de la zone euro, à conduire les opérations de change, à détenir et gérer les réserves de change des États membres et à promouvoir le bon fonctionnement du système de paiements.

Ces missions renvoient à un objectif général de **préservation de la valeur de l'euro** à long terme et, partant, de son affirmation en tant que monnaie forte (c'est-à-dire une monnaie capable de conserver son pouvoir d'achat sur le long terme).

La BCE autorise l'émission des billets de banque en euros. Le SEBC émet ces billets qui seuls ont cours légal dans la zone euro. Les pièces sont émises par les États membres mais la BCE doit donner son approbation concernant le volume de l'émission. La BCE contrôle donc pleinement l'émission de monnaie, attribution historique essentielle d'une Banque centrale.

Le siège de la BCE se situe à Francfort. Cette localisation rappelle combien l'identité monétaire européenne est influencée par l'histoire monétaire allemande. La **forte autonomie** de la BCE et l'introduction d'une discipline budgétaire dans le Pacte de stabilité et de croissance (1997) ont été mises en place sous l'influence de l'Allemagne afin de crédibiliser l'engagement anti-inflationniste de l'UE. Une filiation avec la conduite de la Bundesbank a contribué à ce que la BCE relève avec succès le défi de la confiance dans l'euro.

2. L'ORGANISATION COMPLEXE ET POTENTIELLEMENT ÉVOLUTIVE DU SEBC

a) Le Conseil des gouverneurs : organe de décision

Les décisions relatives aux missions confiées à l'Eurosystème sont prises par le « Conseil des gouverneurs ». Celui-ci se réunit un jeudi sur deux. Début 2008, ce Conseil se compose de vingt membres, les six membres du « Directoire » de la BCE et l'ensemble des gouverneurs des Banques centrales nationales de la zone euro, le principe « un pays, une voix » ayant été retenu comme mode de représentation. Lors des délibérations, les décisions sont prises à la majorité simple, le président a une voix prépondérante en cas de partage des voix. Les gouverneurs nationaux disposent d'une large majorité qui a pu faire redouter dans un premier temps la constitution de coalitions aux services d'intérêt nationaux, cette crainte est aujourd'hui dissipée. L'effectif important de cet organe peut rendre la prise de décision difficile et constituer un facteur d'inertie.

b) Deux organes « d'appui » : le Directoire et le Conseil général

Le Directoire est l'organe exécutif au sein du SEBC. Il se compose d'un président (Jean-Claude Trichet), d'un vice-président et de quatre membres tous nommés par le Conseil européen (chef d'État ou de gouvernement des États membres de la zone euro) après consultation du Parlement européen et du Conseil des gouverneurs. Le Directoire gère les affaires courantes, la préparation des réunions du Conseil des gouverneurs…

Le Conseil général regroupe le président et le vice-président de la BCE et tous les gouverneurs des Banques centrales de l'Union. Ce conseil prépare l'entrée des futurs membres de l'Union européenne dans la zone euro. Tant que le SEBC intègre de nouvelles Banque centrales, son existence est justifiée. La mission de cet organe est d'associer les États membres ne participant pas encore à l'Union monétaire aux décisions prises dans le cadre de la zone euro. Il est notamment responsable de la gestion du SME-bis (Système monétaire européen qui intègre les monnaies ne faisant pas partie de la zone euro) et de la préparation de la fixation irrévocable du taux de change de ces monnaies en vue d'une entrée dans l'euro.

3. LA TRÈS FORTE AUTONOMIE DE LA BANQUE CENTRALE EUROPÉENNE

Afin de garantir la crédibilité de l'engagement anti-inflationniste de la BCE, une forte autonomie lui a été octroyée surtout au plan opérationnel.

a) L'autonomie institutionnelle

L'autonomie institutionnelle peut se définir comme l'ensemble des aspects juridiques et organiques définissant les conditions de fonctionnement de la Banque centrale. Plusieurs facteurs fondent la forte autonomie institutionnelle de la BCE :

- au sein du SEBC les gouverneurs nationaux sont nommés pour une durée relativement longue d'au moins cinq ans et ne sont pas révocables (sauf en cas de faute grave).
- les membres du Directoire nommés par le Conseil Européen le sont pour une période longue de 8 ans. Ce mandat est non renouvelable ce qui évite de les voir prendre en compte les préférences des responsables politiques afin de s'assurer une nouvelle nomination.

En ce qui concerne les relations avec les autres institutions européennes, l'article 108 du Traité de Maastricht pose que les membres du SEBC ne peuvent recevoir d'instructions de la part des institutions et organes communautaires, des gouvernements des États membres ou de tout autre organisme. Le président du Conseil de l'UE peut simplement participer sans droit de vote aux réunions du Conseil des gouverneurs et du Conseil général de la BCE. De manière symétrique le président de la BCE peut être invité aux réunions du Conseil de l'Union européenne lorsque des questions concernant le SEBC sont abordées (art 109 B). Un membre de la Commission peut participer sans voix délibérative aux réunions du Conseil des Gouverneurs et du Conseil Général.

b) Une très forte autonomie opérationnelle

L'autonomie opérationnelle renvoie à l'implication de la Banque centrale dans la définition des objectifs de politique monétaire et à ses marges de manœuvre dans sa mise en application à travers le choix des instruments. La BCE dispose d'une compétence exclusive dans la définition et la conduite de la politique monétaire. Elle choisit l'objectif d'inflation et les instruments qui lui semblent les plus adéquats. Au sein de la zone, les liens financiers avec les pouvoirs publics ont été distendus, le SEBC ne peut pas accorder de crédits aux gouvernements, la possibilité d'avance directe est exclue. En revanche, les titres publics peuvent être admis dans le cadre des procédures de refinancement.

Repères chronologiques

- 1997 : adoption du Pacte de stabilité et de croissance (traité d'Amsterdam).
- Juin 1998 : la Banque centrale européenne est instituée.

62 L'euro

Point clef

Depuis son instauration le 1er janvier 1999, l'euro est l'unité monétaire d'un nombre croissant de pays de l'Union européenne. Sa mise en place est un événement historique majeur, jamais jusqu'alors des pays aussi puissants n'avaient rassemblé leur souveraineté monétaire. La constitution d'une monnaie unique couronne un processus d'intégration engagé dès les années 1950.

1. L'INTÉGRATION MONÉTAIRE POUR PRÉSERVER LES ACQUIS DE L'INTÉGRATION RÉELLE

En avril 1988, le Conseil européen confie à un comité, présidé par Jacques Delors, le soin « d'étudier et de proposer les étapes concrètes devant mener à l'Union économique et monétaire ». L'union monétaire pouvait prendre trois formes principales :

- conserver les monnaies nationales mais en établissant des parités fixes établies de manière définitive ;
- ajouter aux monnaies nationales une monnaie commune (l'Ecu), cette position est défendue notamment par le Royaume-Uni ;
- enfin établir une monnaie unique européenne.

Le **rapport Delors**, présenté en juin 1989, opte pour la solution d'une monnaie unique et définit trois étapes pour y parvenir. Une première étape instaurerait la liberté des mouvements de capitaux et développerait la coordination des politiques économiques dans le contexte institutionnel existant. Une deuxième étape prévoit le renforcement de la coordination des politiques économiques et la mise en place de nouvelles d'institutions préparant la monnaie unique. Une troisième étape est constituée par le passage à des parités irrévocablement fixées, les États transférant leurs prérogatives monétaires au Système européen de Banques centrales. Les réserves de change sont mises en commun et la monnaie unique se substitue aux monnaies nationales.

2. LE TRAITÉ DE MAASTRICHT ET LA MARCHE VERS L'EURO

Ce rapport sert de base au traité de Maastricht. Signé en février 1992, il prévoit la création d'une monnaie unique (appelé alors Ecu mais le sommet de Madrid en décembre 1995 opte finalement pour le nom euro) et fixe le 1er janvier 1999 comme date butoir pour l'Union monétaire… Il définit un calendrier de l'intégration monétaire. Le traité retient la date du 1er janvier 1994 pour le passage à la deuxième étape, il définit cinq critères de convergence dans les domaines monétaire et financier. Le **passage à la monnaie unique** doit s'effectuer au plus tôt le 1er janvier 1997 si sept pays satisfont les critères de convergences.

Si l'on se réfère à la théorie des zones monétaires optimales, les avantages attendus de la monnaie unique sont :

- les suppressions des coûts de transactions liés aux opérations de change ;
- les effets catalyseurs de l'intensification de la concurrence en matière de productivité ;
- la baisse de la prime de risque sur les taux d'intérêt pour les pays de la zone qui avaient une monnaie faible ;
- en plus dans le cas de l'Europe, il convient d'ajouter la possibilité de bénéficier des avantages d'une monnaie internationale si l'euro parvient à avoir ce statut (objectif proclamé alors).

Les coûts pour les pays membres sont faibles car, depuis les années 1980 au sein du SME, ils ne disposaient plus de véritables marges de manœuvre de politique monétaire et pouvaient difficilement utiliser le change comme variable d'ajustement en cas de choc.

3. L'INSTALLATION DE L'EURO

Le 3 mai 1998, onze pays sont officiellement qualifiés parmi les quinze d'une Union européenne qui s'est élargie depuis 1995 à la suite de l'adhésion de la Suède, l'Autriche et la Finlande. Les pays participant à l'euro sont l'Allemagne, la Belgique, l'Espagne, la France, l'Italie, le Luxembourg, les Pays-Bas, le Portugal ainsi que l'Autriche et la Finlande qui participent au mécanisme de change alors que leur monnaie ne font pas partie de la composition de l'euro. Une **interprétation politique du respect des critères** de convergence prévaut : la Belgique et l'Italie ont un ratio d'endettement très supérieur à 60 %... Cette séquence montre que les avancées de l'intégration reposent plus sur un choix politique que sur des strictes considérations en termes efficacités économiques (Machlup, 1977).

Le 1er janvier 1999, des taux de conversion irrévocables sont établis entre les onze monnaies (rejointe par la monnaie grecque en janvier 2001) même si l'euro n'existe encore que sous sa forme scripturale. Les billets et les pièces sont mis en circulation à partir du 1er janvier 2002 et le 1er juillet 2002 les monnaies nationales disparaissent totalement de la circulation. Depuis trois autres économies ont adopté l'euro : la Slovénie en janvier 2007, Chypre et Malte en janvier 2008, la Slovaquie en janvier 2009.

4. L'AFFIRMATION D'UNE MONNAIE FORTE

La Banque centrale européenne a réussi à **établir la confiance dans l'euro**. Elle a fait de l'euro une monnaie forte, c'est-à-dire une monnaie qui conserve son pouvoir d'achat sur la longue période. L'objectif de stabilité des prix a en effet été atteint depuis 1999 malgré les tensions inflationnistes de la période 2007-2008 qui trouvent leur origine dans la hausse des prix des ressources naturelles.

Les anticipations d'inflation sont ancrées dans une fourchette de 1,5 à 2 % qui correspond à son objectif, on peut y voir la manifestation de sa crédibilité. Sur la période 1999-2008 les taux d'intérêt nominaux et réels ont été relativement faibles dans la zone euro.

Si le dollar reste aujourd'hui la seule monnaie internationale au sens plein du terme, l'euro gagne peu à peu du terrain : sa part dans les réserves des Banques centrales progresse, il devient une monnaie de facturation au niveau international, les actifs libellés en euros inspirent une confiance grandissante. Sur le marché des changes, l'euro s'est fortement apprécié depuis 2002 vis-à-vis de toutes les autres grandes monnaies (dollar, yen, yuan...).

Repères chronologiques

- 1989 : rapport Delors.
- 1992 : traité de Maastricht.
- 1999 : installation de l'euro.

63 Le Pacte de stabilité et de croissance

Point clef

Le Pacte de stabilité et de croissance adopté par le Conseil européen d'Amsterdam le 17 juin 1997 fixe un cadre disciplinant à la politique budgétaire des pays membres de l'Union. Il est depuis l'objet de nombreuses controverses.

1. UN CADRE INSTITUTIONNEL DISCIPLINANT

a) Le volet préventif

L'article 99 du traité instituant la Communauté européenne fixe comme objectif une « position budgétaire proche de l'équilibre ou excédentaire » à moyen terme. Les États présentent annuellement à la Commission européenne des « programmes de stabilité » pour ceux qui appartiennent à la zone euro et des « programmes de convergence » pour les autres. Chaque pays membre doit présenter à la fin de l'année n un programme budgétaire à horizon de quatre ans qui doit comporter une projection macroéconomique et indiquer l'ensemble des mesures prévues pour atteindre l'équilibre à moyen terme.

b) Le volet répressif

Reposant sur l'article 104 du « Traité CE », le volet répressif interdit aux États membres d'avoir un déficit budgétaire brut supérieur à 3 % du PIB. Une « procédure relative aux déficits excessifs » donne au Conseil la possibilité d'imposer des sanctions à un État membre de la zone euro. La Commission instruit une procédure et le Conseil des ministres adresse une recommandation à l'État concerné. L'État doit mettre en place des « actions suivies d'effets » pour régler le problème et effectuer un dépôt non rémunéré égal à une partie fixe de 0,2 % du PIB et une partie variable qui correspond à 10 % du dépassement. La somme totale est plafonnée à 0,5 % du PIB. Si le déficit est corrigé dans les deux ans, le dépôt est restitué au pays, sinon il est converti en amende. Une critique adressée à ce dispositif est qu'il accentue les difficultés financières d'États déjà en difficultés, il serait en ce sens pro-cyclique.

Le PSC prévoit des circonstances exceptionnelles dans lesquelles le pays ne serait pas soumis à sanctions :

- En cas de récession équivalente de 2 % du PIB, une exemption est accordée automatiquement si le déficit est temporaire.
- En cas de récession comprise entre 0,75 et 2 % du PIB, une exemption peut être accordée si la brutalité du ralentissement est prouvée.

2. LES JUSTIFICATIONS DE LA DISCIPLINE BUDGÉTAIRE

a) Les particularités de l'Union européenne

• Anticiper des évolutions démographiques. – Le vieillissement de la population constituera un défi budgétaire majeur pour l'Europe au cours des prochaines décennies. Les besoins de financement des systèmes de santé et de retraite vont progresser fortement malgré le développement de la capitalisation et des assurances privées. Il importe par conséquent que les États puissent disposer de finances saines à l'heure de relever ces défis.

• Effets externes négatifs d'un déficit budgétaire national en Union monétaire. – Le concept d'externalité peut être transposé à l'étude des pratiques budgétaires en Union monétaire. En effet, un déficit budgétaire national peut provoquer une hausse des taux d'intérêt dont l'ensemble des pays membres vont être victimes en raison de l'intégration financière qui prévaut dans la zone. Au début des années 2000, certains analystes craignaient les conséquences négatives de ce « laxisme » budgétaire sur la valeur externe de l'euro, redoutant sa dépréciation.

• L'efficacité des politiques économiques. – Le respect d'une discipline budgétaire doit permettre de contribuer à renforcer la crédibilité des autorités monétaires et d'améliorer l'efficacité du *policy mix* au sein de la zone.

b) Les fondements théoriques « classiques »

Les instances européennes adhèrent largement aux analyses de la NEC (v. fiche 17) : le déficit budgétaire serait à l'origine **d'effets d'éviction** par le canal des taux d'intérêt et pourrait être associé à une **réaction des comportements de consommation et d'épargne**. Dans un régime budgétaire dit ricardien (un déficit doit être compensé par un excédent à l'avenir), les ménages peuvent, sous certaines hypothèses, répondre au déficit par le développement d'une épargne supplémentaire, destinée à compenser une future hausse des impôts.

L'accumulation de déficits financés par l'émission de titres publics pose le **problème de la soutenabilité de la dette**. Concrètement, la dette devient difficilement soutenable si, dans le total des dépenses des administrations, le service de la dette paralyse l'action budgétaire, voire menace sa solvabilité. Mais il est impossible de déterminer empiriquement un ratio d'endettement à ne pas dépasser.

3. LES CONTROVERSES AUTOUR DU PACTE

a) Le déficit budgétaire, seule arme nationale de politique conjoncturelle dans la zone euro

Une zone monétaire est dite optimale si les structures des économies qui la composent sont assez semblables pour lui éviter des chocs asymétriques ou si, à défaut, des mécanismes se substituent au cours de change pour absorber ces chocs asymétriques (mobilité du facteur travail, existence d'un budget fédéral). Sur ces bases, la zone euro n'apparaît pas comme une zone monétaire optimale. Les pays membres peuvent être soumis à des chocs spécifiques et plusieurs cycles de conjonctures paraissent pouvoir être isolés dans la zone. Pour un État, le budget national constitue le seul outil en réponse à une chute brutale de l'activité comme en 2008-2009 après la crise financière internationale. En effet, la politique de change et la politique monétaire sont uniques, et le budget communautaire reste embryonnaire. La décision de laisser jouer les stabilisateurs automatiques semble préférable à un strict respect des équilibres financiers.

b) La réforme du Pacte de stabilité et de croissance

La réforme du Pacte de stabilité et de croissance a été en débat, quasiment depuis son élaboration, mais la controverse s'est amplifiée à la suite de la dégradation des situations budgétaires de l'Allemagne et de la France. Les termes de l'assouplissement intervenu au printemps 2005 illustrent les ambiguïtés du sujet. Dans un souci de crédibilité le chiffre de 3 % a été conservé comme référence, mais les possibilités de dépassement « exceptionnel et temporaire » ont été élargies (interprétation plus souple de la récession, prise en compte de « facteurs pertinents » comme le fait que le déficit puisse résulter pour partie de dépenses d'investissement ou de dépenses liées à la réforme du système des pensions de retraite).

Certaines pistes de réformes plus profondes ne manqueront pas de retrouver une actualité : au lieu de représenter un déficit brut, le 3 % pourrait être un déficit structurel. De même, tout en conservant le chiffre de 3 %, on pourrait redéfinir l'horizon temporel de la norme (7-8 ans), ce faisant, on retrouve l'esprit de « la théorie du budget cyclique » de Myrdal et Ohlin dans l'entre-deux-guerres.

Repères chronologiques

- 1991 : traité de Maastricht.
- 1997 : traité d'Amsterdam instituant le Pacte de stabilité et de croissance.
- 2005 : réforme du Pacte de stabilité et de croissance.

64 La politique monétaire de la BCE

Point clef

La Banque centrale européenne a réussi à installer l'euro comme monnaie unique et à établir la confiance dans cette nouvelle monnaie. Après plusieurs années d'exercice, il apparaît qu'elle a ensuite atteint son objectif principal : la stabilité des prix au sein de la zone euro. Pour autant sa politique monétaire a fait l'objet de critiques nombreuses et parfois violentes. Certains ont dénoncé son « autisme », un manque de réactivité, une politique excessivement conservatrice. En 2005 à l'occasion des débats sur le projet de traité constitutionnel, le principe de son autonomie a été ouvertement contesté.

1. LE TRIPTYQUE TRADITIONNEL : OBJECTIFS, INSTRUMENTS, CONTRAINTES

a) Contraintes et structures : incertitude et hétérogénéité

La tâche de la BCE était rendue difficile par les caractéristiques structurelles de la zone euro et un environnement extérieur relativement agité.

L'**hétérogénéité structurelle** de la zone implique une **hétérogénéité des canaux de transmission de la politique monétaire** délicate à gérer : les systèmes financiers nationaux sont différents, les comportements des agents en matière de crédit également (taux fixes ou variables…), les structures des patrimoines des ménages diffèrent avec par exemple, suivant les pays, une part plus ou moins grande d'actifs financiers…).

Par ailleurs de nombreux travaux ont insisté sur les éléments d'incertitude associés à la politique monétaire en Euroland : **incertitude sur les paramètres** et la quantification des effets de la politique monétaire, **incertitude sur le modèle** représentant le fonctionnement de l'économie.

Au sein de la zone, il convient également de mentionner l'existence de **différents cycles de conjoncture** avec, pour caricaturer, au début des années 2000 un centre (Allemagne, France, Italie) où la croissance a été atone et une périphérie (Irlande, Espagne…) où elle était beaucoup plus dynamique. Certaines économies pouvaient avoir besoin d'une politique monétaire expansionniste, d'autres pas.

Enfin l'environnement international a été instable avec des **hausses importantes des prix du pétrole** en 2000, en 2005 et 2007-2008 et des variations marquées de la valeur externe du dollar américain (v. fiche 69).

b) Un objectif principal : la stabilité des prix

L'article 105 du traité de Maastricht pose que : « l'objectif principal du SEBC est de maintenir la stabilité des prix ». Il précise : « Sans préjudice de l'objectif de stabilité des prix, le SEBC apporte son soutien aux politiques économiques générales dans la communauté ». Cette dernière phrase peut donner lieu à des interprétations divergentes sur le soutien que la BCE peut apporter à l'activité.

La stabilité monétaire est définie au départ comme une hausse de l'indice harmonisé des prix à la consommation inférieure à 2 % par an sur le moyen terme. Mais en juin 2003, au terme d'un processus d'évaluation, le Conseil des gouverneurs a précisé l'objectif en évoquant une **inflation « proche de 2 % »** ; son objectif était alors de se laisser une marge suffisante pour affronter les risques de déflation.

À titre de comparaison, la loi américaine fixe à la Réserve fédérale l'objectif de « maintenir la croissance à long terme des agrégats de monnaie et de crédit en proportion du potentiel de croissance à long terme de l'économie afin d'accroître la production, et ainsi promouvoir efficacement les objectifs d'emploi maximum, de stabilité des prix et de taux d'intérêt à long terme modérés ». Les objectifs d'activité sont beaucoup plus clairement mis en avant, d'où cette opposition polémique entre une « Fed » qui serait au service de la croissance et une BCE qui serait conservatrice.

c) Les instruments de la politique monétaire en zone euro

La mise en œuvre de la politique monétaire européenne repose principalement sur trois instruments : les opérations d'*open market*, les facilités permanentes et le système des réserves obligatoires.

Les **opérations d'*open market*** sont exécutées à l'initiative de la Banque centrale européenne sur le marché monétaire. Par ce canal, elle fournit des liquidités aux banques de second rang une fois par semaine par l'intermédiaire de prise en pension (cession temporaire de liquidités en échange de titres). Il s'agit de l'instrument essentiel du point de vue de l'orientation des taux. L'évolution du taux Refi (taux de refinancement) ou taux Repo (opérations principales de refinancement) est l'indicateur phare de l'orientation de la politique monétaire, sa dynamique apparaît sur le graphique ci-dessous.

Les « **facilités permanentes** » permettent aux banques de gérer au jour le jour leurs besoins de trésorerie en empruntant (facilité de prêt marginal) ou en prêtant (facilité de dépôt) des liquidités. Les taux de facilité de prêt marginal et facilité de dépôt constituent respectivement un taux plafond et un taux plancher sur le marché monétaire. Ils sont préétablis par la BCE et ont vocation à être dissuasifs : on observe depuis 1999 que le taux de facilité de dépôt est en permanence inférieur de 1 % au « Refi » alors que le taux de facilité de prêt, lui, est supérieur de 1 %, les banques ne recourent que très exceptionnellement à ces facilités.

Le **système des réserves obligatoires** a été décidé par le Conseil des gouverneurs en juillet 1998. Il contraint tous les établissements de crédit installés au sein de la zone à constituer des réserves en monnaie centrale auprès du SEBC. Le taux des réserves obligatoires est de 2 %, il s'applique essentiellement sur les dépôts à vue et les dépôts à terme. Ces réserves permettent de rendre plus stable le système en doublant le besoin de refinancement et en contribuant à lisser les variations des taux d'intérêt sur le marché monétaire.

2. LE BILAN CONTROVERSÉ DE LA BCE

a) La stratégie de politique monétaire

La **stratégie** de politique monétaire de la BCE orientée vers la stabilité des prix est qualifiée de **mixte** par Ch. Bordes et L. Clerc (2004) au sens où elle joue sur la complémentarité entre ancrage à court et à long terme des anticipations.

À **court terme, la variation du taux directeur influencerait les prix à travers les anticipations de l'impact des taux d'intérêt sur l'activité** économique. La Banque jugerait de ces anticipations à partir d'une « large gamme d'indicateurs des perspectives d'évolution des prix et des risques pour la stabilité des prix dans l'ensemble de la zone ». Parmi ces indicateurs, on peut mentionner l'évolution de la demande globale et de ses composantes, les politiques budgétaires nationales, l'évolution des taux de change, de nombreux indicateurs de prix et de coûts… La BCE semble être parvenue à ancrer les anticipations à court terme malgré les nombreuses perturbations, notamment sur les prix du pétrole.

L'**ancrage nominal des anticipations d'inflation à long terme est assuré, quant à lui, à travers l'affichage d'une valeur de référence de l'agrégat monétaire M3** (progression annuelle de +4,5 %) en vertu d'une vision quantitativiste qui serait partagée par l'ensemble des acteurs.

b) L'évolution du « Refi » entre 1999 et 2008

Du premier janvier 1999 au 10 avril, le taux « Refi » est fixé à 3 % ; entre le 10 avril et le 9 novembre il est abaissé à 2,5 %. La BCE marque d'emblée un intérêt pour la croissance. Les observateurs sont surpris par ce qu'ils appellent alors son pragmatisme. Par la suite, la menace de tensions inflationnistes pousse la BCE à remonter graduellement ses taux : le Refi atteint 4,75 % le 11 octobre 2000, il reste à ce niveau jusqu'en mai 2001.

Entre mai 2001 et juin 2003 dans le sillage de la Fed, la BCE abaisse assez régulièrement ses taux. Le « Refi » s'établit finalement à 2 % en juin 2003, niveau qu'il conserve jusqu'en novembre 2005. Cette séquence baissière a fait naître des critiques. Certains ont trouvé qu'elle intervenait avec retard et que la baisse aurait dû être poursuivie. L'exemple de la Fed a alors été invoqué (elle maintient son taux directeur à 1,25 % entre novembre 2002 et juin 2003, puis l'abaisse à 1 % entre juin 2003 et juin 2004).

Le premier décembre 2005, le taux « Refi » est élevé des 25 points de base. Cette hausse provoque une polémique. Pour beaucoup de responsables gouvernementaux européens (dont Th. Breton, ministre français de l'Économie), elle ne se justifie pas et risque d'entraver la croissance. Par la suite, la BCE a poursuivi une politique de hausse graduelle de son taux qui a atteint 4 % au milieu de l'année 2007. Depuis, la Banque centrale européenne a suivi avec retard la Fed dans sa politique de baisse des taux pour faire face aux conséquences de la crise des *subprimes* de 2007-2008.

Plus largement, une comparaison entre les politiques monétaires européenne et américaine fait apparaître une évolution plus ample des taux aux États-Unis, une plus forte réactivité avec des variations de taux plus fréquentes (v. graphique ci-après). Certains ont dénoncé sur cette base le conservatisme de la BCE.

Dans ce débat, il convient de ne pas oublier que les deux institutions n'ont pas les mêmes contraintes et que la plupart des facteurs de la croissance ont été plus dynamiques aux États-Unis sur la période.

c) Une politique conforme à la règle de Taylor

Pour Ch. Bordes et L. Clerc, « La politique monétaire de la BCE – tout comme celle de la réserve Fédérale – n'est pas très éloignée de celle correspondant à la règle de Taylor ». Cela signifie que la variation des taux répondrait à des déviations du taux d'inflation par rapport à son objectif, mais aussi aux déviations de la production par rapport à son niveau potentiel. Sur cette base, on ne pourrait pas accuser la BCE de dogmatisme.

La règle de Taylor :

$$i = r^* + \Pi + 0{,}5\,(\Pi - \Pi^*) + 0{,}5\,y$$

avec :

- i : le taux d'intérêt nominal ;
- Π le taux d'inflation ;
- Π^* la cible d'inflation des autorités monétaires ;
- y l'écart de production ;
- r^* le taux d'intérêt réel d'équilibre de long terme, c'est-à-dire le taux correspondant à une situation où la croissance de la production est égale à la croissance potentielle et où l'écart entre le taux d'inflation et la cible est nul.

En définitive le bilan de la BCE apparaît positif. Les anticipations d'inflation sont ancrées dans une fourchette de 1,5 à 2 % qui correspond à son objectif, on peut y voir la manifestation de sa crédibilité.

Sur la période 2003-2006, les taux d'intérêt nominaux et réels ont été très faibles dans la zone euro. La critique d'une politique excessivement conservatrice apparaît trop dure, la politique monétaire pouvait difficilement être davantage au service de l'activité. Il convient de ne pas oublier que le taux d'intérêt n'est qu'un déterminant parmi d'autres de l'investissement (v. fiche 5).

En 2007-2008, elle s'est efforcée d'affronter la crise financière internationale en approvisionnant le système financier en liquidité et en articulant ses actions avec celles des autres grandes banques centrales comme en octobre 2008 en participant à une baisse coordonnée des taux de 50 points de base.

Taux directeurs de la BCE et de la Fed entre 1999 et 2008

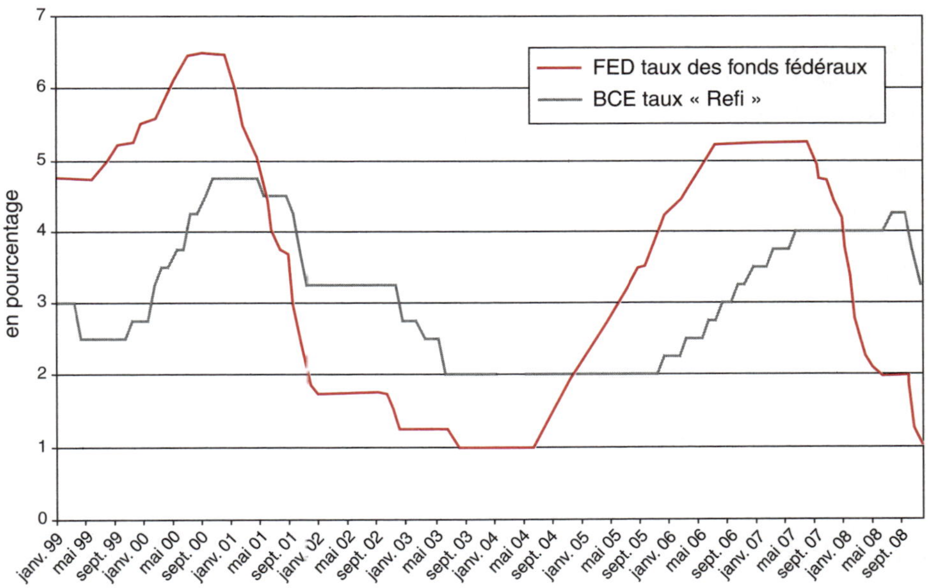

65 Équilibre externe et balance des paiements

Point clef

Atteindre l'objectif d'équilibre externe consiste à réussir à présenter une balance des paiements équilibrée.

1. DÉFINITIONS

L'équilibre externe constitue l'un des grands objectifs de la politique économique. L'équilibre externe peut se définir de manière faussement simple comme l'équilibre de la balance des paiements.

La **balance des paiements** est un **document comptable qui retrace l'ensemble des flux entre une économie nationale et le reste du monde**. Par construction, la balance des paiements est toujours **présentée en équilibre**, puisque des flux financiers (le bas de la balance) assurent la contrepartie de flux « réels » (le haut de la balance) et qu'un poste erreurs et omissions permet d'assurer le cas échéant l'ajustement comptable.

La contrainte extérieure se cristallise autour de la nécessité de réaliser cet équilibre externe dans un contexte caractérisé par l'intensité de l'ouverture commerciale de l'économie nationale, la nature de ses spécialisations, le régime de change, le degré de mobilité internationale des capitaux, le positionnement des firmes multinationales (FMN)...

Dit autrement, la notion d'équilibre externe a trait à la capacité d'une économie nationale à assurer la continuité des paiements au plan international et à se procurer le cas échéant les moyens de financer un déficit courant (si les importations de marchandises, de services... sont supérieures aux exportations). À court terme, l'équilibre externe ne réside pas dans l'équilibre de la balance courante. Une économie peut accumuler des déficits courants sur plusieurs périodes, à charge pour elle de les financer. La caractérisation de l'objectif d'équilibre externe se déplace dès lors vers la question de la soutenabilité des déficits courants, la soutenabilité de l'endettement externe de l'économie nationale. L'enjeu est donc de ne pas accumuler trop de déficits courants ce qui pourrait obliger les autorités à mettre en œuvre des politiques de rigueur (budgétaire, monétaire et salariale) destinées à retrouver de la compétitivité et des excédents courants à l'avenir, mais aussi, à l'inverse, de ne pas accumuler des excédents courants d'une ampleur telle que les partenaires commerciaux soient eux-mêmes mis en difficulté. Une autre définition de l'équilibre externe pourrait être, sur ces bases, l'équilibre de la balance courante sur le moyen/long terme.

2. RAPIDE PRÉSENTATION DE LA STRUCTURE DE LA BALANCE DES PAIEMENTS

L'objectif n'est pas d'entrer dans le détail de l'enregistrement des flux mais simplement d'isoler des soldes intermédiaires, leur signification et d'établir un lien avec les politiques économiques.

Structure élémentaire de la balance des paiements

Balance courante	Balance des biens et services
	Balance des revenus
	Balance des transferts courants
Compte de capital et des opérations financières	Compte de capital
	Compte financier
Erreurs et omissions nettes	

Le solde de la **balance courante** est obtenu à partir de trois soldes intermédiaires, ceux de la balance des biens et services, ceux de la balance des revenus et ceux de la balance des transferts courants. La balance des biens et services retrace l'ensemble des exportations et importations de biens (balance commerciale) et de services (balance des services). Son solde constitue un indicateur (parmi d'autres) de compétitivité de l'économie nationale.

La **balance des revenus** intègre les transactions entre résidents et non-résidents correspondant à la rémunération des facteurs de production (travail et capital). La balance des transferts courants retrace les transferts sans contrepartie publics et privés (par exemple des subventions) en espèces et en nature, à l'exclusion des transferts en capital.

Le rééquilibrage de la balance courante passe essentiellement par une action sur le solde de la balance des biens et services (politique de change dévaluation/dépréciation pour tenter de retrouver de la compétitivité prix ; politique budgétaire, salariale et monétaire de rigueur si l'on souhaite freiner l'absorption pour ralentir les importations).

Le **solde de la balance de capital** et des opérations financières est obtenu à partir des soldes de la balance des capitaux et de la balance des opérations financières. Le compte de capital retrace les flux de cessions d'actifs fixes ou d'annulations d'un engagement financier par accord mutuel (subventions pour investissement, remises de dette, acquisitions et cessions de brevets, droits d'auteurs…). Le compte financier retrace les opérations qui accroissent les créances ou les engagements des résidents vis-à-vis des non-résidents (investissements directs, investissement de portefeuille, produits financiers dérivés…).

3. MOBILITÉ INTERNATIONALE DES CAPITAUX ET RELÂCHEMENT DE LA CONTRAINTE DE SOUTENABILITÉ DES DÉFICITS COURANTS

Une **intégration financière internationale** forte semble pouvoir être associée à un relâchement de la contrainte externe, l'idée étant que des capitaux plus mobiles autorisent le financement de plus grands déséquilibres des comptes courants. Travaillant sur un large échantillon de pays (parmi les plus avancés), Obstfeld et Taylor (*Global Capital Markets*, 2004) calculent qu'en valeur absolue les soldes courants représentent environ 3,9 % du PIB entre 1870 et 1913, 2,6 % du PIB sur la période 1989-2000, deux phases de forte intégration financière, et seulement 1,5 % sur la période 1932-1939 et 1,3 % sur 1960-1973, deux périodes de faible intégration.

Aujourd'hui, les États-Unis constituent une exception de taille à la règle dégagée plus haut. Sans interruption depuis 1982, ce pays a accumulé des déficits courants (en moyenne l'équivalent de 2,45 % du PIB). Sur la période récente, ceux-ci s'amplifient (entre 3 et 5 % du PIB chaque année entre 1999 et 2004). L'épargne interne étant très faible, le pays a été obligé de s'endetter auprès d'opérateurs étrangers (chinois et japonais notamment), et la question de la soutenabilité de cette dette externe tend à se poser de manière récurrente ; d'aucuns évoquent un risque de défaut des États-Unis. Le pays dispose d'une marge de manœuvre supplémentaire liée au statut de monnaie internationale du dollar. Les opérateurs internationaux ont confiance dans l'avenir de l'hyper puissance des États-Unis et continuent de souscrire des actifs financiers libellés en dollars. L'émission de monnaie internationale permet – entre autres avantages – d'assouplir la contrainte externe.

66 Les déterminants du commerce international

Point clef

Les théories du commerce international cherchent à répondre aux questions suivantes : Comment expliquer les flux commerciaux ? Comment expliquer les spécialisations des économies ?

1. LES THÉORIES CLASSIQUES FONDÉES SUR LA COMPARAISON INTERNATIONALE DES COÛTS DE PRODUCTION

Les premières analyses du commerce international fondent les échanges sur des avantages en termes de coûts de production.

a) Les avantages absolus

Pour Adam Smith dans la *Richesse des nations* (1776), chaque pays doit se spécialiser dans les productions pour lesquelles il dispose d'un **avantage absolu** de coût. L'insertion dans la division internationale du travail est bénéfique dès lors qu'un pays dispose de l'avantage dans au moins une production. Dans cette perspective, une nation en retard dans le processus de développement se trouve exclue du commerce international. F. List dans *Système national d'économie politique* (1841) dénonce le fait que l'analyse classique justifie, de fait, la domination commerciale anglaise.

b) Les avantages comparatifs

David Ricardo dans *Principes d'économie politique et de l'impôt* (1817) fonde la spécialisation sur la notion d'**avantage comparatif**. Chaque nation a intérêt à se spécialiser dans la production pour laquelle elle dispose du plus grand avantage comparatif ou du plus petit désavantage comparatif. Chacun peut trouver avantage à une réallocation interne des facteurs vers les productions pour lesquelles le pays est « naturellement » le plus compétitif.

Il y a rupture avec Adam Smith dans la mesure où chaque nation peut maintenant trouver une place dans le commerce international. David Ricardo (1817, chapitre 7) prolonge l'analyse de Smith en signalant les gains de bien-être associés à l'accroissement du nombre de produits offerts au consommateur.

Mais il y a continuité avec Adam Smith dans la mesure où l'on ne connaît toujours pas l'origine ultime de l'avantage comparatif et de la spécialisation. Une approche technologique, reposant sur une combinaison plus ou moins efficace des facteurs, semble derrière cet avantage en termes de coût de production, mais l'on n'en sait pas plus. La définition de la nation reste également la même, elle se caractérise par une parfaite mobilité interne des facteurs, surtout du capital, et leur immobilisme externe. Pendant plus d'un siècle, cette théorie ricardienne fait l'objet de critiques sans qu'aucune approche alternative ne la supplante. Il faut attendre pour cela l'entre-deux-guerres et l'analyse Heckscher-Ohlin-Samuelson.

c) Les critiques

Le gain décrit par Ricardo apparaît par nature statique. La possibilité d'effets d'entraînements sur la croissance peut être réintroduite à la fois par les économies d'échelle dynamique et des phénomènes d'apprentissage liés au processus de spécialisation ainsi que par le canal de la baisse du prix des importations.

La théorie ricardienne va faire l'objet de critiques sans qu'aucune approche alternative ne la supplante. La théorie de la **protection des industries dans l'enfance** doit être mentionnée. Elle est systématisée par F. List puis reprise par J.-S. Mill (1848). L'idée de base est qu'un tarif permet à l'industrie nationale naissante de se protéger de la concurrence internationale, le temps d'exploiter des économies d'échelle et de devenir « compétitive ». Mais cette protection est sélective, temporaire et dégressive.

2. HOS ET LES DOTATIONS EN FACTEURS DE PRODUCTION

L'approche dite HOS (Heckscher-Ohlin-Samuelson) est associée à l'identification d'une origine de la spécialisation : la **dotation factorielle** initiale de l'économie nationale. Chaque pays se spécialise dans la production qui incorpore le facteur dont il dispose en relative abondance. Il y a dans cette perspective échange de différences.

Cette approche repose sur des hypothèses fortes : libre-échange des biens et services, parfaite mobilité interne du travail, fonction de demande homogène, pas de rendements d'échelle…

L'approche HOS débouche sur des conclusions fortes. Elle ouvre en particulier la voie à une possible convergence des économies. À lui seul, l'échange de marchandises permet la convergence des prix des facteurs. Si l'on considère deux économies et deux facteurs, le fait qu'une économie se spécialise dans la production d'un bien qui incorpore le facteur dont elle dispose en abondance conduit à une hausse de la demande de ce facteur et à une hausse de son prix et à une baisse du prix du « facteur rare ». Le même raisonnement vaut pour l'autre économie spécialisée, elle, dans l'autre bien. Ainsi au total, le prix des facteurs tend à converger au sein des deux économies.

Cette théorie n'est pas empiriquement validée. W. Léontief constate dans les années 1950 que les exportations américaines sont relativement « riches » en travail alors que la dotation factorielle américaine devrait conduire à intégrer relativement plus de capital (**paradoxe de Léontief**).

3. LE RENOUVELLEMENT DE LA THÉORIE DU COMMERCE INTERNATIONAL

En réaction aux limites de l'approche HOS, la théorie du commerce international s'oriente vers des directions qui ont en commun de relâcher une ou plusieurs hypothèses de la concurrence pure et parfaite.

Posner (1961) développe une analyse fondée sur le **changement technique**. Il étend l'analyse de l'innovation au plan international. Une firme novatrice bénéficie d'un monopole dans la production d'un bien nouveau ; si ce dernier est consommé à l'extérieur, la stratégie de la firme rend compte du flux d'exportation. Vernon prolonge cette analyse en faisant le lien entre flux commerciaux et cycle de vie des produits.

L'approche en termes de **différenciation des produits**, développée notamment par Lancaster et Chamberlain, cherche à expliquer le **commerce intrabranche** qui occupe « paradoxalement » une part significative du commerce mondial. La demande de variétés des consommateurs conduit à échanger des biens dont les caractéristiques sont proches.

Le développement de la microéconomie de la concurrence imparfaite et de l'économie industrielle, dans la lignée des travaux de Helpman et Krugman (1985), permet de montrer que la taille du marché intérieur peut, en présence d'économies d'échelle externes, constituer un facteur explicatif des flux commerciaux. Les économies d'échelle externes peuvent expliquer le caractère durable de la spécialisation et, au-delà, la concentration des activités productives.

Une approche plus empirique considère les relations entre **firmes multinationales** et tente d'établir des liens entre stratégies des firmes et flux commerciaux internationaux (v. fiche 37).

67 La compétitivité d'une économie nationale

Point clef

L'environnement international est perçu comme étant de plus en plus concurrentiel et posant avec plus d'acuité le problème de la compétitivité de l'économie nationale. Au plan macroéconomique, cette notion est très délicate à manier.

1. DÉFINITIONS : COMPÉTITIVITÉ ET ATTRACTIVITÉ

Rappelons qu'au niveau microéconomique la compétitivité d'une entreprise désigne sa **capacité à occuper une position forte sur un marché**. L'analyse de l'évolution de sa part de marché est fondamentale pour apprécier cette compétitivité.

La compétitivité d'une économie nationale peut se définir comme la **capacité de son secteur productif à satisfaire la demande intérieure et étrangère avec en arrière-plan l'objectif évident de permettre une progression du niveau de vie** des résidents et du niveau de développement de l'économie.

La compétitivité doit être distinguée de l'attractivité. L'attractivité d'un site national a plus trait à son image et à sa capacité à attirer les opérateurs étrangers en particulier les investisseurs (IDE et investissements de portefeuille).

Des appréciations très différentes peuvent être portées sur l'attractivité de l'économie française. Le classement Global Competitiveness du Forum économique de Davos fait apparaître la France au 18e rang mondial en 2006 ; cette enquête fondée sur une appréciation qualitative de l'attractivité des économies nationales est menée auprès des décideurs présents au Forum. Pourtant, en matière d'IDE, la France est en moyenne au 4e rang mondial entre 2000 et 2005 et la capitalisation du CAC 40 est détenue à 47 % par des opérateurs extérieurs. Un contraste peut être relevé entre une relative mauvaise image de la France (« bureaucratique », en proie à des conflits sociaux, incapable de se réformer…) et son attractivité effective fondée sur sa position en Europe, la qualité de ses infrastructures, son niveau élevé de capital humain.

2. LES CRITÈRES POUR APPRÉCIER LA COMPÉTITIVITÉ

a) Les parts de marché

La part de marché (exportations nationales rapportées à un total d'exportations soit mondial, soit limité à un groupe de pays comparables) constitue un indicateur privilégié. Un pays qui gagne des parts de marché sur le moyen-long terme affirme sa compétitivité. Mais si une baisse de part de marché signifie un recul relatif des positions commerciales d'une nation, elle ne traduit pas systématiquement une détérioration de sa compétitivité. Pour les premiers pays industrialisés (Angleterre, France…), le recul des parts de marché paraissait inévitable à mesure que de nouveaux acteurs émergeaient. La part de la France dans les exportations mondiales passe ainsi de 10 % à la fin du XIXe siècle à 5 % en 2000.

b) Les tests d'équilibre centrés sur la balance des paiements

Le signe des soldes intermédiaires de la balance des paiements renseigne sur la compétitivité de l'économie nationale. Le solde de la balance commerciale est très significatif : il convient d'analyser l'ampleur des déficits commerciaux et des excédents rapportés au produit intérieur brut. Une économie qui présente plusieurs déficits successifs, d'ampleur croissante, souffre d'un problème de compétitivité. De manière liée, les dynamiques du solde de la balance des services et du solde courant doivent aussi être analysées.

Cela étant, à ce niveau, il importe de ne pas avoir une approche mercantiliste de la balance des paiements et de considérer aussi la nature des flux d'échanges. Des importations de biens d'équipement auront des effets positifs sur le futur potentiel d'exportations. En termes plus dynamiques, il convient que l'acquisition de ses positions n'entrave pas la progression du niveau de vie de sa population, ne soit pas obtenue de « façon artificielle » en sacrifiant les profits (comportements de marges) ou par un dopage monétaire (dépréciation volontaire du change), deux pratiques qui auront des effets en retour préjudiciables à plus long terme.

3. LES FACTEURS DE LA COMPÉTITIVITÉ

La capacité à préserver des parts de marché et à présenter une structuration pertinente de la balance des paiements dépend de nombreux facteurs.

a) Compétitivité prix et compétitivité-coûts

En amont, la comparaison des prix d'exportation entre pays renseigne sur la compétitivité prix de l'économie nationale. La comparaison des coûts de production unitaire entre pays élimine les facteurs cours de change et comportements de marges. Plus en amont, la comparaison des coûts salariaux, puis des niveaux de productivité du travail et des niveaux de prélèvements permet d'affiner l'analyse des origines des forces et des faiblesses de l'économie.

b) Les diversifications produits et marchés

La qualité des spécialisations à la date t est décisive pour la compétitivité future : la diversification marchés et produits doit être « pertinente ».

La « diversification marchés » concerne la pertinence géographique des positions commerciales : l'économie nationale est-elle assez active sur les zones les plus dynamiques ? Au cours des années 2000, la France n'est par exemple pas assez présente sur les marchés asiatiques et d'Europe de l'Est en forte croissance.

La « diversification produits » renvoie à la nature des spécialisations, leurs contenus en valeur ajoutée. Les exportations françaises connaissent une baisse en gamme contrairement à l'Allemagne qui se maintient sur le haut de gamme dans les secteurs automobiles ou mécaniques par exemple.

c) Le tissu d'entreprises exportatrices

Au niveau micro-économique les entrepreneurs doivent manifester une agressivité commerciale suffisamment forte à l'exportation, disposer d'une taille critique et de soutiens institutionnels. Dans le cas français toujours au cours des années 2000 les PME n'exportent pas assez.

d) La pertinence des politiques économiques

Au plan macroéconomique, les politiques industrielles et commerciales, les politiques en faveur de l'éducation et de la recherche ont un rôle important à jouer.

4. MONNAIE ET COMPÉTITIVITÉ

Le niveau du cours de change influence la compétitivité d'une économie nationale. La **sous-évaluation réelle** de la monnaie nationale offre mécaniquement une **meilleure compétitivité prix** ; elle favorise les exportations et freine les importations. La surévaluation – qui résulte d'une appréciation de la monnaie nationale – exerce les effets inverses.

Le lien entre la dynamique du taux de change effectif réel et l'évolution relative des positions commerciales doit être établi sur deux horizons temporels. **À court/moyen terme bien évidemment, dans la mesure où le taux de change effectif réel est, sur le plan théorique, un déterminant du volume des exportations et des importations** (Joan Robinson). Mais aussi le **plus long terme** ; en effet, le niveau du taux de change effectif réel peut également être considéré comme un **catalyseur de réforme structurelle**. La sous-évaluation réelle d'une monnaie, si elle est durable, freine la recherche de bonnes spécialisations, fige la structure des échanges et paralyse l'effort d'adaptation à la demande. La surévaluation doit avoir les effets inverses.

68 Le choix d'un régime de change

Point clef

Un régime de change désigne l'ensemble des règles qui déterminent les interventions des autorités monétaires sur le marché des changes et par conséquent la fluctuation des cours. Le choix renvoie à un arbitrage stabilité *versus* capacité d'ajustement. Le choix dépend de la taille de l'économie, de son exposition externe, de sa crédibilité vis-à-vis des marchés financiers.

1. LES SOLUTIONS DE COIN, FIXITÉ *VERSUS* FLEXIBILITÉ

Selon Eichengreen, Dornbusch et Summers, seules les solutions de coin sont viables si l'on choisit de maintenir une totale mobilité des capitaux, la complète fixité ou le flottement pur. Pour caricaturer à l'extrême, en régime de flottement, le change constitue une variable d'ajustement pour absorber des chocs internes (il y a 10 % d'inflation dans le pays A, 0 % dans le pays B, le cours de change la monnaie de A se déprécie de 10 % face à la monnaie de B sur le marché, le choc est absorbé). En changes fixes, si le régime est crédible dans le même cas de figure, l'ajustement se fait sur des variables internes : il convient en principe de conduire une politique de déflation qui ramène les prix à leur niveau d'avant le choc, l'activité nationale est réduite.

2. QUEL EST LE PRIX DE LA STABILITÉ ASSOCIÉ À LA FIXITÉ ?

L'intensification de la mondialisation semble appeler la stabilité des cours de change. Cette **fixité favorise le développement des échanges commerciaux et des flux de capitaux** (investissements directs étrangers et investissements de portefeuille). Le jugement de l'histoire paraît *a priori* assez favorable à la fixité. Au sein de l'étalon-or classique (1880-1913), un environnement de stabilité a été créé, une croissance économique lente et assez régulière était à l'œuvre.

Le ***Currency Board*** (caisse d'émission) constitue la forme moderne de l'absolue fixité. Quelles sont ses caractéristiques ?

- Les autorités nationales (Bulgarie, Estonie, Hong Kong, Kosovo, Lituanie) décrètent la fixité du cours de leur monnaie vis-à-vis d'une monnaie internationale (dollar ou euro) et s'engagent à la maintenir.
- L'émission de monnaie est entièrement « gagée » par des devises obtenues soit par des crédits internationaux, soit par un excédent courant.
- Les agents privés peuvent convertir la monnaie nationale en devises.

La caisse d'émission est assez efficace pour rétablir la confiance dans une monnaie en proie auparavant à une inflation galopante comme en Argentine au seuil des années 1990. Elle peut garantir une stabilité interne. En revanche, elle n'autorise pas la pratique de politique conjoncturelle. Elle crée également une situation de dépendance financière ; il faut s'endetter pour constituer les contreparties de la base monétaire.

Un régime de parfaite fixité assure en principe la **stabilité interne** (faible inflation) et **externe** (équilibre du solde courant à moyen terme), mais prive en revanche les autorités d'instruments de soutien de croissance à court terme (pas d'activisme monétaire, très peu au niveau budgétaire, pas d'ajustement possible par le change). L'ajustement doit passer par les variables internes, quitte à devoir pratiquer la déflation.

3. FLEXIBILITÉ : CAPACITÉ D'AJUSTEMENT AUX CHOCS AU PRIX D'UN RISQUE DE MÉSALIGNEMENT

Les monétaristes prônent le flottement complet des monnaies, ils ont confiance dans la capacité d'ajustement du marché. Le **flottement assurerait un rétablissement automatique de**

l'équilibre externe, un déficit courant impliquant une dépréciation immédiate du change. Le marché déterminerait les « vrais » cours de change, la spéculation étant stabilisante. Toujours pour les monétaristes, le flottement autorise la possibilité d'une politique monétaire active pour faire face à des chocs asymétriques.

Dans les faits, le flottement qui s'est généralisé depuis les années 1970 n'a pas tenu ses promesses. Les cours de change sont volatils et surtout des mésalignements importants sont apparus. *De facto*, le marché des changes est en proie à des bulles spéculatives et à des comportements mimétiques des opérateurs. Ces phénomènes ont des répercussions internes difficiles à gérer.

Face aux risques des solutions extrêmes, des solutions intermédiaires existent. Elles tentent de combiner dans des proportions différentes stabilité et capacité d'ajustement.

4. LE PROBLÈME DU MAINTIEN DE LA CRÉDIBILITÉ DES RÉGIMES INTERMÉDIAIRES

Le problème des stratégies intermédiaires est leur déficit de crédibilité, les régimes de changes fixes ajustables de type SME étant fragiles, les régimes de flottement impurs très difficiles à contrôler.

a) La fragilité des régimes fixes mais ajustables ou révisables

Deux références historiques peuvent être mobilisées pour illustrer l'analyse : le régime de Bretton Woods (1944-1971) et l'expérience du Système monétaire européen (de 1979 à 1992, voire jusqu'à la veille du passage à l'euro).

Des parités bilatérales sont définies en même temps que des marges de fluctuations autorisées des cours (±1 % autour de la parité dans le système de Bretton Woods, ±2,25 % dans le cadre du SME avant 1992).

Au sein de ce régime, les dévaluations sont inévitables car les conditions monétaires nationales ne suivent pas d'évolutions parallèles, des chocs spécifiques touchent certaines économies. La gestion des ajustements implique une coopération forte entre les États participants tout comme les interventions directes sur le marché lorsque les cours tendent vers les extrémités.

Ce type de système pose aussi le **problème dit du n – 1**, c'est-à-dire le problème de son asymétrie ; le pays leader impose sa politique monétaire aux autres (douce insouciance pour les États-Unis dans les années 1960).

À travers l'histoire du SME, la spéculation a fait montre de sa capacité à déstabiliser ce type de système. Au début des années 1990, les attaques spéculatives par leurs ampleurs impliquaient des resserrements monétaires dont les coûts internes étaient trop difficiles à supporter, d'où des sorties du système pour la livre sterling ou la peseta.

b) Les difficultés pour intervenir en régimes de flottement impurs

Il est difficile aujourd'hui d'administrer le flottement monétaire. Le doute plane sur l'existence historique de **zones cibles** implicites de change (solution Williamson) à la fin des années 1980 sur le cours dollar/yen et dollar/mark, c'est-à-dire des interventions des autorités pour maintenir les cours dans des limites connues d'elles seules.

Les interventions directes sur le marché ont énormément de difficultés pour être efficaces, on considère qu'elles peuvent tout au plus envoyer un signal aux opérateurs de marché pour attirer leur attention sur le « mésalignement » flagrant d'une devise.

Selon Frenkel et Dominguez (1993), une intervention aura d'autant plus de chances d'être efficace qu'elle est crédible (les données fondamentales de l'économie sont bonnes), coordonnée (plusieurs Banques centrales agissent) et qu'elle a lieu dans le bon timing, mais le succès est loin d'être garanti.

Repères chronologiques

- 1944-1971 : système de Bretton Woods.
- 1979-1998 : système monétaire européen.

69 La dévaluation

Point clef

La pratique de la dévaluation est de moins en moins fréquente du fait du recul des régimes de changes fixes ajustables, mais aussi en raison de ses risques (tensions inflationnistes et possibilité de dévaluation compétitive en cascade).

1. MISE EN PERSPECTIVE HISTORIQUE ET EMPIRIQUE

a) Définition

La dévaluation (ou la réévaluation) consiste à **redéfinir la parité entre deux monnaies**. Le concept n'est donc utilisé qu'en changes fixes et prend tout son sens en régime de changes fixes ajustables.

Au sein d'un régime de changes fixes parfaitement crédible comme l'étalon-or classique (1880-1913), la question d'une dévaluation n'a en principe pas à se poser. Les agents croient les parités fixées pour toujours. Des mécanismes sont censés corriger automatiquement les déséquilibres courants.

Au sein du régime de Bretton Woods, les dévaluations ont semblé relativement efficaces. La livre anglaise et le franc français ont été dévalués avec succès respectivement en 1967 et 1969. À cette époque, des avancées théoriques sont opérées dans la définition des conditions d'efficacité de la dévaluation, en particulier la combinaison de ses effets prix et quantités (travaux de Branson, Masera, Magee). Plus tard dans le cadre du Système monétaire européen, d'assez nombreuses dévaluations sont intervenues mais pas avec la même réussite.

b) Les enjeux

La décision de dévaluer n'engage pas la seule économie nationale dans la mesure où la compétitivité prix des partenaires commerciaux est affectée. Le choix du taux de la dévaluation est important. Le pays qui dévalue souhaiterait maintenir une sous-évaluation réelle pour avoir un réservoir de compétitivité, les partenaires commerciaux le plus souvent ne le toléreront pas. Sans accord préalable, il existe un risque de s'engager dans un cycle de dévaluations compétitives agressives qui déboucherait sur une inflation incontrôlée. Aujourd'hui la primauté accordée à la stabilité des prix conduit à un recul de la pratique de la dévaluation.

2. UN OBJECTIF DE RÉÉQUILIBRAGE DU SOLDE COMMERCIAL SANS EFFET INFLATIONNISTE

a) Les effets attendus sur le solde commercial

À la suite d'une dévaluation, deux temps peuvent être distingués concernant l'évolution du solde commercial.

La dévaluation provoque d'abord une dégradation de la balance commerciale. Au cours de cette phase dite de ***currency-contract***, les échanges commerciaux internationaux restent régis par des contrats signés avant la dévaluation. La détérioration des termes de l'échange (baisse du prix relatif des exportations par rapport aux prix des importations) détériore le solde commercial. L'effet prix l'emporte ici sur l'effet quantité.

C'est seulement dans un second temps, dit de ***pass-through***, que le regain de compétitivité prix permet de gagner des parts de marché et d'observer une amélioration progressive de la situation. L'effet quantité prend à ce moment-là l'ascendant sur l'effet prix. L'ampleur de cet effet positif dépend des comportements de marge des opérateurs : quelle part de la variation du change répercutent-ils effectivement sur les prix des exportations et des importations ?

b) La courbe en J

La courbe en J permet une représentation de ces effets. Dans un premier temps (To sur le graphique), la dévaluation se traduit par une détérioration du solde commercial. Dans un deuxième temps (T1), l'effet quantité permet le rétablissement d'un solde positif. Il est possible de faire apparaître un troisième temps, celui d'une dégradation du solde commercial qui serait la conséquence d'effets inflationnistes de la dévaluation, qui rogneraient la compétitivité des produits nationaux.

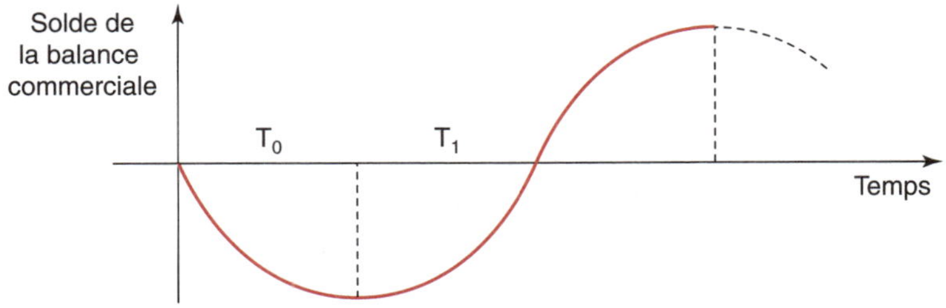

3. LES CONDITIONS D'EFFICACITÉ D'UNE DÉVALUATION

a) Le théorème des élasticités critiques (Marshall-Lerner-Robinson)

Si, au départ, un pays présente une balance commerciale dont le solde est nul et si les élasticités d'offre sont infinies, une dévaluation améliore la situation commerciale à condition que **la somme des valeurs absolues des élasticités prix de la demande (étrangère) d'exportation ξx et de la demande nationale d'importation ξm soit supérieure à l'unité :**

$$|\xi x| + |\xi m| > 1$$

L'élasticité prix de la demande d'exportations mesure l'intensité de la réaction de la demande étrangère, suite à une variation du prix des exportations. Dans la réalité, une spécialisation avantageuse réside dans des exportations relativement peu élastiques au prix par exemple dans des secteurs de hautes technologies ou la concurrence serait faible.

b) Absorption et plan d'accompagnement

Un effet expansionniste peut résulter de la hausse des exportations et de la baisse des importations. Si l'on se réfère à l'identité comptable ci-dessous qui traduit l'équilibre sur le marché des biens et services en économie ouverte :

$$Y = G + C + I + (X\text{-}M) \qquad A = G + C + I$$

avec A l'absorption, G les dépenses publiques, C la consommation, I l'investissement, X les exportations de marchandises et M les importations de marchandises et de services.

Une hausse du revenu Y sera observée si les prix intérieurs sont rigides et si l'offre est assez élastique pour répondre à la sollicitation de la demande (à la suite de la progression de la composante X-M).

En revanche, un effet inflationniste peut survenir si l'offre n'est pas élastique. La mise en œuvre d'un **plan d'accompagnement** de la dévaluation est alors souhaitable. Il prévoit en général des substitutions dans les composantes de la demande globale avec des mesures destinées à freiner l'absorption. Le plan d'accompagnement peut passer par un contrôle plus étroit des salaires afin de freiner la consommation et/ou par des mesures d'austérité budgétaire.

Repères chronologiques

- 1958 (décembre) : dévaluation de 15 % du franc français.
- 1969 (août) : dévaluation de 11 % du franc français.
- 1981-83 : activation en France d'un cercle vicieux inflation-dévaluation qui se solde par trois dévaluations du franc français.

70 Les interventions sur le marché des changes

Point clef

Le contrôle de la valeur externe de la monnaie est aujourd'hui particulièrement difficile à opérer, même dans une posture défensive en raison de la profondeur du marché des changes et de son caractère particulièrement spéculatif.

1. LES CARACTÉRISTIQUES DU FLOTTEMENT

Si un régime de change flottant offre l'avantage d'une relative souplesse en permettant l'absorption des chocs macroéconomiques, il présente deux inconvénients importants que les autorités peuvent vouloir corriger par des interventions : la volatilité des cours et le risque de « **mésalignement** ».

En change flottant, la volatilité des cours de change est en principe élevée sur tous les horizons temporels (jour, semaine, mois). Elle peut freiner les échanges de marchandises et engendrer des coûts. Ses inconvénients sont d'autant plus élevés que l'économie nationale est ouverte.

Un autre risque réside dans la possibilité d'un « mésalignement » durable d'un cours de change. L'idée de « mésalignement » pose immédiatement la difficile question de la détermination d'un cours de change d'équilibre (PPA, Natrex...). Historiquement, les autorités monétaires interviennent en cas de désajustements importants mais, même lorsque les positions des spéculateurs sont très avancées (gros risque de retournement du marché), le succès de l'intervention n'est pas garanti. Les réserves de change des autorités sont faibles par rapport aux volumes des opérations sur le marché, il est donc difficile d'obtenir des effets mécaniques. Par ailleurs, les conditions à réunir pour provoquer un retournement des anticipations (effet de signal) sont difficiles à rassembler. Sur ces bases, dans la réalité, les interventions directes sur le marché des changes sont peu nombreuses.

2. LES PROBLÈMES LIÉS AUX VARIATIONS DU CHANGE : ASPECTS THÉORIQUES

La **dépréciation** de la valeur externe de la monnaie a deux conséquences principales à court terme. D'une part elle **dynamise les exportations** de marchandises et de services et freine les importations à travers un effet direct sur la compétitivité prix : son influence est positive sur le solde courant.

La dépréciation à travers la hausse du prix des importations peut ensuite être **source de tensions inflationnistes**. Cette inflation dite importée est d'autant plus vive que l'économie est ouverte et que les comportements de marge sont rares (la hausse des prix des importations n'est pas compensée par une baisse des marges pour maintenir les prix fixes).

Si cette dépréciation se prolonge et si une sous-évaluation réelle durable de la monnaie se fait jour, des effets négatifs peuvent apparaître sur le moyen-long terme. La sous-évaluation peut figer dangereusement la structure des échanges du pays. Ce « dopant monétaire » peut ralentir l'effort d'adaptation à la demande mondiale, freiner la quête de gains de productivité et retarder la recherche de spécialisations porteuses. Le risque de détérioration des positions commerciales du pays est d'autant plus grand qu'au départ ses échanges internationaux se caractérisent par une faible diversification marchés et produits.

3. LA POLITIQUE DE CHANGE, UNE PRÉROGATIVE GOUVERNEMENTALE

En règle générale la définition de la politique de change est du ressort du gouvernement. Aux États-Unis, au Japon ou en Angleterre, le gouvernement est seul responsable de cette politique, la Banque centrale est le plus souvent consultée et met en œuvre l'intervention soit elle-même, soit par l'entremise d'institutions. Mais il peut arriver comme en Allemagne avant 1999 que la Banque centrale dispose d'une forte autonomie dans ce domaine aussi en raison de la primauté accordée à la stabilité des prix.

Au sein de la **zone euro**, la responsabilité de la politique de change fait l'objet d'un **partage relativement flou entre le Conseil des ministres des Finances et la BCE**. La définition des orientations générales de la politique de change et des accords monétaires avec des pays tiers est de la responsabilité du Conseil Ecofin. Mais l'article 109 du traité précise que les accords de change s'effectuent « après consultation de la BCE en vue de parvenir à un consensus compatible avec l'objectif de stabilité des prix et après consultation du Parlement européen ». La BCE gère les réserves de change et conduit les opérations de marché. Ce partage des rôles est potentiellement conflictuel et réduit la réactivité des autorités.

4. LES EFFETS À ATTENDRE D'UNE INTERVENTION

Une intervention sur le marché des changes peut influencer le cours par trois canaux, deux effets mécaniques et un effet sur les anticipations.

Si **l'intervention n'est pas stérilisée**, un effet peut être obtenu par le **canal monétaire** : un achat ou une vente de devises modifient l'actif (réserves officielles de change) et le passif (monnaie en circulation) du bilan de la Banque centrale. La variation de la masse monétaire influence le taux d'intérêt et par conséquent les entrées et les sorties de capitaux comme une action monétaire traditionnelle.

Si les actifs libellés dans différentes monnaies sont des substituts imparfaits, les variations de l'offre relative d'actifs nationaux et étrangers à la suite d'une intervention modifient leur prix relatif, c'est-à-dire le taux de change. Mais l'efficacité de ce canal, dit de **l'effet de portefeuille**, est très liée à l'absence d'une parfaite mobilité des capitaux.

Les interventions de la Banque du Japon ont été nombreuses au début des années 2000 en particulier en 2003. Elles visaient à endiguer l'appréciation du yen. À l'instar de l'action massive du 10 décembre 2003 (vente de 1 284 milliards de yens), ces interventions peuvent ne pas être stérilisées, elles sont alors pour conséquence mécanique une expansion monétaire qui constitue le principal instrument de la Banque du Japon dans un contexte déflationniste. L'efficacité de ces actions est très discutable : elles n'ont pas stoppé la tendance à l'appréciation du yen.

L'**effet de signal** désigne simplement le fait que les responsables de la politique de change attirent l'attention du marché sur ce qu'ils considèrent être un « mésalignement ». L'action vise à ancrer ou à retourner les anticipations des cambistes. Mais plusieurs conditions doivent être réunies pour espérer y parvenir. Une **action concertée** entre plusieurs Banques centrales a plus de chance de frapper les esprits. Le **timing** est important, l'intervention doit avoir lieu à un moment où le marché cherche des éléments d'ancrage. Enfin des **mesures d'accompagnement** de nature budgétaire et monétaire peuvent utilement crédibiliser ce signal. De ce point de vue, la non-stérilisation de l'intervention peut être recommandée.

71 L'évolution du cours euro/dollar depuis 1999

Point clef

La dynamique du cours de change euro/dollar est difficilement explicable par l'évolution des déterminants fondamentaux du change dans les deux zones (différentiels d'inflation et de taux d'intérêt, croissance économique, situation des balances des paiements...).

1. LA NATURE DES CHANGES FLOTTANTS

En changes flottants, les cours sont déterminés au gré des achats et des ventes des différentes devises par les opérateurs. Une particularité de ce marché est d'être un marché dit de gros dont les principaux acteurs sont des intermédiaires financiers très réactifs.

Au cours des dernières années, de plus en plus de pays ont choisi de laisser leur monnaie flotter : ce régime est aujourd'hui dominant (v. fiche 66). Le **flottement pur** désigne une situation où les autorités n'interviennent pas sur le marché des changes. Au contraire, on parle d'un **flottement impur** dans le cas où ces autorités achètent et vendent des devises pour influencer les cours.

Du fait de la profondeur du marché des changes (en 2004 le montant des opérations de change s'élevait à 1 880 milliards de dollars par jour, dont 621 milliards pour les opérations au comptant) et des comportements mimétiques des spéculateurs (A. Orlean), les cours subissent d'amples variations comme le montre le cas du cours euro/dollar.

En changes flottants, les termes dépréciation et appréciation sont utilisés pour désigner les évolutions de la valeur externe de la monnaie.

2. LA DÉPRÉCIATION DE L'EURO (1999-2001) : LES DOUTES SUR LA CRÉDIBILITÉ DE LA MONNAIE UNIQUE

Comme le montre le graphique ci-après, le 1er janvier 1999, le cours de lancement de l'euro a été fixé à 1,17 dollar pour un euro. Immédiatement une phase de dépréciation s'est enclenchée qui a porté le cours à 0,83 dollar en octobre 2000 malgré l'intervention concertée de la Banque centrale européenne, de la Fed et de la Banque du Japon pour soutenir l'euro en septembre 2000. Cette dépréciation a été interprétée par les analystes comme la manifestation d'un manque de crédibilité du projet européen d'intégration monétaire malgré le fait que la BCE réussisse à installer la confiance dans l'euro. Entre fin 2000 et début 2002, une sous-évaluation réelle de l'euro d'environ 15 % s'est maintenue, le cours oscillant autour de 0,90 dollar. Même *ex post*, il est difficile d'expliquer cette longue phase : à l'époque les États-Unis accumulaient des déficits courants croissants et avaient entamé un cycle de baisse des taux d'intérêt (v. fiche 62).

3. LE GLISSEMENT DU DOLLAR (2002-2005)

À partir de début 2002, un mouvement d'appréciation de l'euro s'est enclenché, le cours de lancement a été retrouvé en 2003, puis dépassé. La phase d'appréciation de l'euro s'est poursuivie jusqu'à fin 2004 début 2005 le cours a nettement dépassé les 1,30 dollars. Comment rendre compte d'une appréciation de 50 % de l'euro alors que les trajectoires inflationnistes étaient assez semblables, la croissance américaine plus dynamique, les écarts de taux d'intérêt faibles ? Une explication est souvent avancée : les autorités américaines soucieuses de freiner le creusement du déficit courant auraient envoyé des **signaux au marché** (*via* des déclarations du secrétaire au Trésor et du patron de la Fed à l'époque Alan Greenspan), elles auraient réussi à **ancrer les anticipations** et à impulser une phase de dépréciation du dollar.

L'année 2005 est marquée par une pause dans la dépréciation du dollar. Le cours euro-dollar se stabilise autour de 1,20 1,30 dollar pour un euro c'est-à-dire au voisinage de son cours d'équilibre en termes de parité des pouvoirs d'achats. La hausse des taux d'intérêt américain est mise en avant par les observateurs pour expliquer ce mouvement.

4. LA CHUTE DU DOLLAR (2006-2008)

Entre 2006 et le milieu de l'année 2008 le dollar s'est déprécié spectaculairement vis-à-vis de l'euro : le cours est passé de 1,20 dollar pour un euro à près de 1,60 dollar pour un euro (v. graphique ci-dessous). Cette évolution peut s'expliquer par le creusement du déficit courant américain, le ralentissement de la croissance des États-Unis à la suite de la crise des subprimes ainsi que le creusement de l'écart de taux d'intérêt entre les deux zones du fait de la réaction rapide et forte de la Fed (v. fiche 54).

Cette dépréciation entame la compétitivité des exportations européennes vers la zone dollar. Pour les États-Unis, elle constitue un facteur d'accentuation des tensions inflationnistes.

Évolution du cours de change euro/dollar entre 1999 et 2008

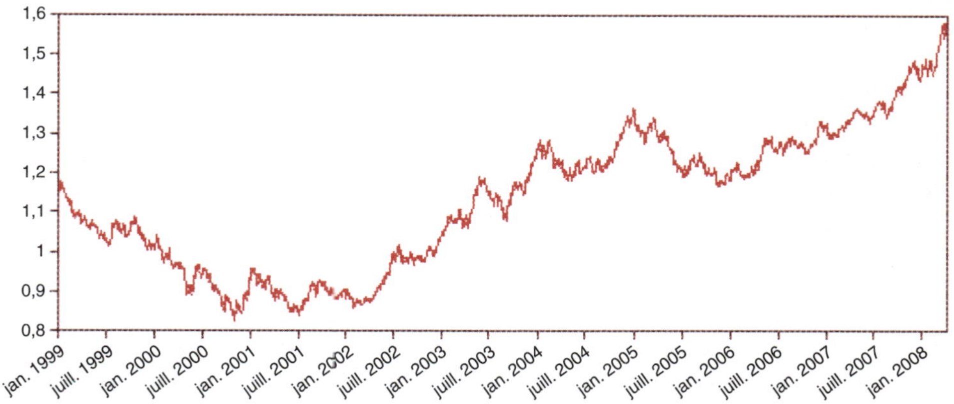

Min = 0,8252 (26 oct 2000) - Max = 1,5812 (31 mars 2008)

Source : Banque centrale européenne.

Au final, le cas du cours de change euro/dollar rappelle combien il est difficile pour les économistes d'expliquer la trajectoire du change et plus délicat encore de l'anticiper.

72 La théorie des zones monétaires optimales

Point clef

La théorie des zones monétaires optimales (ZMO) étudie l'opportunité pour un groupe de pays de former une union monétaire. Elle définit aussi, plus implicitement, des situations « idéales » permettant de maximiser les bénéfices.

1. ENJEUX DE L'APPROCHE EN TERMES DE ZONES MONÉTAIRES OPTIMALES

La théorie des ZMO fait écho à la fois aux débats des années 1950-1960 sur les vertus de la flexibilité et de la fixité du change et aux problèmes posés alors par les avancées de l'intégration réelle (réouverture commerciale des économies, projet européen d'intégration avec le traité de Rome en 1957…).

Cette théorie, introduite en 1961 par R. Mundell dans un article intitulé « A Theory of Optimum Currency Areas », examine les **circonstances dans lesquelles un groupe de pays a intérêt à former une union monétaire**. Le renoncement à la souveraineté monétaire présente à la fois des coûts (perte d'autonomie de la politique monétaire et surtout perte de la possibilité d'absorber un déséquilibre externe par le canal du change) et des avantages (suppression des coûts de transaction associés aux opérations de change, effet catalyseur de l'intensification de la concurrence en matière de gains de productivité…). La problématique de l'approche en termes de zones monétaires optimales a trait, avant tout, à l'analyse des **coûts et des bénéfices de l'intégration monétaire** : si les avantages l'emportent sur les inconvénients, les pays ont intérêt à se rassembler pour former une union monétaire.

À la suite de Mundell, de nombreux économistes ont contribué à mettre au jour les critères à prendre en compte pour apprécier l'intérêt du passage à l'union monétaire (homogénéité des structures, ouverture commerciale « interne » forte, homogénéités de l'inflation et des préférences de politiques économiques, existence d'un budget commun…). Ces critères semblent pouvoir être rassemblé en trois catégories : les critères de convergence préalable qui minimisent le risque de choc asymétrique et accroissent les gains ; les critères concernant l'existence de mécanismes se substituant au change pour absorber un choc spécifique ; enfin une approche, plus récente, en termes d'endogénéisation des critères.

2. LES CRITÈRES DE CONVERGENCE PRÉALABLE

Pour Mac Kinnon (1963), plus les économies présentent un **degré d'ouverture** élevé (l'intensité de l'ouverture est mesurée par le rapport entre biens échangeables et biens non échangeables) et ont des échanges réciproques importants, plus elles ont intérêt à participer à un régime de changes fixes. Dans ce cas, les variations du change affectent fortement les termes de l'échange interne et sont ainsi vecteur d'instabilité. La politique budgétaire peut ensuite rétablir si besoin l'équilibre de la balance courante assez facilement.

Pour Kenen (1969), plus les économies ont des **structures de production diversifiées**, moins elles sont sensibles aux chocs asymétriques et moins le coût du passage à la monnaie unique est élevé.

D'autres auteurs ont ensuite attiré l'attention sur l'importance de certains éléments de convergence du point de vue du bon fonctionnement de l'union monétaire – des préférences de politique économique voisines (Kindleberger, 1986), l'homogénéité des taux d'inflation (Fleming, 1972), les mêmes préférences pour les biens collectifs (Cooper, 1977).

Si les structures des économies de la zone ne sont pas assez homogènes pour les mettre à l'abri de chocs spécifiques, il se peut que des mécanismes se substituent au change pour absorber ces chocs ; dans ce cas l'union monétaire peut toujours être réalisée.

3. L'EXISTENCE D'UN SUBSTITUT À L'AJUSTEMENT PAR LE CHANGE

Pour Mundell un critère décisif réside dans le degré de **mobilité des facteurs de production**, notamment la main-d'œuvre. Il prend l'exemple de l'est du Canada et des États-Unis produisant des voitures et de l'ouest des deux pays spécialisé dans le bois. Si la demande de bois augmente brutalement, la flexibilité du change entre dollars canadien et américain n'est d'aucune utilité pour absorber ce choc asymétrique. Le transfert de main-d'œuvre, lui, apparaît comme le moyen d'éviter le chômage et la récession à l'est et l'inflation à l'ouest. Mundell en déduit que les ZMO correspondent à des régions de production relativement homogène et pas forcement à des pays.

Dans les faits, aux États-Unis, des chocs spécifiques à certaines régions se traduisent plus par de rapides déplacements de population que par un ajustement des prix et des salaires.

En revanche, au sein de l'Union européenne, la main-d'œuvre paraît relativement peu mobile.

Ingram (1969) propose de définir la zone monétaire optimale à partir d'un critère de **mobilité des capitaux**. Les flux financiers peuvent aider un pays à corriger un problème de déficit courant. En cas de déséquilibre temporaire, un financement à court terme (crédits bancaires ou aide d'un autre pays) peut constituer un substitut à l'ajustement par le change. Si le déséquilibre est structurel, des mouvements de capitaux à plus long terme peuvent intervenir.

L'existence d'un **budget fédéral** peut aussi être un substitut à l'ajustement par le change, l'intégration budgétaire (critère mis en avant notamment par Johnson en 1970) permet d'engager une action spécifiquement destinée à la zone touchée par le choc (transferts sociaux, dépenses d'infrastructure…). Ainsi aux États-Unis, le tremblement de terre en Californie de 1992 a été lissé en partie grâce au fédéralisme fiscal. Au sein de l'Union européenne, avec un budget à peine supérieur à 1 % du PIB, une action correctrice ne saurait être envisagée.

4. LE PASSAGE PAR LA DYNAMIQUE, L'ENDOGÉNÉISATION DES CRITÈRES

Quels vont être les effets dynamiques de l'intégration monétaire ? L'intégration monétaire entraîne-t-elle une intensification des échanges et une intégration économique ?

Si l'on se réfère aux analyses de Krugman (1993), une intégration plus poussée peut conduire les entreprises d'un secteur à se localiser dans une seule zone (région, voire pays) pour y exploiter des synergies (réseau de sous-traitants, proximité de centres de recherche…). L'accentuation de **l'agglomération sectorielle** renforce le caractère asymétrique des chocs macroéconomiques. Par conséquent les coûts liés au passage à la monnaie unique seraient croissants.

Au contraire pour Frankel et Rose (1998), l'union monétaire entraînerait une **intensification des échanges** de marchandises et de services et tendrait ainsi à renforcer la symétrie des chocs et, par là même, à minimiser les coûts de l'union monétaire.

Si l'effet dynamisant sur l'ouverture commerciale semble relativement intuitif, il convient de rappeler l'existence d'exceptions notables (pays de la zone franc en Afrique centrale et de l'Ouest) où l'intégration monétaire s'accompagne d'une désintégration réelle (faute d'infrastructure et de volonté politique).

Les travaux de Fontagné et Freudenberg (1999) font apparaître que l'intégration des pays les plus avancés entraîne une spécialisation intra-branche (c'est-à-dire des flux croisés de produits similaires) qui n'est pas porteuse de choc asymétrique.

Repères chronologiques

- 1961 : publication par Mundell de l'article « A Theory of Optimum Currency Areas ».
- 1970 : présentation du rapport Werner qui propose l'institution d'une monnaie commune européenne.
- 1999 : installation de l'euro comme monnaie unique européenne.

73 Le triangle des incompatibilités

Point clef

Ce concept de triangle des incompatibilités met en exergue l'impossibilité de la réalisation simultanée de certaines caractéristiques en économie ouverte.

1. LES INCOMPATIBILITÉS

Le triangle des incompatibilités développé par R. Mundell, puis T. Padoa-Schioppa stipule qu'en économie on ne peut pas avoir simultanément :

- une parfaite intégration financière internationale ;
- une parfaite stabilité des cours de change ;
- une parfaite autonomie de la politique monétaire.

Ainsi dans un environnement de parfaite mobilité internationale des capitaux, le maintien de la stabilité du change contraint les responsables à sacrifier l'autonomie monétaire. Ils doivent se tenir prêts à relever les taux d'intérêt pour attirer les capitaux et préserver les cours de change. À l'inverse, un gouvernement qui souhaite concilier stabilité du change et marge de manœuvre de politique monétaire doit tenter de contrôler les mouvements internationaux de capitaux.

2. VISUALISATION

Seules **les combinaisons de régime de change, de mobilité des capitaux et de politique monétaire situées à l'intérieur du triangle ACF sont viables**.

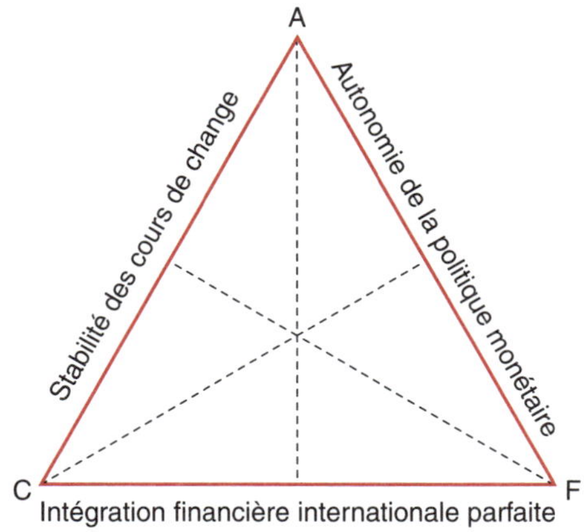

En tout point de la droite CF, l'intégration financière est parfaite. Plus on avance à l'intérieur du triangle, moins les capitaux sont mobiles jusqu'au point A qui représente une situation d'autarcie financière.

En tout point de la droite AC, la stabilité du change est totale. Plus on avance à l'intérieur du triangle, moins la fixité est forte jusqu'au point F qui représente une situation de flottement pur.

En tout point de la droite AF, l'autonomie de la politique monétaire est pleine et entière. Plus on avance dans le triangle, moins l'autonomie est grande jusqu'au point C qui traduit un renoncement à toute marge de manœuvre de politique monétaire.

3. ANALYSE HISTORIQUE DES SYSTÈMES MONÉTAIRES INTERNATIONAUX

Le triangle des incompatibilités offre un **cadre d'analyse pour mettre en perspective historique les évolutions du système monétaire international**.

L'histoire du système monétaire international peut être caractérisée par un enchaînement de sacrifices :

- en étalon-or, l'autonomie de la politique monétaire est sacrifiée. Ce régime se caractérise par la fixité des cours de change dans un environnement de très forte intégration financière internationale (v. fiche 74).
- durant l'entre-deux-guerres, la stabilité du change paraît abandonnée, sans pour autant que les autorités utilisent correctement les marges de politique monétaire offertes à l'époque. De nombreuses erreurs sont commises dans la conduite de la politique monétaire : déflation anglaise dans les années 1920, hyperinflation allemande des années 1922-1923, stratégie de la Fed face à la crise de 1929 aux États-Unis...
- sous Bretton Woods, les mouvements internationaux de capitaux sont contrôlés. Le système se caractérise par la coexistence d'un régime de changes fixes ajustables et la possibilité pour les autorités d'exploiter des marges de manœuvre de politique monétaire (v. fiche 75).
- au cours de la période contemporaine, l'intégration financière est une donnée qui contraint les autorités à choisir entre deux solutions dites de coin en référence au triangle ; il faut soit se situer en flottement pur (point F), soit en complète fixité et renoncer à l'autonomie de la politique monétaire (point E).

Chacun des systèmes peut être situé au sein du triangle comme le montre le graphique ci-dessous.

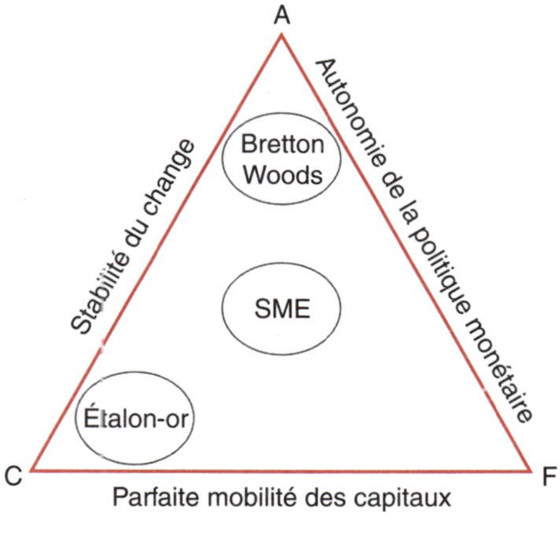

Repères chronologiques

- 1873 : choix du monométallisme or par l'Allemagne qui ouvre la voie à l'établissement du système d'étalon-or classique.
- 1914 : éclatement de l'étalon-or avec la proclamation du cours forcé des monnaies des pays engagés dans la Première Guerre mondiale.
- 1944 : signature des accords de Bretton Woods qui instituent le système du même nom.
- 1973 : généralisation du flottement monétaire en Occident.
- 1992-93 : crises du Système monétaire européen.

74 L'étalon-or

Point clef

L'étalon-or désigne le système monétaire international en vigueur entre les années 1870 et 1914. Ses mécanismes de fonctionnement ont permis de garantir à l'époque la fixité des cours de change et la stabilité des prix.

1. L'ÉMERGENCE HISTORIQUE DE L'ÉTALON-OR DANS LES ANNÉES 1870

Jusque dans les années 1870, deux systèmes monétaires coexistent : le monométallisme or et le bimétallisme (double référence à l'or et à l'argent). L'étalon-or classique émerge dans les années 1870 et reste en vigueur jusqu'en 1914 lorsque les pays engagés dans le conflit mondial sont contraints de proclamer le cours forcé de leur monnaie.

Le choix de l'Allemagne d'opter pour l'étalon-or en 1873 paraît décisif du point de vue de sa généralisation. Pour Eichengreen, « le réseau d'externalité qui avait un temps maintenu le bimétallisme en place s'est alors mis à pousser les autres pays en direction de l'or » (1997). Une réaction en chaîne se produit, initiée non pas par la liquidation d'argent opérée par l'Empire allemand mais par l'incitation que pouvait avoir un pays à adopter un étalon monétaire partagé par ses principaux partenaires commerciaux et financiers. Les principaux partenaires économiques de l'Allemagne l'adoptent (Pays-Bas, pays scandinaves...). Ils sont bientôt suivis, de fait, par les pays de l'Union latine (Belgique, France, Italie...). L'étalon-or progresse ensuite à la périphérie de l'Europe, en Russie, au Japon, en Amérique latine. L'**appartenance à l'étalon-or** apparaît comme un **signe de développement**, une marque de « civilisation » pour reprendre le terme de l'économiste autrichien C. Menger.

2. UN RÉGIME DE MONNAIE MARCHANDISE : LA GARANTIE DE LA STABILITÉ DES PRIX

À l'époque, l'or circule sous forme de lingots et de pièces et possède un pouvoir libératoire illimité dans les paiements. Chaque monnaie possède une définition métallique. La livre sterling vaut ainsi 7,32 grammes d'or, le franc français 0,29 gramme. Les billets et la monnaie scripturale dont l'usage se répand lentement sont convertibles en or auprès du système bancaire.

La Banque centrale ne peut émettre de billets qu'au prorata de ses réserves métalliques. Deux lignes de conduite sont possibles. La couverture métallique de l'émission peut être intégrale, cette stratégie est connue sous le nom des « ***currency principle*** ». Elle peut être partielle (***banking principle***) sachant que la loi du reflux ne conduit pas tous les opérateurs à demander simultanément la conversion en or de leurs billets.

Le fait que les autorités monétaires ne puissent pas modifier arbitrairement les contreparties de la base monétaire garantit la stabilité de la valeur interne de la monnaie. Entre 1870 et 1913, l'indice des prix à la consommation passe en France et au Royaume-Uni respectivement de 94,1 à 100 et de 108 à 100.

3. UN RÉGIME DE CHANGES FIXES EXTRÊMEMENT CRÉDIBLE

Le système d'étalon-or est un **régime de changes fixes** dont la force réside dans la crédibilité. L'or est un instrument des paiements internationaux. On peut considérer qu'il s'agit d'une sorte de monnaie mondiale puisqu'il a un pouvoir libératoire à l'échelle planétaire. Les monnaies s'échangent entre elles à des parités fixes, crédibles au sens où les agents les croient fixées pour toujours. Ainsi le pair entre la livre et le franc s'établit d'après la définition métallique de chaque monnaie à 25,22 francs pour une livre.

Les limites de fluctuations des cours de change sont enserrées entre des points d'or appelés points d'entrée et de sortie de l'or. Ces points fixent des limites au-delà desquelles les opérateurs ont intérêt à utiliser l'or dans les paiements internationaux plutôt que les devises.

- Le **point de sortie d'or** fait référence à une situation où l'importateur d'un pays préfère régler ses fournisseurs étrangers en or (quitte à s'acquitter de coûts de transactions : transports et assurance) plutôt que d'acquérir des devises sur le marché des changes.
- Le **point d'entrée** fait référence à une situation où l'exportateur préférerait se faire payer en or plutôt qu'en devises.

4. LE *PRICE SPECIE FLOW MECANISM* : UNE GARANTIE DE RÉÉQUILIBRAGE AUTOMATIQUE DES BALANCES DE PAIEMENT ?

Le ***price specie flow mecanism*** (modèle Hume-Ricardo) propose une vision théorique des mécanismes de rééquilibrage des balances de paiements au sein de l'étalon-or. Des mécanismes de marché corrigent automatiquement les déséquilibres. Un déficit extérieur de la France vis-à-vis de la Grande-Bretagne doit être soldé par un transfert d'or (de la France vers la Grande-Bretagne) qui influence mécaniquement les bases monétaires, les masses monétaires et les niveaux des prix à travers une approche quantitative. En France, le transfert d'or vers la Grande-Bretagne conduit à une contraction de la masse monétaire et une baisse du niveau général des prix alors qu'en Grande-Bretagne l'arrivée d'or entraîne une progression du niveau des prix. Cette double dynamique des prix est censée restaurer la compétitivité française. Pour les économistes classiques, la baisse et la hausse du niveau des prix sont neutres sur l'activité interne car elles ne modifient pas la structure des prix relatifs.

La réalité historique n'est pas conforme au modèle Hume-Ricardo, certains accommodements aux règles du jeu prévalent. Le maniement des taux d'escompte par les Banques centrales (notamment par la Banque d'Angleterre) et une certaine coopération entre elles leur permettent d'éviter des transferts de métaux (travaux de Bloomfield, 1959).

5. LES EXIGENCES DE L'ÉTALON-OR

Le fait que les autorités ne puissent pas modifier les contreparties de la base monétaire peut poser un problème d'approvisionnement insuffisant de l'économie en liquidité. Par chance, au cours de la période, les découvertes de métal ont permis de répondre aux besoins de l'économie mondiale.

Les mécanismes de l'étalon-or neutralisent les instruments de politiques économiques et sont par conséquent associés à une relative instabilité de l'activité. La politique de change est d'abord vide de sens puisque la crédibilité de l'étalon-or exclut la dévaluation. Dans un environnement de forte mobilité internationale des capitaux, les marges de manœuvre de politique monétaire sont extrêmement réduites.

L'étalon-or est associé à des préférences de politiques économiques particulières : les objectifs de stabilité sont préférés aux objectifs d'activité. En ce sens, **l'étalon apparaît comme le miroir des conditions d'exercice de la démocratie à l'époque**, peu encline à tenir compte des intérêts des classes populaires.

75 Le système de Bretton Woods (1944-1971)

Point clef

Le système monétaire international dit de Bretton Woods reste en vigueur de 1944 à 1971, il se caractérise notamment par l'existence d'un régime de changes fixes ajustables. Du début à la fin, le système est marqué par la domination américaine : le dollar joue d'emblée un rôle central, le système permet aux États-Unis de financer leurs déficits courants et au final la proclamation de l'inconvertibilité du dollar en or s'apparente à une sorte de faillite sans recours.

1. LES FONDEMENTS DU SYSTÈME DE BRETTON WOODS

a) Un régime de changes fixes ajustables

En juillet 1944, une conférence réunit, à Bretton Woods au nord-est de Boston aux États-Unis, les représentants de 44 pays pour organiser le système monétaire international d'après-guerre. En réaction aux errements monétaires de l'entre-deux-guerres (alternance des régimes monétaires, dévaluations compétitives, crises de change…), un consensus se dessine en faveur de la fixité du change et d'un système au sein duquel l'approvisionnement en liquidité et les dévaluations seraient gérés par un organisme international.

John Maynard Keynes, chef de la délégation britannique, propose dans cette perspective un système fondé sur l'émission d'une nouvelle monnaie : le bancor. Cette monnaie internationale ne se substituerait pas aux monnaies nationales mais élargirait leur champ d'action en ouvrant la porte à une compensation des paiements gérée par un organisme international.

En raison des rapports de forces internationaux, la position américaine, portée par l'économiste Harry White (**plan White**), l'emporte aisément sur le **plan Keynes**. L'instauration d'un système de changes fixes ajustables assis sur l'or et centré sur le dollar américain est finalement décidée.

Le régime de Bretton Woods est un **étalon de change-or** (Gold Exchange Standard). La parité de la monnaie de chaque État est en effet exprimée au départ soit en termes d'or, soit en dollars de poids et de titres en vigueur le 1er juillet 1944. Chaque État s'engage à ne pas autoriser d'opérations de change qui s'éloigneraient de ±1 % de la parité ainsi définie. Dans les faits, à partir de 1947, les États-Unis décident de vendre et d'acheter de l'or contre tous les dollars qui leur seront présentés. De fait, ils s'exonèrent de l'obligation de défendre la parité et peuvent s'installer dans une posture de **douce négligence** (selon la formule de l'économiste G. Haberler, *benign neglect*), même ils offrent la possibilité aux n–1 autres pays du système d'obtenir de l'or.

Au sein du régime de change, des ajustements sont possibles en cas de déséquilibres « profonds et prolongés » des fondamentaux macroéconomiques. Si la dévaluation reste inférieure à 10 %, le pays doit simplement en informer le Fonds monétaire international ; si elle est supérieure à 10 %, il doit obtenir l'accord du Fonds.

b) Le rôle du Fonds monétaire international

Le Fonds monétaire international est créé par les accords de Bretton Woods afin de faciliter le maintien des parités et la continuité des paiements au niveau international. Son siège est à Washington.

Chaque pays membre verse une contribution au prorata de sa part dans le commerce international (le versement s'effectue à hauteur de 25 % en or jusqu'en 1976, le reste en monnaie nationale). Ces sommes peuvent servir à octroyer des crédits aux pays qui en font la demande souvent pour maintenir les parités sur le marché des changes. Chaque pays dispose d'un droit de tirage proportionnel à sa contribution. Les crédits sont accordés dans des conditions de plus en plus strictes à mesure que les montants augmentent. La première tranche de crédit, correspondant à 25 % de la quote-part, est accordée automatiquement et des tranches supplémentaires permettent à un pays d'obtenir jusqu'à 125 % de sa contribution sans difficulté. L'octroi des trois dernières tranches est conditionné à l'adoption d'un programme de politique économique préconisé par le FMI. À l'époque, la doctrine du FMI est largement d'inspiration keynésienne, la plus grande attention est directement portée aux objectifs d'activité (v. fiche 83).

Une majorité de 85 % des votes est nécessaire pour les décisions au sein du FMI. Les États-Unis qui disposent d'un pourcentage de vote largement supérieur à 15 % contrôlent de fait cette institution depuis l'origine.

La Banque internationale pour la reconstruction et le développement (BIRD, Banque mondiale par la suite), créée par les accords de 1944, a pour mission d'octroyer des prêts bonifiés à long terme d'abord pour la reconstruction de l'Europe, puis le développement industriel du Tiers-monde. Son siège est aussi à Washington (v. fiche 84).

2. CONTRADICTIONS ET DANGERS DU SYSTÈME

a) Le dilemme de Triffin

Triffin dans l'ouvrage *Gold and the Dollar Crisis : the Future of Convertibility,* publié en 1960, signale le dilemme dans lequel le système de Bretton Woods se trouve enfermé. La forte croissance mondiale est associée à une demande importante de monnaies (en devises convertibles) à des fins de transaction internationale. Chacune de ces monnaies d'échange voit sa valeur garantie par une Banque centrale dont la demande de dollars comme réserve de change ne peut qu'augmenter avec la croissance mondiale. Les États-Unis peuvent sans difficulté fournir ces dollars *via* leurs déficits extérieurs. Mais comme l'évolution du stock d'or mondial dépend de facteurs exogènes (découvertes de nouveaux gisements ou amélioration des procédés d'extraction) et ne suit pas l'évolution des échanges mondiaux, un problème se fait jour. Le dilemme réside dans une alternative *a priori* inextricable :

- **soit les États-Unis n'approvisionnent plus l'économie mondiale en liquidité au risque de la voir basculer dans la déflation ;**
- **soit la crédibilité des autorités américaines va inévitablement s'effriter** à mesure que le rapport dollars émis sur stock d'or augmente et à terme le système est appelé à s'effondrer.

Triffin suggère les bases d'une solution : il conviendrait de substituer un autre actif à l'or, choisi de sorte que son offre croisse au même rythme que la croissance du commerce mondial. Cet actif devrait être accepté par les pays membres du système et devrait prendre, selon Triffin, la forme d'un engagement du FMI. La création des DTS (droits de tirages spéciaux) s'inscrit à la fin des années 1960 dans cette logique.

b) La critique de Rueff

L'économiste français Jacques Rueff, conseiller économique du général De Gaulle, critique lui aussi le fonctionnement du système. Dans l'ouvrage *Le lancinant problème des balances de paiement* (1965), il dénonce le fait que les États-Unis se trouvent exonérés par son privilège d'émetteur de la monnaie de réserve de solder ses déséquilibres externes par des sorties d'or (déficits sans pleurs). Ce sont en réalité les créanciers des États-Unis qui financent leurs déficits. Rueff prolonge les analyses de Triffin en montrant que le système entraîne un **accroissement dangereux des bases monétaires**, un déficit américain se traduit par une hausse du poste or et devises en Europe et au Japon ce qui conduit à une progression de la création monétaire alors que le placement des dollars accumulés par les Banques centrales en Amérique y empêche une contraction monétaire qui aurait théoriquement des effets rééquilibrants. Dans une perspective quantitativiste, l'inflation mondiale se trouve de la sorte accélérée. Il convient selon Rueff de revenir à un vrai système d'étalon-or.

La conférence de presse du général De Gaulle du 4 février 1965 se fonde sans doute sur ces analyses pour contester l'ordre monétaire imposé par les États-Unis, dénoncer le fait qu'ils sont amenés « à s'endetter gratuitement vis-à-vis de l'étranger » et réclamer le rétablissement de « la règle d'or » c'est-à-dire « l'obligation d'équilibrer, d'une zone monétaire à l'autre, par rentrées et sorties effectives de métal précieux, la balance résultant de leurs échanges ». En 1965, la France accroît ses demandes de conversion de dollars en or contribuant à détériorer les ratios de liquidité aux États-Unis.

3. L'ÉCLATEMENT DU RÉGIME DE BRETTON WOODS

a) Abandon officieux et diffus de la convertibilité-or du dollar

Jusqu'en 1968, les grandes Banques centrales formaient un **pool de l'or** (États-Unis, Grande-Bretagne, Suisse et pays membres de la Communauté économique européenne) et intervenaient sur le marché privé de l'or afin de maintenir le prix de marché du dollar à 35 dollars l'once. Alors que le prix des matières premières augmente, le prix relatif de l'or baisse et sa demande privée progresse. Les Banques centrales ne peuvent plus garantir ce prix, sauf à épuiser leur stock d'or. Le mécanisme de garantie est stoppé en mars 1968. Sur le marché privé de l'or, le prix remonte. Dès mars 1968 avec ce découplage entre les valeurs privée et officielle de l'or, la convertibilité du dollar en or devient en réalité factice. Qui plus est, les États-Unis n'honorent plus que les demandes de conversion émanant des Banques. Or celles-ci, par l'**accord de Washington** en mars 1968, se sont engagées (à l'exception de la Banque de France) à ne pas demander la convertibilité de dollars en or.

Sous l'influence des États-Unis, un système de droits de tirages spéciaux est mis en place afin d'aider les pays souffrant de déséquilibres externes. Les DTS sont installés comme nouvel instrument de crédit international, le nouveau numéraire officiel du système. Le DTS est conçu comme la moyenne pondérée des cours de 14 monnaies. En parallèle, un réseau de swaps (crédits croisés entre Banques centrales) permet de répondre de façon assez souple aux demandes de liquidités des pays déficitaires.

b) La proclamation de l'inconvertibilité du dollar en or

Les événements de la fin des années 1960 confirment finalement les analyses de Triffin. Le ratio réserves d'or/dollars ne cesse de se détériorer et les États-Unis sont contraints de suspendre officiellement la convertibilité or du dollar.

Dans une intervention télévisée le 15 août **1971**, le président Richard Nixon proclame que **les États-Unis ne sont plus tenus de vendre de l'or à un prix fixe** aux Banques centrales étrangères, il appelle à une rectification des taux de change. Les représentants des pays développés se réunissent au Smithsonian Institut, à Washington, en décembre 1971 pour tenter de stabiliser les changes. Le dollar est dévalué : l'once d'or passe de 35 à 38 dollars. Une nouvelle grille de parités est établie qui consacre la réévaluation des principales monnaies par rapport au dollar (16,18 % pour le yen, 13,57 % pour le mark, 8,57 % pour le franc français). Les marges de fluctuations des monnaies sont par ailleurs élargies.

Le 12 février 1973, une nouvelle dévaluation du dollar intervient, l'once d'or vaut désormais 42 dollars. En mars 1973, le flottement généralisé des monnaies est finalement décidé. Les **accords de la Jamaïque** officialisent par la suite en 1976 la démonétarisation de l'or au niveau international.

Cet effondrement du système de Bretton Woods marque l'entrée dans une période plus instable des relations monétaires et financières internationales sans pour autant remettre en cause le statut de monnaie internationale du dollar américain.

Repères chronologiques

- 1944 (juillet) : signature des accords de Bretton Woods.
- 1947 : les États-Unis décident de vendre et d'acheter de l'or contre tous les dollars qui lui seront présentés.
- 1960 : Triffin met au jour les contradictions et les dangers du système de Bretton Woods.
- 1965 : Rueff publie l'ouvrage *Le lancinant problème des balances de paiement.*
- 1968 (mars) : fin du pool de l'or.
- 1971 (15 août) : le président américain Richard Nixon proclame l'inconvertibilité du dollar en or.
- 1973 (mars) : généralisation du flottement des monnaies.
- 1976 : accords de la Jamaïque qui officialisent la démonétarisation de l'or au niveau international.

76 Le coefficient d'ouverture comme mesure de l'ouverture commerciale

Point clef

L'indicateur d'ouverture le plus couramment utilisé est le coefficient d'ouverture. Son interprétation est rendue délicate par sa double dépendance envers la politique commerciale et des caractéristiques structurelles (taille de l'économie notamment).

1. PRÉSENTATION ET SIGNIFICATION

Pour un pays i à la période t, le coefficient d'ouverture est le rapport entre la valeur des exportations (Xi, t) et des importations (Mi, t) de marchandises et de services (divisée par deux) et rapporté au produit intérieur brut (Yi, t) :

$$CO = \frac{\frac{(Xi, t + Mi, t)}{2}}{Yi, t}$$

Compte tenu du fait qu'une économie est contrainte d'équilibrer sa balance courante à moyen/long terme, les exportations et les importations suivent la même trajectoire. Le coefficient peut donc être simplifié et réduit au rapport entre les exportations de marchandises et de services sur le PIB : $CO = \frac{Xm\ i, t}{Yi, t}$.

Ce ratio a une signification statique, il mesure **l'intensité de l'insertion de l'économie nationale dans les échanges mondiaux**, partant – dans une certaine mesure – une dépendance à la conjoncture mondiale et une sensibilité aux mouvements internationaux de prix. L'approche comparative internationale permet d'évaluer la **force relative de la « contrainte externe »** à laquelle l'économie nationale est soumise et qui détermine pour partie les marges de manœuvre de politiques économiques (l'exemple de la politique budgétaire étant le plus explicite).

2. LES DÉTERMINANTS STRUCTURELS DE L'OUVERTURE COMMERCIALE

Les difficultés d'interprétation statique du coefficient naissent d'abord de sa double dépendance envers des facteurs politiques (intensité des protections commerciales) et des facteurs structurels qu'il convient de bien identifier à la base.

L'ouverture commerciale est avant tout **inversement proportionnel à la taille de l'économie** nationale (population et dimension) :

- L'étendue de la demande interne (taille du marché national) permet de concilier diversification de la production et compétitivité et partant réduit le recours à l'échange international.
- Par ailleurs, plus l'étendue du pays est vaste, plus il y a de chances pour que les ressources minérales et énergétiques soient conséquentes et diversifiées, ce qui rend moins impératif l'échange international. De même, plus il y a de chances – *via* la variété de climats et l'étendue de la surface agricole utile – pour que les productions agricoles soient diversifiées (v. l'exemple assez emblématique des États-Unis).
- Plus le pays est étendu, plus les distances internes sont importantes, plus le relief est escarpé, plus les coûts internes du transport des biens importés peuvent constituer un obstacle fatal à leur compétitivité prix et freiner le commerce international.

Exportations sur PIB pour quelques pays en 2005

	Exportations/PIB en 2005 (en pourcentages)	Population en millions d'habitants en 2005
États-Unis	10	297
Japon	11	127
Allemagne	40	82
Royaume-Uni	26	60
France	26	61
Italie	26	58
Canada	38	33
Pays-Bas	71	16
Belgique	87	10

Source : L'économie mondiale 2008, *CEPII, 2007.*

Le tableau ci-dessus fait apparaître un lien inverse entre taille et ouverture même si évidement il n'est pas linéaire et certaines situations appelleraient des commentaires détaillés. Ainsi l'ouverture allemande peut-elle être reliée à l'importance relative du secteur industriel et à la grande qualité de ses spécialisations.

La **localisation géographique** enfin peut également rendre compte du degré d'ouverture : la distance entre deux pays, les frontières communes, l'insularité, la nature de l'émulation avec les voisins influencent l'intensité de l'ouverture.

3. LES EFFETS DE DÉBORDEMENTS

Des difficultés d'interprétations naissent aussi d'un défaut de construction du ratio d'ouverture. Il met en effet en rapport un chiffre d'affaires au numérateur (valeur des exportations) et une somme de valeurs ajoutées au dénominateur (le PIB). Ceci permet d'expliquer la situation curieuse de certains pays asiatiques dont le coefficient – par ailleurs très volatil – dépasse les 100 % (ce qui pourrait donner à penser qu'ils exportent plus qu'ils ne produisent). En réalité ces économies (pays ateliers) reçoivent des articles manufacturés relativement élaborés pour des opérations de montage ou de finition en vue d'une réexportation, l'apport de valeur ajoutée étant au final assez faible.

Taux d'exportations (marchandises et services) de HongKong et la Malaisie (1997- 2001)

	1997	1998	1999	2000	2001
HongKong	132	125	133	150	144
Malaisie	94	114	122	125	116

Source : L'économie mondiale, *CEPII.*

4. L'INTERPRÉTATION DYNAMIQUE DU COEFFICIENT

En termes dynamiques, le coefficient mesure l'intensité du processus d'ouverture commerciale. Sa progression (voire sa simple stabilité) traduit des avancées de l'intégration réelle.

Il convient de souligner d'emblée que deux effets de structure perturbent l'interprétation de ce ratio, l'un lié à la tertiarisation des économies, l'autre à la diminution du prix relatif des exportations. Ils ont en commun d'abaisser le taux d'exportation global.

Du fait de l'importance des **échanges de services** en matière de croissance, il paraît indispensable de les inclure au numérateur, d'autant qu'ils interviennent au dénominateur. Pour autant, dans la mesure où leur contribution à l'échange international est curieusement constante et relativement faible (selon Bairoch, la part des services est de 22,4 % des exportations de biens et services sur la période 1970-1972 et de 21,9 % sur la période 1992-1994 ; pour la France nos calculs montrent que cette part passe de 23,7 % sur la période 1950-1952 à 23,6 % en 1992-1994 et 19,4 % en 1998-2000), un effet de structure lié à la tertiarisation des économies est ici identifiable. Le développement du secteur des services tire pour ainsi dire le ratio d'exportation global brut à la baisse.

Ainsi les économistes historiens contournent-ils ce problème en ne prenant en compte que les exportations de marchandises (Xm i, t) au numérateur (travaux de Maddison, 2001 et Bairoch, 2002) :

$$\frac{Xm\ \mathrm{i, t}}{\mathrm{Yi, t}}$$

Sur ces nouvelles bases, un autre problème persiste. Il est lié à la « déformation » de la structure des prix entre la période initiale et la période terminale, c'est-à-dire à l'évolution des **termes de l'échange entre prix des biens échangeables et prix des biens non échangeables**. En effet, le prix relatif des exportations a tendance à diminuer dans le temps (à mesure que l'économie se développe) car les secteurs d'exportations concentrent l'essentiel des gains de productivité. Le cœur du problème tient aux systèmes de prix qui interviennent pour valoriser les quantités. Pour « neutraliser ce biais », on peut calculer un indicateur corrigé : en l'occurrence, un coefficient d'ouverture « à prix constants », afin d'éliminer l'incidence des variations de prix, en appliquant à toutes les quantités un seul et même vecteur de prix d'une année de base. La différence reflète aussi sous certaines hypothèses l'écart des gains de productivité entre le secteur des exportations et la moyenne de l'économie. On retiendra que l'exploitation des complémentarités entre les coefficients d'ouverture réhabilite si besoin en était l'utilisation de ces indicateurs d'ouverture commerciale.

5. MISE EN PERSPECTIVE HISTORIQUE DE L'OUVERTURE COMMERCIALE

À partir de ce travail méthodologique, une mise en perspective historique de l'ouverture commerciale des économies peut être opérée. Le cas de l'Europe occidentale est représentatif de la tendance mondiale. Il ressort du graphique ci-dessous que :

- la mondialisation commerciale n'est pas un phénomène économique nouveau ;
- **la mondialisation n'est pas un processus linéaire,** des « crises » sont possibles, le cycle de représailles commerciales des années 1930 en fournit une illustration paroxystique ;
- jamais la mondialisation n'avait été aussi forte qu'aujourd'hui.

L'interprétation de la dynamique de l'ouverture est un peu différente lorsque l'on confronte séries à prix courants et constants : la série à prix constants (Maddison) montre une réouverture beaucoup plus rapide des économies européennes au sortir de la Seconde Guerre mondiale et fait ressortir une quasi-fulgurance de l'actuelle mondialisation commerciale. Le coefficient exportations de marchandises sur PIB à prix constants passe de 9,3 % en 1950 à 35,6 % en 1998 alors que le coefficient à prix courants passe de 13,4 % à 26 % entre les mêmes dates (série de Bairoch). Pour les périodes les plus reculées (entre-deux-guerres et à plus forte raison le XIXe siècle), l'ouverture commerciale apparaît moins forte chez Maddison. Ce résultat n'est pas surprenant, il tient au choix par Maddison d'une année de base proche de la date terminale (en l'occurrence 1990). Par ailleurs la neutralisation des prix laisse deviner sur la période récente une importante baisse du prix relatif des exportations due à des gains de productivité substantiels.

Exportations de marchandises sur PIB à prix courants et à prix constants pour l'Europe occidentale

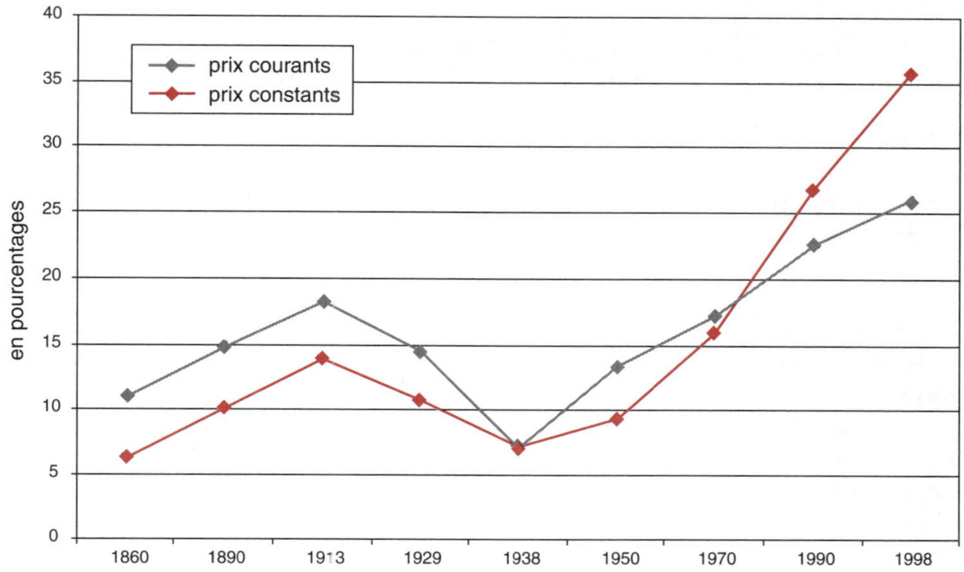

Source : Asselain Blancheton, 2005.

77 Les justifications du libre-échange

Point clef

L'ouverture commerciale est génératrice d'un gain net en termes de bien-être au niveau global. L'existence de ce gain n'exclut pas de pouvoir identifier des gagnants et des perdants (au niveau international et à l'échelle nationale). La légitimité et la pérennité du processus de mondialisation passe donc par la redistribution de ce gain net.

1. L'OUVERTURE COMMERCIALE, CONDITION NÉCESSAIRE DE LA CROISSANCE

L'**ouverture commerciale apparaît historiquement comme une condition nécessaire de la croissance économique**. Le cas du Japon est emblématique : à partir de 1639, le pays choisit de se fermer pour des motifs religieux, le commerce extérieur devient quasiment inexistant. Cette autarcie freine son développement : au début du XIXe siècle, son retard est manifeste, ses structures restent archaïques, sa croissance est faible (de l'ordre de 0,4 % par an entre 1820 et 1870 selon Maddison). La restauration Meiji marque à partir de 1867-1868 le point de départ d'un processus d'industrialisation fondé pour partie sur l'insertion du pays dans les échanges internationaux. Cette politique d'ouverture permet au Japon d'enclencher une formidable expansion.

Au XXe siècle, l'Albanie ou la Corée du Nord offrent de nouveaux exemples d'échecs de l'autarcie. À un degré moindre, l'insuccès des expériences de croissance autocentrée (stratégie dite de substitution aux importations) de certains pays non alignés dans les années 1950-1960 (Brésil, Algérie…) montrent eux aussi la nécessité de s'ouvrir aux échanges internationaux. Une formule de Deng XiaoPing, artisan de l'ouverture chinoise, résume assez bien le consensus sur cette question : « pas un seul pays au monde, quel que soit son système politique, n'a réussi à se moderniser avec une politique de porte fermée ».

Mais si l'ouverture commerciale est une condition nécessaire de la croissance, elle n'en est pas une condition suffisante comme l'illustre la stagnation de certains pays les moins avancés (PMA) spécialisés dans l'exportation de produits primaires dont les termes de l'échange se sont détériorés sur la longue période.

L'intensification des échanges internationaux de marchandises et de services est à l'origine d'un gain net entre les participants mais, à l'échelle globale, ce qui ne peut exclure que des économies nationales subissent une détérioration de leur situation.

2. L'OUVERTURE COMMERCIALE, MOTEUR DE LA CROISSANCE ÉCONOMIQUE

L'argument le plus souvent avancé est celui de la **spécialisation** des économies nationales à partir d'avantages comparatifs en termes de coûts de production. Pour Ricardo (1817), cette spécialisation permet en premier lieu une économie globale de facteurs de production et partant un déplacement de la frontière de production. Le gain décrit ici apparaît par nature statique. La possibilité d'effets d'entraînements sur la croissance peut être réintroduite à la fois par les économies d'échelle dynamique et des phénomènes d'apprentissage liés au processus de spécialisation ainsi que par le canal de la baisse du prix des importations.

Samuelson (2004) invite à relativiser la portée de l'argument d'une spécialisation génératrice d'un gain net pour les pays « contractants ». Prenant le cas des États-Unis et de la Chine qui échangent deux biens, il montre la possibilité que, si des progrès techniques (exogènes) interviennent en Chine dans la production du bien pour lequel les États-Unis avaient au départ l'avantage comparatif, le gain américain peut se transformer en une réduction permanente du revenu réel par tête.

L'ouverture commerciale favorise ensuite la **diffusion internationale de l'innovation** à travers les flux de services (brevets, licences, services aux entreprises…) et de marchandises (surtout les biens d'équipements dont le rôle moteur doit être mis en avant en matière de croissance). L'approche du rattrapage développée par A. Gerschenkron (1962) s'appuie notamment sur ces effets d'entraînement liés aux formes matérielles traditionnelles du transfert de technologies.

L'ouverture commerciale permet aussi **l'exploitation d'économies d'échelle** statiques et dynamiques, internes, voire externes à travers la constitution de grands marchés et l'allongement des séries produites. Les gains de productivité obtenus dans les secteurs d'exportation se diffusent à l'ensemble de l'économie nationale notamment à travers la baisse du prix relatif des biens d'équipement. Les arguments développés par le courant de la croissance endogène se situent également dans cette veine, même si les fondements sont plus immatériels (travaux de Rivera-Batiz et Romer, 1991 ; Grossman et Helpman, 1991…). L'ouverture donne accès au stock mondial de connaissances, la constitution de grands marchés permet aux secteurs de la recherche d'exploiter des rendements d'échelle croissants et de supprimer des activités redondantes ; au final chaque pays peut consacrer une part plus importante de capital humain à la recherche. L'ouverture est ici encore incontestablement un véritable moteur de la croissance.

3. L'OUVERTURE COMMERCIALE, CATALYSEUR DE LA CROISSANCE ÉCONOMIQUE

À travers l'intensification de la concurrence, l'ouverture commerciale constituerait un facteur de rationalisation tous azimuts au sein des économies, un catalyseur de la croissance économique.

Au niveau microéconomique, la **concurrence commerciale** accélère *de facto* la recherche de gains de productivité, l'effort d'adaptation à la demande, et sous certaines hypothèses le rythme de l'innovation (controverse sur le lien entre structure de marché et intensité de l'innovation).

Au niveau macroéconomique, l'ouverture constituerait un **facteur disciplinant en matière de conduite des politiques** conjoncturelles et un facteur d'orientation des politiques structurelles vers plus de flexibilité et partant vers une meilleure allocation globale des ressources. On retrouve la philosophie du « consensus de Washington ». L'argument est combattu notamment par J. Stiglitz dans *La Grande Désillusion* en 2002 : les stratégies d'ajustement structurel ont des conséquences sociales qui rendent plus instable encore (voire plus atone) le rythme de l'activité économique.

Enfin l'ouverture commerciale obligerait les sociétés à **rendre plus efficace leurs institutions**, système éducatif pour s'approprier les innovations, effort pour faire reculer le népotisme et la corruption (analyse de D. Rodrik par exemple), effort pour améliorer le système de santé. L'ouverture commerciale serait aussi par ce canal un catalyseur du développement. La détérioration de certains systèmes éducatifs en Afrique centrale depuis les années 1980 invite à nuancer la validité de cet argument.

78 Le protectionnisme

Point clef

Si, en théorie économique, le libre-échange est la règle et le protectionnisme l'exception, historiquement l'inverse est vrai : les politiques commerciales sont généralement à l'œuvre afin de préserver la cohésion sociale et d'influencer la qualité des spécialisations afin que l'économie nationale ne figure pas aux rangs des perdants de l'ouverture.

La politique commerciale désigne des interventions des pouvoirs publics qui ont pour effet d'introduire des distorsions dans les échanges transfrontaliers. Le plus souvent, ces actions visent à freiner les importations de marchandises et de services, plus rarement à soutenir les exportations.

1. LES INSTRUMENTS DE LA POLITIQUE COMMERCIALE

a) Les tarifs douaniers

Jusqu'au seuil des années 1930, les droits de douanes constituaient l'instrument quasi exclusif de la politique commerciale. Les **tarifs** peuvent être ***ad valorem,*** c'est-à-dire exprimés en pourcentage du prix des importations, ou spécifiques, c'est-à-dire exprimés en unité monétaire par unité physique. Des droits à caractère plus exceptionnel existent aussi comme les **droits antidumping** ou les droits compensateurs. Les tarifs discutés dans le cadre de l'OMC sont des tarifs dits consolidés qui ne constituent qu'une borne supérieure pour les tarifs appliqués. Il en découle une volatilité intra-annuelle des taux de protection notamment sur les produits saisonniers comme les fruits et légumes. Cette diversité des tarifs rend très délicat le calcul d'un droit de douane annuel moyen. Néanmoins, par-delà ces incertitudes, une tendance de fond à la réduction des tarifs est à l'œuvre. Sous l'égide du GATT, puis de l'OMC, les droits ont été ramenés d'environ 40 % en 1947 à près de 3 % aujourd'hui.

b) Les mesures quantitatives

Les quotas constituent un instrument caractéristique du XXe siècle. Le pays importateur accorde des licences autorisant l'entrée de certaines quantités de marchandises sur son territoire (exemple les quotas européens envers les textiles chinois). Les quotas tarifaires tendent à se substituer aux restrictions purement quantitatives, ils autorisent un certain montant d'importations à tarif préférentiel (tarif intra-quota), les importations excédentaires étant frappées d'un tarif supérieur (hors quota).

Les **restrictions volontaires aux exportations** (RVE) sont des accords négociés où le pays exportateur s'engage à limiter ses exportations à un niveau prédéfini.

c) Les dépréciations monétaires volontaires

Le contrôle de la valeur externe de la monnaie peut être utilisé à court terme pour influencer le solde courant. La sous-évaluation réelle de la monnaie offre un supplément de compétitivité qui dynamise les exportations et freine les importations. Si aujourd'hui la pratique des **dévaluations compétitives** est largement abandonnée et s'il est de plus en plus difficile d'influencer le cours de change en régime de flottement, certains désajustements persistent au niveau mondial ; ainsi la sous-évaluation réelle du yuan chinois et la capacité des États-Unis à utiliser le dollar pour contribuer à l'ajustement de leur balance.

d) Le protectionnisme gris

Les **normes techniques, sanitaires, environnementales,** voire **sociales** jouent un rôle qui apparaît comme relativement de plus en plus important à mesure que les formes traditionnelles de protection reculent. Les roueries administratives jouant sur la distance (dédouanement des magnétoscopes à Poitiers, loin des ports, dans les années 1980), les traductions… les monopoles d'État à l'exportation et à l'importation peuvent – par leur pouvoir de marché – devenir des instruments puissants de protection. Les procédures d'appel d'offres qui privilégient des opérateurs nationaux constituent une forme de protection tout comme les subventions à la production de certaines activités (cinéma, agriculture…).

2. LES NICHES RESTREINTES DES JUSTIFICATIONS THÉORIQUES DU PROTECTIONNISME

a) Le grand pays capable d'influencer le prix mondial

Selon l'économiste classique anglais John Stuart Mill, un grand pays peut disposer d'un **pouvoir de marché** sur un bien à l'échelle mondiale. Ce pays, en instaurant un tarif, réduit sa demande interne et provoque ainsi une baisse du prix mondial. De la sorte l'amélioration des termes de l'échange peut être à l'origine d'une hausse du bien-être au sein de l'économie nationale. Un risque ici réside dans des mesures de rétorsions d'autres grands pays.

b) La théorie de la protection des « industries dans l'enfance »

Elle est énoncée très tôt par A. Hamilton dans son *Rapport sur les manufactures* (1791), puis systématisée par F. List dans son *Système national d'économie politique* (1841). L'idée de base est qu'un tarif permet à l'industrie nationale naissante de se protéger de la concurrence internationale, le temps d'exploiter des économies d'échelle et de devenir « compétitive ». Contrairement aux représentations parfois entretenues, il s'agit d'une approche qui prône l'insertion dans l'échange international. On protège le temps d'accroître la productivité, de développer le savoir-faire. La protection doit être **dégressive** et **temporaire**, elle n'a pas vocation à être systématique.

c) La politique commerciale stratégique

Ce courant théorique intègre la concurrence imparfaite (économies d'échelle, oligopoles, externalités…) dans l'analyse du commerce international et justifie la protection dans certaines configurations de marché relativement restreintes. Un tarif peut se justifier pour réduire la rente d'une entreprise étrangère en position de monopole sur le marché national. Une **subvention à l'exportation** peut se justifier pour donner un avantage à une entreprise nationale sur un marché oligopolistique « à la Cournot ». L'intervention de l'État peut aussi permettre, par des subventions à l'investissement, de s'imposer sur un marché où il n'y aurait de place que pour une seule firme (aéronautique gros porteur). Mais la possibilité de représailles efface ici le gain pour l'économie nationale et débouche sur des équilibres non coopératifs comme sur le marché de l'aéronautique avec un conflit permanent entre Boeing et Airbus.

d) L'économie politique du « protectionnisme »

Pour comprendre la persistance de certaines formes de protection, il convient de déplacer les termes du débat de la théorie vers des **considérations plus politiques**. Certains **secteurs** peuvent être considérés comme **stratégiques** et justifier ainsi une protection. Les enjeux non marchands dans le secteur agricole résident dans la préservation à long terme d'une indépendance alimentaire et l'utilisation de l'arme alimentaire en prévision d'une croissance démographique mondiale. Dans le cas français, l'aménagement du territoire est aussi mis en avant. Les biens culturels peuvent faire valoir une spécificité, ils sont porteurs d'externalité à long terme (rayonnement culturel…).

Repères chronologiques

- 1841 : publication par F. List de l'ouvrage *Système national d'économie politique.*
- 1930 (années) : guerre commerciale internationale.
- 1980 (années) : développement du courant de la politique commerciale stratégique.

79 L'intégration financière internationale

Point clef

L'intégration financière internationale désigne un processus de mise en communication de plus en plus poussée des différents marchés financiers nationaux (levée des contrôles, mobilité effective des capitaux, capacité des opérateurs à arbitrer les opportunités de profit). Au stade le plus avancé de l'intégration, les espaces nationaux doivent être unifiés dans un marché international sur lequel la loi du prix unique est en vigueur.

1. LA MESURE DE L'INTÉGRATION FINANCIÈRE INTERNATIONALE

La mobilité internationale peut être appréhendée de nombreuses manières. Le fait que le montant quotidien des opérations de change (comptant, terme, swaps) augmente fortement depuis plus de 25 ans constitue un indice présomptif du phénomène : entre 1979 et 2004, il est passé de 117 milliards de dollars à 1880 milliards de dollars.

En économie internationale, quatre grands indicateurs sont utilisés pour mesurer l'intégration financière internationale :

- les **actifs financiers détenus à l'étranger ;**
- la **dispersion de la valeur absolue des soldes courants**, la contrainte de soutenabilité des déficits courants pouvant être relâchée par la mobilité des capitaux ;
- la force du **lien entre l'épargne nationale et l'investissement national** (relation dite de Feldstein-Horioka) ;
- la relation de **parité des taux d'intérêt couverte** (égalité des rendements aux variations du change près pour un même actif financier situé sur deux marchés nationaux).

Ces indicateurs ont, à des degrés divers, des problèmes de robustesse.

Obstfeld et Taylor (2004) proposent une vision d'ensemble de l'évolution historique de l'intégration financière internationale à partir d'une synthèse subjective de ces quatre approches (graphique ci-dessous).

2. UNE INTÉGRATION FINANCIÈRE PLUS ÉLEVÉE QUE JAMAIS

Le coup d'envoi de la réouverture financière des économies est donné au seuil des années 1980. La Grande-Bretagne de Margaret Thatcher puis les États-Unis et l'Allemagne lèvent les contrôles sur les opérations de change. La vague de libéralisation s'étend au niveau mondial, dans les années 1980, parfois sous la pression d'institutions financières internationales comme le Fond monétaire international, parfois dans un cadre d'intégration régionale comme en Europe.

Le degré d'intégration financière atteint dans les années 1990 dépasse celui observé lors de la première mondialisation. Aujourd'hui les flux d'investissements de portefeuille et d'investissements directs à l'étranger paraissent colossaux. Les écarts de rendement entre actifs financiers substituables (comparables) sont parfaitement « exploités » par les opérateurs.

Les expressions Terra finance ou **financiarisation du capitalisme** traduisent aujourd'hui la réalité nouvelle de la force des mouvements de capitaux.

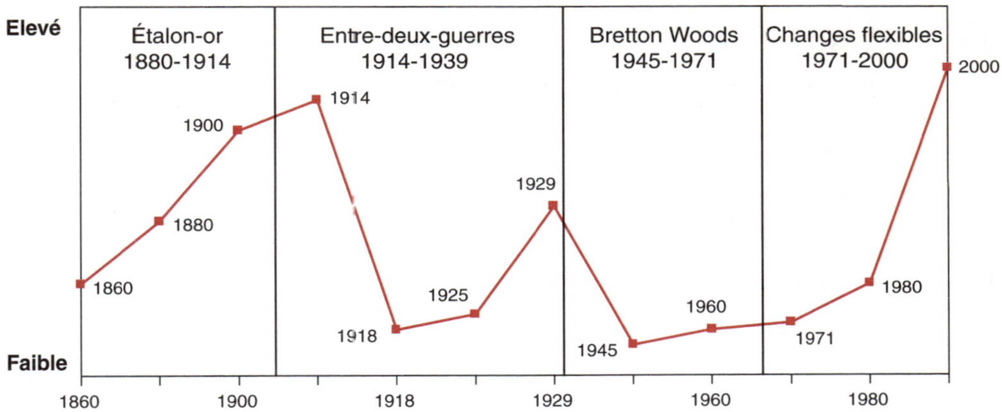

Source : Obstfeld et Taylor

3. UNE ANALYSE COÛTS AVANTAGES DE LA MOBILITÉ INTERNATIONALE DES CAPITAUX

Cette forte intégration financière a des avantages et des inconvénients. D'un côté, la mobilité des capitaux est un **facteur d'accélération de la croissance mondiale**, de l'autre elle constitue un **facteur d'instabilité**.

La mobilité internationale des capitaux peut favoriser le développement économique :

- La mobilité des capitaux favorise une meilleure allocation entre l'épargne et l'investissement : de bons projets d'investissement trouvent des financements venus de l'extérieur alors qu'auparavant ils pouvaient être rationnés.
- Elle améliore aussi la liquidité des marchés.
- Elle contribue à abaisser le coût du capital à l'échelle mondiale.
- À travers des investissements de portefeuille, la mobilité des capitaux permet la réduction des risques *via* une possible diversification internationale des placements.

Mais la mobilité des capitaux soumet à des contraintes nouvelles :

- La réactivité des opérateurs (tels les fonds de pensions américains), leur exigence forte en matière de rendement à court terme modifient les rapports de forces au sein des entreprises entre actionnaires, salariés et dirigeants. La recherche d'une rentabilité immédiate peut conduire à une détérioration des conditions de travail et au sacrifice des intérêts des salariés.
- Par ailleurs, les cours de change se révèlent beaucoup plus instables, comme en témoignent les fortes variations du cours euro/dollar depuis 1999.
- Plus largement, les nombreuses crises survenues depuis le début des années 1980 (crise mexicaine en 1982, krach d'octobre 1987, crise asiatique en 1997, crise Russe en 1998, crise brésilienne en 2002, crise des *subprimes*…) témoignent d'une instabilité financière recrudescente.
- L'activité économique elle-même semble plus instable, à travers notamment les répercussions réelles de ces crises en termes de croissance et les difficultés plus grandes de mobiliser les politiques économiques pour soutenir l'activité.

80 La crise financière internationale de 2007-2008

Point clef

La crise financière internationale de 2007-2008 d'abord centrée sur le marché des crédits *subprimes* a touché l'ensemble du système bancaire et financier mondial. Elle doit conduire à une réflexion poussée à propos de l'amélioration de la régulation de la finance mondiale.

1. LES CRÉDITS *SUBPRIMES*

La crise financière éclate courant août 2007. À l'époque, les analystes et les responsables politiques ont été surpris. L'environnement ne semblait pas particulièrement incertain, il était caractérisé par un relatif optimisme fondé sur une croyance dans la capacité des pays émergents à tirer la croissance mondiale (« paradoxe de la tranquillité » de Minsky).

Cette crise se concentre d'abord autour des crédits dits *subprimes*. Les crédits *subprimes* sont des **crédits hypothécaires accordés à des emprunteurs à risques de défaut élevés**, par opposition aux crédits *primes* qui eux sont accordés à des emprunteurs offrant de bonnes garanties. La taille de ce marché *subprimes* était estimée pour 2007 à environ 1 000 milliards de dollars (le PIB des États-Unis était de 13 807 milliards de dollars en 2007).

En 2000, 9 % des emprunts immobiliers américains étaient des *subprimes* ; en 2006, ils représentaient 20 % du total. Depuis le début des années 2000, le développement de ce « marché *subprimes* » est associé à la hausse des prix des actifs immobiliers. La hausse des prix des logements garantissait l'endettement de l'emprunteur, mais il convient d'observer que le mouvement de hausse résultait pour partie de crédits plus nombreux qui alimentaient la demande immobilière. L'**excès de crédit** peut d'emblée être identifié comme l'une des causes majeures de cette crise.

Des lois en vigueur depuis les années 1970 dont le *Community Reinvestment Act* (1977) ont incité les institutions financières à prêter dans des quartiers défavorisés et à se tourner vers des publics toujours plus fragiles. Les études empiriques montrent que **la qualité des prêts s'est régulièrement détériorée** entre 2001 et 2006 (Demyanyk et Van Hemert, 2008).

En principe pour une banque, la hausse des crédits s'accompagne d'une hausse des besoins en fonds propres, ce qui tend mécaniquement à en freiner la distribution. Or ces **créances** ont été **titrisées**, transformées en titres financiers. L'ingénierie financière a développé des produits dits complexes qui intégraient des parts plus ou moins grandes de créances *subprimes*. Ces titres offraient un rendement relativement élevé pour un risque considéré alors comme faible. Les gestionnaires considéraient qu'il fallait avoir ce genre de produits en portefeuille.

2. LE RETOURNEMENT DU MARCHÉ IMMOBILIER

La **hausse des taux d'intérêt** qui intervient au cours du premier semestre 2007 met des ménages dans l'incapacité de rembourser les prêts immobiliers. Aux États-Unis, le taux des OAT 10 ans utilisé comme référence sur les crédits immobiliers qui n'avait pratiquement pas cessé de baisser depuis 1991 (plus de 9 % en 1991) est reparti à la hausse en 2007 passant de 3,96 % le 2 janvier 2007 à 4,74 % le 9 juillet 2007. Le **taux de défauts des ménages *subprimes* a augmenté** (de 5 % en 2005 à 15 % en 2007). L'expulsion de leur logement de plus d'un million de ménages américains marque l'échec social de ce système fondé sur un endettement massif.

Le retournement du marché immobilier fait naître début 2007 des doutes sur la valeur du sous-jacent (les maisons) et la valeur des « créances *subprimes* ». Dès lors **le système de formation des prix des produits financiers a été perturbé**, les opérateurs constatent qu'ils n'ont pas d'information sur le sous-jacent et les risques. À partir d'août 2007, les prix des produits financiers complexes baissent de manière rapide. Une crise de confiance affecte ces produits… La **défiance** s'installe entre institutions financières. Qui porte le risque ? Quelle va être l'ampleur des pertes ? Les banques connaissent alors des difficultés.

3. LES DIFFICULTÉS DES ORGANISMES FINANCIERS, LE PLONGEON DES MARCHÉS

Du fait de la défiance interbancaire, les liquidités se sont asséchées sur certains marchés monétaires. Les banques ont manqué de fonds propres. De nombreuses banques ont dû solliciter une recapitalisation fin 2007 et courant 2008 (Citigroup, Bank of America, Morgan Stanley, Merrill Lynch aux États-Unis, UBS, Royal Bank of Scotland en Europe…). Les Banques centrales ont cherché dès le début du mois d'août 2007 des solutions pour approvisionner le système en liquidités. Elles ont entamé un combat incessant, elles ne sont pas parvenues à éviter que certaines institutions ne soient en grandes difficultés. L'année 2008 a été scandée par des actions de sauvetage. En Europe, une ruée bancaire se produit aux guichets de la Northern Rock en février 2008, l'établissement est nationalisé temporairement. Aux États-Unis en mars 2008, la banque d'affaires et de courtage Bear Stearns (cinquième banque d'investissement américaine) a été renflouée par sa concurrence JPMorgan Chase et par la Réserve fédérale de New York. En juillet 2008, Fannie Mae et Freddie Mac, des organismes de refinancement hypothécaire (ils assurent les créances immobilières), qui détenaient ou garantissaient plus de 40 % de l'encours de crédits immobiliers aux États-Unis ont été en difficulté. Ils ont été mis par la suite sous la tutelle du Trésor américain (en septembre 2008). Le 15 septembre 2008 **Lehman Brothers** (quatrième banque d'affaires de Wall Street) **est mise en faillite**. La banque n'a pas trouvé de repreneur et a été abandonnée. Ce choix a été analysé comme une erreur dans la mesure où il a pu faire penser que d'autres institutions n'étaient pas à l'abri d'une telle sanction. À la suite de cet épisode, le prêt interbancaire a été jugé davantage risqué, les taux sur d'intérêt le marché monétaire se sont envolés. Les **prêts interbancaires semblent alors paralysés**, une **défiance généralisée** étant de mise entre banquiers.

Depuis août 2007, les marchés financiers ont eux énormément reculés, les valeurs financières étant d'abord plus particulièrement touchées :

- le Dow Jones a chuté entre octobre 2007 et octobre 2008 de près de 40 % ;
- sur la même période le CAC a reculé de près de 50 %.

La semaine du 6 octobre 2008, une panique a frappé les marchés financiers qui ne percevaient pas de solutions de sortie de crise… Les indices ont perdu près de 25 % sur cette semaine. Le spectre de la crise de 1929 a alors resurgi (v. fiche 26).

Si la comparaison entre les deux crises a bien un sens du point de vue des causes de la crise (excès de crédits, euphorie qui conduit à une mauvaise appréciation des risques, dynamique inégalitaire du partage des revenus et des patrimoines aux États-Unis…) ainsi que du point de vue de l'ampleur de la chute des marchés d'actions et des difficultés bancaires, les deux épisodes se différencient radicalement en matière de réactions des politiques économiques. Autant, après octobre 1929, les autorités avaient été relativement passives, autant elles ont été volontaristes en 2007-2009 même si elles ont eu des difficultés à combattre l'incertitude et ancrer les anticipations.

4. LA RECHERCHE D'UNE SOLUTION GLOBALE

À la fin de l'été 2008, la politique monétaire a paru avoir épuisé l'arsenal de ses instruments pour solutionner la crise. La **politique budgétaire a pris le relais** d'abord avec le plan Paulson aux États-Unis. Dans sa mouture liminaire, ce plan de près de 700 milliards de dollars prévoyait un rachat de « créances toxiques » selon des modalités floues, il s'est ensuite orienté vers une montée au capital des banques en difficultés. L'Europe a elle aussi réagit, d'abord de manière quelque peu dispersée (divergences d'appréciation sur la gravité de la situation, élévation différenciée des plafonds de garanti des dépôts...). Par la suite, mi-octobre 2008, les Européens ont affiné un projet coordonné (sur le modèle anglais) combinant garantie des crédits interbancaires et entrée dans le capital de banques en difficultés. Toutes les banques seraient secourues en cas de difficultés. Les Européens apportent une garantie à hauteur d'un plafond de 1 700 milliards d'euros et s'engagent à ce que toutes les banques soient secourues. Ces plans ont progressivement rétabli la confiance sur les marchés monétaires, mais le rationnement du crédit pendant plusieurs semaines a puissamment entravé l'activité économique.

5. DES EFFETS RÉELS SUBSTANTIELS

Un ***credit crunch*** a frappé les économies occidentales à l'automne 2008. À la suite des tensions sur le marché interbancaire, le crédit a été rationné. Ces restrictions ont eu plusieurs effets :

- l'investissement a été freiné ;
- la consommation a stagné ;
- les faillites d'entreprises ont été plus nombreuses.

L'effondrement des marchés financiers à travers des effets de richesse, mais aussi et surtout *via* les **détériorations des anticipations** a provoqué un recul de la confiance des ménages et un attentisme en matière de consommation. De manière liée, la confiance des entrepreneurs a été affectée.

La croissance a stagné au cours du deuxième semestre 2008 et au début de l'année 2009, la plupart des économies occidentales ont connu une récession. Cette stagnation, voire ce recul de la croissance a entraîné une progression du chômage dans l'ensemble de ces pays.

6. LES CAUSES DE LA CRISE

La crise financière résulte de la rencontre de plusieurs facteurs macroéconomiques et microéconomiques.

L'**abondance de crédits** est un facteur clef, plusieurs raisons l'expliquent :

- abondance de liquidités du fait des déséquilibres internationaux (hausse des prix du pétrole, excédents courants des pays d'Asie en particulier la Chine...) et de la poursuite du processus d'intégration financière internationale ;
- une politique monétaire américaine souple à la suite de la crise de 2000-2001 et le maintien de taux d'intérêt bas entre 2003 et 2005 ;
- des primes de risque très faibles sur les taux d'intérêt (environnement de « grande modération ») qui résulte pour partie d'une grande crédibilité de la politique monétaire.

Cet endettement massif à faible coût permet aux institutions financières anciennes (banques d'investissement, banques commerciales) et « nouvelles » (fonds d'investissement, *hedge funds*) de pratiquer des **opérations à gros effets de levier**. Les organismes financiers recherchent dès lors des niveaux de rentabilité trop élevés eu égard aux performances réelles de l'économie. Cette course sans limite aux profits engendre des prises de risques excessives.

Pour le courant de la Régulation (M. Aglietta), la crise financière révèle la **crise du régime de croissance associé au capitalisme financier** en vogue depuis les années 1980. Le pouvoir des actionnaires conduit à un partage de la valeur ajoutée défavorable aux salariés et à une montée des inégalités. L'endettement des ménages américains pallie l'insuffisance de leur pouvoir d'achat jusqu'à la limite du surendettement.

Des défauts de régulation ont été identifiés :

- L'organisation des **systèmes de contrôle prudentiel** (en particulier l'organisation interne) et l'organisation de la **supervision bancaire** ont été **défaillantes**.
- Les **normes comptables** qui s'appliquent aux organismes financiers (valorisation des actifs à la valeur de marché) se sont révélées déstabilisantes.
- Certaines **innovations financières**, les produits complexes les plus difficiles à « pricer », au lieu de répartir les risques entre les agents, ont **brouillé les repères des opérateurs**. Le système n'a plus été en mesure d'évaluer les risques, d'en assurer la traçabilité.
- Les **agences de notation** n'ont pas joué correctement leur rôle, elles ont paru en proie à des **conflits d'intérêts.**
- L'**incitation à la prise de risque** dans les institutions financières (rôle des bonus qui récompensent les comportements spéculatifs…) a été **excessive**.

Repères chronologiques

- 2007 (août) : éclatement de la crise des *subprimes*.
- 2008 (février) : ruée bancaire aux guichets de la Northern Rock au Royaume-Uni.
- 2008 (15 septembre) : faillite de Lehman Brothers.
- 2008 (octobre) : plan de sauvetage budgétaire annoncé aux États-Unis et en Europe.

81 La taxe Tobin

Point clef

La proposition de l'économiste James Tobin consiste à taxer les mouvements de capitaux à court terme afin de réduire l'instabilité monétaire et financière. Son réalisme économique est très discuté.

1. LA PROPOSITION DE JAMES TOBIN

En 1972, lors d'une conférence prononcée à l'Université de Princeton, dans un contexte de développement des changes flottants, l'économiste James Tobin (prix Nobel d'économie en 1981) rappelle que la **mobilité internationale des capitaux réduit les marges de manœuvre de politique économique et accroît l'instabilité monétaire et financière**. Pour atténuer le problème, il avance l'idée d'une taxation des opérations de change afin, selon sa propre expression, « de mettre du sable dans les rouages » de la finance internationale. La proposition de James Tobin consiste à **taxer les opérations de change de nature spéculative** (mouvements de très court terme) afin de les freiner.

Le taux de taxation des mouvements de capitaux pourrait être de l'ordre de 0,01 % à 1 %. **La taxation atténuerait la volatilité des marchés**, elle constituerait une « **institution réductrice d'incertitude** ». Par ailleurs son produit pourrait constituer une réserve financière pour lutter contre la pauvreté.

2. LES GRANDS PRINCIPES DE LA TAXE TOBIN

Si, par exemple, une taxe de 0,05 % paraît négligeable sur une transaction isolée, le fait de la payer une fois par semaine revient à réduire le rendement annuel de celui qui s'en acquitte d'environ 2,6 %. Ce chiffre est à mettre en rapport avec les profits annuels qui pourraient être faits en exploitant des différences de rendements entre actifs substituables libellés dans des monnaies différentes : il reste modeste.

Le taux et l'assiette de la taxe seraient les mêmes dans tous les pays. La taxe serait collectée et administrée par chaque gouvernement national. Les sommes récoltées pourraient être versées à un organisme géré par le Fonds monétaire international, la Banque mondiale ou une autre institution et placé sous le contrôle de l'ONU. Les sommes pourraient renforcer significativement l'aide aux pays en voie de développement.

Actuellement la taxe est associée à la proposition développée par Paul-Bernd Spahn et prend le nom de taxe Tobin-Spahn. Il s'agit d'une taxe à double niveau. Le premier niveau est un taux faible (de l'ordre de 0,01 %) applicable aux transactions financières qui restent dans les limites d'une moyenne convenue. Le deuxième niveau est beaucoup plus élevé et s'applique automatiquement en cas d'instabilité financière.

3. LA DIMENSION POLITIQUE DE LA TAXE TOBIN

L'idée de cette taxation des mouvements de capitaux est oubliée pendant de longues années. Elle ressurgit en réaction aux crises de change qui touchent le système monétaire européen (1992-1993) puis le Mexique (1994). Depuis, la taxe Tobin est l'objet d'un débat particulièrement vif et cristallise une opposition plus profonde qui concerne la croyance dans les bienfaits ou au contraire les dangers de la globalisation.

La proposition d'une taxation des mouvements de capitaux est examinée par le G7 d'Halifax en 1995 et également lors des travaux de l'ONU sans avancée réelle. Dès lors, certaines associations citoyennes « altermondialistes » vont militer en faveur de son établissement.

En France dans *Le Monde Diplomatique* (décembre 1997), Ignacio Ramoné appelle à la mise en œuvre d'une action pour une taxe Tobin d'aide aux citoyens. Le mouvement **ATTAC** est fondé en 1998 (Action pour une Taxe Tobin d'Aide aux Citoyens), il fait de la taxe l'une de ses propositions phare. L'association s'est implantée dans plusieurs pays afin d'accroître son influence. À la fin de sa vie, Tobin a pris ses distances vis-à-vis de l'association. En 2001, il déclare : « je suis économiste et, comme la plupart des économistes, je défends le libre-échange. De plus je soutiens le FMI, la Banque mondiale et l'OMC, tout ce à quoi ces mouvements s'en prennent. On détourne mon nom ». L'association change alors de nom et devient l'Association pour la Taxation des Transactions pour l'Aide aux Citoyens. Aux États-Unis, également une association en faveur de la taxe a vu le jour. Le mouvement associatif, hostile à une mondialisation libérale, voit dans le contrôle de l'ouverture financière des économies le moyen de retrouver des marges de manœuvre de politiques économiques et souhaite que les fonds ainsi récoltés accroissent l'aide au développement des pays les plus pauvres de la planète.

4. LA TAXE PEUT-ÊTRE ÊTRE MISE EN ŒUVRE ?

Quelques pays se sont prononcés en faveur de la taxe : France, Finlande, Belgique, Allemagne, Inde, Australie. La France en 2001 et la Belgique en 2004…

Pour quelles raisons la taxe n'est-elle pas encore appliquée ? Il convient d'abord de rappeler qu'**un accord au niveau mondial est nécessaire** pour une mise en œuvre simultanée : faute d'un accord planétaire, les capitaux se dirigeraient vers les zones non taxées.

Plusieurs critiques sont formulées à l'encontre de la taxe Tobin :

- elle réduirait la liquidité des marchés financiers et partant l'efficacité des systèmes financiers ;
- elle pourrait paradoxalement accentuer la volatilité des cours *via* la réduction de cette liquidité et du volume des transactions ;
- elle serait incompatible avec le secret bancaire car elle nécessiterait une « traçabilité » des transactions financières ;
- certains économistes soulignent que si la taxe entrait en vigueur des innovations financières permettraient très vite de la contourner.

La taxe Tobin n'est pas le seul moyen de freiner les mouvements internationaux de capitaux. L'expérience chilienne initiée à partir de 1991 qui vise à instaurer un système de réserve non rémunérée égale à 20 ou 30 % du montant des capitaux entrés dans le pays apparaît globalement positive.

Repères chronologiques

- 1972 : Tobin avance l'idée d'une taxation des opérations de change.
- 1992-93 : crises de change au sein du Système monétaire européen.
- 1998 : fondation de l'association ATTAC (Action pour une Taxe Tobin d'Aide aux Citoyens).

82 Les délocalisations

Point clef

Les délocalisations attirent véritablement l'attention à partir des années 1990, leur développement accompagne alors l'intensification de la mondialisation. Les délocalisations posent avec acuité le problème de l'attractivité des sites nationaux et cristallisent les peurs vis-à-vis de la globalisation. Même si le phénomène est difficile à définir et à mesurer, il reste relativement marginal selon les économistes.

1. DES REPRÉSENTATIONS ALARMISTES

En première analyse, une délocalisation (en anglais *offshoring*) constitue une **externalisation à l'étranger** d'activités productives. Elle est plus particulièrement associée à l'image d'entreprises qui ferment des unités de production au Nord pour s'implanter dans des pays émergents à bas salaires. Au seuil des années 1990 dans un contexte d'intensification de la mondialisation, le phénomène semble se développer. En France en 1993, « l'affaire Hoover » a un retentissement considérable. Cette entreprise nord-américaine, qui fabrique des aspirateurs, ferme son site de Dijon où elle était implantée depuis 1930 et transfère la production en Écosse, supprimant 628 emplois. Depuis, les cas de délocalisation suscitent systématiquement une **grande émotion dans l'opinion publique** comme par exemple l'affaire Arena en Gironde en 2006. Le phénomène nourrit une peur endémique de la globalisation. Il serait largement responsable de la **désindustrialisation** du pays et d'un niveau élevé de chômage.

2. UN PHÉNOMÈNE DIFFICILE À DÉFINIR

En France, le **rapport Arthuis** de 1993 constitue la manifestation d'une crainte grandissante vis-à-vis des délocalisations : il chiffre les pertes d'emplois à venir entre 3 et 5 millions en Europe. La définition des délocalisations y apparaît très large : « les délocalisations consistent pour des produits qui pourraient être fabriqués et consommés dans une même aire géographique, à séparer les lieux de production ou de transformation des marchandises, des lieux de consommation. En d'autres termes, il s'agit pour le gestionnaire de fabriquer là où c'est le moins cher et de vendre là où il y a du pouvoir d'achat ». Sur ces bases, la question des délocalisations tend à se fondre dans celle de la division internationale du travail.

Aujourd'hui, une définition relativement stricte est souvent retenue : **la délocalisation est la fermeture d'une unité de production dans un pays par une entreprise qui ouvre, simultanément ou dans un très bref délai, une unité de production à l'étranger afin de fournir le même marché**. La destination des biens et services produits restant la même, un flux nouveau d'importations doit apparaître dans la balance des paiements.

3. MOTIVATIONS ET MODALITÉS

Les délocalisations sont motivées :

- principalement par la **recherche d'une réduction des coûts de production** (à travers surtout des salaires beaucoup plus bas) ;
- la volonté de **produire à proximité des clients** ;
- la recherche d'une croissance des ventes ;
- l'amélioration de la productivité ;
- l'amélioration de la qualité de service.

Les modalités des délocalisations peuvent être de deux types :

- le ***offshore-inhouse sourcing*** qui désigne un redéploiement de l'activité au sein d'un réseau de filiales existant (pour une firme multinationale) ou un transfert dans une filiale créée à partir de zéro *via* un investissement direct à l'étranger ;
- le transfert d'activité vers un sous-traitant non affilié (***offshore outsourcing***).

Cette distinction recoupe assez largement l'opposition entre délocalisations horizontales et verticales :

- les **délocalisations horizontales** (qui visent notamment la pénétration de nouveaux marchés) sont des flux Nord-Nord qui induisent un commerce de produits similaires ;
- les **délocalisations verticales** de sens Nord-Sud fragmentent les processus de production et induisent plutôt un commerce de biens intermédiaires.

Rappelons que la sous-traitance désigne le fait qu'une entreprise, dite « donneur d'ordre », confie à une autre entreprise, appelée « sous-traitant », pour un cycle de production déterminé, une ou plusieurs opérations de conception, de transformation, de fabrication, de construction d'un produit.

4. UN PHÉNOMÈNE DIFFICILE À MESURER

Sur ces bases, les délocalisations restent difficiles à mesurer. Seul un suivi précis combinant observations macroéconomiques de grands agrégats (investissements directs à l'étranger, balance commerciale, production et emplois industriels) et analyses microéconomiques des motivations et des effets des IDE à l'étranger permettrait d'apprécier l'ampleur réelle des délocalisations.

Les économistes indiquent que, quels que soient les critères retenus, les délocalisations n'étaient pas pour l'instant un phénomène statistique important. Aux États-Unis, les statistiques du ministère du Travail ont évalué à seulement 2 % du total, le nombre des licenciements de plus de 50 personnes dus à des délocalisations entre 1998 et 2003. En France, le nombre des emplois industriels délocalisés est estimé entre 10 000 et 20 000 par an au cours des dix années. Ces chiffres sont à mettre en rapport avec les 10 000 destructions d'emplois quotidiennes en France.

5. PRINCIPALES CARACTÉRISTIQUES DES DÉLOCALISATIONS

Les pays développés et les pays émergents à bas salaires se partagent à parts quasi égales les délocalisations françaises. Pour les pays développés, les principales destinations sont les pays limitrophes de la France (Espagne, Italie, Allemagne) ainsi que les États-Unis. Pour les pays à bas salaires, la principale destination est la Chine, très loin devant le Brésil, le Maroc et la Tunisie.

Les délocalisations sont réalisées essentiellement par de grandes entreprises (plus de 5 000 salariés).

Les secteurs les plus concernés sont, pour la France, l'habillement, le cuir, le textile, la métallurgie, l'équipement de la maison, l'équipement automobile, l'électronique, pour l'industrie, la comptabilité, le télémarketing pour les services. Il s'agit d'**activités pour la plupart très concurrentielles**, plutôt génératrices de faibles valeurs ajoutées.

Les délocalisations font partie intégrante de la mondialisation et tendent à se fondre dans la question de la division internationale du travail. Si à court terme elles ont des effets négatifs (réduits) sur l'emploi au Nord, à long terme leurs effets d'entraînement dans les pays destinataires et leurs conséquences sur la compétitivité des entreprises du Nord peuvent apparaître comme positifs.

83 Le Fonds monétaire international

Point clef

Le Fonds monétaire international est une institution essentiellement chargée de promouvoir la coopération monétaire internationale et d'assurer la stabilité du système monétaire international.

1. LES OBJECTIFS DU FMI ET LEUR ÉVOLUTION

Le FMI voit le jour lors de la conférence de Bretton Woods en juillet 1944. Son instauration manifeste la volonté des États-Unis d'imposer un **nouvel ordre monétaire et financier international** en réaction contre l'instabilité de l'entre-deux-guerres.

Au départ, le FMI a pour principales missions de faciliter le maintien des parités fixes au sein du régime de Bretton Woods et d'assurer la continuité internationale des paiements en portant assistance à des pays qui ont des difficultés pour équilibrer leur balance des paiements. Le FMI intervient par l'octroi de crédits et à travers des conseils économiques. À l'époque, la doctrine du FMI paraît largement d'inspiration keynésienne, la plus grande attention est portée directement aux objectifs d'activité. À partir des années 1960, sa doctrine devient plus libérale en particulier sous l'influence de son service des études économiques.

Depuis l'effondrement du système de Bretton Woods dans les années 1970, le FMI s'est engagé dans de nouvelles activités de promotion de la stabilité au sens large (gestion de la dette des pays du Tiers-monde, plus tard de la transition des économies de l'est de l'Europe vers le capitalisme, puis des crises dans les pays émergents). Ce repositionnement conduit le FMI à occuper pour partie le champ de la Banque mondiale et pose la question de la concurrence ou de la complémentarité entre les deux institutions.

2. LES PROGRAMMES D'AJUSTEMENTS STRUCTURELS ET LE CONSENSUS DE WASHINGTON

Durant les années 1980-1990, le FMI conditionne son aide aux PVD à la mise en œuvre de **programmes d'ajustements structurels** (PAS) d'inspiration libérale. L'idée consiste à libéraliser le fonctionnement de ces économies en vue d'accélérer leur insertion dans une mondialisation perçue alors comme une sorte de **paradigme du développement**.

Les PAS menées par le FMI (et la Banque mondiale) ont été résumés en **dix points** par John Williamson (1990). Ces faits saillants, partagés par l'ensemble des autorités économiques américaines (Fed, agences économiques du gouvernement…) fondent ce que Williamson appelle le consensus de Washington :

- Rigueur budgétaire : recherche de l'équilibre budgétaire à moyen terme afin de limiter l'endettement des États.
- Action sur les dépenses publiques à travers une réduction des subventions qui introduisent des distorsions sur les marchés.
- Promotion d'une politique de stabilité monétaire basée sur la libéralisation des taux d'intérêt.
- Promotion de l'ouverture économique : les exportations doivent devenir un puissant moteur de la croissance.
- Libéralisation des échanges.
- Recherche d'une attractivité vis-à-vis des IDE.
- Privatisations afin de réduire le poids de l'interventionnisme étatique.
- Déréglementation des marchés intérieurs (des capitaux, du travail…).

- Réforme fiscale orientée vers l'élargissement du nombre de contribuables, le développement de la TVA et la baisse des taux marginaux de l'impôt sur le revenu.
- Renforcement des droits de propriétés.

Ces plans associés à la promotion de politiques macroéconomiques rigoureuses, à une libéralisation interne et externe n'ont pas eu les effets attendus en matière de développement.

Stiglitz dans *La grande désillusion* (2002) dénonce le fait que ces « thérapies de choc » accentuent l'instabilité au Sud. Les associations altermondialistes (comme ATTAC en France) dénoncent le fait qu'elles ont servi les intérêts du Nord et n'ont pas fait reculer la pauvreté et les inégalités.

Au cours des années 2000, ces politiques ont été amendées et un nouveau consensus a émergé : il ne saurait y avoir une voie unique vers le développement ; par ailleurs l'importance des institutions et des particularités structurelles et culturelles des économies est reconnue.

3. ORGANISATION ET FONCTIONNEMENT

Le siège du FMI se situe à Washington. Il compte aujourd'hui 185 États membres. La structure dispose de 2 700 salariés environ, originaires de 165 pays.

La gestion courante du FMI est assurée par un conseil d'administration composé de 24 membres. Huit membres sont permanents (États-Unis, Royaume-Uni, France, Allemagne, Japon, Chine, Russie et Arabie Saoudite). Les 16 autres sont élus par les pays membres. Le directeur général (Dominique Strauss-Kahn depuis septembre 2007) dirige, en collaboration avec trois directeurs adjoints, les services du FMI et préside le conseil d'administration.

Le budget administratif du FMI est de 980 millions de dollars. Chaque pays membre verse une **contribution au prorata de sa part dans le commerce international** (le versement s'effectue à hauteur de 25 % en or jusqu'en 1976, le reste en monnaie nationale). Ces sommes peuvent servir à octroyer des crédits aux pays qui en font la demande, souvent pour maintenir les parités sur le marché des changes. Chaque pays dispose d'un droit de tirage proportionnel à sa contribution. Les crédits sont accordés dans des conditions de plus en plus strictes à mesure que les montants augmentent.

Depuis la remise en cause du consensus de Washington, le volume des crédits octroyés par le FMI baisse et avec lui ses recettes. L'encours des prêts atteint, en 2007, 28 milliards de dollars (répartis sur 74 pays).

4. UNE INSTITUTION CONTRÔLÉE PAR LES ÉTATS-UNIS

Le mode de décision du FMI est basé sur la répartition des droits de vote en fonction du montant de la cotisation des États membres (principe « **un dollar, une voix** »). Les votes se répartissent aujourd'hui de la sorte : États-Unis 16,79 % ; Japon 6,02 % ; Allemagne 5,88 % ; France 4,86 % ; Grande-Bretagne 4,86 % ; Chine 3,66 %…

Pour prendre des décisions, une majorité qualifiée de 85 % des droits de vote est nécessaire. Les États-Unis disposent depuis l'origine de l'équivalent d'un droit de veto dans la mesure où ils disposent en permanence de plus de 15 % des droits. Aujourd'hui l'UE avec plus de 30 % des droits dispose aussi d'une capacité de blocage.

Aujourd'hui de nombreux défis restent à relever pour le FMI : l'accumulation de déficits courants par les États-Unis, les forts mouvements des cours de change, la constitution d'un véritable prêteur en dernier ressort au niveau mondial.

Repères chronologiques

- 1944 : création du FMI dans le cadre des accords de Bretton Woods.
- 1971 : le président américain Richard Nixon proclame l'inconvertibilité du dollar en or.
- 1973 : généralisation du flottement des monnaies.

84 La Banque mondiale

Point clef

La Banque mondiale a été créée en juillet 1944 lors de la conférence de Bretton Woods et officiellement mise en place en décembre 1945. C'est une organisation internationale en charge des questions de développement économique et de lutte contre la pauvreté.

Elle accorde des prêts à long terme pour financer des projets spécifiques portés par des gouvernements ou des entreprises souvent publiques, parfois privées.

1. LA BANQUE MONDIALE : UNE APPELLATION GÉNÉRIQUE D'UN GROUPE D'INSTITUTIONS

La Banque mondiale est composée de la **BIRD** (Banque internationale pour la reconstruction et le développement) et l'**AID** (Association internationale de développement). L'appellation courante Banque mondiale désigne en réalité ces deux institutions.

La BIRD a été créée en 1944. Elle accorde des prêts et une aide aux pays en développement solvables, à revenus intermédiaires.

L'AID a été créée en 1960. Elle constitue un guichet concessionnel du groupe de la Banque mondiale. Elle accorde des prêts à long terme sans intérêt aux pays les plus pauvres. Si les prêts ne donnent pas lieu à des versements d'intérêt, ils donnent lieu au paiement d'une commission de service (0,75 % sur le montant décaissés). Les crédits de l'AID sont remboursables sur 35 à 40 ans avec une franchise de dix ans pour le remboursement du principal. Plus qu'une vingtaine de pays qui recevaient un soutien de l'AID sont devenus assez prospères pour ne plus faire partie de cette catégorie et accéder aux prêts de la BIRD. Parmi ces pays, on met mettre en exergue la Chine, le Chili ou encore le Costa Rica.

Par ailleurs plusieurs autres institutions font parties du **groupe Banque mondiale** :

- la Société financière internationale, créée en 1956, qui soutient les initiatives du secteur privé en faveur du développement ;
- l'Agence multilatérale de garantie des investissements (1988) ;
- le Centre international pour le règlement des différends relatifs aux investissements (1966).

2. ORGANISATION ET FONCTIONNEMENT DE LA BANQUE MONDIALE

Comme le FMI, la Banque mondiale a son siège à Washington. L'institution compte, en 2007, 185 pays membres.

Elle est dirigée par un Conseil des gouverneurs qui dispose de tous les pouvoirs : admettre un nouvel État, augmenter ou réduire le capital social de l'institution, suspendre un État membre, conclure des accords avec d'autres organismes internationaux… Ce conseil se réunit au moins une fois par an.

Des administrateurs sont en charge de la gestion opérationnelle de la Banque mondiale. Ils sont 24 ; 5 sont nommés par les principaux actionnaires (Allemagne, États-Unis, France, Japon, Royaume-Uni) et 19 autres représentent l'ensemble des autres pays membres.

Ces administrateurs constituent le conseil d'administration. Ils se réunissent en général deux fois par semaine au moins pour superviser les activités de l'institution.

Le président de la Banque mondiale est officiellement choisi par les administrateurs mais, en vertu d'un accord tacite les États-Unis, principal actionnaire de la Banque mondiale, le choisit pour un mandat de cinq ans renouvelable. Depuis juillet 2007, la Banque mondiale est présidée par Robert Zoellick.

La Banque mondiale fonctionne comme un **établissement de crédit** en prêtant des fonds empruntés sur les marchés financiers (le capital versé par les pays membres sert de garantie à ses emprunts). Elle n'a pas pour objectif de faire des profits : ses bénéfices sont redistribués chaque année aux pays les plus pauvres.

3. LES ACTIONS DE LA BANQUE MONDIALE

Au départ, la Banque mondiale soutient l'œuvre de reconstruction de l'Europe (jusqu'en 1949), elle accorde ainsi un premier prêt à la France immédiatement après guerre. Par la suite elle finance des actions en faveur du **développement des pays du Tiers-monde**. Dans les années 1960, à travers notamment l'AID (qui prête des fonds à taux nul aux pays les plus moins avancés), elle intervient dans la **lutte contre la pauvreté** (financements de projets de développement ruraux, soutien à l'éducation…).

Depuis les années 1980, elle cherche à **coordonner ses actions avec celles du FMI** à travers la mise en place de programmes d'ajustements structurels dans les pays du Sud. Le FMI se concentre sur les politiques macroéconomiques de stabilisation alors que la Banque mondiale conserve une approche plus structurelle et sectorielle (transport, énergie, barrages…). Ces politiques ont été accusées d'être responsables des échecs du développement, en particulier en Afrique (surendettement, maintien de taux de pauvreté élevé…). Avec la remise en cause du Consensus de Washington, les deux institutions doivent affronter une crise de légitimité. De plus en juin 2007, le président de la Banque mondiale Paul Wolfowitz, accusé de népotisme, est contraint à la démission et affaiblit un peu plus l'institution.

La Banque mondiale se concentre aujourd'hui sur la lutte contre la pauvreté après avoir défini **sept domaines d'action** privilégiés :

- l'éducation pour tous ;
- la lutte contre le SIDA ;
- la santé maternelle et infantile ;
- l'approvisionnement en eau et l'assainissement ;
- le climat de l'investissement et le financement ;
- le commerce ;
- la viabilité écologique.

Repères chronologiques

- 1944 : création de la Banque mondiale lors des accords de Bretton Woods.
- 1960 : création de l'AID (Association internationale de développement).
- 1988 : création de l'Agence multilatérale de garantie des investissements.

85 Le GATT

Point clef

Entre 1947 et 1994 le GATT – qui est apparu comme une sorte « de forum permanent » entre parties contractantes – a impulsé un mouvement de libéralisation des échanges commerciaux internationaux.

1. LE CONTEXTE DE LA CRÉATION DU GATT

La création du GATT s'inscrit dans un contexte de réorganisation des relations internationales après guerre. En réaction à l'instabilité des années 1930, la création de l'ONU (1946) et les accords de Bretton Woods (1944) visent à renouveler la coopération entre États au service de la paix, de la stabilité financière et de la prospérité économique.

Le GATT (General Agreement on Tariffs and Trade, en français accord général sur les tarifs douaniers et le commerce) est signé en 1947 à Genève. Le GATT n'est pas une organisation internationale mais un **simple accord liant des pays** qui participent alors à des négociations pour mettre en place l'OIC (Organisation internationale du commerce). Cette OIC est créée par la charte de La Havane un an plus tard en 1948, mais elle ne fonctionnera pas, faute d'une ratification par le Congrès des États-Unis d'Amérique qui, en 1950, juge ses articles fondateurs insuffisamment libéraux.

2. LES PRINCIPES DE FONCTIONNEMENT

Le GATT fonctionne comme « **un forum permanent** » entre des parties contractantes dont l'objectif est de permettre une concurrence commerciale loyale entre les nations et de soutenir la libéralisation des échanges.

Trois principes de base fondent le GATT :

- la clause de la nation la plus favorisée : toute concession commerciale accordée à une économie est automatiquement étendue aux autres ;
- la **transparence** fondée sur l'obligation pour les États de notifier les mesures commerciales adoptées ;
- la **consolidation** qui signifie que, lorsque, par exemple, un droit de douane a été abaissé, il ne peut plus être augmenté. Plus largement pour asseoir la libéralisation des échanges, toute accession d'un nouveau pays au GATT doit s'accompagner de sa part d'une offre de baisse des tarifs.

3. LES NOMBREUSES EXCEPTIONS

Au cours du temps, des situations concrètes ont conduit les pays signataires à introduire des exceptions à ces principes : elles concernent des produits, des nations et les accords commerciaux régionaux.

Les règles qui s'appliquent au commerce des **produits agricoles** sont éloignées des principes du GATT. Lorsque, dans les années 1950, les États-Unis ont mis en place une législation restreignant les importations de produits laitiers et n'ont pas donné suite aux demandes d'abrogation formulées par leurs partenaires, à titre exceptionnel le GATT a autorisé ces mesures à partir de 1955.

Les **accords multifibres** en vigueur dans le secteur textile entre 1974 et 2004 constituent un traitement particulier. Ces accords constituent un cadre dans lequel les pays industriels importateurs négocient des contingentements avec les pays en développement exportateurs de textiles.

Les **pays en développement** bénéficient de dispositions dérogatoires aux principes du GATT.

L'article 18 du GATT leur reconnaît le droit d'augmenter leurs tarifs pour protéger leurs industries naissantes.

Le GATT permet la création de zone de libre-échange pourtant discriminatoire car la baisse tarifaire consentie entre membres de la zone n'est pas étendue à l'ensemble des partenaires. Il soumet cette autorisation à deux conditions : l'accord régional ne doit pas conduire à une hausse des droits de douanes appliqués aux pays qui ne participent pas à l'union et les barrières internes à la nouvelle union doivent être abolies dans un délai raisonnable.

4. LES CYCLES DE NÉGOCIATIONS, ENJEUX ET RÉSULTATS

Plusieurs cycles de négociations sont organisés entre parties contractantes au sein du GATT. Ces rounds marquent son histoire : Genève (1947), Annecy (1949), Torquay (1950-51), Genève (1956), Dillon (1960-61), Kennedy (1962-1967), Tokyo (1973-1979) et Uruguay (1986-1994).

Les premières négociations se sont concentrées sur la baisse des droits de douanes : les tarifs douaniers moyens des pays industrialisés sont divisés par trois entre la fin des années 1940 et le début des années 1960. Par la suite, tout en prolongeant le mouvement de réduction des droits de douanes, l'accent est mis sur le démantèlement des protections non tarifaires sans succès lors du Kennedy Round mais avec plus de réussite lors du Tokyo Round.

Le cycle de l'Uruguay Round est au départ très ambitieux. Les principaux objectifs sont de faire reculer le protectionnisme gris, de libéraliser les échanges de produits agricoles et d'entamer des négociations sur la libéralisation des échanges de services.

Les droits de douane sont finalement abaissés de 38 % en moyenne sur les produits industriels importés par les pays développés. Sur l'**agriculture**, un accord (*Blair House*) a été signé en novembre 1992 entre la CEE et les États-Unis sans passer par les instances du GATT. Un accord général a aussi été signé sur les **services** qui reprend les grands principes fondateurs du GATT (non-discrimination, clause de la nation la plus favorisée…), mais sa portée est limitée en raison de délais d'application et de l'exclusion de certains secteurs.

5. LE BILAN DE L'ACTION DU GATT

Au total, les négociations conduites dans le cadre du GATT ont associé un nombre croissant de pays (119 lors de l'Uruguay Round contre 23 au départ). Elles ont permis d'abaisser les droits de douanes moyens d'environ 40 % en 1947 à près de 5 % en 1994 et de faire reculer les pratiques les plus coûteuses en termes de bien-être (dumping, quotas…).

Les négociations se sont centrées essentiellement sur les tarifs alors que d'autres facteurs internes influencent la compétitivité (conditions d'accès au marché, normes…) et paraissent devoir être contrôlées. Certains secteurs ont été largement exclus du mouvement de libéralisation comme le textile et surtout les services.

Le GATT a paru **dominé par les pays riches** : l'intégration des demandes des pays en développement s'est effectuée avec beaucoup de difficultés.

Le mécanisme de règlement des différends commerciaux était inefficace. Chaque étape de l'arbitrage des contentieux était tributaire de la bonne volonté des parties pendant la procédure et l'application des sanctions.

Le dernier cycle de négociations du GATT s'achève par la signature le 15 avril 1994 des accords de Marrakech qui instituent l'OMC.

Repères chronologiques

- 1947 : signature du GATT à Genève.
- 1948 : charte de La Havane qui institue l'Organisation internationale du commerce, elle ne sera pas ratifiée par le Congrès des États-Unis.
- 1986 : début de l'Uruguay Round.
- 1994 : accords de Marrakech qui instituent l'OMC.

86 L'Organisation mondiale du commerce

Point clef

Le dernier cycle de négociations du GATT s'achève par la signature le 15 avril 1994 des accords de Marrakech qui instituent l'OMC. Cette organisation internationale, en place de puis le 1er janvier 1995, constitue à la fois une enceinte de négociations et une juridiction internationale. Elle entend prolonger l'œuvre du GATT en matière de libéralisation commerciale mais introduire plus d'équité dans les rapports Nord-Sud.

1. UNE INSTITUTION INTERNATIONALE ATTRACTIVE

Quatre grandes missions sont confiées à l'OMC :

- assurer la **mise en place des accords conclus dans le cadre de l'Uruguay Round ;**
- constituer un **cadre permanent de négociations commerciales** internationales ;
- **examiner régulièrement les politiques commerciales** des États membres pour réduire les obstacles aux échanges ;
- instaurer une procédure nouvelle de **règlement des différends**.

Les objectifs de l'OMC épousent ceux du GATT mais avec, en plus, l'ambition d'arbitrer efficacement les conflits commerciaux entre pays membres.

L'OMC siège à Genève dans les locaux qui étaient ceux du secrétariat du GATT. La structure reste de petite taille (635 personnes début 2007). Elle a un directeur général et quatre directeurs généraux adjoints. Elle est dirigée par Pascal Lamy depuis 2005.

Le budget de l'OMC est de 175 millions de francs suisses, il est environ 6 fois inférieur à celui du FMI et 10 fois inférieur à celui de la Banque mondiale. La contribution financière de chaque État membre au budget de l'OMC est proportionnelle à sa part dans le commerce mondial.

En 1995 l'OMC comptait 112 membres. Depuis de nombreux pays ont rejoint l'OMC comme l'Angola en 1996, la Chine en 2001, le Vietnam début 2007. Début janvier 2007, le nombre de ses membres atteint 150. D'autres pays négocient leur adhésion comme le Russie. Cette croissance témoigne de **l'attractivité de l'OMC**.

2. UN POUVOIR DE RÉGULATION DES ÉCHANGES

Pour soutenir la libéralisation des échanges, l'OMC se base sur l'Acte final de l'accord de Marrakech (1994) qui prévoit notamment :

- la réduction des protections sectorielles :
  - la fin de l'exception agricole, avec la réduction progressive des aides à l'exportation et des aides directes, complétée par l'ouverture des marchés aux produits étrangers de l'ordre de 3 % puis 5 % de la demande intérieure ;
  - le démantèlement de l'accord multifibres (suppression des quotas textiles effective en janvier 2005) ;
  - la libéralisation des échanges de services : General Agreement on Tariffs in Services, concrétisé par deux accords en 1997, libéralisant les services de télécommunication et les services financiers ;
- l'accord sur la propriété intellectuelle, le TRIPs (Trade Intellectual Property Rights). Cet accord pose le principe qu'une marque ne peut être utilisée sans l'accord de son détenteur et oblige les États membres à établir des sanctions en cas de fraude.

3. L'ORGANE DE RÈGLEMENT DES DIFFÉRENDS, CLEF DE VOÛTE DE L'OMC

L'ORD est un **organe quasi-judiciaire**, créateur d'une nouvelle source de droit. Il est autorisé à sanctionner financièrement les États. Un tel pouvoir est unique dans le droit international. En cas de litige, la nation qui s'estime lésée peut demander la constitution d'un groupe de 3 membres qui rend ses conclusions. Le mémorandum relatif au règlement des différends fixe les modalités d'instruction des plaintes et les mesures censées assurer l'efficacité des condamnations.

L'ORD est sollicité par un nombre croissant de pays, y compris des pays émergents, qui recourent à ses procédures. En dix ans d'existence, plus de 330 plaintes ont été déposées devant l'ORD. Environ 50 % des litiges se sont soldées par un règlement à l'amiable après consultations préliminaires. Le **nombre des différends soumis à l'ORD témoigne à la fois d'une relative efficacité de la procédure, mais également de l'intensité des frictions commerciales internationales**.

Ce mécanisme est aujourd'hui perçu comme un **facteur d'équité** dans le système commercial, cependant, il reste difficile d'accès pour les pays les moins avancés.

4. UNE INSTITUTION SOUMISE À DES CRITIQUES PARFOIS VIOLENTES

À la fin des années 1990, **le mouvement altermondialiste critique les conséquences sociales des plans de libéralisation** imposés aux pays du Sud. Les manifestations qui accompagnent la troisième conférence ministérielle de l'OMC à Seattle en 1999 ont un retentissement considérable.

La pratique a révélé la **difficulté d'une indépendance réelle de l'OMC face aux pays développés** qui tentent de contourner ses décisions, voire d'imposer leur agenda. Un exemple frappant reste l'unilatéralisme des États-Unis : pour préserver leur position commerciale, les États-Unis utilisent toujours une particularité de leur législation commerciale (articles 301 et super 301). De même l'accord sur les TRIPs a été imposé par les États-Unis, ce qui pose problème dans certains secteurs comme l'industrie pharmaceutique où l'accès des PVD aux médicaments produits par des firmes américaines est limité par cet accord.

L'organisation de l'OMC assure théoriquement à chaque État la maîtrise des négociations, mais elle encourage de fait les États à conduire des négociations officieuses. Ces réunions restreintes ne font l'objet d'aucune information et excluent de fait les pays pauvres, pénalisés par le manque de moyens et de compétences pour faire valoir leurs positions.

5. LA MONTÉE DES DISSENSIONS ENTRE LES ACTEURS

La conférence ministérielle de l'OMC de Seattle (1999) a échoué du fait des divergences entre les États-Unis et les Européens et du fait de la volonté nouvelle des pays en développement de se structurer pour faire entendre leur voix. La conférence ministérielle de Cancun (2003) se clôt, elle aussi, par un échec largement pour les mêmes raisons. À cette occasion, le « groupe des 22 » se constitue autour de la Chine, l'Inde et le Brésil pour réclamer la baisse des subventions agricoles.

Le cycle de Doha lancé en novembre 2001 dit « cycle du développement » est suspendu en juillet 2006. Début 2008, il paraît toujours dans l'impasse. Les États-Unis hésitent à réduire leurs subventions agricoles, l'Europe est peu encline à diminuer ses droits de douanes sur les produits agricoles alors que l'Inde et le Brésil exigent une libéralisation agricole en préalable à un démantèlement des instruments de protection de leurs marchés industriels et de services.

Repères chronologiques

- 1994 (avril) : accords de Marrakech qui instituent l'OMC.
- 1999 : troisième conférence ministérielle de l'OMC à Seattle marquée par des manifestations altermondialistes.
- 2001 : adhésion de la Chine à l'OMC.
- 2001 : lancement du cycle de Doha, dit « cycle du développement ».
- 2006 (juillet) : suspension du cycle de Doha.

87 Instances internationales de régulation

Point clef

En dehors du Fonds monétaire International, de la Banque mondiale, de l'OMC et indépendamment des coalitions qui se nouent dans le cadre de l'OMC (G22...) d'autres instances, moins connues, prennent part à la régulation des relations économiques internationales. La multiplication des forums et des groupes de pays traduit une recherche d'efficacité en même temps que certaines défaillances des institutions multilatérales qui devraient mettre en place la coordination des politiques.

1. INSTITUTIONS ÉCONOMIQUES SPÉCIALISÉES

a) La Banque des règlements internationaux

Elle constitue la **plus ancienne institution financière internationale.** Elle a été établie en 1930 afin de faciliter le règlement des réparations de guerre imposées à l'Allemagne dans le cadre du plan Young. Son siège se situe à Bâle en Suisse. Elle s'efforce de coordonner la coopération entre les Banques centrales nationales qui sont ses actionnaires et siègent à son conseil d'administration. Elle abrite plusieurs comités : le Comité sur les systèmes de paiement et de règlement, le Comité sur le système financier mondial et le Comité de Bâle sur le contrôle bancaire. Dans le cadre du **Comité de Bâle**, elle définit des règles prudentielles que les banques commerciales doivent appliquer dans le monde entier et dont les Banques centrales sont chargées de superviser la bonne application.

b) L'organisation de coopération et de développement économiques

L'OCDE se forme en 1960 et entre en vigueur en 1961. Elle succède à l'époque à l'OECE (Organisation européenne de coopération économique). Cette organisation intergouvernementale avait été créée en 1948 avec pour objectifs de favoriser la coopération entre les grandes puissances capitalistes et de gérer l'aide Marshall. L'OECE a ainsi proposé la création de l'UEP en 1950. Mais la restauration de la convertibilité des monnaies des pays membres en 1959 et la dynamique d'intégration entre les six pays de la CEE puis la création de l'AELE début 1960 poussent à une réforme de l'institution. L'OCDE est alors créée et oriente ses activités vers **l'expertise macroéconomique**. Elle crée par ailleurs des agences rattachées (AIE – Agence internationale de l'énergie en 1974...) et cherche à intégrer des nouveaux membres (Japon 1964, Australie 1971, Mexique 1994, Corée du Sud et Pologne en 1996...).

L'OCDE apparaît aujourd'hui comme une organisation intergouvernementale qui se consacre à la **production d'études économiques**. Elle est dotée de plusieurs centaines d'experts à travers le monde. Elle élabore des statistiques, effectue des prévisions et formule des recommandations de politiques économiques à destination des pays membres. Ses conseils se veulent pragmatiques. Ses conceptions sont libérales, elles prônent le libre-échange et la flexibilisation des marchés (en particulier du travail), vecteurs selon elle d'efficacité et d'innovations. L'OCDE compte, en 2007, 30 pays membres dont 22 Européens plus les États-Unis, le Canada, le Mexique, la Nouvelle-Zélande et l'Australie. Des négociations sont en cours afin de renforcer la coopération avec les grands pays émergents (BRIC).

2. GROUPES DE PAYS ET FORUM DE COOPÉRATION

a) Le G8

Le G8 (groupe des huit) est un **groupe informel** de discussion entre les chefs d'État et de gouvernement de pays parmi les plus puissants. Lors de sa création en 1975, sur proposition de la France, il compte six membres (États-Unis, Japon, Allemagne de l'Ouest, France, Royaume-Uni et Italie), ils sont rejoints dès 1976 par le Canada et forment alors le G7. Entre 1992 et 2003, le groupe a progressivement intégré la Russie qui devient membre à part entière lors le sommet du sommet d'Évian de 2003. Le groupe se réunit annuellement et fonctionne sur le principe d'une présidence invitante tournante. Le groupe débat des mesures à prendre sur les **grandes questions économiques internationales** (évolutions des cours de change, commerce international...), mais aussi, de plus en plus, sur les **enjeux de la mondialisation** (armement, criminalité, environnement...). Sans personnalité juridique ni secrétariat permanent, le G8 ne prend pas de mesures contraignantes, il cherche à travers ses déclarations économiques et politiques à jouer un rôle d'impulsion dans la mise en œuvre de solutions.

b) Les G10 et G20

Le G10 est formé des chefs d'État et de gouvernement de onze pays (Allemagne, Belgique, Canada, États-Unis, France, Grande-Bretagne, Italie, Japon, Pays-Bas, Suède et Suisse) qui participent aux accords généraux d'emprunts (AGE). Les AGE sont des limites de crédit ouvertes en faveur du FMI. Le FMI peut les réclamer lorsque ses ressources sont insuffisantes. Ce groupe prend des décisions communes en matière de politique économique et financière.

Le G20 est un forum créé en 1999 à la suite de la crise financière asiatique qui rassemble 19 États plus l'Union européenne. Les pays sont ceux du G8 plus l'Afrique du Sud, l'Arabie Saoudite, l'Argentine, l'Australie, le Brésil, La Chine, la Corée du Sud, l'Inde, l'Indonésie, le Mexique et la Turquie. Il vise à favoriser la concertation internationale à travers un dialogue élargi à des puissances montantes. Le G20 a été actif à la suite de la crise financière internationale de 2007-2008, sa réunion de novembre 2008 a permis de convenir du principe d'une relance concertée à l'échelle mondiale. Ces pays sont représentés par leur ministre des Finances et les responsables des Banques centrales.

c) L'APEC

Le Forum de coopération Asie-Pacifique a été créé en 1989 pour stimuler les échanges et la coopération entre les pays de la zone. L'APEC compte aujourd'hui 21 pays membres (Australie, Canada, Chili, Chine, États-Unis, Japon, Mexique, Russie, Corée du Sud...) qui représentent 40 % de la population mondiale, 47 % du commerce mondial et 60 % du PIB mondial. La constitution de l'APEC illustre la tendance à un **déplacement du centre de gravité de la mondialisation** du transatlantique vers le « transpacifique ».

Repères chronologiques

- 1930 : installation de la Banque des règlements internationaux.
- 1961 : formation de l'OCDE.
- 1975 : création du G7.
- 1989 : création de l'APEC.

88 Politiques économiques conjoncturelles et structurelles

Point clef

On distingue traditionnellement deux types de politiques économiques : les politiques conjoncturelles et les politiques structurelles.

1. DÉFINITIONS

Les politiques économiques désignent l'**ensemble des interventions des pouvoirs publics en vue de corriger des « déséquilibres » économiques jugés dommageables**.

La dimension politique doit d'emblée être mise en avant (terme jugés) tant il est difficile pour les économistes de déterminer objectivement un équilibre entre efficacité économique et efficacité sociale. En sciences économiques, la connaissance empirique ne permet toujours pas de trancher les débats théoriques.

Les corrections peuvent concerner la répartition des revenus et du patrimoine, l'orientation sectorielle de l'économie, mais elles sont d'abord centrées sur l'arbitrage à opérer entre les grands objectifs de la politique économique : la croissance, l'emploi, la stabilité des prix et l'équilibre externe.

La notion de « préférences de politiques économiques » appréhende d'ailleurs le choix effectué par l'opinion (ou les autorités) de privilégier soit l'activité, soit la stabilité. Les choix sont d'autant plus complexes que les interdépendances entre les objectifs sont nombreuses et mouvantes.

2. LES POLITIQUES CONJONCTURELLES

Les politiques conjoncturelles visent à **contrôler la demande globale en intervenant à court terme sur une ou plusieurs de ses composantes**. Le cas le plus fréquent est celui d'une insuffisance de la demande qui, dès lors, doit être soutenue.

Les politiques conjoncturelles sont dites d'inspiration keynésienne en raison notamment de leur horizon temporel et, de manière liée, de la justification analytique de leur efficacité.

Quatre outils de politique économique conjoncturelle peuvent être identifiés : la politique budgétaire, la politique salariale et des revenus, la politique monétaire, la politique de change. Chacun de ces instruments peut être associé à une composante de la demande qui constitue son canal de transmission privilégié mais non exclusif (respectivement les dépenses publiques, la consommation, l'investissement et la composante externe : exportations moins importations).

3. LES POLITIQUES STRUCTURELLES

Les politiques structurelles **se préoccupent à plus long terme des conditions de fonctionnement des marchés** (évolution de la structure de marché et modification du comportement des agents notamment) et du **potentiel de croissance de l'économie**. Cette définition laisse apparaître le caractère extrêmement large des politiques structurelles et les difficultés d'une approche exhaustive. Parmi les nombreuses politiques structurelles, nous pouvons citer les politiques agricole, industrielle, de la recherche, les actions en faveur des services, les politiques de l'emploi, les politiques sociales, le choix d'un régime de change, la politique commerciale…

Les politiques structurelles mises en œuvre depuis le début des années 1980 ont une inspiration libérale assez nette, elles se caractérisent par la recherche de plus de concurrence et de flexibilité sur les marchés d'inputs avec comme point de repère théorique le « phare » de la concurrence pure et parfaite.

4. LES OBJECTIFS

Une manière de caractériser les politiques économiques est de se référer au triptyque : objectifs, instruments, structures.

La politique économique a **quatre grands objectifs** : la **croissance**, l'**emploi**, la **stabilité des prix** et l'**équilibre externe**. Les quatre objectifs ne peuvent pas être placés rigoureusement sur le même plan, contrairement à ce que suggère la notion de « carré magique » de Kaldor. La croissance et l'emploi (objectifs d'activité) constituent les véritables objectifs finaux des politiques économiques et doivent être recherchés en priorité. Les deux autres objectifs (objectifs de stabilité) ont une signification plus relative... On se moquerait de vivre avec un taux d'inflation de 12-15 % par an si l'activité était dynamique et le taux de chômage très faible. Si l'on privilégie parfois les objectifs de stabilité, c'est que l'on pense qu'ils sont susceptibles de créer le meilleur environnement pour le développement de l'activité sur le long terme d'où la justification de politiques de stabilisation ou de rigueur coûteuses à court terme.

Les **interdépendances entre les objectifs sont nombreuses** : la **loi d'Okun** (relation inverse entre taux de chômage et taux de croissance du PIB), la **relation de Phillips** (lien inverse entre taux d'inflation et taux de chômage), l'influence de l'inflation sur la compétitivité commerciale et partant l'équilibre externe... Il convient parfois de sacrifier certains objectifs sur un horizon plus ou moins lointain afin d'en atteindre d'autres.

5. LES GRANDS PRINCIPES

Deux grands principes caractérisent la conduite des politiques économiques :

- le **principe de cohérence de Tinbergen** (ou règle) : pour qu'un ensemble d'objectifs fixes puisse être réalisé, il convient que le nombre d'instruments indépendants soit au moins égal au nombre d'objectifs fixes indépendants. Les fortes exigences de ce principe en font un simple point de repère pour les autorités ;
- le **principe d'efficience de Mundell** : chaque instrument doit être affecté à l'objectif pour lequel il a la plus grande efficacité relative.

La relative désuétude des politiques salariale et de change tendrait à conduire aujourd'hui à une situation où les autorités ne disposeraient plus, au niveau conjoncturel, que des armes budgétaire et monétaire qu'elles affecteraient respectivement à l'activité (croissance et emploi) et à la stabilité (stabilité des prix et équilibre externe).

89 La politique budgétaire

Point clef

Dans sa dimension conjoncturelle, la politique budgétaire recouvre l'utilisation des dépenses et des recettes des administrations publiques pour la régulation du rythme de l'activité économique. Rappelons que les administrations publiques regroupent trois composantes : l'administration centrale, les collectivités territoriales et les organismes de sécurité sociale.

1. LES MÉCANISMES DE L'ACTION BUDGÉTAIRE

Le budget peut soutenir l'activité de deux manières, soit par le canal d'une impulsion budgétaire, soit par le jeu des stabilisateurs automatiques.

L'**impulsion budgétaire** a un **caractère discrétionnaire** et intervient pour résorber un écart déflationniste. La progression d'une composante exogène de la demande exerce une action positive sur le revenu *via* ses effets multiplicateurs (v. le thème sur l'analyse keynésienne, v. fiche 14). Plusieurs modalités de relance peuvent être envisagées : la hausse des dépenses publiques, le développement des transferts sociaux, la réduction des impôts.

La **stabilisation automatique** est l'effet exercé sur la demande finale par la réaction spontanée du budget aux variations de la conjoncture. Ce dernier est en effet sensible à une conjoncture qui affecte beaucoup plus les recettes que les dépenses. Les recettes fiscales sont très liées à l'activité (TVA proportionnelle, impôt sur le revenu progressif, impôt sur les sociétés). Les dépenses publiques sont, elles, moins sensibles à la conjoncture, certaines pouvant même diminuer en phase d'expansion. Le solde budgétaire est donc positivement lié à l'activité : il est amélioré par l'expansion et dégradé par la récession. Ceci a deux conséquences : le solde budgétaire brut est un mauvais indicateur d'impulsion budgétaire et le budget limite naturellement l'instabilité conjoncturelle. L'ampleur de la stabilisation dépend de la part du budget dans le PIB, de la progressivité de l'impôt et de la sensibilité de l'assiette fiscale à la conjoncture.

2. LES EFFETS EN RETOUR D'UN DÉFICIT BUDGÉTAIRE

Pour les libéraux le financement du déficit budgétaire par le seigneuriage ou l'endettement est préjudiciable.

L'**inflation** est condamnée en raison de ses coûts mais aussi parce qu'elle sape les fondements « moraux » de la société (v. les thèmes monétaires).

L'endettement peut poser trois grands types de problème : entraîner des effets d'éviction, susciter des réactions préjudiciables des anticipations des agents et devenir insoutenable.

L'incidence budgétaire sur la production est limitée par des phénomènes d'**éviction** au sens large : le frein financier et les anticipations des agents. Les keynésiens relativisent la portée de ces obstacles en sous-emploi, les néoclassiques ont tendance à affirmer qu'ils neutralisent, voire qu'ils « surcompensent » les effets positifs initiaux.

L'éviction financière désigne l'ensemble des effets liés à l'émission de nouveaux titres publics. Pour les libéraux, elle provoque une hausse des taux d'intérêt qui évince certains investisseurs privés et réduit la consommation. Pour la Nouvelle Économie Classique, la hausse des taux résulte d'une baisse du cours de titres plus abondants. Pour la Nouvelle Économie Keynésienne c'est la croissance induite par le déficit budgétaire qui à travers l'augmentation de la demande de monnaie (pour une offre fixe) provoque l'augmentation des taux et atténue l'importance des effets multiplicateurs.

Dans un régime budgétaire dit ricardien (un déficit budgétaire doit être compensé par un excédent équivalent à l'avenir), les ménages peuvent, sous certaines hypothèses, répondre immédiatement au déficit par le développement d'une épargne supplémentaire, destinée à compenser une future hausse des impôts. La démonstration de Barro (1974) repose sur des hypothèses particulièrement restrictives : anticipations rationnelles, altruisme intergénérationnel et équilibre initial de plein-emploi (ce qui pose un gros problème de cohérence par rapport à la justification du déficit).

L'accumulation de déficits financés par l'émission de titres publics pose le problème de la soutenabilité de la dette. Concrètement la dette devient difficilement soutenable si, dans le total des dépenses des administrations, le service de la dette paralyse l'action budgétaire, voire menace sa solvabilité. Mais il est impossible de déterminer empiriquement un ratio d'endettement à ne pas dépasser.

La politique budgétaire agit ensuite sur les équilibres externes. Une relance budgétaire tend à dégrader le solde de la balance commerciale à travers la hausse des importations. Si ce soutien de la demande est inflationniste, la compétitivité commerciale de l'économie nationale se dégrade et sa crédibilité internationale se détériore d'où un possible renchérissement des taux d'intérêt.

3. L'UTILISATION DE L'ARME BUDGÉTAIRE, QUELQUES PRÉCAUTIONS

Deux catégories d'arguments invitent à la prudence en matière d'action budgétaire. D'abord les difficultés pour ajuster correctement offre et demande globales. L'offre peut ne pas être suffisamment élastique pour répondre à la progression de la demande, dans ce cas des tensions inflationnistes se font jour. La décision budgétaire est en principe lourde (préparation par le gouvernement et ses services, vote après amendement par le Parlement), le risque est grand de faire une politique budgétaire pro-cyclique alors que l'on voulait faire du contra-cyclique.

Ensuite, un peu dans le même registre, il convient de tenir compte des problèmes de coordination entre politiques monétaire et budgétaire. Quelle va être la réaction des autorités monétaires ? Vont-elles amplifier, accompagner, freiner, contrebalancer les effets de la politique budgétaire ? Quel est le rapport de domination entre politiques monétaire et budgétaire ?

Repères chronologiques

- 1936 : publication par Keynes de l'ouvrage *Théorie générale de l'emploi de l'intérêt et de la monnaie.*
- 1961-1965 : relance Kennedy-Johnson aux États-Unis.
- 1981-1982 : relance budgétaire en France.

90 La relance Kennedy Johnson 1961-1965

Point clef

La politique économique à l'œuvre aux États-Unis entre 1961 et 1965 constitue un succès exemplaire. La « stratégie Kennedy Johnson » combine une politique budgétaire d'expansion et une politique monétaire souple. Cette relance est très en phase avec les analyses de John Maynard Keynes et apparaît historiquement comme l'un des meilleurs exemples de « keynésianisme appliqué ». La faible ouverture de l'économie américaine et la capacité des autorités à ancrer les anticipations d'inflation constituent deux facteurs clefs de cette réussite.

1. RUPTURE POLITIQUE ET ADOPTION DES *NEW ECONOMICS*

Comparée au Japon et à l'Europe de l'Ouest, la croissance américaine des années 1950 est médiocre, ponctuée par de fortes récessions qui portent le chômage à des niveaux relativement élevés (6,6 % en 1958 et 6,5 % en 1961). La responsabilité en revient largement aux politiques de rigueur appliquées par l'administration du président Eisenhower entre 1952 et 1960 : la priorité est accordée à la lutte contre l'inflation *via* le maintien de taux d'intérêt élevés et la recherche d'excédents budgétaires.

Dans ce contexte, l'élection de J.-F. Kennedy et l'accession au pouvoir des démocrates marquent un changement de cap radical. Les démocrates s'entourent de conseillers de très haut niveau (P.A. Samuelson, J.K. Galbraith, J. Tobin...) favorables à des nouvelles politiques économiques (les *New Economics*). L'objectif prioritaire est maintenant de relancer l'activité en soutenant la demande globale et en acceptant le principe d'un déficit budgétaire appelé à se résorber de lui-même grâce aux rentrées fiscales supplémentaires nées de l'expansion.

2. UN PLAN DE RELANCE ENGLOBANT

Le programme de relance économique est mis en œuvre dès l'année 1961, il est poursuivi sous la présidence Johnson après l'assassinat de John Fitzgerald Kennedy en novembre 1963.

Le plan s'articule autour de plusieurs axes convergents : hausse des dépenses publiques, réductions d'impôts et souplesse de la politique monétaire.

L'expansion budgétaire passe par la hausse des investissements publics dans les domaines militaire et spatial pour contrer l'URSS mais aussi dynamiser l'innovation dans certains secteurs civils par des transferts de technologies. Une politique sociale de hausse des transferts est appliquée parallèlement afin d'accroître le pouvoir d'achats des plus défavorisés et de soutenir ainsi la consommation.

La réduction de la fiscalité passe par la baisse de l'impôt sur le revenu (*tax cut*) et de l'impôt sur les sociétés afin, non pas de dynamiser l'offre, mais de soutenir la consommation et l'investissement privé.

L'accompagnement monétaire qui intervient, dans un second temps, prend la forme d'un abaissement des taux d'intérêt à long terme (*via* des réglementations qui plafonnent les taux d'intérêt débiteurs) pour soutenir l'investissement tout en contrôlant le niveau des taux d'intérêt à court terme afin d'éviter des fuites de capitaux (notamment vers le marché naissant des eurodollars).

La relance se fonde donc quasi exclusivement sur la demande interne, le volet ouverture pourtant associée au départ aux *New Economics* ne sera effectif qu'à la fin des années 1960.

Sur la décennie, le coefficient d'ouverture (exportations de marchandises/PIB à prix courants) reste à un niveau – historiquement faible – voisin de 4 %, ce qui contribue dans une logique keynésienne (raisonnement en termes de multiplicateurs) à renforcer l'efficacité de la politique expansionniste.

3. UN SUCCÈS « D'ÉCOLE »

Les résultats de cette relance sont dans un premier temps extrêmement positifs. La croissance économique qui était en moyenne de 2,4 % entre 1953 et 1961 bondit à 5,7 % en 1962 et se maintient à un rythme très élevé jusqu'en 1966 comme le montre le tableau ci-dessous.

Taux de croissance du PIB des États-Unis entre 1960 et 1967

Années	1960	1961	1962	1963	1964	1965	1966	1967
en %	1,9	2,6	5,7	4,6	5,2	6	6,1	2,7

Source : d'après Maddison (1981).

Le taux de chômage diminue sensiblement, il n'atteint plus que 3,7 % en 1966, soit un niveau inférieur au taux de chômage naturel de l'économie américaine (évalué « traditionnellement » à 5,5 %).

Dans un premier temps, le taux d'inflation reste très faible : entre 1961 et 1965 l'inflation est en moyenne de 1,3 % par an. Cette stabilité des prix résulte notamment d'une « politique de persuasion » conduite en direction des producteurs et des syndicats ouvriers. La progression des salaires réels, de l'ordre de 2 %, reste inférieure aux gains de productivité. Les autorités américaines sont parvenues à ancrer les anticipations inflationnistes des agents économiques.

Le déficit budgétaire brut tend à se résorber dès 1964 grâce – comme prévu – aux suppléments de recettes nés de la croissance économique.

Mais le choc de la guerre du Vietnam déstabilise l'économie américaine. À partir de 1966, l'envolée des dépenses budgétaires accroît le déficit extérieur. Par ailleurs, les revendications salariales se font plus pressantes et contribuent à une accélération du rythme de l'inflation (2,8 % sur 1966-1967, davantage par la suite).

Repères chronologiques

- 1960 (novembre) : élection de Kennedy à la présidence des États-Unis, il bat Nixon de justesse.
- 1961 : début de la mise en œuvre de la politique de relance budgétaire.
- 1963 (novembre) : assassinat de J.-F. Kennedy.
- 1964 : début de la guerre du Vietnam.

91 La relance socialiste (1981-1982)

Point clef

La politique de relance budgétaire mise en œuvre en France par le gouvernement socialiste en 1981-1982 se heurte à l'intensification de la mondialisation. Cet échec marque le déclin des politiques budgétaires d'impulsion et débouche sur la mise en œuvre d'une stratégie de désinflation compétitive à partir de mars 1983.

1. UNE RELANCE PROMISE ET ATTENDUE

a) Le retour de la gauche au pouvoir

François Mitterrand est élu président de la République le 10 mai 1981 et le 22 juin le parti socialiste obtient une majorité absolue à l'Assemblée nationale. Le programme du candidat Mitterrand suscite espoirs et craintes. Une **rupture** avec le capitalisme a été évoquée et, sans forcément croire qu'il est possible de « changer de société », beaucoup attendent qu'il accroisse le pouvoir d'achat des salariés, redynamise la croissance.

Les « marchés » – qui n'ont pas anticipé la victoire socialiste – paniquent. Le 11 mai, les valeurs françaises chutent de 20 % à la Bourse de Paris, le franc est attaqué. Les réserves de change diminuent rapidement. Les capitaux fuient le pays.

b) Une conjoncture internationale difficile

La conjoncture internationale est, en 1981, particulièrement défavorable. Les principaux partenaires commerciaux de la France connaissent une récession du fait notamment de la mise en œuvre de politiques de rigueur destinées à établir la stabilité des prix (États-Unis, Allemagne...). Le second choc pétrolier n'est pas terminé (v. fiche 31) et ses conséquences sont amplifiées par l'appréciation du dollar (mouvement à l'œuvre entre 1980 et 1985).

c) « La part du rêve »

Conscient de la situation le gouvernement Mauroy accorde néanmoins « la part du rêve ». Des mesures d'impulsion budgétaire d'inspiration keynésienne, un élargissement du périmètre de l'État et des réformes sociales d'envergure vont être mises en œuvre, ils constituent ce que l'on appelle l'expérience socialiste de relance. Cette relance a lieu entre juin 1981 et juin 1982. En effet, le plan d'accompagnement de la dévaluation du franc de juin 1982 traduit la volonté de faire « une pause » dans le soutien direct de la demande. D'autres mesures « d'austérité » sont mises en œuvre par la suite comme la réduction de la durée et du taux d'indemnisation du chômage en novembre 1982.

Officiellement le « **tournant de la rigueur** » n'intervient qu'en mars 1983 à l'occasion d'une troisième dévaluation du franc. Mitterrand affirme l'attachement de la France au SME et à la construction européenne. La France met en œuvre une politique de désinflation compétitive et se soumet à la contrainte externe.

2. UNE RELANCE BUDGÉTAIRE RETENUE

Plusieurs mesures emblématiques mises en œuvre par le gouvernement Mauroy en 1981-1982 peuvent être mentionnées.

a) Des dispositions sociales marquantes

- Le relèvement de 10 % du Smic dès le 1er juin 1981 alors que la hausse n'aurait été que de 3,5 % si les seuls mécanismes d'indexation sur le coût de la vie avaient joué.
- L'augmentation de 25 % des allocations familiales le 1er juillet et l'élévation le même jour du minimum vieillesse de 20 %.

- L'instauration par l'ordonnance du 16 janvier 1982 de la semaine de 39 heures payées 40 ainsi que d'une cinquième semaine de congés payés.

b) Des restructurations budgétaires

- Des réformes fiscales favorables aux bas revenus (institution de l'impôt sur les grandes fortunes, baisse de la TVA sur les produits de première nécessité – de 7 % à 5,5 %…).
- La progression des crédits d'investissement et des aides à l'industrie (notamment vers les secteurs de l'électronique et de la sidérurgie).
- Des créations d'emplois dans les administrations et les hôpitaux (50 000 en 1981, plus du double en 1982).

Par-delà l'abondance des dispositions, J-Ch. Asselain (2001) invite à nuancer l'ampleur de cette relance, il évoque une « **relance naine** » arguant que les dépenses « supplémentaires » de 1981 ne représentent qu'entre 0,9 et 1 % du PIB alors qu'en 1975, les mesures associées à la « relance Chirac » représentent, quant à elles, 2,1 à 2,2 % du PIB.

3. UNE RELANCE À CONTRETEMPS

a) L'amplification des déséquilibres

Le contraste entre l'ampleur limitée de la relance et ses effets déstabilisants est saisissant. Elle contribue à creuser les comptes des administrations (les besoins de financement de l'ensemble des administrations nuls en 1980 passe à 1,9 % du PIB en 1981 et 2,8 % en 1982) et entretient une inflation toujours alimentée par la surindexation des salaires.

La France doit subir les effets d'un écart inflationniste défavorable (notamment vis-à-vis de l'Allemagne). Le taux de couverture des importations de marchandises passe de 94 au deuxième trimestre de 1981 à 85,9 au deuxième trimestre de 1982, il est encore seulement de 87,4 au premier trimestre de 1983.

Les soldes intermédiaires de la balance des paiements se détériorent, le déficit courant passe de 0,6 % en 1980 à 0,8 % en 1981 et 2,1 % en 1982. Certains y voient dans une perspective keynésienne une « fuite de la relance » par les importations.

b) Les dévaluations du franc

Les trois dévaluations du franc en 18 mois traduisent l'ampleur des déséquilibres et le risque de l'activation d'un cercle vicieux dévaluation-inflation proche de celui déjà subie par la gauche au pouvoir dans les années 1924-1926. Peut-être par excès de vertu, la première n'intervient que le 4 octobre 1981 (dévaluation du franc de 3 % et réévaluation du mark allemand de 5,5 %), la deuxième le 12 juin 1982 (dévaluation du franc de 5,75 % et réévaluation du mark de 4,25 %), la dernière le 21 mars 1983 (dévaluation de 2,5 % et réévaluation du mark de 5,5 %). À chaque fois, l'impact psychologique auprès des Français est désastreux et la démarche humiliante auprès des partenaires européens.

c) Un bilan contrasté

En matière d'activité, le bilan de cette relance n'est pas négatif à court terme. La croissance (1,2 % en 1981, 2,5 % en 1982) est légèrement supérieure à la moyenne des grands pays industrialisés : comme ailleurs le chômage augmente en France mais un rythme nettement moins soutenu. À plus long terme en revanche, cette stratégie contribue à ralentir l'activité du fait notamment de ses conséquences en matière de taux d'intérêt durablement élevés faute de crédibilité de l'engagement anti-inflationniste du pays ; les opérateurs financiers internationaux exigeront longtemps l'intégration d'une prime de risque inflationniste sur les taux français.

Repères chronologiques

- 1981 (10 mai) : élection de François Mitterrand comme président de la République.
- 1982 (janvier) : semaine de 39 heures et cinquième semaine de congés payés.
- 1982 (juin) : dévaluation du franc et « pause » dans les mesures de soutien de la demande.
- 1983 (mars) : tournant de la rigueur.

92 Le financement des dépenses publiques

Point clef

En situation d'équilibre de sous-emploi, personne ne conteste la capacité d'une hausse des dépenses publiques à soutenir la demande globale, dynamiser la croissance et partant à pouvoir réduire le chômage. Les controverses autour du bien-fondé de cette action budgétaire proviennent de la force des effets en retour associés au financement de ces dépenses : inflation, endettement et impôt.

1. L'INFLATION, UN PALLIATIF EN CAS DE CHOC MAJEUR

Pour partie, la Première Guerre mondiale a été financée en France, en Angleterre et en Allemagne par le recours à la « planche à billets ». Nous sommes dans une configuration où la Banque centrale n'est pas autonome, les pouvoirs publics se tournent vers elle et exigent des avances directes (pour une création de x unités de billets, le bilan de la Banque centrale est équilibré par le dépôt à l'actif d'un bon du Trésor d'une valeur équivalente).

Le recours à ce type de solution présente des dangers. En vertu d'une approche quantitative, la hausse de la masse monétaire va entraîner un accroissement proportionnel du niveau général des prix. Le risque est d'enclencher un cercle vicieux dépréciation du change/inflation et de ne plus pouvoir contrôler cette dynamique. On entre dès lors dans l'hyperinflation comme l'économie allemande en 1922-1923. À l'extrême, la monnaie ne joue plus son rôle et l'on s'installe dans une économie de troc (phénomène de fuite devant la monnaie).

Aujourd'hui la forte autonomie accordée aux Banques centrales et la contrainte dite de crédibilité (qui pousse à faire de la stabilité des prix l'objectif principal de la politique monétaire) semblent interdire toute possibilité de recourir à cet expédiant. Néanmoins en cas de choc majeur, le politique a la légitimité pour reprendre en mains le contrôle de la politique monétaire et la mettre au service de la continuité des paiements.

2. EFFETS EN RETOUR ET LIMITES DE L'ENDETTEMENT

Le recours à l'endettement est une solution usuelle pour financer les dépenses publiques. La règle d'or des finances publiques pose que les dépenses d'investissement peuvent être financées par emprunt (cette règle a été adoptée par le gouvernement britannique en 1998).

Mais la progression de l'endettement est censée poser certains problèmes, surtout dans des cadres analytiques libéraux.

Si l'on se situe sur le marché des titres dans un modèle néoclassique élémentaire, nous pouvons observer des effets d'éviction liés à l'émission de titres publics : une hausse du taux d'intérêt réel, une baisse de l'investissement privé et de la consommation.

Très vite aussi les autorités se heurtent à un problème de **soutenabilité de la dette**. L'endettement réduit l'effet des stabilisateurs automatiques de la conjoncture. Le service de la dette peut – à l'extrême – paralyser toute action budgétaire. À solde primaire nul, si le taux d'intérêt réel servi sur la dette est supérieur au taux de croissance de l'économie, la dette publique est sur une trajectoire explosive. Sans faire intervenir des considérations en termes de crédibilité, l'endettement peut trouver assez vite un butoir comptable.

3. LA THÈSE DE LA NEUTRALITÉ DE L'ACTION BUDGÉTAIRE

Le théorème d'équivalence (Ricardo-Barro) résume assez bien les positions des tenants de la neutralité. L'idée est la suivante : **il est équivalent de financer les dépenses publiques par**

l'emprunt et par l'impôt, dans les deux cas cela n'a pas d'effet, c'est neutre. Sous certaines hypothèses relativement restrictives si l'on finance les dépenses publiques par une hausse de l'endettement, les agents augmentent leur épargne en prévision d'une hausse des impôts, pour rembourser la dette à l'avenir, la consommation est réduite. Si l'on finance la progression des dépenses par une hausse de la fiscalité à la période courante, la consommation est réduite d'autant immédiatement et l'effet positif de la dépense publique est entièrement contrebalancé par l'effet négatif de la baisse de la consommation.

4. L'IMPÔT COMME SEUL MOYEN DE FINANCER À TRÈS LONG TERME LES DÉPENSES PUBLIQUES

Le constat empirique de la progression simultanée des dépenses en proportion du PIB et du taux de prélèvement obligatoire montre que l'imposition est bien historiquement le seul moyen de prendre en charge la progression des dépenses publiques. En 1900, les dépenses représentent en France environ 14 % du PIB et les prélèvements environ 10 %, au début du XXIe siècle, ils se situent respectivement auteur de 54 % et de 44 %. Les libéraux sont partagés entre ceux qui pensent ces progressions simultanées neutres pour l'activité et ceux qui soulignent leurs effets néfastes.

M. Friedman et plus encore l'École des choix publics posent le principe du caractère non plus neutre mais contre-productif cette fois de l'intervention publique. Ils mettent notamment en avant l'existence de biais bureaucratiques (dépassement des budgets, accroissement artificiel de la taille des services…), source de progression continue des dépenses.

Les économistes de l'offre identifient des limites à la hausse des impôts. On peut faire référence à la courbe de Laffer (graphique ci-dessous) qui met en relation le taux de taxation et le total des recettes récoltées. Dans un premier temps, la hausse du taux s'accompagne d'une progression des recettes mais, à partir d'un certain seuil, en raison d'effets « désincitatifs » (on décide de travailler moins) et du développement d'activité parallèle (marché noir), le total des recettes va baisser ; en somme, « trop d'impôt tue l'impôt ».

Cette crainte « à la Laffer » est récurrente, une mise en perspective historique relativise cette vision. Leroy-Beaulieu, fin XIXe recommandait de ne pas dépasser 10 à 12 % de taux de prélèvement, sans quoi les recettes ne rentreraient plus. Au seuil de son septennat, V. Giscard d'Estaing affirmait : « au-delà de 40 % de prélèvements obligatoires, on entre dans le socialisme ». Aujourd'hui en France ce taux atteint 44 %.

La courbe de Laffer

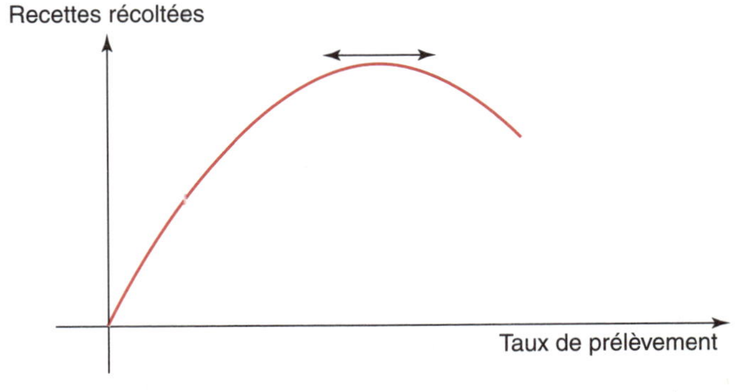

Repères chronologiques

- 1922-23 : hyperinflation allemande.
- 1991 : traité de Maastricht qui définit des normes de bonne gestion en matière de finances publiques.

93 La soutenabilité de la dette publique

Point clef

Depuis les années 1990, le contrôle de l'endettement a été une priorité déclarée au sein des économies européennes. Par le traité de Maastricht (1991), puis le nouveau Pacte de stabilité et de croissance (2005), les pays ont défini une norme d'endettement à ne pas dépasser : le rapport dette publique sur PIB doit rester inférieur à 60 %. Ce ratio normatif ne peut pas être fondé théoriquement à partir de l'équation de soutenabilité de la dette publique et les arguments qui fondent la critique de l'endettement manquent de fondements empiriques.

1. LES LIMITES COMPTABLES DE L'ENDETTEMENT : TRAJECTOIRE ET CARACTÈRE SOUTENABLE DE LA DETTE PUBLIQUE

L'idée sous-jacente de la critique de la dette publique est que le service de la dette, s'il devient trop important, peut paralyser toutes actions budgétaires, voire entraîner une faillite pure et simple de l'État.

Pour analyser cette question un point de départ utile consiste à établir de la contrainte dite de « soutenabilité de la dette publique ».

Soit :

- Bt la dette publique à la période courante t ;
- Gt les dépenses publiques (hors charges d'intérêts) ;
- Tt les recettes fiscales ;
- (les trois variables ci-dessus sont exprimées en termes nominaux)
- i le taux d'intérêt nominal moyen servi sur la dette au cours de la période courante ;
- p le taux de croissance du niveau général des prix sur la période courante (entre t – 1 et t) ;
- pt le niveau général des prix à la date t.

Exprimons la contrainte budgétaire de l'État en termes de flux (équilibre des recettes et des dépenses du Trésor) :

$$Gt + i.Bt - 1 = Tt + (Bt - Bt\text{-}1)$$

Notons $Dt = Gt - Tt$ le déficit budgétaire primaire c'est-à-dire hors charges d'intérêts.

Il vient que :

$$Bt = Dt + (1 + i)\ Bt\text{-}1$$

Notons Yt le produit intérieur brut en termes réels à la période t et posons :

$$bt = \frac{Bt}{pt \cdot Yt} \qquad dt = \frac{Dt}{pt \cdot Yt} \qquad bt\text{-}1 = \frac{Bt - 1}{pt - 1 \cdot Yt - 1}$$

avec Yt = (1 + g) Yt-1, g représentant le taux de croissance du produit intérieur brut en volume.

Nous pouvons écrire $pt \cdot Yt = (1 + p)\ (1 + g)\ pt - 1 \cdot Yt - 1$.

En divisant la contrainte budgétaire en termes de flux par le produit intérieur brut nominal et en réaménageant les termes, nous pouvons exprimer la relation précédente de la manière suivante :

$$bt = dt + \frac{1 + i}{1 + p + g}\ bt - 1$$

Cette équation exprime l'évolution du rapport dette/PIB et intègre les principaux déterminants de la trajectoire de la dette publique (le solde primaire, le taux d'intérêt réel (r = i – p) et le taux de croissance.

On considère la dette sur une trajectoire potentiellement instable dès lors que *dbt* est simplement positif. À solde primaire nul, il apparaît que si le taux d'intérêt réel servi sur la dette est supérieur au taux de croissance (g), dbt (avec dbt = bt – bt – 1) est positif, la dette tend à devenir insoutenable. *A contrario*, cette dette publique sera d'autant plus facilement amortie que la croissance du PIB sera forte et le taux d'intérêt réel faible.

Mais, à partir de cette équation, on ne peut pas définir de norme de bonne gestion en matière d'endettement.

2. ENDETTEMENT PUBLIC ET DÉTOURNEMENT D'ACTIVITÉ : LA FAIBLE ASSISE EMPIRIQUE DES ARGUMENTS LIBÉRAUX CONTRE LA DETTE

Le terme détournement d'activité est plus général que celui d'effet d'éviction, il semble adéquat pour désigner l'ensemble des conséquences d'une hausse de la dette publique.

Un déficit budgétaire financé par l'endettement peut provoquer une hausse des taux d'intérêt qui prive de financement une partie des investisseurs privés, c'est l'argument traditionnel des effets d'éviction. L'offre de titres publics augmente – la capacité d'épargne étant inchangée – l'ajustement s'opère par la hausse des taux d'intérêt. Pour un même rendement, les titres publics étant moins risqués, ils trouvent des souscripteurs et évincent les opérateurs privés. La réalité empirique de cet effet d'éviction n'a pas été clairement établie. À titre d'illustration, on note que les déficits budgétaires français et allemands entre 2002 et 2004 n'ont pas entraîné une pression à la hausse des taux d'intérêt au sein de l'Union européenne (pas plus d'ailleurs qu'ils n'ont entamé la crédibilité d'un euro qui a eu tendance à s'apprécier vis-à-vis du dollar).

Il existerait ensuite un risque de réaction des anticipations des ménages suite à un déficit budgétaire non anticipé. Le théorème dit de l'équivalence ricardienne encore appelé théorème Ricardo-Barro a popularisé les mécanismes psychologiques de réactions des ménages face à un déficit financé par l'endettement. Dans ce cadre analytique, selon Barro (1974), le déficit budgétaire entraîne une réaction des agents qui anticipent une future hausse de la fiscalité pour rembourser la dette, ils épargnent davantage et partant consomment moins. La démonstration théorique repose sur un système d'hypothèses beaucoup trop fortes pour convaincre : un régime budgétaire ricardien est censé prévaloir, les anticipations sont rationnelles et un altruisme intergénérationnel prévaut. La première hypothèse semble contraire à la réalité française d'un régime non ricardien depuis près de vingt au moins (jusqu'alors les déficits n'ont pas été compensés par des excédents et il est peu probable que les ménages ou l'État nourrissent une telle anticipation).

Assez curieusement dans les années 1990, certains auteurs néokeynésiens (Bertola et Drazen, Sutherland ...) ont creusé cette piste de la réaction des agents à une hausse de la dette publique en introduisant une non-linéarité des comportements d'épargne et de consommation ; le raisonnement ricardien s'applique au-delà d'un seuil de soutenabilité de la dette publique et pas avant. Cette exigence par rapport aux comportements des agents et à leur connaissance des mécanismes économiques limite, là encore, grandement la portée de l'analyse.

Repères chronologiques

- 1991 : signature du traité de Maastricht.
- 2005 : amendements apportés au Pacte de stabilité et de croissance.

94 La dette publique de la France

Point clef

En France, l'ampleur de la dette est identifiée comme le déséquilibre macroéconomique majeur par les responsables politiques et les organes de presse. Un contraste saisissant apparaît entre le traitement médiatique du problème et sa réalité économique.

1. LES MOTIFS D'INQUIÉTUDES

La question de la dette publique de la France n'en finit pas d'inquiéter. La publication fin 2005 du **rapport Pébereau** (président de BNP-Paribas) intitulé « *Rompre avec la facilité de la dette publique* » a frappé les esprits. Le chiffre de 2 000 milliards d'euros de dette est avancé. Une vision large du périmètre de la dette est retenue en incluant de manière arbitraire les engagements implicites de l'État en matière de retraite. Des chiffres encore plus impressionnants auraient d'ailleurs pu être obtenus en incluant les futures dépenses de santé…

Si l'on s'appuie sur la définition européenne de la dette des administrations publiques (au sens de Maastricht), la valeur nominale de la dette française s'élève début 2007 à plus de 1 200 milliards d'euros. Son montant progresse effectivement depuis plusieurs années, le « cap symbolique » des 1 000 milliards ayant été franchi en mars 2004.

Ces chiffres peuvent en effet donner le vertige. Ils alimentent une véritable dramaturgie de la dette. Un compteur de la dette publique de la France est disponible sur Internet en hausse spectaculairement continue. L'endettement par Français y est calculé, il ressort à un peu plus 19 000 euros par habitant. Il est de bon ton sur les ondes ou les plateaux de télévision de déplorer qu'un nourrisson français voie le jour déjà accablé de dettes ! À en croire certains, le paiement des intérêts de la dette (qui représente 15 % des dépenses) menacerait d'asphyxier l'État. Le pays serait au bord de la faillite. Une catastrophe serait imminente…

Sur ces bases, et devant **l'émotion de l'opinion**, la question s'est installée au cœur de la campagne présidentielle de 2007. Les candidats ont déclaré vouloir combattre le mal de la dette en priorité. La tournure du débat ne manque pas de surprendre ! Un contraste saisissant apparaît entre le traitement alarmiste et culpabilisant de la question et la réalité du problème économique beaucoup plus nuancée.

2. UNE DETTE FRANÇAISE SOUTENABLE

La dette publique française est aujourd'hui soutenable. La situation reste totalement sous contrôle. Plusieurs arguments invitent à nuancer les dangers de la situation de notre pays.

Rappelons d'abord que, dans l'absolu, les chiffres ont peu de sens. La référence aux milliards est bien souvent infantilisante. La dette représente en 2007 l'équivalent de 63,9 % PIB de la France. La situation est alors en voie de stabilisation comme le suggère le graphique ci-dessous (le ratio s'établissait à 66,6 % en 2005 et 63,6 % en 2006), même si la France ne respecte toujours pas la norme de 60 % définie dans le Pacte de stabilité et de croissance (traité d'Amsterdam 1997, réformé en 2005).

La comparaison internationale dissipe la vision d'un mal français. Les chiffres de notre pays sont dans la moyenne européenne. En 2007, le ratio d'endettement des pays de la zone euro était autour de 66,3 % (65 % en Allemagne, 104 % en Italie). Le Japon, deuxième puissance économique mondiale, présente un ratio voisin de 180 %. Dans ces pays, la perception de la situation ne tourne pas, comme chez nous, au catastrophisme.

Une approche du problème par le marché le fait carrément disparaître. Les investisseurs (notamment internationaux) continueraient-ils d'acheter des bons du Trésor français si le pays était au bord de la faillite où même si le moindre doute planait sur les perspectives de remboursement ? Évidemment non ! Les opérateurs ont toujours confiance dans la capacité de la France à honorer ses engagements. Les taux d'intérêt servis sur les titres publics français sont bas (preuve que le risque de défaut est extrêmement réduit). Les notes de solvabilité de la France sont les meilleurs possibles (AAA chez Standard & Poor's...).

La mobilisation de l'arme budgétaire pour affronter la crise financière internationale de 2008 a pour effet d'accroître le ratio d'endettement et prouve que des marges de manœuvre existent bel et bien en matière de dette publique.

Ratio d'endettement de la France entre 1994 et 2007

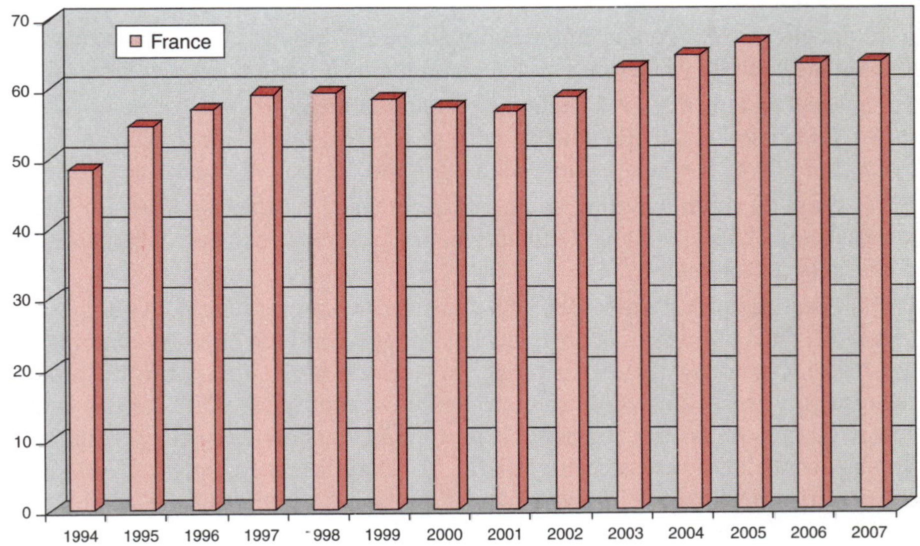

3. UNE SITUATION SOUS CONTRÔLE

Plusieurs facteurs influencent la trajectoire du rapport dette sur PIB (v. fiche 93). Lorsque la croissance économique est supérieure au taux d'intérêt réel servi sur la dette, le poids de celle-ci se trouve naturellement réduit. Une croissance plus forte constitue une voie d'amortissement indolore. L'inflation, si elle entraîne un bas niveau des taux d'intérêt réels, peut participer à l'amortissement de la dette. Par ailleurs, dès lors que les administrations publiques dégagent des excédents budgétaires, le poids de la dette recule là encore mécaniquement : la solution est ici plus douloureuse mais applicable très vite (sur l'horizon d'une année).

Le débat incantatoire sur la « dérive » de la dette publique de la France masque malheureusement des débats plus fondamentaux en matière de finances publiques. N'est-il pas nécessaire aujourd'hui d'analyser l'efficacité des dépenses et d'identifier de possibles économies budgétaires. N'est-il pas urgent d'opérer certains redéploiements en direction des dépenses de recherche pour soutenir l'innovation et la compétitivité internationale de notre pays ?

Repères chronologiques

- 2003 : pour la première fois, le ratio d'endettement de la France devient supérieur à 60 %.
- 2005 : rapport Pebereau sur la dette publique en France.
- 2008 : plan de sauvetage du système bancaire financé par le recours à l'endettement.

95 La politique monétaire

Point clef

L'intégration financière internationale s'est accompagnée d'une redéfinition du rôle de la politique monétaire. Elle est dorénavant avant tout au service de la stabilité des prix et soutien indirectement l'activité à travers un rôle d'ancrage des anticipations salariales et financières.

1. LA POLITIQUE MONÉTAIRE COMME SOUTIEN DIRECT DE L'ACTIVITÉ

Les canaux de transmission de la politique monétaire

Quels vont être les effets d'une modification des taux d'intérêt à court terme suite à une action de la Banque centrale ? L'action sur la demande transite par quatre grands canaux.

- Par le **canal du taux d'intérêt**, l'action monétaire influence le coût du capital pour les entreprises. La baisse des taux nominaux, si elle se répercute sur les taux réels à long terme, doit dynamiser l'investissement quelques mois après la décision des autorités monétaires.
- Par le **canal du crédit bancaire**, une politique monétaire expansionniste accroît au bout de quelques semaines le volume de financement accordé par exemple aux ménages pour des crédits à la consommation.
- Par le **canal des prix d'actifs**, des effets de richesses se produisent. Ainsi à la suite d'une baisse des taux, le prix des actifs financiers (obligations et actions) et immobiliers détenus par les ménages augmente. Au terme de quelque mois, une partie du supplément de richesse issu de la valorisation du patrimoine est consommé. Du côté des entreprises, la hausse du prix des actions augmente la profitabilité de l'investissement mesuré par le Q de Tobin et soutient l'investissement. Le Q de Tobin désigne le rapport de la valeur de marché des entreprises au coût de renouvellement du capital. Si Q augmente, le prix d'un nouvel équipement diminue relativement à son coût de financement par émissions d'actions ce qui dynamise l'investissement.
- Par le **canal du taux de change**, la baisse des taux agit ensuite sur la valeur externe de la monnaie. Toutes choses égales par ailleurs, elle entraîne une dépréciation du change en termes réels : les détenteurs de capitaux réallouant leurs portefeuilles au détriment des actifs exprimés en monnaie nationale. Cette dépréciation dynamise les exportations et freine les importations (sous certaines hypothèses liées notamment aux comportements de marge).

Au total, la politique monétaire entraîne une progression de la demande et constitue un instrument de soutien de la croissance. **Le canal des anticipations** peut être associé à une accélération de certains effets évoqués ci-dessus.

La politique monétaire est-elle toujours efficace ?

La politique monétaire expansionniste trouve des limites. Par nature, les taux d'intérêt ne peuvent pas toujours baisser : assez vite la politique monétaire expansionniste les amène au voisinage de la **trappe à la** liquidité. Dans cette zone, beaucoup considèrent que la politique monétaire n'est pas efficace. La trappe se définit comme le niveau minimal du taux d'intérêt en dessous duquel on ne peut descendre, l'élasticité de la demande de monnaie au taux d'intérêt tend vers l'infini, il n'y a pas d'épargne « sur » actifs financiers à ce niveau. Quelle que soit la quantité de liquidité mise en circulation, elle est sans effet et « passe à la trappe ». Selon Keynes, la politique budgétaire doit alors prendre le relais.

Si l'on est déjà au plein-emploi, l'on peut penser ensuite que la politique monétaire n'aura que des effets inflationnistes. Elle n'a donc pas vocation à être mobilisée en toutes circonstances.

Plus radicalement pour les monétaristes et les nouveaux classiques son rôle doit se circonscrire à garantir la stabilité des prix. De la sorte elle soutient indirectement la croissance en assurant un environnement de stabilité.

2. UN INSTRUMENT DE SOUTIEN INDIRECT DE L'ACTIVITÉ : L'ANCRAGE STRUCTUREL DES ANTICIPATIONS

a) Le renversement de forces théoriques, la stabilité des prix au service de la croissance

À partir de la fin des années 1960 et les travaux de Milton Friedman (notamment le très important article « The Role of Monetary Policy » dans *American Economic Review*, 1968), les tenants de la neutralité de la monnaie vont gagner du terrain. Pour Friedman, à court terme une politique monétaire d'expansion contribue à abaisser le chômage, mais assez vite les anticipations s'adaptent et à long terme la courbe de Philips lui paraît verticale. Cette analyse est radicalisée à la suite des travaux de Lucas, Sargent et Wallace dans les années 1970 : du fait de la rationalité des anticipations, la courbe de Phillips est verticale même à court terme. Dès lors, il convient de viser une inflation faible, voire nulle (M. Feldstein).

Suite à la stagflation des années 1970, les grands pays industrialisés vont faire de la lutte contre l'inflation une priorité (sommet du G5 de Tokyo en 1979) : la stabilité des prix est censée créer le meilleur environnement pour la croissance et l'emploi. Dès lors la politique monétaire a pour principal objectif la stabilité des prix. Pour cela le responsable monétaire doit suivre des règles de politique monétaire (Kydland et Prescott, 1977 ; Barro Gordon, 1983) ou être conservateur (avoir une préférence marquée pour la lutte contre l'inflation) s'il suit une politique discrétionnaire (Rogoff, 1985). Dans tous les cas, son autonomie constitue une garantie institutionnelle pour assurer cette stabilité des prix. Beaucoup de Banques centrales vont voir leur autonomie s'accroître.

b) Les vertus de la stabilité, l'ancrage des anticipations

Si la Banque centrale annonce un objectif d'inflation de x % et s'y tient, au sein de l'économie, les salariés vont pouvoir négocier des hausses de salaires nominaux sur la base de cette inflation anticipée (sans dérapage, ni tension sociale) ; les épargnants voient le rendement réel des capitaux garanti, les investisseurs peuvent faire des projections. Ceci créait un **environnement de stabilité** propice au développement de l'activité économique d'après les libéraux. Sur cette base, la crédibilité et la transparence de la Banque centrale deviennent décisives.

La notion de crédibilité est assez difficile à définir. Intuitivement est crédible ce qui peut être cru : la Banque centrale doit être capable de tenir ses engagements. Mais en même temps une politique monétaire n'est crédible que si elle est en conformité avec le fonctionnement de l'économie et par conséquent que si elle est capable de s'adapter aux transformations de l'environnement.

La transparence, quant à elle, désigne la capacité de la Banque centrale à expliquer ses choix et sa conduite aux agents économiques.

La Banque centrale doit prendre garde à ne pas se tromper d'objectif d'inflation, il ne doit être ni trop élevé, ni trop faible. Ainsi un taux d'inflation entre 0 et 2 % et sans doute trop faible pour plusieurs raisons. Les taux nominaux tendent vers la trappe à la liquidité, on ne peut plus utiliser la politique monétaire en cas de choc majeur. De manière liée, le risque est plus grand de basculer vers la déflation, il est ensuite difficile d'en sortir (v. le Japon des années 1997-2002).

96 Le *policy mix*, la combinaison des politiques budgétaire et monétaire

Point clef

Le concept de *policy mix* doit être entendu au sens large à savoir l'ensemble des combinaisons possibles entre politique budgétaire et politique monétaire. Depuis près de trente ans, la relative désuétude des stratégies convergentes au « profit » des stratégies croisées s'explique par de l'importance accordée à l'objectif de stabilité des prix. Plus largement **le choix d'un *policy mix* dépend des contraintes qui pèsent sur une économie et pose la question de la coopération entre autorités budgétaire et monétaire.**

1. LES POLITIQUES CONVERGENTES

a) Soutien budgétaire et soutien monétaire

La coexistence d'un soutien budgétaire et d'un soutien monétaire constitue sans doute le cas de politique mixte le plus connu, car le plus dans la logique du cadre IS/LM, puisqu'il s'agit d'**éviter l'effet d'éviction lié aux variations du taux d'intérêt** et ainsi de retrouver l'entièreté de l'effet multiplicateur comme dans le modèle keynésien élémentaire (passage du revenu de Yo en Y1 sur le schéma suivant).

Avec ce double soutien (déplacement de ISo vers IS1 qui traduit une politique budgétaire expansionniste et de LMo vers LM1 qui traduit un soutien monétaire), nous obtenons un effet sur le revenu plus élevé que dans le cas d'une utilisation isolée de chaque instrument et un effet beaucoup plus limité (voire nul) sur le taux d'intérêt (i). Il ressort du modèle que l'on peut toujours augmenter l'efficacité de la politique budgétaire par une politique monétaire complémentaire sans craindre l'inflation. Cette vue optimiste résulte de l'hypothèse d'élasticité parfaite de l'offre qui permet la stabilité des prix. Le nécessaire relâchement de cette hypothèse forte et le choix des objectifs intermédiaires de stabilité (dès 1979-1980 pour la Grande-Bretagne et les États-Unis, à partir de 1983 dans le cas particulier de la France) permettent de comprendre la relative désuétude de stratégies expansionnistes convergentes au profit de politiques croisées.

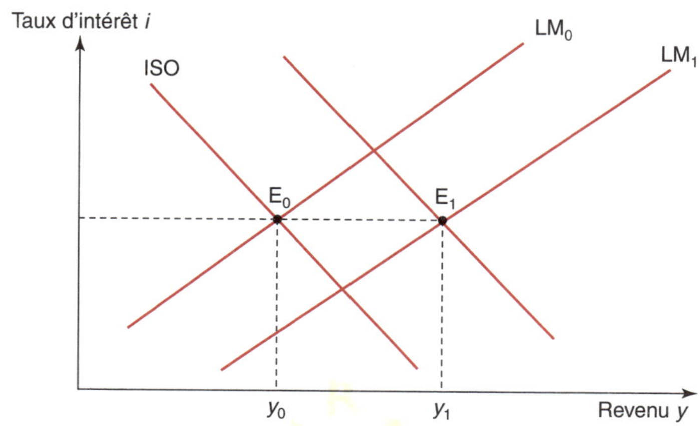

b) Freinage budgétaire et freinage monétaire : plan drastique de stabilisation

La stratégie d'un double freinage monétaire et budgétaire s'inscrit en général dans une quête de stabilisation rapide et drastique de l'économie sans se préoccuper véritablement des conséquences réelles des mesures à l'œuvre. La contraction de la demande vient abaisser le revenu de manière importante alors que le freinage monétaire permet de maintenir les taux d'intérêt à un niveau élevé. La baisse de revenu est plus importante que si une seule des modalités avait été mise en œuvre. Implicitement cette stratégie s'attaquerait à une inflation dont l'origine se situe du côté de la demande et non du côté de l'offre de monnaie même si, en maintenant les taux à leur ancien niveau, on souhaite toujours une rigueur en la matière.

Aujourd'hui, **la primauté accordée à la stabilité des prix est associée au recul des stratégies convergentes au profit de stratégies croisées.**

2. LES POLITIQUES MIXTES OU POLITIQUES CROISÉES

a) Soutien budgétaire et freinage monétaire

Toujours dans le cadre d'un modèle IS/LM en économie fermée, la coexistence d'une relance budgétaire et d'un freinage monétaire entraîne une forte hausse des taux d'intérêt et un effet limité sur le revenu. Les deux instruments cumulent leurs effets pour pousser le taux d'intérêt à la hausse puisque l'offre de monnaie est réduite par la politique de rigueur monétaire alors que, dans le même temps, la demande de monnaie augmente du fait de la politique budgétaire expansionniste. Il y a donc toujours une hausse des taux, mais l'impact sur la croissance est indéterminé. Il dépend des paramètres et de l'ampleur de chacune des mesures monétaire et budgétaire.

L'économie américaine du début des années 1980 fournit un assez bon exemple de ce type de politique mixte. Le soutien budgétaire délibéré lié surtout aux allégements fiscaux a été très important (baisse continue du solde structurel des administrations publiques de – 0,5 % du PIB en 1981 à – 3,3 % en 1986). Dans le même temps, la politique monétaire a été restrictive (taux d'intérêt élevé entre 1982 et 1984 : les taux courts oscillent entre 8,5 et 10,5 %, les taux longs entre 11 et 13 %). Au total, l'effet de relance budgétaire l'a emporté sur la rigueur monétaire, d'autant que l'afflux de capitaux a facilité le financement des déficits. La croissance du PIB de 5,2 % par an entre 1983 et 1985 a été entraînée par la demande sous l'effet de la politique budgétaire.

La stratégie allemande de 1990-1991 – pour répondre au choc de la réunification – constitue un autre exemple de ce type de politique mixte. Les dépenses budgétaires liées à l'unification allemande ont creusé le déficit et pesé à la hausse sur les taux d'intérêt. La stabilité monétaire au sein du SME a imposé une rigueur monétaire.

Plus généralement la mise en œuvre de **cette stratégie peut résulter du caractère impérieux accordé à un objectif de change** ou d'une configuration institutionnelle particulière, un **équilibre non coopératif**, qui met en présence une **Banque centrale très autonome** et conservatrice face à des **responsables politiques soucieux de soutenir coûte que coûte l'activité**.

b) Soutien monétaire et freinage budgétaire

La coexistence d'un freinage budgétaire et d'un soutien monétaire entraîne une baisse du taux d'intérêt et un effet limité sur le revenu. Les deux politiques cumulent leurs effets pour réduire les taux car l'offre de monnaie est augmentée par le soutien monétaire alors que la demande de monnaie est réduite par la rigueur budgétaire. Si le taux d'intérêt baisse bel et bien, l'effet sur le revenu est *a priori* indéterminé et dépend comme dans le cas précédent des paramètres et de l'ampleur des mesures.

La politique conduite aux États-Unis à la fin des années 1990 paraît correspondre assez bien à cette configuration. Le pragmatisme monétaire de Greenspan va de pair avec une réduction du déficit budgétaire (avec même l'apparition d'un solde positif entre 1998 et 2000) par l'équipe Clinton.

Repères chronologiques

- 1937 : Hicks pose les bases du modèle IS/LM.
- 1961-1965 : relance Kennedy-Johnson aux États-Unis.
- 1990-1991 : « policy mix » allemand combinant rigueur monétaire et souplesse budgétaire.

97 La politique fiscale

Point clef

La politique fiscale constitue un levier puissant permettant d'influencer l'affectation des ressources en particulier à travers la mise en place de mécanismes d'incitation et de modifier la redistribution des revenus et des fortunes.

1. DÉFINITIONS

La politique fiscale concerne la **détermination du taux et de l'assiette des différents impôts** dans le cadre de la procédure budgétaire. Ces décisions engagent la mise en œuvre des choix budgétaires en matière d'affectation et de redistribution.

L'impôt est défini comme un **versement monétaire requis des personnes physiques ou morales par voie d'autorité, à titre obligatoire et définitif, sans contrepartie spécifiée** et ayant pour objet la couverture des dépenses publiques ou l'intervention en matière économique et sociale.

Une caractéristique essentielle de l'impôt réside dans la perception sans contrepartie. Elle signifie que son paiement n'ouvre pas un accès direct à un service ou un droit particulier. La contrepartie existe mais elle n'est pas individualisable en vertu de l'un des quatre grands principes budgétaires : l'universalité qui pose l'absence d'affectation des recettes à une dépense particulière.

Le **taux de pression fiscale** se définit comme la somme des impôts et des taxes rapportée au PIB. Le taux de prélèvements obligatoires intègre en plus les cotisations sociales au numérateur.

2. LES IMPÔTS SUR LE REVENU, LE CAPITAL ET LA DÉPENSE

Cette classification se fonde sur la matière imposable. Les **impôts sur le revenu** frappent le revenu du contribuable lors de sa perception (revenus du travail, revenus du capital – loyers, rentes, intérêts) et les profits des entreprises. La question de l'équité horizontale est ici en arrière-plan : faut-il que tous ces revenus soient également taxés ?

Les **impôts sur la dépense** : ils frappent le contribuable au moment de son affectation à l'acquisition d'un bien, d'un service, d'un actif financier (exemple la TVA qui a été instaurée en France en 1954 et adoptée depuis par de nombreux pays).

Les **impôts sur le capital** : ils atteignent les éléments du patrimoine du contribuable du fait de leur possession (impôts de solidarité sur la fortune en vigueur depuis 1989) ou de leur acquisition (droits de mutation, droits de succession). Au niveau local, les taxes foncières (mises en place en 1974) constituent un impôt sur le capital, elles sont acquittées par les propriétaires d'actifs immobiliers et de terrains, elles sont assises sur la valeur locative cadastrale des actifs (c'est-à-dire leur loyer théorique).

La classification ci-dessus est parfois incertaine, des auteurs considèrent par exemple les plus-values immobilières comme un impôt sur le revenu, d'autres comme un impôt sur le capital.

3. IMPÔTS PERSONNELS/IMPÔTS PROGRESSIFS/IMPÔTS NÉGATIFS

Les **impôts personnels** atteignent le patrimoine ou les revenus du contribuable en tenant compte de sa situation personnelle, c'est-à-dire du niveau de son revenu, de sa fortune ou de sa situation familiale. En matière d'impôt sur le revenu, la situation personnelle des contribuables est prise en compte en France par le caractère progressif de l'impôt et par la prise en compte des charges de famille. Le quotient familial constitue un levier de politique nataliste.

En matière de fiscalité locale, la taxe d'habitation, mise en place en 1974, est assise sur la valeur locative cadastrale (c'est-à-dire le loyer théorique de l'immeuble), mais des abattements pour charges de famille viennent personnaliser cet impôt.

Les impôts qui visent à atteindre un élément économique sans considération de la situation personnelle et des facultés contributives du contribuable sont dits réels.

Le cas de la contribution sociale généralisée mise en place en 1991 mérite une attention particulière. Elle tend de plus en plus à être confondue avec l'impôt sur le revenu (des personnes physiques) alors que sa nature est différente. Elle est bien un impôt sur le revenu, mais un impôt proportionnel, non personnalisé, dont l'assiette très large assure un fort rendement. Les recettes de la CSG sont supérieures à celles de l'impôt sur le revenu.

Un **impôt** est **progressif** si le rapport entre les montants versés et le revenu du contribuable augmente avec ce dernier. L'**impôt** est **proportionnel** si le rapport ne varie pas. Il est dégressif s'il diminue avec le revenu. L'impôt progressif permet de corriger les inégalités de revenus et de fortune et permet de viser une équité dite verticale. Au sein du système fiscal français, l'impôt sur le revenu apparaît comme l'unique outil de redistribution des revenus, alors qu'en matière de patrimoine les droits de successions et l'ISF (dont les taux marginaux sont légèrement croissants) se partagent pour l'essentiel ce rôle.

L'**impôt négatif** consiste à étendre la progressivité de l'impôt sur le revenu vers le bas afin qu'il soit négatif au-dessous d'un certain seuil ce qui revient alors à verser un complément de revenu aux employés les plus pauvres et ainsi à revaloriser l'activité salariée. En France, la prime pour l'emploi introduite en 2001 est une application de l'impôt négatif, un système de crédit d'impôt s'applique aux personnes dont les revenus d'activité sont compris entre 0,3 et 1,4 fois le Smic.

4. IMPÔTS DIRECTS/IMPÔTS INDIRECTS

Cette distinction permet de différencier celui qui paie l'impôt de celui qui supporte effectivement l'impôt.

L'**impôt direct** est payé par le contribuable directement à l'agent chargé de le recevoir (impôt sur le revenu, impôt sur les sociétés...).

L'**impôt indirect** (TVA, TIPP) repose sur des objets de consommation ou des services rendus et n'est qu'indirectement payé par celui qui consomme. En matière de TVA, le redevable, qui paie l'impôt, est le commerçant, le contribuable – c'est-à-dire celui qui supporte réellement l'impôt – est le consommateur. L'impôt indirect est généralement plus productif et plus facile à augmenter parce que relativement indolore pour les contribuables.

L'impôt indirect n'est pas personnalisable, sur cette base il est considéré comme « injuste ». Il frappe de la même manière les individus quels que soient leur revenu et leur propension marginale à consommer.

Il est possible théoriquement de transformer un impôt indirect comme la TVA en impôt progressif, mais à condition d'introduire une différenciation des taux particulièrement bien étudiée.

En France aujourd'hui, quatre taux de TVA existent, le taux normal de 19,6 % (automobile, biens d'équipements...), le taux réduit de 5,5 % (alimentation...), un taux super réduit de 2,1 % (presse) enfin un taux 0 sur les biens exonérés de TVA (environ un tiers des dépenses des ménages...). Cette différenciation fait de la TVA un impôt légèrement progressif sur les dépenses des ménages pour les sept-huit premiers déciles de revenus mais pas pour les derniers déciles.

La taxation à taux normal ou réduit est un enjeu sectoriel décisif comme en témoignent les débats sur le passage à une TVA de 5,5 % pour la restauration traditionnelle et le bâtiment.

98 La politique de l'emploi

Point clef

La politique de l'emploi se caractérise par son éclatement : éclatement des fondements théoriques, éclatement des leviers et éclatement des dispositifs.

1. DÉFINITION

Depuis trente ans, de très nombreuses mesures ont été mises en œuvre pour traiter les causes économiques du chômage et en atténuer les effets sociaux. En première analyse la politique de l'emploi désigne cet **ensemble pléthorique et hétérogène de dispositifs** qui s'enchaînent et parfois s'accumulent.

La politique de l'emploi peut aussi être abordée à travers ses objectifs. Elle vise à **favoriser l'emploi** (insuffler une dynamique de création nette d'emplois, opérer une amélioration de la productivité à travers la formation) mais aussi à **gérer les conséquences sociales du « non-emploi »**.

Dès lors une définition résiduelle en découle qui situe la politique de l'emploi dans un intervalle entre les politiques macroéconomiques et les actions d'assistance aux personnes en situation « d'exclusion » du marché du travail.

Cette particulière complexité de la politique de l'emploi résulte du statut particulier du marché du travail : l'emploi fonde largement l'identité des individus et reste à la base de leur intégration sociale.

2. LES FONDEMENTS THÉORIQUES DE LA POLITIQUE DE L'EMPLOI

La recherche de fondements théoriques des politiques de l'emploi nous renvoie aux structures économiques et à une opposition traditionnelle ajustement par les prix et ajustements par les quantités.

Pour les économistes néoclassiques, l'origine du chômage réside dans la **persistance de rigidités** sur le marché du travail. Le salaire ne peut pas jouer correctement son rôle de variable d'ajustement. La rigidité peut être d'origine exogène à travers l'existence d'un salaire minimum ou de nature endogène (approche *insiders-outsiders* et approche en termes de salaire d'efficience qui explique la persistance d'un salaire d'équilibre supérieur au niveau correspondant à l'équilibre concurrentiel pur). Par ailleurs les mécanismes d'incitation peuvent être grippés du fait de certains dispositifs (assurance chômage et autres formes d'assistance sociale, revenu minimum d'existence…). Plus généralement pour les néoclassiques, un coût du facteur travail trop élevé est à l'origine du chômage (rappelons que le coût du travail est constitué par le salaire et les cotisations sociales). La libéralisation du marché s'impose comme la solution naturelle au problème du chômage.

Pour les économistes keynésiens, la **faiblesse de la demande de travail** est à l'origine du chômage. Le chômage dit « keynésien » résulte d'une insuffisance de la demande globale pour toute une série de raisons. Les pouvoirs publics doivent intervenir soit en mettant en œuvre des politiques macroéconomiques de soutien de la demande (hausse des dépenses budgétaires et des transferts, voire baisse des impôts…), soit en imposant des mesures de partage du travail.

L'approche en termes d'hystérésis tient compte des conséquences d'une déqualification associée à certains licenciements, par exemple dans des secteurs traditionnels de l'économie (chantiers navals, sidérurgie...). Le passage par un chômage de longue durée a un effet permanent : les individus n'influenceraient plus la formation de l'équilibre sur le marché du travail. Une action ciblée sur l'employabilité de ce public est ici justifiée.

3. CHAMPS ET « PARAMÈTRES » DE LA POLITIQUE DE L'EMPLOI

La politique de l'emploi peut chercher à agir sur plusieurs paramètres :

- le **coût du travail** (à travers la fixation du salaire minimum et des cotisations sociales patronales et salariales...) qui influence l'offre et la demande de travail ;
- le **nombre d'emplois** à travers la durée légale de travail, les règles de paiements des heures supplémentaires, le développement du travail à temps partiel ;
- les **modes de gestion de la main-d'œuvre** à travers l'évolution des réglementations et l'impulsion donnée en matière de négociations collectives ;
- les **comportements d'activité**, c'est-à-dire la mise en place de mécanismes d'incitation : dans les faits, l'État influence le taux d'activité des 50-64 ans *via* sa stratégie sur les préretraites, la reprise d'un emploi à travers la prime pour l'emploi. Le cas échéant il peut aussi agir sur l'âge d'entrée sur le marché du travail pour les moins de 25 ans à travers des réformes de l'enseignement supérieur, voire du service militaire ;
- la **qualification des actifs** (formations, stages), elle concerne aujourd'hui les modalités de la formation tout au long de la vie et des actions en faveur de l'insertion des jeunes et des chômeurs ;
- l'**employabilité de personnes** jugées défavorisées en matière d'accès à l'emploi – jeunes, non qualifiés, chômeurs de longue durée (par convention au chômage depuis plus de douze mois) – qui s'articule souvent avec un suivi individuel.

Repères chronologiques

- 1936 : réduction du temps de travail en France, passage de 48 à 40 heures de travail par semaine.
- 1988 : création du Revenu minimum d'insertion.
- 1993 : adoption en France d'un dispositif général de réduction des cotisations sociales patronales.
- 1998 : adoption de la loi Aubry I en France passage aux 35 heures.

99 Conseils pour la dissertation

Point clef

Une dissertation ou une note de synthèse (de façon plus générale un « sujet d'économie ») cherche toujours à évaluer à la fois le degré d'acquisition des connaissances et la capacité de réflexion de l'étudiant : l'intelligence (définie par le philosophe H. Bergson comme la capacité à comprendre et à relier des éléments en voyant les liens utiles qu'il peut y avoir entre eux) demeure en toutes circonstances une attente majeure du correcteur.

Une copie doit répondre à la question posée. Elle mène à bien une démonstration en utilisant, à bon escient, des connaissances factuelles et théoriques, d'abord celles qui sont au programme mais aussi d'autres qui signaleront au correcteur l'intérêt marqué par le candidat pour la discipline.

Comme le temps imparti est toujours réduit, le candidat sera jugé sur sa capacité à dégager les idées les plus fortes, les faits saillants, les arguments les plus fondamentaux pour répondre à la question posée, sur son aptitude à choisir les bons exemples, à s'abriter derrière les plus grands auteurs.

1. LA RECHERCHE D'UN PLAN

Il n'y a pas de plan parfait : un bon plan doit permettre d'apporter une réponse pertinente à la question posée. Une logique doit émaner impérativement des enchaînements, une idée force doit, en particulier, jaillir des titres retenus. Comment trouver ce bon plan ?

Prendre tout d'abord le temps de lire et de comprendre l'énoncé du sujet, pour éviter d'apporter une réponse hors de propos donc sans intérêt.

Se poser certaines questions parmi lesquelles : quel est ici le problème ? Pourquoi « le correcteur » me pose-t-il cette question aujourd'hui ? Quels sont les enjeux de politique économique ? Quelle est la controverse théorique sous-jacente ?

Il peut être utile de coucher sur le papier (pendant 15 minutes environ) toutes les idées proches du sujet qui vous passent par la tête. Il convient ensuite de les relier, de dégager les idées maîtresses, de chercher des oppositions et d'éclairer le sujet à l'aide des éléments ainsi rassemblés. À partir de cette réflexion une idée centrale doit alors se faire jour, elle est votre réponse, votre thèse ; vous devez dès lors tenter de la défendre avec force, en l'étayant par des arguments (des considérations théoriques et des faits).

Apporter un soin particulier au choix des titres des parties et des sections : c'est pour vous une manière de clarifier votre pensée en tentant de la synthétiser en une formule (parfois choc, parfois subtile). Bien entendu les intitulés doivent être en adéquation avec les développements. Les titres et les sous-titres doivent, selon nous, apparaître dans le corps d'une dissertation ou d'une note de synthèse : cela aide le candidat à mieux structurer sa pensée sur le sujet.

Il n'y a pas de présentation idéale, même si la présentation standard, deux parties et deux sections par parties, est sans doute la plus commode, au moins la plus académique. Les présentations en trois parties sont tout à fait envisageables.

2. L'INTRODUCTION

L'introduction d'une dissertation a pour objet de présenter le sujet et la manière dont il va être traité. Ce qui est annoncé dans l'introduction doit apparaître effectivement dans les développements.

Comment procéder pour rédiger cette introduction ?

Définir tout d'abord avec une grande précision les termes du sujet. Une piste pour nourrir l'introduction consiste à exploiter les interactions entre les termes, à les faire dialoguer.

Souvent une mise en perspective historique peut ensuite se révéler intéressante pour illustrer la spécificité ou au contraire le caractère récurrent du problème en question et ainsi clarifier un peu plus sa pensée.

Faire état des interrogations que suscite le sujet : quels sont les sous-entendus ? C'est à ce niveau que l'on peut par exemple rejeter d'autres plans : on aurait pu aborder le sujet comme ceci ou comme cela mais moi, je vois le sujet de la manière suivante.

Dégager la problématique, la question centrale qui maintenant doit s'imposer à vous comme une évidence. Cette problématique est le plus souvent le fruit d'une réflexion autour de l'intérêt d'actualité du sujet, de son intérêt théorique et de son intérêt de politique économique.

Annoncer votre plan, vous pouvez le faire sous la forme d'une série de question, mais cela ne constitue pas un passage obligé.

3. LA RÉDACTION

À ce stade du devoir, vous devez encore disposer de la moitié, voire des deux tiers de votre temps. En rédigeant, n'oubliez pas les critères sur lesquels vous allez être évalué.

a) La clarté d'expression et de style

Faire attention à l'orthographe, ne pas écorcher en particulier les noms des auteurs les plus connus dans la discipline.

Faire attention aussi aux effets de style inutiles ou maladroits : avant d'être belle, une phrase doit faire sens !

Chaque fois que le développement d'une idée est achevé, revenez à la ligne et marquez un alinéa : votre copie doit se présenter sous la forme d'une série de « petits blocs » d'idées. Une telle démarche révèle en général un esprit clair.

Lorsque l'on arrive à la fin d'une partie, il convient de penser à assurer impérativement une transition intelligente.

b) Le degré de maîtrise des concepts et des mécanismes

Il est fondamental de tenter d'avoir une écriture dense et analytique, c'est-à-dire d'utiliser les concepts à votre disposition et surtout de les exploiter à bon escient. Le concept permet d'économiser des mots.

c) La capacité de pouvoir inscrire une affirmation dans un cadre théorique

La connaissance des modèles théoriques offre un support de scientificité à un lien causal… Sans forcément effectuer un rappel formel sur le modèle, il est de bon ton de se référer explicitement à un cadre lorsque l'on avance une idée.

d) L'étendue de la culture économique et historique

Selon Schumpeter, un « bon économiste » doit maîtriser les techniques quantitatives, les théories économiques et surtout disposer d'une large culture historique. *Via* l'histoire, il s'agit en quelque sorte de donner une réalité au raisonnement économique et de bien dégager les éléments de continuité et de rupture d'une situation.

e) La rigueur de la démonstration

La capacité de l'étudiant à organiser sa pensée dans une logique d'argumentation est essentielle. Il faut que la copie conduise un raisonnement et soit construite comme une démonstration. Toutes les conclusions sont acceptables dès lors qu'elles sont établies par un raisonnement solidement charpenté.

Glossaire

A

Absorption : en macroéconomie l'absorption désigne la part du produit national consacrée aux emplois intérieurs, elle se compose de la consommation, la formation brute de capital fixe et la variation de stock. Par extension le concept renvoie à une approche de l'ajustement de la balance des paiements qui fait du « contrôle » de la demande interne une condition de la réussite d'une dévaluation. De manière plus intuitive au niveau microéconomique le concept désigne la fusion de sociétés et la disparition de celles qui ont été absorbées.

ACAM : l'Autorité de contrôle des assurances et des mutuelles est une autorité publique indépendante qui vérifie que les assureurs et les mutuelles sont en mesure de tenir leurs engagements vis-à-vis des assurés ou des adhérents.

Accélérateur : concept échafaudé par les économistes A. Aftalion (1913) et J.-M. Clark (1917) pour désigner un mécanisme macroéconomique selon lequel une variation de la demande de biens de consommation peut avoir des effets plus que proportionnel sur la demande de biens d'équipement. L'effet d'accélérateur peut expliquer les fluctuations économiques. L'intensité de l'accélération dépend du taux d'utilisation des capacités de production, elle est maximale si elles sont totalement utilisées au moment du « choc » : dans ce cas l'effet accélérateur est mesuré par le coefficient de capital (rapport entre la valeur des moyens de production et la valeur de la production). La présence de capacité de production non utilisée dépend des investissements passés.

Accords *du* Plaza : le 22 septembre 1985 les ministres des finances et les gouverneurs des banques centrales des États-Unis, du Japon, de la RFA, de la France et du Royaume-Uni, réunis à l'hôtel Plaza de New-York, décident d'intervenir de manière concertée sur le marché des changes afin de mettre fin au mouvement d'appréciation du dollar entamé depuis 1980. Pour faire face au creusement de leur déficit commercial les États-Unis rompent avec la politique du laisser faire en matière de change et posent les bases d'une coopération internationale qui se prolonge à travers les Accords du Louvre de février 1987 qui fixent secrètement une grille d'intervention pour limiter les évolutions des monnaies des pays membres du G7.

Accords Matignon : pour trouver une issue à la crise sociale de mai 1936 Léon Blum réunit les représentants des entreprises (la confédération générale du patronat français) et la CGT qui parviennent à la signature des Accords Matignon le 7 juin 1936. Ces Accords prévoient notamment des hausses de salaires (en moyenne de 12 %), l'instauration de deux semaines de congés payés…

Acte unique européen : signé les 17 et 28 février 1986 à Luxembourg puis à La Haye, il est dit « unique » au sens où il aménage les dispositions des Traités portant création de la CECA, de la CEE et d'Euratom. Il entre en vigueur le 1er juillet 1987 et marque, de fait, une relance de la construction européenne vers la constitution d'un marché unique. Il prévoit en effet la mise en place avant le 31 décembre 1992 d'un espace sans frontière intérieure où les marchandises, les capitaux et les personnes pourraient circuler librement. Cette abolition des frontières est effectivement réalisée le 1er janvier 1993.

Actualisation : opération calculatoire qui consiste à ramener à une même date des sommes qui concernent des périodes différentes afin de pouvoir les comparer (1 000 euros de 2007 n'équivalent pas à 1 000 euros de 2008 du fait notamment de l'inflation). Pour cela un taux d'intérêt, appelé « taux d'actualisation », est utilisé.

Administrations publiques : ensemble des institutions qui ont pour fonction de produire des services non marchands ou d'effectuer des opérations de redistribution entre agents économiques. Trois composantes peuvent être distinguées : les administrations centrales (état et organismes financés nationalement – ANPE, CNRS, Universités...), les administrations publiques locales (collectivités territoriales...) et les organismes de sécurité sociale.

AELE : l'Association européenne de libre échange est créée le 4 janvier 1960, il s'agit d'un accord de libre-échange conclut entre sept pays européens (Autriche, Danemark, Norvège, Portugal, Royaume-Uni, Suède, Suisse). Cette création, réalisée sous l'impulsion du Royaume-Uni, constitue une réplique à la signature du Traité de Rome qui institue la CEE.

Affacturage : opération de gestion des créances du compte clients d'une entreprise réalisée par un organisme financier extérieur à la firme. Le recouvrement des créances fait ainsi l'objet d'une externalisation. L'affacturage constitue une opération de crédit à court terme (l'organisme avance à l'entreprise le montant de la créance) et une opération d'assurance (l'organisme assume le risque d'insolvabilité du débiteur)

Agent : terme utilisé par les économistes néoclassiques pour désigner les unités élémentaires de décision dans les modèles (individu, ménage, entreprise).

Agios : intérêts de pénalité appliqués par une banque à un client dont le compte est à découvert.

Agrégats : grandeurs synthétiques qui caractérisent les performances et les comportements de l'ensemble des agents et constituent le fondement de l'analyse macroéconomique. Il est possible de distinguer des agrégats de produit (PIB, PNB), des agrégats de revenu, des agrégats de demande (consommation, FBCF...) ainsi que des agrégats monétaires.

Aléa moral : en théorie économique (en économie de l'assurance, en économie bancaire), l'aléa moral désigne le fait qu'un contractant (l'agent, l'assuré) ne tienne pas ses engagements, ait un comportement différent de ce qui était prévu. Ainsi le ménage qui a emprunté auprès de la banque peut utiliser différemment le crédit, ainsi l'agent qui vient de signer un contrat d'assurance peut prendre plus de risque sachant qu'il est assuré (laisser sa voiture sur un parking avec les vitres ouvertes).

ALENA : Association de libre-échange nord américaine (North American Free Trade Agreement, NAFTA) crée en 1992 par les États-Unis, le Canada et le Mexique et entrée en vigueur le 1er janvier 1994. Elle apparaît plus aujourd'hui comme un *managed trade* que comme un marché commun.

AMF : l'Autorité des marchés financiers a été créée par la loi sur la sécurité financière du 1er août 2003. Cette autorité administrative indépendante a pour missions de protéger l'épargne, de réglementer et de contrôler les marchés financiers.

Amortissement : évaluation annuelle de la perte de valeur d'actifs ou de biens de production frappés d'usure ou d'obsolescence. Il convient de distinguer amortissement comptable et amortissement économique. L'amortissement comptable est défini par des textes réglementaires qui définissent la durée de vie théorique des différents actifs. Pour l'entreprise l'amortissement est considéré comme une charge dans son compte de résultat. L'amortissement économique est évalué en prenant appui sur la durée de vie réelle des actifs et en tenant compte du coût de remplacement du capital fixe.

ANPE : l'Agence nationale pour l'emploi a été créée en 1967, elle a notamment pour missions d'assister les personnes à la recherche d'un emploi ou d'une formation et d'aider les employeurs pour l'embauche et le reclassement de leurs salariés.

Anticipations adaptatives : hypothèse qui consiste à prévoir la valeur future d'une variable à partir de sa valeur présente et de l'erreur d'anticipation commise à la période précédente.

Anticipations rationnelles : hypothèse qui consiste selon Muth (1961) à prévoir la valeur future d'une variable en faisant une parfaite utilisation de toute l'information disponible à la période présente. Il n'y a pas d'erreur systématique d'anticipation ce qui ne signifie pas que ce type d'anticipations conduise toujours à des prévisions « exactes ». L'utilisation de cette hypothèse s'est imposée dans les modèles macroéconomiques depuis les années 1970.

APEC : Forum de coopération Asie-Pacifique crée en 1989 pour stimuler les échanges et la coopération entre les pays de la zone. L'APEC compte aujourd'hui 21 pays membres (Australie, Canada, Chili, Chine, États-Unis, Japon, Mexique, Russie, Corée du Sud…) qui représentent 40 % de la population mondiale, 47 % du commerce mondial et 60 % du PIB mondial.

Appréciation : ce terme est utilisé – en régime de changes flottants – pour désigner la progression de la valeur d'une monnaie par rapport à une autre.

Approche dichotomique : analyse qui sépare les dimensions réelle et monétaire de l'économie en supposant que la monnaie est neutre.

Arbitrage : opération qui consiste à exploiter un écart de prix pour un même actif sur deux marchés : « l'arbitragiste » réalise, sans risque, ni mise de fonds, un profit en achetant sur le marché où le prix est le plus faible et en vendant là où il est le plus élevé.

ASEAN : cette Association des nations du Sud Est asiatique naît de la déclaration de Bangkok en 1967 et entend développer au départ une coopération politique et technique entre économies capitalistes dans la zone. En 1992, ses membres créent une zone de libre-échange. L'ASEAN est aujourd'hui composée de 10 pays (Brunei, Cambodge, Indonésie, Laos, Malaisie, Myanmar, Philippines, Singapour, Thaïlande et Vietnam). Par ailleurs un sommet annuel réuni les pays de l'ASEAN plus la Chine, le Japon et la Corée du Sud. (ASEAN +3).

Assurance : activité qui consiste à transformer des risques individuels en risque collectifs *via* la garantie du paiement d'une indemnité ou d'une prestation (en cas de réalisation du risque) à ceux qui au préalable ont souscrit un contrat (auprès d'une société d'assurance) ou ont versé une cotisation sociale volontaire (auprès d'une mutuelle).

Asymétrie d'information : désigne une situation dans laquelle un individu dispose de plus d'informations qu'un autre sur les « états de la nature ». Dans le domaine de l'assurance, par exemple, l'assuré connaît mieux que l'assureur son propre niveau de risque.

Attractivité : capacité d'un territoire (pays, région, ville) à attirer des opérateurs extérieurs (entreprises, investisseurs…). L'attractivité d'une zone dépend de sa stabilité, de sa fiscalité, du dynamisme de sa demande, des caractéristiques de la main-d'œuvre disponible, de la qualité de ses infrastructures… L'intensification du processus de mondialisation pose avec plus d'acuité la question de l'attractivité des sites nationaux et régionaux.

Autarcie : cette notion désigne généralement la situation d'un pays qui choisit de ne pas entretenir de relation économique avec l'extérieur. Le Japon a par exemple vécu en quasi-autarcie entre 1639 et 1854 sous l'ère des shoguns Tokugawa. Le choix de l'autarcie entraîne en règle générale une stagnation économique.

Autoconsommation : consommation finale par les ménages de leur propre production.

Autofinancement : dans l'entreprise l'autofinancement désigne un financement à l'aide de ses propres ressources, sans faire appel à un financement externe de type crédit bancaire ou émission d'obligations ou d'actions. En comptabilité nationale l'autofinancement est égal à l'épargne brute qui mesure le profit brut de l'entreprise.

Avertissement sur résultats : dans le jargon de la finance l'expression désigne l'annonce d'une société cotée selon laquelle elle ne sera pas en mesure d'atteindre ses objectifs de chiffre d'affaires, de marges ou de bénéfices... Une telle annonce provoque en principe une forte baisse du cours du titre de la société en question.

B

***Baby boom* :** phase de forte reprise de la natalité à l'œuvre en Occident entre le milieu des années 1940 et le milieu des années 1960.

Bancarisation : pénétration des services bancaires dans une population.

Benelux : union douanière constituée en 1948 par la Belgique, les Pays-Bas (Nederland) et le Luxembourg, cette union a été absorbée par la CEE en 1958 mais l'expression continue de désigner ces trois économies.

Bien collectif : un bien collectif est un bien indivisible dont la consommation par un individu ne réduit pas la quantité (ou le montant) de ce même bien encore à la disposition des autres individus (exemples : route, éclairage public, jardin public...).

Bien inférieur : bien dont la demande diminue lorsque le revenu augmente, son élasticité-revenu est inférieure à zéro.

Bien rival : bien dont la consommation ou l'usage par un individu exclut sa consommation ou son usage par un autre individu.

Biens substituables : des biens substituables sont concurrents au sens ou la variation du prix de l'un influence fortement la demande de l'autre (l'élasticité de la demande de l'un par rapport au prix de l'autre est élevée).

Bien supérieur : bien dont la demande augmente plus de proportionnellement suite à une progression du revenu, son élasticité-revenu est supérieure à 1.

BIP 40 : ce Baromètre des Inégalités et de la Pauvreté est un indicateur synthétique des inégalités et de la pauvreté crée en 2002 par des militants (collectif réseau d'alerte sur les inégalités) en réaction et en référence au PIB et au CAC 40. L'objectif est de ne pas circonscrire la mesure des performances économiques au seul PIB mais de tenir compte de la répartition. Le BIP est construit à partir de 58 critères qui concernent six dimensions (le travail, le revenu, le logement, l'éducation, la santé, la justice)

Bloc-or : à la suite de la Conférence monétaire de Londres en 1933 six pays (Belgique, France, Italie, Pays-Bas, Pologne, Suisse) rejettent le principe des dévaluations compétitives, le flottement monétaire et affirment leur attachement à l'étalon-or. Cet aveuglement monétaire les pousse à mettre en œuvre des politiques de nature déflationniste qui contribue à retarder la sortie de crise dans ces pays. Les dévaluations du franc Belge et de la lire Italienne en 1935, puis du franc Français en 1936 sanctionnent l'échec du Bloc-or.

Bouclier fiscal : dispositif institué par la loi de finance pour 2006 qui prévoit que la part du revenu annuel susceptible d'être prélevée sous forme d'impôt direct ne puisse pas dépasser 60 % du revenu du contribuable. La loi TEPA du 21 août 2007 réduit cette part à 50 % et inclut la CSG et la CRDS dans le calcul des impôts directs (v. paquet fiscal).

Brevet : titre de propriété temporaire accordé par un État (ou plusieurs) à l'inventeur d'un procédé ou d'un produit. Le monopole d'exploitation peut être vendu ou loué sous forme de licence. La durée des brevets dépend des législations nationales.

BRIC : expression utilisée dans les années 2000 pour désigner quatre grands pays émergents : Brésil, Russie, Inde et Chine.

Budget : document comptable traduisant un plan d'action dans le domaine financier, un budget est toujours la traduction financière d'une politique.

C

Capital : stock d'actifs qui produit des revenus monétaires et/ou en nature. Il convient de distinguer le capital humain et le capital non humain. Le capital non humain est constitué du capital monétaire et financier (monnaie plus actifs financiers), du capital dit de jouissance (ensemble des biens qui procure des satisfactions) et du capital technique (ensemble de biens de production). Le capital technique se compose du capital fixe et du capital circulant.

Capital circulant : sa valeur est intégralement détruite pendant le cycle de production.

Capital fixe : en comptabilité nationale le capital fixe représente l'ensemble des biens durables acquis pour être utilisés dans le processus de production pendant plus d'un an.

Capital humain : notion développée par l'économiste américain Gary Becker dans les années 1960. Le capital humain représente l'ensemble des aptitudes, des expériences, des connaissances et des qualifications accumulées par un individu (ou un groupe) qui détermine ses capacités productives. Le capital humain est un stock immatériel composé de capacités innées et d'acquis mentaux. Il est indissociable de la personne qui le détient. Le capital humain apparaît comme une extension de la notion de capital au sens d'Irwing Fisher : on considère comme capital toute ressource susceptible de fournir des flux de revenus dans le futur. Selon Becker l'individu gère son capital humain et cherche à optimiser ses décisions « d'investissement » à l'instar d'une entreprise. L'individu poursuivra ses études jusqu'à ce que le coût actualisé de ses études (pertes de revenus liées à la scolarité, frais de scolarité, coûts des études) soit égal à la valeur actualisée des suppléments de revenu attendus de la poursuite des études. L'échelle des salaires traduit les différences d'aptitudes et d'investissement en formation entre individus.

Capitalisation boursière : la capitalisation boursière d'une société cotée est obtenue en multipliant le cours de l'action par le nombre d'actions. La capitalisation d'une place boursière est obtenue en sommant les capitalisations des sociétés qui y sont cotées.

Cartel : ensemble de producteurs d'un même secteur d'activité qui s'entendent pour fixer le niveau des prix de vente, les quantités à produire…

Cercle de qualité : groupe d'employés qui se réunit au sein de l'entreprise afin de trouver des idées nouvelles permettant d'améliorer la qualité des produits et la productivité.

Chaeboels : ce terme désigne des conglomérats sud-coréens, des groupes d'entreprises aux activités diversifiées tels Lucky-Goldstar (LG), Samsung, Hyundai, Daewoo… Ces groupes « familiaux » apparaissent comme les « bras économiques armés » de l'État. Ils constituent le socle du développement économique sud-coréen durant la seconde moitié du vingtième siècle.

Choc asymétrique : choc macroéconomique qui touche de manière spécifique une économie nationale au sein d'une zone monétaire.

Choc d'offre : perturbation non anticipée qui affecte les coûts de production des entreprises. Ils peuvent être de nature énergétique (chocs pétroliers de 1973 et 1979) ou encore salariaux.

Choc symétrique : choc macroéconomique qui touche de la même manière les différentes économies d'une zone.

Chômage conjoncturel : chômage qui résulte d'un ralentissement ponctuel du rythme de l'activité économique et éloigne ainsi le taux de chômage de son taux naturel.

Chômage frictionnel : chômage qui résulte de frictions sur le marché du travail, du processus d'ajustement lui-même. En permanence des individus passent d'un emploi à l'autre ce qui détermine un volant de chômeurs.

Chômage involontaire : cette notion est indissociable des travaux de Keynes, pour lui la demande de travail est liée au niveau de la demande effective qui peut être insuffisante (pour diverses raisons), partant certains travailleurs pourtant disponibles sont involontairement privés de travail.

Chômage naturel : en première analyse le taux naturel peut être assimilé au NAIRU (Non Accelerating Inflation Rate of Unumployment) il s'agit du taux de chômage qui est neutre vis-à-vis de l'inflation. Le taux de chômage naturel est déterminé par les caractéristiques structurelles du marché du travail (variabilité aléatoire des offres et demandes, coûts de collectes de l'information sur les emplois vacants…).

Chômage technologique : type de chômage causé par l'introduction de nouvelles machines ou de nouvelles méthodes de production. Si ces nouveautés ne conduisent pas à la baisse des prix relatifs et si des mesures de reclassement ou de requalification ne sont pas prises, ce chômage technologique peut se prolonger et devenir un chômage structurel.

Chômage structurel : chômage qui résulte d'un déséquilibre profond et durable du marché du travail provenant de transformations structurelles lourdes dans les domaines démographique et productif (dynamique intersectorielle, nature des spécialisations, progrès technique).

Chômage volontaire : pour les économistes néoclassiques, le chômage volontaire désigne la situation des individus qui refusent de travailler pour le salaire de marché (d'équilibre). Ils restent volontairement dans une situation d'oisiveté.

Chômeurs découragés : individus qui seraient prêts à travailler mais qui ont renoncé à rechercher un emploi du fait de la situation dégradée sur le marché du travail, ils ne sont pas comptabilisés dans le chiffre officiel du chômage.

Chômeur de longue durée : par convention personne en situation de chômage depuis plus de 12 mois dans les pays développés et depuis plus de dans les pays en voie de développement.

Clause de la nation la plus favorisée : toute concession commerciale accordée à un partenaire commercial doit automatiquement être étendue aux autres.

Cliométrie : aussi appelée « Nouvelle Histoire Économique » (d'après le terme proposé par Jonathan Hugues), la cliométrie se caractérise à la fois par la mise en œuvre d'un traitement statistique et économétrique des données historiques et l'utilisation de la méthode contre-factuelle. Les cliométriciens construisent des situations fictives et évaluent l'écart entre la réalité et ce qui aurait pu se produire si les circonstances avaient été différentes. Ainsi par exemple dans les années 1960 Robert Fogel (prix Nobel d'économie en 1993 avec D. North) met au point un modèle statistique complexe afin de tenter de montrer ce qui se serait passé si le chemin de fer n'avait pas existé aux États-Unis. Il conclut qu'en 1890 le revenu national américain n'aurait pas été inférieur de plus de 5 % au niveau effectivement atteint et, de ce fait, nuance le rôle des chemins de fer dans la croissance américaine.

Club de Londres : système informel cherchant à rééchelonner la dette privée d'un État vis-à-vis de banques commerciales créancières, il réunit des comités consultatifs agissant pour le compte de ces banques et un gouvernement débiteur.

Club de Paris : groupe informel (sans statut, ni existence légale) de pays créanciers réuni pour trouver des solutions en matière surendettement international. Le club de Paris ne traite que la dette extérieure publique. Il s'est réuni pour la première fois en 1956 à l'occasion d'une restructuration de la dette argentine. Son secrétariat est assuré par la France. Le club réunit les principaux états créanciers pour une négociation avec un État débiteur. Cette négociation est conditionnée à un accord préalable entre le pays et le FMI, elle porte sur le rééchelonnement (voire l'annulation) des dettes publiques de ce pays. Depuis l'origine près de 400 accords ont été conclus.

Club de Rome : organisme de réflexion crée en 1970 par des chefs d'entreprise européens (notamment italiens d'où la dénomination). Le rapport Meadows (1972) intitulé en français « Halte à la croissance ? » a une grande résonance en concluant à l'impossibilité de maintenir une croissance forte sans dommage pour l'humanité.

CNUCED : la Conférence des Nations unies sur le commerce et le développement est un organe subsidiaire de l'Assemblée générale des Nations unies créée en 1964. Son objectif est de promouvoir des relations plus équitables entre les pays en voie de développement et les pays les plus avancés.

Coefficient budgétaire : en général le coefficient budgétaire désigne la part qu'une dépense de consommation (d'un bien ou d'une catégorie de biens) représente dans le budget total des dépenses.

Coefficient de capital : le coefficient moyen de capital est le rapport entre la valeur du capital productif et la valeur de la production en situation de plein-emploi. Le coefficient marginal de capital est lui le rapport entre la valeur de l'investissement net et celle de l'augmentation de production correspondante. Les coefficients de capital sont les inverses des productivités du capital.

COFACE : la Compagnie française d'assurance pour le commerce extérieur a été créée à l'issue de la Seconde Guerre mondiale avec pour mission de gérer pour son compte ou pour celui de l'État l'essentiel des garanties offertes aux entreprises françaises exportatrices (assurer le risque d'insolvabilité d'acheteurs privés, offrir un service public de l'assurance-crédit). À partir de 1990 la constitution d'un marché européen des services contraint la COFACE à réduire ses interventions pour le compte de l'État. En 1994 elle acquiert un statut de société privée. Son capital est détenu aujourd'hui à 100 % par le groupe Natexis Banques Populaires. Elle offre aux entreprises françaises exportatrices quatre produits d'assurance : une assurance-crédit-export qui couvre le risque de fabrication et de non-remboursement de créances, une assurance–prospection qui couvre le risque d'échec d'une tentative de pénétration d'un marché étranger, une assurance-investissement qui couvre une partie du risque politique et une assurance contre le risque de change.

Coke : combustible provenant de la distillation de la houille (charbon), cette source d'énergie a joué un rôle clef dans la Révolution industrielle.

Colonisation : désigne l'action de coloniser un territoire, de le peupler de colons qui l'exploitent à leur profit. La colonisation s'accompagne généralement d'une domination politique et culturelle.

Commerce inégal : le commerce inégal ou l'échange inégal désigne un ensemble de théorie postérieure à la seconde guerre mondiale qui dénonce un accaparement des gains de l'échange international par les pays riches, au détriment des pays pauvres. Dans l'ouvrage *The Economic Development of Latin America and its Principal Problems* (1950) l'économiste argentin Raoul Prebish affirme que les pays sous-développés subissent une détérioration des termes de l'échange vis-à-vis des pays avancés sur le long terme. Elle s'accompagne d'un transfert de richesses vers le Nord qui réduit la capacité d'investissement des pays du Sud.

La détérioration séculaire des termes de l'échange s'explique par la nature des produits échangés (produits primaires contre articles manufacturés) et les modalités de répartition des gains de productivité (vers les salaires au nord, vers la baisse des prix des produits au Sud). Au sein de ce « modèle » le sous-développement n'apparaît pas comme un retard mais comme la résultante de structures globales et présente un caractère durable.

La détérioration des termes de l'échange effectivement à l'œuvre dans les années 1950-60 puis dans les années 1980 peut s'expliquer par :

- Au Nord la concentration du progrès technique dans le secteur des produits exportables a des externalités positives et des effets d'entraînement importants sur le reste de l'économie, le même phénomène est moins à l'œuvre au Sud avec le secteur des produits primaires.
- Les inégales élasticités prix des produits primaires et des produits industriels. Les produits agricoles ont une faible élasticité-prix, plus faibles que les produits manufacturés.
- La faible élasticité revenu de la demande d'importation des pays riches sur les produits provenant des pays pauvres.

Concurrence imparfaite : situation de marché qui présente au moins l'une des caractéristiques suivantes :

- l'absence de transparence de l'information,
- une structure oligopolistique,
- la différenciation des produits,
- l'existence de barrière à l'entrée.

Concurrence parfaite : structure de marché au sein de laquelle chaque agent économique est « preneur de prix », il ne peut pas influencer le prix du marché.

Conglomérat : ensemble d'entreprises contrôlées par une holding (société qui possède des actions d'autres sociétés et dirige leur activité). De fait un conglomérat produit des biens et services très diversifiés à l'instar des keiretsus au Japon et des chaebols en Corée du Sud.

Congrès de Vienne : Congrès réuni entre septembre 1814 et juin 1815 afin de retracer la carte politique de l'Europe pour tenter d'établir les conditions d'une paix durable.

Consensus de Washington : expression utilisée dans les années 1990 pour désigner les politiques d'inspirations libérales recommandées par le FMI et la Banque mondiale dans le cadre des programmes d'ajustements structurels.

Contrainte externe : ensemble des contraintes liées à l'ouverture commerciale et financière d'une économie, elles se cristallisent autour de la nécessité d'équilibrer la balance des paiements.

Contrats implicites : au sens large l'expression désigne des accords sans forme légale qui lient le comportement des parties.

Les contrats implicites constituent plus spécifiquement une explication théorique du chômage qui part de l'idée le cycle d'activité les salaires fluctuent moins que l'emploi. Le chef d'entreprise opérerait un ajustement du coût total du travail par les quantités c'est-à-dire par l'emploi. Les travailleurs auraient une aversion pour le risque de variation à la baisse du salaire. L'entrepreneur garantirait la fixité du salaire mais se réserverait la possibilité de licencier pour ajuster le coût total du travail. Il ajuste le niveau de l'emploi en fonction de la conjoncture. L'entrepreneur joue implicitement un rôle d'assureur il n'y a pas de baisse de salaire en période de basse conjoncture pour ceux qui gardent leur emploi.

Convergence : elle constitue l'une des principales problématiques de l'histoire économique depuis l'industrialisation et l'une des grandes thématiques de l'analyse économique depuis les travaux de Solow (1956). Elle désigne un processus de rattrapage économique en termes de revenu par tête notamment.

Convergence absolue : au sein d'un groupe de pays la convergence absolue désigne une convergence à long terme des niveaux de revenu par tête, les pays pauvres rattrapent complètement leur retard sur les pays riches, on évoque parfois une convergence inconditionnelle.

Convergence conditionnelle : cette notion désigne une réduction de la dispersion des niveaux de revenu ou de produit par tête entre pays.

Corporations : associations rassemblant les membres d'une même profession (maîtres, apprentis...). Les corporations contrôlent l'accès aux professions et réglementent leurs conditions d'exercice. Elles se développent en Europe à partir de la renaissance avant d'apparaître comme un frein à l'activité à l'aube de l'ère industriel. La loi Le Chapelier du 4 juin 1791 supprime les corporations en France.

Corruption : cette notion désigne selon Myrdal (1970) à la fois un exercice abusif du pouvoir et de l'autorité attachée à la fonction publique (ou du pouvoir dont un individu est détenteur du fait de sa situation dans la vie publique) mais aussi l'action même du corrupteur. Ce phénomène est difficile à mesurer partant il est délicat d'évaluer ses effets sur la capacité d'une économie à se développer.

Cotation au certain/à l'incertain : en matière de cours de change la cotation à l'incertain revient à exprimer le nombre d'unités monétaires nationales à fournir pour obtenir une unité de monnaie étrangère. Lorsque l'on cote au certain (comme par exemple en Europe entre l'euro et le dollar) le raisonnement est inversé, on détermine le nombre d'unité de monnaie étrangère qu'il faut pour obtenir une unité de monnaie « domestique » (on dit ainsi que 1 euro vaut 1,35 dollar).

Courbe de Kuznets : en 1955 Simon Kuznets spécialiste du temps long montre que les inégalités de revenus augmentent dans un premier temps lorsqu'une économie se développe, puis se réduisent. En effet le développement est selon lui associé à un transfert de main-d'œuvre de l'agriculture où elle est peu productive, où les revenus sont faibles vers le secteur industriel où la main-d'œuvre est très productive et les salaires élevés, il en découle des écarts de revenus en principe forts. L'égalisation progressive des prix des facteurs entre secteur traditionnel et moderne débouche sur une réduction des inégalités de revenus. La courbe des inégalités a donc une forme de U inversé.

CRDS : la Contribution au remboursement de la dette sociale est un impôt crée en 1996, il est prélevé à la source par application d'un taux de 0,5 % sur le revenu brut quel que soit ce revenu (revenu d'activité, revenu de remplacement, revenu du patrimoine...)

Créancier : titulaire d'une créance, personne physique ou morale à qui de l'argent est dû.

Crédibilité : capacité à être cru. Ce terme est surtout employé en politique monétaire pour désigner la capacité de la Banque centrale à ancrer les anticipations inflationnistes des agents.

Crédit : du latin *credere,* qui signifie croire, faire confiance, le crédit est une opération qui soit autorise un agent à différer un paiement (exemple les crédits interentreprises correspondant aux délais accordés aux clients ou consenti par les fournisseurs), soit permet à un agent (le débiteur) de disposer de fonds prêtés par un autre agent (le créancier). Le plus souvent le créancier est rémunéré par le versement d'intérêts qui augmentent avec la durée et le risque du prêt. On peut regrouper les crédits en fonction de leur échéance, de leur objet (crédit immobilier, crédit à la consommation), de l'existence ou non de garantie en cas de défaut de l'emprunteur. L'offre de crédit est assurée par les banques et les autres établissements de crédit, ils tiennent compte du rendement et du risque de l'opération ainsi que d'éventuelles contraintes de politique monétaire. La demande de crédit émane des entreprises, des ménages, des administrations, elle dépend des taux d'intérêt débiteurs, de la santé financière des agents... Le taux d'intérêt débiteur ajuste l'offre et la demande de crédit mais il ne doit pas dépasser un plafond (taux dit d'usure). Le crédit joue un rôle central dans le système monétaire. Il est la principale contrepartie de la masse monétaire et l'offre de crédit des banques répercute les variations de la politique monétaire de la banque centrale.

Crise Baring : elle désigne la faillite de banque anglaise Baring en 1890 à la suite d'une cessation de paiements de l'Argentine à qui elle avait consenti d'importants prêts depuis les années 1820 en sous-estimant manifestement le risque pays.

Crise économique : désigne par convention une phase de recul absolue du produit intérieur brut d'au moins une année.

Croissance appauvrissante : « modèle » développé par l'économiste Bhagwati (1958) : selon lui la spécialisation peut conduire sous certaines hypothèses à une « croissance appauvrissante » pour une économie nationale :

- la croissance du pays est orientée vers l'exportation d'un bien ;
- l'économie a un coefficient d'ouverture élevé ;
- la demande mondiale du bien est peu élastique au prix (une offre excédentaire fait chuter très fortement le prix d'équilibre) ;
- le pays est un gros exportateur du bien en question, il est dit faiseur de prix sur le marché mondial.

Dans la réalité peu de pays en développement sont faiseurs de prix sur les marchés de produits primaires ce qui atténue la portée de ce « modèle ». Pour autant dans les années 1980 cette grille de lecture a retrouvé une certaine actualité. Les Plans d'Ajustements Structurels ont conduit certaines économies du Sud à orienter leur croissance vers l'exportation de produits primaires afin de capter des devises (pour rembourser des prêts). La progression de l'offre a conduit à une dégradation des termes de l'échange externe et la détérioration de certaines situations macroéconomiques nationales.

Croissance économique moderne : au sens de Simon Kuznets la croissance économique moderne est définie comme l'accroissement simultané à long terme de la population, de la production et du revenu par tête. L'expression désigne la période ouverte depuis la Révolution industrielle.

Croissance endogène : les théories de la croissance endogène apparues à partir de 1986 (travaux de Romer) s'inscrivent en réaction contre une conception exogène de forces motrices de la croissance (travaux de Solow (1957) qui mettaient en avant deux moteurs exogènes de la croissance (le progrès technique conçu comme un don de la sphère scientifique à la sphère économique et la population)). Les théories de la croissance endogène mettent l'accent sur le stock de capital technique et humain et également sur le fait que des externalités positives issues de la formation (Lucas 1988) et de la recherche (Aghion et Howitt (1991)) sont à l'origine de la croissance économique. Il en découle la vision d'une croissance qui peut être influencée par les politiques économiques et la reconnaissance d'une efficacité de l'intervention des administrations publiques.

CSG (Contribution sociale généralisée) : impôt mis en place en 1991 par le gouvernement de Michel Rocard afin de contribuer au financement de la protection sociale. Elle tend de plus en plus à être confondue avec l'impôt sur le revenu alors que sa nature est différente. Elle est bien un impôt sur le revenu, mais un impôt proportionnel, non personnalisé dont l'assiette très large assure un fort rendement. Les recettes de la CSG sont supérieures à celles de l'impôt sur le revenu.

Cycles : fluctuations récurrentes du taux de croissance de l'activité économique. Trois grands types de cycles suivant leur durée (Kondratieff, Juglar et Kitchin). Quel que soit le cycle quatre phases peuvent être distinguées : la reprise, l'expansion, le retournement et le ralentissement.

Cycles de Juglar : cycles d'une durée moyenne de 6 à 10 ans qui porte le nom de l'économiste français Clément Juglar (1819-1905). En 1860 l'observation des faits le conduit à mettre en avant une régularité selon laquelle l'activité économique serait caractérisée par une alternance entre phase d'expansion d'une durée de 3 à 5 ans et phase de dépression de même durée.

Cycles de Kondratieff : cycles longs d'une durée de 50 à 60 ans qui porte le nom de l'économiste russe Kondratieff (1892-1938). L'analyse des faits économiques le conduit à mettre au jour une régularité selon laquelle l'activité économique serait caractérisée par l'alternance entre des phases longues (20-30 ans) d'expansion relative et des phases longues de stagnation (voire de recul).

Cycles de Kitchin : cycles des affaires, « petit cycle » d'une durée totale d'environ 40 mois.

D

Débiteur : personne qui doit (le plus souvent de l'argent) à quelqu'un.

Déflation : la déflation est un concept polysémique. Dans sa dimension monétaire la déflation désigne une baisse absolue du niveau général des prix, un taux d'inflation négatif. Une définition plus large, combinant aspects nominaux et réels, exige la coexistence d'un recul des prix et de la production.

Délit d'initié : le Code monétaire et financier définit un délit d'initié comme l'utilisation d'une information encore confidentielle relative aux perspectives ou à la situation d'une société cotée, susceptible d'influer sur le cours boursier de l'action et recueillie par un dirigeant, un banquier, un actionnaire.

Dépression : désigne par convention une phase de recul absolu du PIB qui dure plusieurs années.

Désindexation salariale : désigne le fait que les salaires nominaux progressent moins vite que le taux d'inflation. Sur cette base les salaires réels baissent et les salariés perdent du pouvoir d'achat. La désindexation peut être mise en œuvre au niveau d'une entreprise pour maintenir la compétitivité. Elle peut aussi être un choix macroéconomique en constituant par exemple un instrument d'une politique de désinflation compétitive (en France à partir de mars 1983)

Désindustrialisation : ce terme fait écho à la tertiairisation de l'économie, le développement des activités de services s'accompagnant d'un recul des activités industrielles. Les concepts étant par nature graduels, on convient de parler de désindustrialisation lorsque l'emploi industriel connaît un recul absolu (baisse du nombre) et non plus relatif (baisse de la part de l'emploi industriel dans l'emploi total). Ainsi en France les années 1970 marque le début d'une phase de désindustrialisation.

Désinflation : ralentissement du rythme de l'inflation.

Désinflation compétitive : stratégie de politique économique dont l'objectif est de renforcer la compétitivité commerciale de l'économie nationale *via* une baisse du rythme de l'inflation ou plus exactement en tentant de faire moins d'inflation que ses grands partenaires commerciaux. Ce type de politique a été à l'œuvre au début des années 1980 en Occident.

Dette : la dette d'un agent économique désigne un engagement à rembourser une somme d'argent empruntée à un autre agent et le plus souvent à lui servir également des intérêts qui rémunèrent l'opération. La dette a pour contrepartie une créance détenue par le prêteur. L'endettement peut être classé suivant sa durée et le statut du débiteur. Par convention on distingue une dette à court terme (moins d'un an), à moyen terme et long terme (au-delà de dix ans). Un ménage s'endette à court terme pour consommer, à plus long terme pour financer un achat immobilier, il doit veiller à ne pas tomber dans le surendettement. Les entreprises s'endettent à court terme auprès de fournisseurs, à plus long terme auprès d'établissements de crédits pour financer des projets d'investissement. La dette publique désigne l'encours de l'endettement des administrations publiques (État, collectivités territoriales et organismes de sécurité sociale). Les titres publics sont les moins risqués car le risque de faillite est plus réduit. Pour autant l'État doit contrôler son ratio d'endettement (dette publique/PIB). Les pays en voie de développement présentent la particularité de devoir souscrire à un endettement externe et d'être tributaire des recettes d'exportations pour assurer le service de leur dette. Le retournement des prix mondiaux peut les mettre en difficultés (crise de la dette dans les années 1980).

Deux cents familles (les) : lors du Congrès Radical tenu à Nantes en octobre 1934 Édouard Daladier affirme « deux cents familles sont maîtresses de l'économie française et, en fait, de la politique française. Ce sont des forces qu'un état démocratique ne devrait pas tolérer ». Par la suite ses 200 familles sont assimilées aux 200 plus gros actionnaires de la Banque de France dont le Conseil de Régence est l'émanation. Ces Régents sont accusés par les partisans du Front Populaire de conduire une politique monétaire trop restrictive et trop favorable aux intérêts des « possédants ». La nationalisation de fait de la Banque de France en 1936 s'inscrit en réaction à cette captation supposée du pouvoir monétaire.

Distorsions : irrégularités, écarts par rapport à une situation de référence (le plus souvent la concurrence pure et parfaite). Les distorsions peuvent naître du fonctionnement même du marché (externalités, monopole naturel…) ou d'une intervention politique.

Dividende : revenu reçu par le détenteur d'une action. Ce dividende est par nature variable puisqu'il dépend des performances de l'entreprise. Le montant du dividende est obtenu en divisant le bénéfice distribué par le nombre d'actions de la société.

Dollar : le dollar est l'unité monétaire officielle des États-Unis depuis 1792. Son destin se confond avec la montée en puissance des États-Unis. Au XIXe siècle le refus des autorités américaines de mettre en place au niveau interne une véritable organisation monétaire retarde l'émergence du dollar comme monnaie internationale. Après la création en 1913 du Federal Reserve System (Fed), en charge de la politique monétaire, le dollar s'impose comme une monnaie forte et conteste la primauté internationale de la livre sterling. En 1944 son installation au centre du système de Bretton Woods consacre la domination des États-Unis. Dans ce régime de changes fixes le dollar est seul convertible en or (à 35 $ l'once), les autres pays maintiennent la parité de leur monnaie avec le dollar. Triffin (1960) attire l'attention sur le dilemme qui menace le système. En août 1971 le président Nixon proclame l'inconvertibilité du dollar en or au prix convenu. Depuis le dollar conserve son statut de monnaie internationale. Il reste une monnaie forte indépendamment des forts mouvements de ses cours de change avec le yen, le mark ou aujourd'hui l'euro. Il est une monnaie de réserve pour les banques centrales, de facturation dans le commerce mondial, un refuge pour les capitaux… Cette situation réduit la contrainte externe des États-Unis et offre des marges de manœuvres supplémentaires pour leurs politiques économiques (absence d'objectif de change).

Dollarisation : phénomène qui désigne le fait que le dollar des États-Unis soit utilisé par les agents comme intermédiaire des échanges et se substitue de fait à une monnaie nationale en laquelle le public a perdu confiance.

***Dumping* :** pratique qui consiste à vendre un produit moins cher à l'exportation que sur le marché national.

***Dumping* social :** notion souvent employée pour désigner les pratiques sociales régressives qui seraient à l'origine de la compétitivité d'une entreprise ou d'une économie nationale ; en ce sens la notion s'éloigne de la définition stricte du dumping.

Duopole : structure de marché qui met en présence deux offreurs face à de nombreux demandeurs (exemple Airbus et Boeing sur le marché de l'aviation civile gros porteurs)

E

EBE : l'excédent brut d'exploitation représente le profit brut des entreprises il est obtenu en soustrayant de la valeur ajoutée la rémunération des salariés et les impôts liés à la production versés par les entreprises

École des Annales : nom donné à partir des années 1930 à des chercheurs en sciences sociales partisans d'une approche interdisciplinaire et plus analytique de l'histoire, en rupture avec l'histoire événementielle (chronique des faits). Le nom École des Annales renvoie au titre de la revue fondée en 1929 par Marc Bloch et Lucien Febvre Annales d'histoire économique et sociale.

« Économie monde » : « il y a eu des économies-mondes depuis toujours, pour le moins depuis très longtemps » (F. Braudel, 1979), leur durée de vie est celle du temps long elles passent toutes par des phases d'affirmation, de rayonnement et de déclin. Selon Braudel et Wallerstein une « économie-monde » constitue un espace organisé autour d'un centre, une « ville monde » qui concentre la modernité. Cet espace polarisé, traversé de flux matériels, technologiques et humains est borné. Il présente éventuellement des frontières qui le séparent d'une autre « économie-monde ». Le centre exerce une « action unilatérale, irréversible ou difficilement réversible » perceptible à travers les fluctuations de la conjoncture et la transmission des crises. « L'économie-monde » n'est pas homogène, au centre coexiste un marché extraverti ouvert aux échanges lointains et un marché urbain ; à la périphérie le marché local repose sur des comportements d'autosuffisance, voire le troc.

Effet de levier : l'effet de levier de l'endettement apparaît lorsque la rentabilité d'un projet d'investissement est supérieure au coût de l'endettement destiné à le financer. Dès lors que le taux de profit est supérieur au taux d'intérêt l'entreprise est d'autant plus incitée à s'endetter. Dans le cas contraire on évoque un effet de massue.

Effets d'éviction : l'éviction financière désigne l'ensemble des effets liés à l'émission de nouveaux titres publics sur le marché des fonds prêtables. Pour les économistes libéraux elle provoque une hausse des taux d'intérêt qui évince certains investisseurs privés et réduit la consommation. La réalité empirique des effets d'éviction peine à être établie.

Effet Giffen : l'effet Giffen constitue une exception à cette « règle » : la hausse du prix d'un bien inférieur peut s'accompagner d'une hausse de sa demande. Si un bien occupe une grande place dans le budget des ménages, la hausse de son prix provoque une baisse du pouvoir d'achat du revenu et conduit le ménage à accroître la demande de ce bien inférieur qui se substitue à d'autres. L'économiste Giffen étudie le cas particulier de la pomme de terre en Irlande au XIXe siècle.

Effet Veblen : L'effet Veblen désigne le fait que l'élasticité prix de la demande est positive pour certains biens de luxe et certains groupes sociaux. La hausse du prix du bien, le rend plus désirable aux yeux de certains qui considèrent son prix élevé comme une source de distinction. On évoque un effet de snobisme.

Efficacité marginale du capital : selon John Maynard Keynes l'efficacité marginale du capital désigne la rentabilité attendue de l'investissement, les recettes attendues des projets ne sont pas « certaines », elles résultent des anticipations des chefs d'entreprise.

Entreprise d'insertion : entreprise du secteur marchand mais à but non lucratif dont l'objectif est d'employer, de redonner une employabilité et d'insérer des personnes en situation d'exclusion.

Équation des échanges : M.V = P.T cette équation comptable est avancée en 1911 par Fisher, elle signifie que la masse monétaire (M) multipliée par la vitesse de circulation de la monnaie (V) est nécessairement égale au niveau général des prix (P) multiplié par le volume des transactions (T).

Équilibre de Pareto : situation dans laquelle on ne peut plus modifier la satisfaction d'un agent sans réduire simultanément celle d'un ou plusieurs autres.

Équilibre général : situation dans laquelle tous les agents économiques sont dans la meilleure situation possible compte tenu des dotations initiales ; l'équilibre de Pareto est un équilibre général.

Équilibre partiel : le raisonnement en équilibre partiel consiste à ne prendre en compte que la situation de l'offre et la demande sur un marché, c'est-à-dire sans tenir compte des interdépendances entre les marchés.

Équivalence ricardienne : dans les années 1970 Barro actualise les analyses de Ricardo à propos de la neutralité des interventions budgétaires. Le théorème d'équivalence (théorème Ricardo-Barro) s'articule autour de l'idée suivante : il est équivalent de financer une hausse des dépenses publiques par l'emprunt et par l'impôt, dans les deux cas l'effet est nul, l'intervention neutre. Sous certaines hypothèses relativement restrictives (régime budgétaire ricardien...) si l'on finance les dépenses publiques par une hausse de l'endettement, les agents augmentent leur épargne en prévision d'une hausse des impôts, pour rembourser la dette à l'avenir, la consommation est réduite et contrebalance les effets de la hausse des dépenses. Si l'on finance la progression des dépenses par une hausse de la fiscalité à la période courante, la consommation est réduite d'autant immédiatement et l'effet positif de la dépense publique est entièrement contrebalancé par l'effet négatif de la baisse de la consommation.

Eurodollars : dépôts et crédits en dollars effectués auprès d'institutions financières situées hors du territoire des États-Unis. Le phénomène se développe dans les années 1960 sur la place de Londres en réaction notamment à la réglementation des taux d'intérêt aux États-Unis (Q réglementation).

***Ex ante versus ex post* :** les actions projetées ex-ante se distinguent des actions ex-post qui elles sont effectivement réalisées. Pour qu'il y ait équilibre il convient notamment que les choix ex ante concordent avec les réalisations ex post.

F

Faux bilans de la Banque de France : à travers une série de manipulations comptables la Banque de France présente entre mars 1924 et avril 1925 des bilans falsifiés, les chiffres de la circulation fiduciaire sont sous-estimés dans des proportions croissantes allant jusqu'à un écart de 4 % par rapport à la réalité. La révélation de ce scandale entraîne la chute du gouvernement Herriot le 10 avril 1925.

FBCF : la formation brut de capital fixe est constituée de l'investissement productif des entreprises, de l'investissement des administrations et de l'investissement des ménages (achats de logements). La FBCF doit être distinguée des placements financiers qui constituent une épargne. Au sein d'une économie le taux d'investissement se mesure par le rapport FBCF sur PIB.

Feldstein-Horioka (paradoxe de) : en 1980 deux économistes Feldstein et Horioka proposent d'évaluer le degré de mobilité internationale des capitaux en testant la force du lien entre épargne nationale et investissement national. Leur intuition est la suivante : s'il n'y a pas de lien entre épargne nationale et investissement national, c'est en principe parce que des capitaux internationaux financent l'investissement national. Dans les années 1980 et même par la suite de nombreuses études empiriques font apparaître la persistance d'un lien entre épargne et investissement national alors que la libéralisation des mouvements de capitaux est manifestement forte, voire achevée. Ces résultats empiriques apparaissent en première analyse paradoxaux. En réalité le paradoxe n'en est pas un : cette relation ne teste pas seulement l'intégration financière internationale, elle mesure aussi l'intégration du marché des biens et services.

***Flat tax* :** régime fiscal en vigueur notamment dans les économies de l'Europe de l'Est qui se caractérise par un taux unique d'impôt sur les revenus des entreprises et des ménages. Ce système élimine les phénomènes de double taxation. Le régime est simple, transparent, il supprime les niches et les exemptions réduisant ainsi les distorsions d'allocations. Part contre le régime est « régressif » au sens où la part du revenu consacré à l'impôt décroît lorsque le revenu augmente du fait que les revenus de l'épargne ne sont pas soumis à l'impôt.

Flux : en économie un flux est un agrégat qui se renouvelle dans son entièreté de période en période (croissance, revenu, déficit budgétaire, épargne…) ; au contraire un stock intègre des éléments qui étaient déjà présents dans l'agrégat de la période précédente (chômage, patrimoine, dette publique…).

Flux tendus : mode d'organisation de la production qui consiste à réduire au minimum les stocks de consommations intermédiaires.

FOB (*free on board*) : mode de comptabilisation de la valeur des flux internationaux de marchandises qui consiste à ne pas tenir compte des coûts de transports et d'assurance (CAF).

Fonds de pension : les fonds de pension incarnent le capitalisme actionnarial contemporain. Ces fonds sont des organismes qui collectent et gèrent l'épargne salariale et les cotisations des employeurs au sein de systèmes de retraites par capitalisation. Les sommes récoltées sont placées sur les marchés financiers, voire immobiliers. Les capitaux, ainsi exploités, servent par la suite à verser des pensions de retraites. Les fonds de pensions ont connu une montée en puissance depuis les années 1970 en particulier aux États-Unis, ils sont aujourd'hui des acteurs puissants de la finance mondiale : ils gèrent environ 20 000 milliards de dollars. Les fonds se concurrencent pour attirer l'épargne individuelle et doivent s'engager sur des performances futures. Ils détiennent parfois des participations importantes dans le capital des entreprises et sont capables d'être des actionnaires actifs. En tant qu'actionnaires très réactifs et mobiles au niveau international, ils peuvent privilégier dans les entreprises des stratégies de court terme, au détriment parfois de projets industriels de plus long terme.

Fonds souverains : fonds d'investissement public ; ces organismes possèdent et gèrent des fonds publics. Ils les investissent à long terme dans des actifs (bons du trésor, actions…). Leurs ressources proviennent principalement de surplus de liquidités dans le secteur public. Les fonds souverains sont originaires de pays en capacité de dégager des excédents commerciaux souvent liés à l'exploitation de ressources naturelles (pétrole, gaz). Ils cherchent à atteindre des objectifs précis comme la constitution d'une épargne nationale intergénérationnelle, la diversification du PIB ou le lissage de l'activité économique.

Franc : même si des pièces portent le nom de franc depuis 1360, le franc n'est l'unité monétaire unique de la France que depuis 1795 (loi du 15 août 1795). La loi du 17 germinal an XI (7 avril 1803) définit le franc par un poids de métal précieux « cinq grammes d'argent... » marquant la naissance du franc Germinal. De fait un régime de double étalon argent et or est instauré (bimétallisme). Le franc conserve cette définition durant le XIXe siècle et apparaît comme une monnaie forte jouant un rôle international (au sein de l'Union Latine en particulier). Le financement monétaire de la Grande Guerre et de la reconstruction est à l'origine d'une forte dépréciation du franc ponctuée par de violentes crises inflationnistes et de change entre 1924 et 1926. La stabilisation Poincaré rétablit une convertibilité métallique du franc mais il est amputé de près de 80 % de sa valeur (loi monétaire du 25 juin 1928 qui établit le franc Poincaré), un dollar cote alors 25,45 francs, contre 5,15 francs avant guerre. Entre 1936 et 1986, l'histoire du franc est celle d'un enchaînement de dépréciations et de dévaluations au sein du système de Bretton Woods puis dans le cadre de la coopération monétaire européenne. Si fin 1945 un dollar vaut 119 francs, après la dévaluation du 27 décembre 1958 un dollar vaut 473 francs. Le 1er janvier 1959 un nouveau franc – « plus lourd » – voit le jour (1 nouveau franc = 100 anciens francs). De nouvelles dévaluations interviennent en 1969 pour absorber le choc de mai 1968, au début des années 1980 à la suite de dérapages inflationnistes. La politique d'un franc fort ancré sur le mark allemand à l'œuvre entre 1986 et 1998 est associée à une stabilisation de sa valeur avant qu'il ne soit remplacé par l'euro.

G

Glass-Steagall Act : afin de restaurer la confiance dans le système financier américain mis à mal depuis octobre 1929 le Banking Act de 1933 (Glass-Steagall) crée un système d'assurance fédérale des dépôts bancaires (Federal Deposit Insurance Corporation (FDIC)) et sépare les activités bancaires des activités sur titres. Dans les années 1980 le principe de cette séparation est discuté. En 1999 le Gramm-Leach-Biley Act abroge le Glass Steagall Act afin de permettre aux grandes banques commerciales américaines de rivaliser avec les banques étrangères.

Globalisation : traduction du terme anglo-saxon *globalization*, cette notion désigne à la fois un processus de mise en communication de plus en plus poussée des économies nationales en particulier dans le domaine financier et l'activation d'une dynamique d'homogénéisation des modes de vie à l'échelle globale.

Grande dépression : désigne la phase de longue stagnation des économies européennes entre 1873 et 1896. Elle se caractérise en effet par une tendance à la baisse des prix et une croissance ralentie du PIB.

Grande Transformation : titre d'un ouvrage de Polanyi publié en 1944. Il y développe une vision de l'histoire animée par une opposition permanente entre les intérêts de la sphère économique et ceux de la sphère sociale. Le XIXe siècle se caractérise, selon lui, par une capacité de la sphère économique (logique de profit) à imposer une certaine composition sociale (flexibilité, concurrence...) et à dominer en ce sens la sphère sociale. Peu à peu, une demande de protection se manifeste de la part du corps social (droit du travail, protection sociale...) et le rapport de forces s'inverse, le social et le politique reprennent en mains la sphère économique (assurance chômage en Angleterre, développement du droit du travail, caractère « protecteur » des régimes dictatoriaux européens...). *La Grande Transformation* désigne cette montée de l'État dans l'Entre-Deux-Guerres.

H

Haute banque : le terme désigne des banques qui se créent et se développent en Europe de l'Ouest (entre le milieu du XVIIIe et le milieu du XIXe siècle). Elles ont en commun de se consacrer aux activités financières réputées les plus nobles (crédits internationaux, escomptes de lettres de change, placements d'emprunts gouvernementaux...). Les plus célèbres d'entre elles sont les banques Rothschild, Barclays, Baring ou encore en France les maisons Hottinguer, Mallet et Sellières.

Histoire économique quantitative : au sens large, elle concerne une histoire fondée sur l'étude des séries. En un sens plus étroit elle désigne une analyse assise sur un traitement statistique (plus ou moins complexe) des données historiques. Au sens restreint enfin il s'agit d'une histoire qui s'attache à reconstituer des données macroéconomiques dans le prolongement de la comptabilité nationale.

Holisme : approche méthodologique qui consiste – en sciences sociales – à analyser les phénomènes à partir d'entités globales pourvues de certaines propriétés. Cette approche s'oppose à l'individualisme méthodologique.

I

Indice de Gini : caractéristique statistique qui mesure la concentration du caractère étudié. Cet indice est très utilisé pour mesurer la répartition des revenus et des patrimoines.

Individualisme méthodologique : approche méthodologique qui consiste à étudier les phénomènes sociaux à partir du comportement d'une unité de base (le plus souvent l'individu). En économie le passage au niveau macroéconomique s'effectue par agrégation ou en postulant que cet agent est représentatif.

Inflation galopante : on peut convenir que l'inflation galopante désigne une inflation annuelle à deux chiffres qui n'a pas dégénéré en hyperinflation.

Inflation importée : inflation qui résulte d'une hausse du prix des importations à la suite par exemple d'une dévaluation ou d'une dépréciation de la monnaie nationale.

Inflation rampante : on peut convenir que l'inflation rampante désigne un taux d'inflation annuel de 4-5 % à 8-9 %, la situation est intermédiaire entre la stabilité des prix et l'inflation galopante.

Inflation sous-jacente : mesure de l'inflation qui exclut certains facteurs de nature conjoncturelle comme la variation des prix de l'énergie.

Innovation : application d'une ou plusieurs inventions à des fins productives. L'innovation constitue le principal moteur de la croissance économique (Schumpeter).

Intégration : selon François Perroux l'intégration désigne une fusion des parties dans le tout. L'intégration constitue un processus avancé de convergence (entre des marchés, des économies nationales) mais aussi une configuration idéale typique d'achèvement. Dans un monde pleinement intégré, la structure des prix relatifs devrait la même partout ce qui supposerait l'homogénéité des structures.

Invention : la recherche fondamentale fait progresser les connaissances, les inventions sont des applications qui découlent de ces progrès (nouveaux produits, nouvelles techniques...). La distinction entre invention et innovation renvoie à la finalité productive de l'application, les innovations constituent des applications des inventions à des fins productives.

Investissement de portefeuille : désigne des mouvements internationaux de capitaux (de court terme) notamment les prises de participations inférieures à 10 % du capital motivée par la réduction du risque associé à la diversification.

Investissement direct étranger : flux international de capital motivé par l'acquisition d'une entreprise à l'étranger (rachat d'une structure, création *ex-nihilo*...) ou une prise de participation dans le capital supérieure par convention à 10 %. L'IDE doit présenter en principe un caractère stable et celui qui l'effectue doit prendre part aux décisions de l'entreprise.

J

Jachère : état d'une terre temporairement non cultivée et laissée en repos. La technique ancestrale dite de l'assolement triennal constitue à mettre en jachère une parcelle tous les trois ans afin qu'elle puisse se régénérer. Plus récemment la réforme de la politique agricole commune de 1992 promeut le gel des terres (10 % des surfaces pour les exploitations de grandes tailles) afin de freiner la production.

Jeton de présence : rémunération accordée aux membres du Conseil d'administration d'une société. Son montant est fixé par l'assemblée générale des actionnaires de la société.

Joint-venture : co-entreprise ou entreprise conjointe.

***Junk bonds* :** obligations dites pourries ou de pacotille qui présentent de très hauts risques de défaut et par conséquent des taux d'intérêt élevés.

K

***Keiretsu* :** désignent au Japon les puissants groupes d'entreprises qui ont joué un rôle moteur dans l'essor du pays à partir des années 1950 (DKB, Fuyo, Sanwa, Mitsubishi, Mitsui...).

Keynésianisme : ce terme désigne l'ensemble des courants de pensées qui se situe dans la continuité de l'œuvre monumentale et complexe de l'économiste anglais John Maynard Keynes (1883-1946).

Kolkhoz : désigne en URSS une coopérative agricole à laquelle l'État a remis la terre, le kolkhoz est considéré comme une forme de propriété socialiste inférieure. Les kolkhoziens ont la jouissance gratuite et perpétuelle de la terre, ils exploitent en commun les bâtiments et matériels agricoles. Sous Staline la politique agricole est fondée sur des contraintes fortes à l'égard des kolkhozes (livraisons obligatoires à l'État à prix faibles...).

***Kennedy round* :** cycle de négociations conduit entre 1962 et 1967 au sein du GATT. Une baisse de 35 % des droits de douanes sur les produits industriels est négociée entre les 48 pays participants.

Koulaks : catégorie sociale de paysans relativement aisés qui se constitue en URSS sous la Nouvelle Économie Politique dans les années 1920. Les koulaks possèdent des exploitations un peu plus grandes que la moyenne. Ils parviennent parfois à se constituer un capital et peuvent employer un ou deux salariés... En novembre 1929, Staline décide de la liquidation des koulaks en tant que classe, des centaines de milliers d'entre eux sont alors déportés.

Krach boursier : baisse soudaine et forte des cours des actions (exemple : le jeudi 24 octobre 1929 les cours des actions s'effondrent de près de 30 % à Wall Street).

L

LBO : le Leveraged Buy-Out, en français rachat d'entreprise par l'endettement, désigne pour simplifier l'achat d'une entreprise par une société holding créée et endettée spécialement à cet effet. La réussite de l'opération réside notamment dans la capacité de la firme cible à générer assez de cash pour permettre à la holding de rembourser la dette et de réaliser l'effet de levier escompté.

Libéralisme économique : doctrine selon laquelle la plus grande liberté d'action individuelle est souhaitable en matière d'affectation des ressources économiques. Ses fondements sont de nature philosophique. Chaque être humain est maître de lui-même et possède des droits fondamentaux, inaliénables qui découlent de sa condition d'homme : un droit à la liberté et un droit à la propriété. Le droit à la liberté concerne la poursuite par l'individu de ses objectifs, les moyens choisis pour y parvenir, la possibilité de contracter librement. Le droit à la propriété implique la possibilité de disposer des fruits de son activité et des richesses acquises légitimement.

Pour les tenants du libéralisme économique la recherche par chacun de son propre intérêt aboutit à une situation collectivement optimale. Le libre jeu de la concurrence et les mécanismes de prix conduisent au meilleur usage possible des ressources. Toute intervention de l'état ne peut que perturber les mécanismes garantissant cet équilibre. L'état doit simplement jouer un rôle de régulateur des marchés : assurer la sécurité des transactions et faire respecter le libre jeu de la concurrence. Au plan international le libre-échange est souhaitable il est source d'une amélioration globale du bien-être. Au XXe siècle l'apparition de nombreuses défaillances de marché (révélée en particulier par des crises économiques...) a entraîné la montée de l'intervention de l'état au sein des économies capitalistes (pour stabiliser l'activité, influer l'allocation des ressources...).

Licence : autorisation délivrée par une administration d'exercer une profession. Autorisation délivrée par un agent à un tiers d'utiliser un brevet ou une marque déposée, cette cession temporaire a en principe pour contrepartie le versement d'une redevance.

Liquidité : la liquidité d'un actif est sa capacité à être transformé plus ou moins vite en moyens de paiement. Un actif se caractérise donc par un degré de liquidité et la monnaie constitue la liquidité absolue.

Loi d'airain (des salaires) : expression formulée par le socialiste allemand Ferdinand de Lassalle (1825-1864) pour désigner la réalité implacable selon laquelle le salaire se fixe en moyenne à un niveau ne dépassant pas ce qui est nécessaire à la subsistance et à la reproduction de la race.

Loi d'Engel : elle désigne le fait que le coefficient budgétaire des dépenses de premières nécessités (alimentation) diminue lorsque les ressources des ménages progressent.

Loi de Wagner : cette « loi » qui porte le nom de l'économiste Wagner (École historique Allemande) constitue une explication de la croissance des dépenses publiques. L'industrialisation conduit à l'augmentation de l'intervention de l'État et à l'accroissement de la part des dépenses publiques dans le revenu national. Le développement industriel entraîne une multiplication des dépenses d'administration générale, d'infrastructure urbaine, d'éducation et d'action sociale. Si l'on note G les dépenses publiques, Y le revenu national et N le nombre d'habitants cela signifie que : $G/Y = f(Y/N)$ avec $dG/dY > 0$ l'élasticité des dépenses publiques par rapport au revenu national est supérieure à l'unité. Wagner ne fait que décrire une tendance qui se développe sous yeux en Allemagne, plus qu'il ne propose une véritable loi économique.

M

Macroéconomie : approche qui consiste à analyser les liens entre des variables économiques globales, de grands agrégats censés représenter la situation d'économies nationales.

Malthusianisme : en référence aux analyses démographiques de Malthus ce terme désigne au sens large des politiques restrictives, des stratégies de gestion de la pénurie.

Marché : le concept est polysémique. Il désigne originellement et intuitivement un lieu ou se confronte une offre et une demande pour un produit donné. Par extension le terme désigne l'offre et la demande pour un produit, ou un ensemble de produit sans considération du lieu. Au sens le plus large le terme désigne un mode de fixation des prix et d'allocation des ressources.

Marketing : concept introduit dans les années 1940 aux États-Unis (apparu en France dans les années 1960) qui traduit une inversion des relations entre la fonction production et la fonction commerciale dans l'entreprise. Le marketing porte une vision élargie et plus offensive de la fonction commerciale dans l'entreprise, une plus grande attention portée aux consommateurs et au marché.

Medef : Mouvement des entreprises de France, cette organisation succède en 1998 au CNPF (Conseil National du Patronat Français) crée en 1946.

Ménage : un ménage désigne l'ensemble des occupants d'une résidence principale qu'ils présentent ou non des liens de parenté. Une personne seule peut constituer un ménage. Cette notion ne s'applique ni aux personnes disposant d'habitat mobile, ni aux sans abri, ni aux communautés (maisons de retraite, centres de détention, résidence universitaire…).

Microéconomie : approche qui consiste à analyser les phénomènes économiques en partant des choix individuels des agents.

Monnaie forte : monnaie qui conserve son pouvoir d'achat sur le long terme.

Mondialisation : processus d'intensification des échanges internationaux de toute nature. Trois dimensions mesurables de la mondialisation peuvent être distinguées : les aspects commerciaux, financiers et humains.

Monopole : situation dans laquelle un seul vendeur est face à de nombreux acheteurs. Dans cette structure de marché l'offreur est en mesure de déterminer seul les quantités vendues et de fixer leur prix afin de maximiser son intérêt. La théorie économique montre que dans cette situation la recherche du profit maximum par le monopole conduit à un rationnement des quantités offertes et à un prix élevé (par référence à une situation de concurrence pure et parfaite), il en résulte une perte en termes de bien-être. Selon Schumpeter le monopole serait plus innovant car il pourrait bénéficier à plein de son effort de recherche, alors que sur un marché concurrentiel une firme innovante serait très vite imitée. En dehors des monopoles naturels (publics ou réglementés), toujours susceptibles d'être remis en cause par l'évolution technique, il n'existe pas de monopole absolu sur les marchés de grande taille. Dans le domaine du logiciel la firme dominante Microsoft coexiste avec des firmes plus petites.

Monopole discriminant : un monopole discriminant vend le même produit à des prix différents sur plusieurs marchés.

Monopole naturel : situation dans laquelle la vente au coût marginal (coût de la dernière unité produite) conduirait à la faillite de l'entreprise. Du fait de l'importance des coûts fixes (infrastructures de réseaux par exemple) ou de la présence d'économies d'échelle, le coût moyen est supérieur au coût marginal. L'efficacité est alors mieux garantie si la production est confiée à un monopole contrôlé par l'État. Le monopole ne pourra facturer au coût marginal que s'il est subventionné par l'administration.

Monopsone : situation dans laquelle un seul acheteur est face à de nombreux vendeurs.

Mont-de-piété : établissement réalisant des prêts sur gage à des fins de solidarité. Les Monts de pitié ont pour objectif de permettre à une population en difficulté d'accéder à un crédit sans charges excessives de remboursement. Le premier Mont-de-piété aurait été créé dès 1462 à Pérouse en Italie, le terme italien Monte di pieta peut être traduit par banque de charité.

N

No bridge **:** cette expression désigne la non prise en compte des fondements microéconomiques par la macroéconomie des années

1930-1960. Dans les années 1970 la Nouvelle Économie Classique appelle à rompre avec ce *no bridge*.

O

Obsolescence : terme qui désigne un moyen de production qui se trouve « dépassé » techniquement.

Obstacle non tarifaire : en commerce international ce terme désigne tous les instruments de protection autre que les tarifs douaniers c'est-à-dire les quotas, les restrictions volontaires à l'exportation, les normes et autres roueries administratives…

Offre d'emploi : proposition d'emploi formulée par un employeur.

Offre de travail : elle émane des travailleurs et constitue une demande d'emploi.

OPA : une offre publique d'achat désigne l'action d'une société (l'assaillant, le raider) qui s'engage publiquement à acheter tout ou partie des titres d'une autre société (la cible) à prix fixé et pendant une période de temps déterminée. L'OPA est dite amicale lorsqu'elle est lancée en accord avec ceux qui contrôlent la société cible, elle est dite hostile ou inamicale dans le cas contraire.

OPCVM : organismes de placement collectif en valeurs mobilières, par exemple les FCP (fonds commun de placement) ou les SICAV (société d'investissement à capital variable)

OPE : une offre publique d'échange désigne l'action d'une société qui s'engage publiquement à échanger tout ou partie des titres d'une autre société (la cible) contre ses propres actions à une « parité » fixée à l'avance et pendant une période de temps déterminée.

Optimum de Pareto : situation dans laquelle on ne peut plus améliorer le bien-être d'un individu sans réduire celui d'un ou plusieurs autres individus. L'équilibre général en concurrence pure et parfaite est un optimum au sens de Pareto.

Option : une option se définit comme le droit (et non l'obligation) d'acheter ou de vendre une quantité d'actifs (réels ou financiers) à un prix fixé par avance moyennant le versement d'une prime qui représente un pourcentage de la quantité d'actif. L'option opère un transfert du risque.

***Output gap* :** terme anglo-saxon qui désigne l'écart entre la croissance effective et la croissance potentielle.

P

***Papy boom* :** cette expression désigne l'entrée en retraite de la génération du *baby boom* et plus largement le vieillissement de la population au sein des économies les plus avancées.

Paquet fiscal : la loi en faveur du Travail, de l'Emploi et du Pouvoir d'Achat (loi TEPA) est votée le 21 août 2007 sous l'impulsion du gouvernement Fillon, elle prévoit notamment une défiscalisation des heures supplémentaires, l'instauration pendant cinq ans d'un crédit d'impôt sur le revenu égal à 20 % des intérêts d'emprunt contractés pour l'acquisition d'une résidence principale, une très importante réduction des droits de successions, allégement de l'ISF et un renforcement du « bouclier fiscal ». Le coût de ces mesures est évalué entre 13 et 16 milliards d'euro. Ce dispositif est censé provoquer un choc de confiance, capable de dynamiser l'activité.

Parachute doré : le terme parachute doré (ou golden parachute) désigne un contrat accordé à un haut cadre dirigeant. Le contrat définit des conditions de départ particulièrement avantageuses et lucratives (indemnités de départ, pension de retraite…)

Parité des pouvoirs d'achats (PPA) : théorie présentée sous sa forme moderne par l'économiste suédois G. Cassel au début du XXe siècle qui fonde le cours de change entre deux monnaies sur leurs pouvoirs d'achat respectif en biens et services.

Passager clandestin : *free rider* en anglais, ce concept désigne un agent économique qui entend utiliser un bien collectif sans participer à son financement.

Patrimoine : ensemble des avoirs (actifs financiers, logements…) et des dettes détenus par un agent à un moment donné. Le patrimoine est un stock alimenté par des flux d'épargne et ponctuellement par des héritages.

PER : le *price earning ratio* (multiple cours/bénéfice) d'une action cotée en Bourse représente le rapport entre le cours boursier et le bénéfice par action. Si ce ratio est égal à 15, on dit sur le marché que l'action se paye 15 fois le bénéfice annuel. Plus le ratio est grand, plus l'action est « chère » mais cela signifie en réalité que le marché est optimiste quant aux perspectives de profit de la société.

Perestroïka : le terme signifie reconstruction et désigne la tentative de réforme du régime soviétique mise en œuvre par M. Gorbatchev à partir de 1985.

Plan Marshall : en juin 1947 le général Marshall secrétaire d'État américain propose un programme d'aides pour l'ensemble des pays européens. Sous l'influence de l'URSS les pays de l'Est refusent cette assistance. Entre 1947 et 1952 douze pays d'Europe de l'Ouest bénéficient des crédits et dons américains (12,4 milliards de dollars au total) qui prolongent l'aide initiale apportée à la reconstruction de l'Europe par les États-Unis. Les bénéficiaires de ce « Programme de redressement économique de l'Europe » sont le Royaume-Uni (25 %), la France (21 %), l'Italie (12 %), l'Allemagne fédérale (11 %), les Pays-Bas 8 %… sans interférer dans les choix politiques nationaux les États-Unis conditionnent seulement cette aide au rapprochement des pays bénéficiaires dans cette perspective l'OECE est créé au printemps 1948.

Plein emploi : périodiquement le retour au plein-emploi est évoqué ou invoqué par les responsables politiques. En réalité le plein-emploi (entendu comme un taux de chômage nul) est une situation d'équilibre largement imaginaire, une hypothèse peu réaliste qui correspondrait soit au fonctionnement d'un marché du travail en situation de concurrence pure et parfaite (atomicité, homogénéité, transparence…), soit à une situation totalement figée. Parler de retour au plein-emploi signifie le plus souvent qu'on explore les chemins vers une amélioration de la situation sur ce marché et une réduction du taux de chômage.

Politique salariale : stratégie des autorités en matière d'indexation salariale. Elle passe essentiellement par le maniement du salaire minimum (le Smic (salaire minimum interprofessionnel de croissance) en France.

Pouvoir d'achat : la notion peut être définie comme la capacité qu'a un agent à acquérir des biens et des services grâce à ses ressources disponibles, essentiellement son revenu disponible brut. Pour apprécier le pouvoir d'achat on peut aussi chercher à savoir combien de temps l'agent doit travailler pour obtenir un panier de biens défini.

Prélèvements obligatoires : ils sont constitués de la somme des impôts et des cotisations sociales. Le taux de prélèvements obligatoires met en rapport cette somme au numérateur et le produit intérieur brut au dénominateur. Il constitue une mesure du degré d'intervention des administrations publiques au sein d'une économie.

Prêt sur gage : il s'agit d'un contrat de crédit par lequel l'emprunteur d'une somme d'argent garantit le remboursement du prêt par le dépôt – en gage – auprès du prêteur d'un bien mobilier. En cas de non remboursement le prêteur peut revendre l'objet. L'activité de prêt sur gage est ancienne et constitue une pratique pionnière du microcrédit dans le cadre de l'économie sociale et solidaire.

Produits dérivés : un produit dérivé est un outil financier qui permet à un agent de se couvrir contre un risque, il s'agit d'un contrat financier négociable portant droit sur un autre actif. Trois types de produits dérivés peuvent être distingués : les options, les contrats à terme (appelés futures) et les contrats d'échange (appelés aussi swaps).

Produit manufacturé : produit issu de la transformation industrielle de matières premières. Ces produits constituent l'essentiel du commerce international.

Progrès technique : ensemble des innovations qui entraînent une transformation ou un bouleversement des moyens et méthodes de production, de l'organisation du travail, des produits et des marchés, des structures de l'économie.

Q

Quart-monde : expression qui désigne des individus en situation de précarité extrême dans les pays développés.

Quota : instrument de politique commerciale caractéristique du XXe siècle : le pays importateur accorde des licences autorisant l'entrée de certaines quantités de marchandises sur son territoire, pour une période de temps donnée (année, mois, voire semaine dans les années 1930). Les quotas tarifaires autorisent, quant à eux, un certain montant d'importations à tarif préférentiel (tarif intra quota), les importations excédentaires étant frappées d'un tarif supérieur (hors quota).

Quotient familial : dispositif fiscal français qui consiste à accorder dans le calcul de l'impôt sur le revenu d'un foyer fiscal une part par adulte et une demi-part par enfant à charge. Le revenu imposable du foyer est divisé par le nombre de parts.

R

Rapport Meadows : le rapport intitulé Halte à la croissance (1972) dont la publication a été coordonnée par Meadows met en évidence les conséquences écologiques du modèle occidentale de développement et cherche à montrer qu'il existe des limites naturelles à la croissance.

Récession : désigne par convention une phase de deux trimestres consécutifs de baisse absolue du PIB ; par extension le terme renvoie à l'idée d'une baisse ponctuelle de l'activité.

Régime budgétaire ricardien : selon Sargent un tel régime désigne une situation où un déficit budgétaire financé par émission de titres signale une hausse future des impôts juste suffisante pour rembourser la dette.

Règle de Hotteling : dans un article publié en 1931 l'ingénieur économiste Hotteling démontre qu'une ressource naturelle est exploitée à un rythme socialement optimal dans la mesure où son prix réel augmente au même rythme que le taux d'intérêt et si le marché assure, dans des circonstances normales (concurrence, absences d'externalités), que cette règle se vérifie.

Règle d'or : règle de finances publiques qui stipule que le solde public de fonctionnement c'est-à-dire hors dépenses d'investissement public, doit être équilibré à moyen terme. Les dépenses d'investissement peuvent être financées par emprunt, cette règle a été adoptée par le gouvernement britannique en 1998

Relation de Fisher : elle établit le lien entre taux d'intérêt réel et taux d'intérêt nominal $1 + r = (1 + i).(1-p)$ avec r le taux d'intérêt réel, i le taux nominal, p le taux d'inflation constaté ou anticipé. Si on considère le produit i.p comme négligeable le taux réel est égal au taux nominal moins le taux d'inflation $r \approx i - p$.

Rente : au sens strict ce terme désigne la rémunération liée à un droit de propriété sur une ressource rare, une ressource dont la quantité disponible ne dépend pas ou dépend peu de la rémunération de ce droit (terre, pétrole, gaz…).

Retraites : le versement d'une pension de retraite à une personne quittant son activité professionnelle en raison de son âge s'opère dans le cadre de systèmes très différents.

Dans le système par capitalisation, répandu dans le monde anglo-saxon, chaque individu épargne pour financer sa propre retraite. Les cotisations des actifs sont versées à des organismes de gestion (fonds de pension...) qui les placent sur les marchés financiers. Le capital ainsi investi permet de prendre en charge les futures retraites. Le bon fonctionnement du système dépend des performances des marchés financiers (avec en arrière plan, sur le long terme, les performances de croissance de l'économie mondiale).

Au sein du système par répartition, en vigueur en France, les cotisations obligatoires des actifs sont immédiatement utilisées pour financer les prestations versées aux retraités. Ce système repose sur une solidarité dite intergénérationnelle. Son bon fonctionnement dépend de l'évolution de la structure démographique de la société (l'évolution du ratio actifs sur retraités, appelé taux de dépendance). En cas de vieillissement de la population les paramètres du système peuvent être modifiés. Le montant des pensions peut être diminué (et avec lui le taux de remplacement du salaire par la retraite). Les taux des cotisations employeurs et salariés peuvent être augmentés affectant le coût du travail et le pouvoir d'achat des actifs. Enfin la durée de cotisation peut être allongée. En France la réforme Fillon de 2003 a retenu principalement cette voie de réforme (40 ans de cotisations pour les salariés du public et du privé pour bénéficier d'une retraite à taux plein avec vraisemblablement un passage à 41 ans en 2012).

Révolution néolithique : période préhistorique aussi appelée âge de la pierre polie qui débute vers – 8000 av. J.-C. au Moyen-Orient, elle correspond aux débuts de l'agriculture, de l'élevage et de la sédentarisation. Elle s'achève avec les débuts de la métallurgie.

Risque de change : risque lié à l'évolution de la valeur en monnaie nationale de devises à verser ou à recevoir. Une dépréciation de la monnaie étrangère vis-à-vis de la monnaie nationale handicape par exemple l'exportateur national qui doit recevoir une créance libellée dans cette monnaie étrangère, il peut souhaite se couvrir contre ce risque.

Risque de crédit : risque pour un créancier qu'un de ses débiteurs soit dans l'incapacité de rembourser sa dette.

Risque de taux : risque d'une évolution défavorable du taux d'intérêt lorsqu'un agent est engagé dans une opération financière à taux variable.

S

Saint-Simoniens : ce terme désigne les disciples du Comte de Saint-Simon, économiste et philosophe français (1760-1825) qui prônait l'industrialisation de l'économie française notamment par le développement du crédit. Il influença Lesseps, Chevalier ou encore les frères Pereire (industriels et banquiers proches de Napoléon III).

Salaire minimum : dispositif légal qui fixe un plancher à la rémunération des travailleurs. De telles dispositions légales existent dans quasiment toutes les économies occidentales, celles-ci se distinguent par le niveau plus ou moins élevé de cette protection. En France le Smic horaire (salaire minimum interprofessionnel de croissance) définit ce minimum légal.

Salaire de réserve : le salaire de réserve ou de réservation désigne le niveau de salaire à partir duquel un individu accepte de s'engager sur le marché du travail, ce salaire égalise coûts et gains marginaux de la recherche d'emploi (Lippman et Mac Call).

Sécurité sociale : institution destinée à protéger les individus de certains risques sociaux : faire face à des événements particuliers de la vie comme la maternité, un accident du travail, une maladie ; faire face à des pertes de revenus en cas d'arrêt de travail, de retraite, de chômage ou encore faire face à des charges familiales importantes. Dans chaque pays la sécurité sociale est organisée par un ensemble de textes législatifs et réglementaires comme le Social Security Act de 1935 aux États-Unis ou les ordonnances de 1945 en France. Ces textes en définissent les fondements qui peuvent être plutôt « beveridgiens » (protection pour tous, financée par l'impôt et gérée par l'État) ou « bismarkiens » (assurances socioprofessionnelles financées par des cotisations salariales et gérées de façon décentralisée). En France la sécurité sociale combine les deux approches.

Service de la dette : pour un agent (ménage, entreprise, État...) le service de la dette désigne le paiement des intérêts de sa dette et du capital arrivé à échéance.

Shogun : chef de l'armée au Japon entre le XIIe et le XIXe siècles.

Solde budgétaire brut : ce solde est la différence entre le total des recettes des administrations publiques et le total de leurs dépenses.

Solde budgétaire primaire : la charge des intérêts servis sur la dette n'est pas comptabilisée dans les dépenses.

Speenhamland (système de) : en Angleterre les lois sur les pauvres fixent la main-d'œuvre au sein des paroisses, ils ne sont pas autoriser à se déplacer dans le pays. En contrepartie les responsables de la paroisse doivent subvenir à leurs besoins en cas de difficultés. Le système de Speenhamland est un dispositif qui combine salaire minimum et revenu minimum afin d'assurer la subsistance des individus. Polanyi voit dans sa suppression en 1834 la levée d'un dernier obstacle à l'intégration économique et à la libéralisation de l'économie anglaise (*La Grande Transformation* (1944)).

Stabilisation Poincaré : la stabilisation Poincaré de 1926-1928 (le « miracle » Poincaré) met fin aux déséquilibres monétaires d'après guerre en France et solde l'héritage financier de la Première Guerre. Après une période de stabilisation de fait entre décembre 1926 et juin 1928 *via* des interventions directes sur le marché des changes et quelques hésitations sur le choix du niveau de la stabilisation-dévaluation du franc, la loi monétaire du 25 juin 1928 met fin au régime de cours forcé du franc en vigueur depuis août 1914. Le franc (franc Poincaré) retrouve une convertibilité-or, il est constitué de 65,5 milligrammes d'or de neufs millièmes de fin soit environ un cinquième de son poids originel de 1803 (franc germinal). Cette stabilisation fait néanmoins figure de réussite.

Stakhanovisme : au cours de l'été 1935 la presse soviétique met en exergue les performances d'un jeune mineur Alexeï Gregorievitch Stakhanov qui aurait extrait 102 tonnes de charbon en six heures soit quatorze fois la norme. Il reçoit le premier la distinction de « Héros du travail de l'URSS » et son portrait est diffusé dans les usines soviétiques. Dans le cadre du deuxième plan quinquennal le « stakhanovisme » doit promouvoir l'émulation des ouvriers au service de l'industrialisation. Le stakhanovisme traduit la nécessité de mettre en œuvre des mécanismes d'incitation (symbolique mais aussi matérielle) pour rechercher une plus grande efficacité productive.

Standard Oil : entreprise américaine spécialisée dans le pétrole crée en 1870 par J.-D. Rockefeller. La Standard Oil et son chef symbolise alors le capitalisme sauvage américain, elle élimine ses concurrents en s'assurant notamment le contrôle de l'acheminement du pétrole. Elle se transforme en trust à partir de 1882 et contrôle l'ensemble de la filière pétrolière aux États-Unis de l'extraction à la distribution. La Standard Oil tombe sous le coup de la loi anti-trust en 1911, elle est alors démembrée.

Stagflation : au sens commun ce terme désigne la combinaison du ralentissement du rythme de la croissance économique et de l'accélération de l'inflation observée en Occident à la suite du choc pétrolier de 1973.

Stock : en économie un stock est un agrégat qui intègre à la période présente des éléments qui étaient déjà présents dans l'agrégat de la période précédente (chômage, patrimoine, dette publique…), au contraire un flux est un agrégat qui se renouvelle entièrement de période en période.

Stock-options : les stock-options sont des droits accordés à des salariés d'une entreprise (en général des cadres dirigeants) d'acheter (ou de souscrire) des actions de la société à un prix fixé à l'avance. Ce prix est appelé prix d'exercice. Les options peuvent être exercées à des moments bien précis dans le cadre d'un échéancier préétabli (cinq à dix ans). L'intérêt pour l'individu est d'utiliser son droit lorsque le cours de l'action est supérieur au prix d'exercice. Ces droits incitent en principe les cadres dirigeants à intensifier la création de valeur au sein de l'entreprise. Ils sont censés résoudre les conflits d'intérêts entre actionnaires et dirigeants. Mais ils peuvent favoriser la recherche d'une rentabilité à court terme au détriment d'une logique industrielle de plus long terme. Les stock-options peuvent aussi être exercées par ces initiés avant que les résultats de l'entreprise ne se détériorent (comme chez EADS en 2006). Les stock-options sont bien adaptés aux sociétés jeunes en forte croissance dépourvues de moyens de rémunérer les collaborateurs à forts potentiels.

Stratégie : ensemble d'objectifs et de politiques qui nécessitent la mise en place par le responsable d'instruments et de structures appropriés.

Surendettement : situation d'un agent économique qui a accumulé des dettes et n'est plus en capacité d'honorer ses engagements.

Syndrome Hollandais : le terme syndrome hollandais Dutch Disease (ou maladie hollandaise) désigne la malédiction qui serait attachée pour une économie nationale à la découverte de ressources naturelles. L'exploitation des ressources naturelles entraînerait à une relative stagnation économique.

En 1959, un très grand gisement de gaz est découvert dans la province de Groningue au Nord du pays, plus tard d'autres réserves sont découvertes dans le reste du pays et en mer du Nord. Les Pays-Bas se lancent dans l'exploitation de ses gisements et tendent à fonder son développement sur cette spécialisation. Le terme syndrome hollandais apparaît dans les années 1970, lorsque l'on constate que les performances macroéconomiques du pays sont faibles malgré (ou à cause) cette rente énergétique. Après le choc pétrolier de 1973, les performances de l'économie hollandaise se détériorent. En effet, la croissance ralentie, le chômage progresse.

Comment expliquer une telle situation ?

Le canal du taux de change peut être mobilisé de manière assez intuitive. La progression des exportations de produits primaires est associée à un excédent commercial croissant qui lui-même provoque une appréciation du taux de change effectif réel nuisible à la compétitivité du reste de l'économie nationale, ce qui peut conduire sous certaines hypothèses à une détérioration des performances macroéconomiques de l'économie.

Pour analyser les conséquences de l'expansion d'un « secteur de rente » sur une petite économie ouverte Corden et Neary (1982) proposent un modèle macroéconomique à trois secteurs. Un secteur très compétitif soumis à la concurrence internationale (exemple gaz ou le pétrole), un secteur peu compétitif lui aussi exposé à la concurrence internationale et un secteur non soumis à la concurrence (biens non échangeables, services de proximité…). La progression de la rentabilité du secteur compétitif provoque deux grands effets :

Un déplacement de la main-d'œuvre vers le secteur très compétitif au sein duquel les rémunérations progressent.

Un effet revenu provoqué par la hausse des rémunérations de certains agents qui provoque une hausse de la demande de biens et le niveau général des prix. La hausse des prix affecte la compétitivité du secteur exportateur le moins compétitif qui doit faire face à une progression du prix des consommations intermédiaires et des salaires. Le secteur peu compétitif soumis à la concurrence internationale se contracte.

T

Taux de dépendance : rapport entre le nombre de retraités et le nombre d'actifs.

Taux de remplacement : rapport entre la pension de retraite perçue et le dernier revenu d'activité.

Taxe carbone : taxe qui s'appliquerait à tous les produits en fonction de leur contenu en CO2. Son objectif est de modifier les comportements en matière d'allocation des ressources en donnant un prix à la pollution.

Termes de l'échange externe : rapport entre le prix des exportations et le prix des importations.

Termes de l'échange interne : rapport entre le prix des biens échangeables et le prix des biens non échangeables.

Théorie du budget cyclique : au seuil des années 1930 Myrdal et Ohlin avancent l'idée d'une conception dynamique de l'équilibre budgétaire, sur l'horizon d'un cycle de moyen-long terme les autorités pourraient dégager des excédents en phase d'expansion et tolérer des déficits en phase de récession.

Théorie quantitative de la monnaie : thèse selon laquelle une hausse de la masse monétaire a pour seul effet une hausse proportionnelle du niveau général des prix.

Tiers-monde : terme utilisé pour la première fois par Alfred Sauvy en 1952 pour désigner l'ensemble des pays pauvres qui se distinguent de l'occident développé et du monde communiste. Il fait écho au tiers état sous l'Ancien Régime en France. Le concept de Tiers-monde se définit par une double négation économique et politique. Après avoir été très utilisé jusque dans les années 1980, il est tombé en relative désuétude depuis l'effondrement du bloc soviétique.

Traités de Rome : Traités signé le 25 mars 1957 par l'Allemagne fédérale, La Belgique, la France, l'Italie, le Luxembourg et les Pays-Bas qui instituent une Communauté Européenne pour l'Énergie Atomique (Euratom) et une Communauté Économique Européenne.

TRI : le taux de rendement interne d'un projet d'investissement est le taux d'actualisation qui annule sa valeur actualisée nette (VAN).

TVA : la taxe sur la valeur ajoutée est un impôt crée en France en 1954 (par Maurice Lauré 1954). Elle a été adoptée par la suite par un grand nombre de pays. La TVA est un impôt sur la dépense : il frappe le contribuable au moment de son affectation à l'acquisition d'un bien, d'un service, d'un actif financier. La TVA est un impôt indirect (le redevable, qui paie l'impôt, est le commerçant, le contribuable – c'est-à-dire celui qui supporte réellement l'impôt – est le consommateur).

- En France trois taux de TVA sont en vigueur :
- un taux normal de 19,6 % qui s'applique sur les achats d'automobiles, d'appareils électroménagers… ;
- un taux réduit de réduit fixé à 5,5 %qui s'applique sur les dépenses alimentaires… ;
- un taux super-réduit fixé à 2,1 % (pour la presse).

La TVA est souvent qualifiée d'impôt injuste au sens ou pour un même bien son taux est le même quel que soit le niveau de revenu du contribuable, sa non-progressivité est dénoncée. En théorie à travers la différentiation des taux la TVA peut être un impôt progressif sur la dépense, voire le revenu mais a condition naturellement de bien penser l'échelle des taux.

U

Union douanière : la formation d'une union douanière par deux ou plusieurs pays implique la suppression des entraves aux échanges entre eux et l'instauration d'un tarif extérieur commun vis-à-vis des pays tiers.

Unité : principe budgétaire selon lequel un seul document doit retracer les dépenses et les recettes des administrations publiques. L'objectif est de présenter une vue d'ensemble claire de la situation financière aux parlementaires. Cette règle comporte des exceptions (budgets autonomes, budgets annexes et comptes spéciaux du Trésor)

Unité de compte : une unité de compte constitue un instrument de mesure et de comparaison des valeurs relatives de différents biens et services.

Unité de consommation : système de pondération attribuant un coefficient à chaque membre du ménage afin de pouvoir comparer les niveaux de vie de ménages de composition et de taille différentes. Le système consiste à utiliser des unités de consommation (UC) qui sont calculées selon l'échelle d'équivalence dite « de l'OCDE modifiée » : 1 UC est attribuée au premier adulte du ménage, 0,5 UC aux autres personnes de plus de 14 ans et 0,3 UC aux enfants de moins de 14 ans.

Universalité : principe budgétaire selon lequel non seulement les dépenses et les recettes doivent figurer dans un seul document (principe d'unité) mais ce dernier doit contenir toutes les dépenses et toutes les recettes. Cette règle a deux conséquences. D'abord l'intégralité des recettes et des dépenses doit figurer au budget, ce qui interdit une compensation entre les recettes et les dépenses ; ensuite, cette règle interdit l'affectation d'une recette à une dépense particulière.

V

Valeur ajoutée : elle représente la différence entre la valeur de la production (le chiffre d'affaires) et les consommations intermédiaires utilisées durant le processus de production.

Vitesse de circulation de la monnaie : nombre de fois qu'une unité monétaire est utilisée dans les paiements au cours d'une unité de temps.

Volatilité : concept qui désigne la variabilité à court terme des cours de change, des cours des actifs financiers…

W

***Welfare State* :** terme anglo-saxon traduit en français par la notion d'état providence.

***Workfare State* :** terme anglo-saxon qui peut se traduire comme État de mise au travail. Les politiques de workfare visent à inciter ou à contraindre les agents à sortir des dispositifs d'assistance sociale (à l'origine de trappe à pauvreté pour les économistes libéraux) pour exercer un travail rémunéré.

Z

Zaïbatsu : groupes d'entreprises familiaux qui se forment au Japon à la suite de la restauration Meiji en 1868 autour de vieilles maisons de négoces (Mitsui, Sumitomo…) ou à l'initiative d'anciens samouraïs comme Mitsubishi. Le zaïbatsu est contrôle par un chef de clan qui dirige une société d'investissement à commandite simple qui elle-même a des participations dans un ensemble diversifié de sociétés. Les zaïbatsu montent en puissance au début du XXe siècle et dominent les secteurs de l'industrie lourde, de l'industrie chimique, des banques… Les zaïbatsu sont démantelés sous l'influence des États-Unis en 1945.

Zone euro : zone constituée par les pays de l'Union européenne qui ont adopté l'euro comme monnaie unique.

Zone franche : espace ou secteur bénéficiant d'avantages en matière fiscale ou réglementaire.

Bibliographie

AKERLOF G., DICKENS W., PERRY G. (1997), « États-Unis : pourquoi une inflation faible vaut mieux qu'une inflation nulle ? », *Problèmes Économiques*, n° 2516.

ASSELAIN J.-Ch. (1995), *Histoire économique*, FNSP.

ASSELAIN J.-Ch., BLANCHETON B. (2005), « Dynamique de l'ouverture internationale. Paradoxes, enjeux, éléments d'interprétation à partir du cas de la France », *Économies et Sociétés*, n° 1, pp. 49-179.

BAIROCH P. (1976), *Commerce extérieur et développement économique de l'Europe au XIXe siècle*, Paris, EHESS et La Haye, Mouton.

BAIROCH P. (1997), *Victoires et déboires*, Gallimard.

BLANCHARD O., COHEN D. (2004), *Macroéconomie*, Pearson.

BLANCHETON B. (2008), *Histoire de la mondialisation*, De Boeck.

BLANCHETON B., MAVEYRAUD S. (2009), « Les indicateurs d'intégration financière internationale : un faisceau de mesures convergent », *in* B. BLANCHETON et H. BONIN (dir.), *La croissance en économie ouverte (XVIIIe-XXIe siècles)*, Peter Lang.

BORDES Ch., CLERC L. (2004), « La BCE, cinq ans de politique monétaire unique », *Cahiers Français*, n° 319.

BORDES Ch., HAUTCOEUR P.-C., LACOUE-LABARTHE D., MISHKIN F. (2007), *Monnaie, banque et marchés financiers*, 8e éd., Pearson.

CABANNES M. (1994), *La politique macroéconomique*, Armand Colin.

CLÉMENT A. (2004), « Les *corn laws* en débat : régulation économique et sociale et libéralisme en Grande-Bretagne au cours du XIXe siècle », *Cahiers économiques de Bruxelles*, vol. 47, n° 2, pp. 215-248.

CROUZET F. (2000), *Histoire économique de l'Europe (1000-2000)*, Albin Michel.

FRIEDMAN M. (1968), « Le rôle de la politique monétaire », en français dans ABRAHAM-FROIS G., LARBRE F., *La macroéconomie après Lucas. Textes choisis*, Economica, 1998, pp. 19-37.

KRUGMAN P., OBSTFELD M. (2003), *Économie internationale*, De Boeck.

JÉGOUREL Y. (2005), *Les produits financiers dérivés*, La Découverte.

JURION B. (2006), *Économie politique*, De Boeck.

LANDES D. (2000), *Richesses et pauvretés et nations. Pourquoi des riches ? Pourquoi des pauvres ?*, Albin Michel.

MADDISON A. (1981), *Les phases du développement capitaliste*, Economica.

MADDISON A. (1989), *L'économie mondiale au XXe siècle,* Economica, 1989.

MADDISON A. (2001), *The World Economy. A Millenial Perspective*, OCED.

MANKIW G. (2005), *Macroéconomie*, De Boeck.

OBSTFELD M., TAYLOR M. (2004), *Global Capital Markets. Integration, Crisis and Growth*, Cambridge University Press.

PHILLIPS A.W. (1958), « La relation entre chômage et taux de variation des salaires nominaux au Royaume-Uni entre 1861 et 1957 », en français dans ABRAHAM-FROIS G., LARBRE F., *La macroéconomie après Lucas. Textes choisis*, Economica, 1998, pp. 3-17.

POULON F. (2008), *Économie Générale*, 6e éd., Dunod.

STIGLITZ J. (2002), *La grande désillusion*, Fayard.

STIGLITZ J., WALSH C. (2004), *Principes d'économie politique*, De Boeck.

Index

052003 - (I) - (2,5) - OSB 90° - TYP - MPN

Imprimerie Nouvelle
45800 Saint-Jean de Braye
N° d'Imprimeur : 428239N
Dépôt légal : mai 2009

Imprimé en France